U0043353

諸神的起源

LIVING WITH THE GODS

On Beliefs and Peoples

尼爾·麥葛瑞格
Neil MacGregor

余淑慧【譯】

Living With The Gods
諸神的起源

第二部　因為相信，因而相聚

第三部　信仰的劇場

第四部　神像的力量

第五部　一神還是多神

第六部　人間的權力與神聖的力量

thoot Finance
nance

Introduction: Believing and Belonging

導論

信念與歸屬

《諸神的起源》描寫人類生存的一個核心事實：每一個已知社會都有一套遠遠超越個體生命、足以建構其共有身分的信念和假設——這套信念和假設你可稱之為信仰、意識形態或宗教。這樣的共有信念具有獨特的力量，足以界定人的意義，區分人的社群，而且在今日全球許多地方還是政治的動力。有時這套共有的信念是世俗的，最明顯的例子就是民族主義國家；不過在歷史的長流中，其性質主要還是宗教的——這裡指廣義的宗教。毫無疑問地，本書不討論宗教史，不探討信仰，更不會替任何信仰體系辯護。事實上，本書綜觀歷史、環視全球，嘗試審視器物、地方與人類活動，藉此探究這套共有的宗教信念對社群或國家的公共生活究竟具有什麼意義、究竟如何形塑個體與國家的關係、如何變成定義我們之所以成為我們的主要構成因素。我認為這當中可能的原因是：當我們決定如何與諸神共處，我們也同時決定了如何與彼此共存。

信仰回來了

第二次世界大戰結束後的數十年間，西方世界第一次沐浴在空前的榮景裡。美國提供大部分國民及其移民的生活水準看似永遠不會停止上升。1957年，英國首相哈羅德．麥克米倫（Harold Macmillan）對人民說了一句很著名的話，指出他們的生活「從來不曾這麼好過」。英國人民十分同意他的看法，他也很順利地贏得接下來的選舉。從西歐到北美，經濟成長成為典範——和平正帶領人類走向富裕之路。

至於世界上其他地區，蘇聯與美國正陷入苦戰，有時是軍事上的衝突，但更常爆發的是意識形態的對立。兩國彼此較勁，看誰能爭取更多新成員加入陣營，接受他們各自的政治信念：馬克思的國家共產主義或自由民主的資本主義。由於這兩種主義基本上都是經濟方面的主張，美蘇之間的論辯越來越失焦，漸漸脫離了各自對自由和社會正義的辨析，反而把爭論的焦點放在哪種政治主張可以為社會提供較多的物質利益。不過，這種發展一點也不令人驚訝。

把理念及其物質成果予以省略（或等同）的原則，這裡有個很顯著的例子：美元紙鈔——或者更精確地說是 2 元的美鈔。雖然大部分美國人是基督徒，不過美國當年建國時，憲法曾清楚寫下一個準則：新國家不能奉行一種既定的宗教。但是到了 1956 年，為了與堅守無神論的蘇聯拉開更明確的區隔，美國國會提出一個辦法：更為廣泛地運用那句長久以來大家耳熟能詳的箴言：「我們信靠神」（In God We Trust）。美國國會最後決定把這句箴言印在流通的紙鈔上，而不是印在建築物或國旗上。雖然不是刻意的，但這個決定卻充滿了象徵意義。從那時候開始，這句箴言就一直印在美元紙鈔上；在 10 元的紙鈔上，這句箴言甚至就飄在美國財政部的屋頂上方，充滿了保護意味。從 19 世紀開始，「萬能的美元」（Almighty Dollar）這句帶有諷刺意味的片語即曾四處流傳，警告人們不要把神與「拜金主義」（Mammon）相提並論。不過，現在不同了；現在最能界定美國的其中一個信念就是美鈔——美國最令人欽羨的成就表徵。

表面看來，美元紙鈔新印的文字彷彿宣告神在美國政治系統中占據崇高的地位，就像 20 世紀 DG 這兩個字母的美國版（DG 即 *Dei Gratia*，意思是「上帝的恩寵」〔By the Grace of God〕，通常跟元首圖像一起印在英國錢幣上），或像伊斯蘭國家印在硬幣上的《古蘭經》經文。事實上，這裡的意義幾乎剛好相反。

物質與精神這個令人驚異的結合，在美國並不代表往神權政體靠攏，遠非如此。相反地，那是一個徵兆，代表倫理與經濟之間的平衡已經發生重大改變。不論在公、私領域，宗教組織在大西洋兩岸所扮演的角色已經日漸隱退；兩地的社會變得越來越世俗化——歐洲可能還改變得更快一點——而且越來越少人上教堂參加傳統的宗教儀式。1968 年，「革命分子」從經濟不公這個觀點提出抗議，但是他們幾乎不曾提到神，更別說信靠神。1980 年代末期，蘇聯的共產主義垮台之後，世界各地人們的看法幾乎是一致的，亦即美蘇之間的意識形態之爭已經結束：資本主義勝出，共產主義落敗，宗教已經消亡，

印有美國財政部建築物的 10 元美鈔，圖為 1956 年之前與 1956 年之後的美元紙鈔。

如果此時人們還有所謂的信仰——亦即一套人人共享的信念，那麼現在這個信仰就是物質上的安樂。1992年，柯林頓在美國總統大選時說了一句令人難忘的話：「現在是經濟當道呀，傻瓜。」沒有人反駁他這句話；就像在他之前的麥克米倫那樣，他贏得選舉，成為美國總統。

二十五年後，讓富裕的西方國家感到驚異與困惑的是：各種宗教組織在全球各地紛紛崛起，再度站上政治的主要舞台。自17世紀的歐洲之後，此種情勢就極為少見。信仰現在正形塑著全球大部分的公共論辯，取代了冷戰期間那些充滿競爭的實利主義。那些殺氣騰騰，瀰漫整個中東地區的衝突所表述與爭辯的，已經不再是經濟問題，而是宗教問題。在政治上，巴基斯坦和以色列毫無疑問都是世俗國家，但現在這兩個國家的宗教色彩卻越來越濃厚。在印尼、奈及利亞、緬甸、埃及，有些社群會遭受攻擊、有些個人會遭到殺害，理由都是他們的信仰使他們在自己的國家裡變成了陌生人。印度的憲法明白規定所有宗教都是平等的，但是如今有人呼籲政府擁護一個明顯是印度教的身分認同，雖然這會嚴重地影響到某些信奉伊斯蘭教或基督教的印度人民（第二十五章）。許多國家的移民政策（尤其是美國）當中那些反移民的論點通常都是以宗教的語言來表述，即使大部分國家都抱持不可知論的歐洲也是如此，巴伐利亞總理即主張在政府建築架設十字架，作為巴伐利亞認同天主教的身分標記；法國政府禁止婦女在公開場合佩戴全罩式頭巾布卡（burqa）（第二十八章）；瑞士舉行全民公投，禁止穆斯林建立清真寺宣禮塔（第九章）；德國的德勒斯登（Dresden）有數千人定期上街遊行，抗議所謂的「伊斯蘭化」（Islamization）。世界上人口最多的國家中國宣稱他們的國家利益和完整性遭受藏傳佛教精神領袖達賴喇嘛的威脅，雖然後者流亡海外，其所擁有的唯一權力不過就是他所代表的宗教信仰。

1979 年，伊朗發生伊斯蘭革命，世俗世界當時曾為此深受震撼。在當時看來，這場革命似乎與歷史的潮流相牴觸，現在看來反而是個前兆——宗教重返的前兆。在被英國與美國干預的數十年後，伊朗的政治家在深受屈辱之餘，同時也發現了宗教是界定與宣稱其國家身分認同的一種方式。自此以後，許多國家也走上同樣的道路。在世界上許多地方，經濟繁榮那令人安心的政治願景已經隱退，取而代之的是透過信仰表達身分認同的修辭和政治——通常是暴力的政治。這種情景，六十年前人們想都不曾想過。然而，我們也不應該對這種改變感到驚訝，因為這事實上是一種回歸，回歸到人類社會的普遍模式。這正是本書討論的其中一個觀點。

不同信仰在公共領域遭遇的困難。一群法國穆斯林在巴黎郊外克里西（Clichy）的街上跪下祈禱，抗議法國政府關閉他們做禮拜的地方，即使這個做禮拜的地方也並未獲得許可。街邊有一群警察正在待命。攝於 2017 年 3 月。

與故事同在

「為了生存，我們給自己說故事。」瓊・蒂蒂安（Joan Didion）以此名句展開一部散文集的書寫，描寫 1970 年代，她在世俗化的美國的經驗。這部散文集雖然不是宗教反思，然而書裡所說的正是那種我們所有人都會有的需要：我們需要故事來整理我們的記憶和希望，我們需要故事來給我們的個體與集體生活一個形式和意義。

我們的故事將從現存最古老的考古證據說起；這個證據出現在歐洲的一個洞穴裡，年代是冰河期末期。我們在第一章會看到：一個擁有超乎本身的信仰的社會似乎比較能面對存在的威脅，比較有機會生存和繁衍。20 世紀初，法國社會學家艾彌爾・涂爾幹（Émile Durkheim）曾提出一個想法：如果一個社會沒有那種超越自身的故事——他稱之為「一個會建構自身的概念」——就不會有社會的存在。對涂爾幹而言，那些故事所展現的理想，還有陳述那些故事的儀式，全都是構成任何共有信仰系統的基本元素。就某個意義來說，那些故事就是社會本身。我們若失去或忘記了那些故事——不管基於任何理由，我們就真的不復存在，集體地不復存在。

許多信仰系統幾乎都含有一個描述現實世界如何被創造、人類如何來到這世界、人類與所有生物如何在這世上生存的敘事。但是這些敘事及其伴隨的儀式所陳述的通常不只這些。這些故事還會告訴群體中的成員彼此應該如何相處。最重要的是：這些故事也會述及未來——那些會持續存留下來的社會面向，即使人會一代又一代地死亡與消失。在這些關於歸屬感、代代相傳的故事裡，生者、死者、尚未出生者，全都擁有一個屬於自己的位置。

在任何社會裡，最強大且最有意義的故事來自人們世世代代累積的創作。

這些累世創作會被重複述說、改編、流傳、吸納進日常生活，並且會被儀式化和內化，以致我們通常不會意識到我們仍然生活在遠古祖先所述說的故事裡。在一個我們觀察得到但無法完整理解的模式中，這些累世創作給了我們一個獨特的位置——其過程我們幾乎難以察覺。不過，只要我們——以及其他人——重複經歷我們最熟悉的一個序列：星期中的每一天，我們就會看見這個過程。

與時間同在

星期天、星期一、星期二、星期三、星期四、星期五、星期六。把月亮圓缺的週期分成四個星期，一星期分成七天——這個概念可能始於古代的巴比倫。但是我們熟悉的現代形式有可能來自猶太人，呼應的是〈創世紀〉裡的故事：神用六天創造世界，在第七天休息，並且命令人類和動物也要這麼做並這麼安排生活。這樣一來，我們度過的每一個星期都把我們連結到「時間」的開端，因為我們的工作和休息就圍繞著星期中的日子來安排，我們的存在依照這個韻律不斷地周而復始。不過，星期中的日子所代表的意義尚不只於此；至於這些意義為何，端看我們的語言和我們的信仰而定。在英文中，我們對星期日子的命名繼承了古人對時間循環的思考，作為我們觀察太陽、月亮和星體在天上運行模式的依據；而且這些名字所述說的故事僅僅對英語講說者有意義，因為其他民族的星期名字命名法跟我們不一樣。

星期天（Sunday /太陽之日），星期一（Monday /月亮之日）。我們的一星期始於太陽與月亮這兩個我們每天都會看到的星體，而太陽和月亮的運行又分別標誌著年分和月分。在大部分西歐地區，跟在「太陽之日」和「月亮之日」後面的是我們平日很容易觀察到的星體。在羅馬語系的語言中，這個現象尤其清楚：火星（Mars）對應的是星期二（martedì / mardì）；水星（Mercury）（meroledì / mercredì）對應的是星期三；木星（Jupiter / Jove）對應的是星期四（giovedì / jeudì）；金星（Venus）對應的是星期五（venerdì / vendredì）。這個星體秩序可能會讓現代天文學家感到很驚訝，但這是羅馬人遵循且留給我們的順序。大約公元7世紀，英國人將那些跟羅馬神祇有關的星體重新命名，換成北方諸神的名字。這幾位北方諸神的盎格魯·撒克遜名字依序如下：提爾（Tiw）、沃登（Woden）、索爾（Thor）、富里吉（Frige）；這幾位神的名字就是現代英文的星期名字，依序為提爾之日（Tuesday）、沃登之日（Wednesday）、索爾之日（Thursday）和富里吉之日（Friday）。到了星期六，前述這幾位樸實的盎格魯·撒克遜神祇張開雙臂，歡迎羅馬農神薩圖恩（Saturn /土星）加入祂們的行列，因此我們有了薩圖恩之日（Saturday）。薩圖恩這位來自羅馬的移民神祇固執地保留祂的拉丁名字，從而讓我們的星期日子變成一個由德文與拉丁文混合而成的獨特組合，就像我們的語言本身。

既然我們的星期名字繞著太陽、月亮與五大行星的週期運轉，每一星期的意義就不僅僅只是一段時間長度——暗含許多年的時間長度而已；事實上，這意味著我們每星期都擁有許多神祇的陪伴，並與廣闊的空間同在。整個太陽系就藏在每一天的星期名字裡——這種時空連續一體的概念源自古代地中海世界，並流傳到了北歐。在英文裡，一週之時間流轉就是一部簡明的天文史；生活於其間的我們仍然每日與我們祖先的諸神、與我們的征服者的神生活在一起，共處在一個古老但穩定的時間結構裡。

人們顯然很樂意以此方式給星期日子命名；令人驚訝的是，此種命名方式不僅可見，而且還可佩戴。在一條 19 世紀的義大利彩色寶石手鍊上，我們看到太陽和月亮分別位於手鍊兩端，中間依序排列著各個行星，並以浮雕的技法刻著與各個行星相應的諸神神像，呈現典型的羅馬風格。這條手鍊雖然製作於義大利，其意義卻只有懂英文的人才能理解，因為英文的週末名字與歐洲南部的週末名字迥然不同。在義大利文（還有法文與其他羅曼語文）中，過了星期五，隨之而來的並不是薩圖恩之日；薩圖恩之日被取而代之，因為星期日子的命名系統轉換成另一個宗教世界。換句話說，這位羅馬異教神祇讓位給猶太人唯一的神的安息日（Sabbath），即 Sabato（義大利文的星期六）和 Samedi（法文的星期六）。過了安息日，迎接南歐人的不是「太陽神之日」（Sunday），而是 Domenica（義大利文的星期日）或 Dimanche（法文的星期日），意思是天主（dominus）之日。受到拉丁文影響的歐洲，週末的命名方式不再與天體的運行有關，而與我們如何在地球上禮拜敬神有關。因此，星期中的日子給了時間一個架構，把我們例行的日常生活放入一個模式，裡頭既有宇宙的和諧，也有社會的秩序。

七天構成一個星期，這在現代已經成為全球現象。但是，世界各地的每一天，其命名方式並不相同。這種差異訴說的正是當地的故事。至於是怎樣的故事，端看其習俗和語言而定。大部分受到羅馬天主教文化影響的歐洲國家保留了與羅馬行星神祇相應的星期名字，即使羅馬天主教在當地早已被其他宗教

從月亮之日到太陽之日。英語星期日子裡的羅馬神祇，就雕刻在一條義大利彩色寶石浮雕手鍊上。

取代。羅曼語族的國家則添加了猶太聖日和基督教聖日。不過在東歐和中東地區，希臘東正教拒絕接受那些錯置的異教神祇，還有以其名字命名的星球名字；他們選擇遵循猶太人傳統的命名模式——這個極為不同的命名方式後來也被穆斯林接手採用。對這幾個地區的人而言，星期日子有個明顯的中心：那位唯一的神，而這一天是專門用來崇拜禮敬那位神。對穆斯林而言，這個主要的中心日子是星期五，猶太人是星期六，基督徒則是星期天。至於這一天之外的其他日子，他們也不用異教徒的神祇來命名，而是以序列的方式來指稱，即第二天、第三天等等。所以在希伯來文、俄文或阿拉伯文裡（其他語文就不多談了），星期日子的運轉訴說著一個相當不同的故事——這個故事是關於積極實踐信仰和一神論，關於那位獨一無二的神，以及關於我們的生活模式如何圍繞著那位唯一的神來安排。毫無疑問地，這位神絕對不會願意與其他異教神祇分享時間（第二十二章）。

對世界上大部分人來說，給星期中的每一天命名意味著宣布——不管是有意識還是無意識地——社群獨特的宗教歷史。這就是為什麼反宗教信仰的法國革命分子那麼急於設計一套類似公制的系統，以供全球人們的日曆使用。要設計這樣的一份日曆，他們的結論是廢除現有的星期，改用十進位的計算法（第二十九章）。這想法很合乎邏輯，他們也相信這個計算法應該可以普世通行。但是就像前文提到的，過了一百多年後，那些舊日的神祇又回來了。

給星期中的每一天命名或許牽涉的層面複雜，不過當人們思考該如何紀年的時候，世界各地的文化差異更大，態度也更尖銳。「年」該從何時開始計算？我們的時間，或者更精確地說，我們的故事該從哪裡開始？對猶太人來說，那是指耶和華創造世界的那一刻；對羅馬人來說，那是指他們的建城日。無論如何，這兩個例子完美地展示了他們各自的觀點，顯示他們在世界歷史所占據的位置。但是對世界上其他人來說，年的開端意味著世界重新開始、萬物重新復生的那一刻。對基督徒來說，那是指耶穌出生的那一刻；對穆斯林而言，則指先知從麥加（Mecca）遷移到麥地那（Medina）、信眾社群開始成形的那一刻。封建中國的每個王朝都以一個新的年號開始。對法國革命分子而言，1792 年是法國的第一年，因為這一年他們建立了共和制，成立了新政府。墨西哥阿茲特克人（Aztec）的年既沒有開始，也沒有結束——他們是用一種複雜的、以五十二年為一循環的單位永無止境地重複。簡而言之，我們在此找不到一個普世共有的故事。計年就像計日一樣，傳達的是每一個社會獨特的想法：關於他們的社群身分，還有關於他們在時間的長流裡所占據的獨特位置。

過去兩百年來，歐洲與美國持續發展的權力已經帶領（或強迫）大部分世人依照他們的方式來劃分歷史時間，亦即以耶穌的誕生年分劃分成基督紀元前（BC / Before Christ）和基督紀元後（AD / Anno Domini）。許多民族雖然有各自的信仰，但是他們大致同意使用這個紀年法；不過可以理解的是，大部分人都拒絕使用 BC 和 AD 這兩組字母，因為使用這兩組字母即表示支持（或者至少承認）獨屬基督教信仰的敘事。相反地，他們比較喜歡中立的觀念。因此，自 19 世紀以來，公元（Common Era）的紀年標準越來越受到歡迎。這個紀年法雖保留了基督教的歷史，記載了許多據傳是耶穌降生以來的事件，但是卻重新予以命名，改為 CE（公元後）和 BCE（公元前）。

公元紀年法這個概念十分巧妙，大致而言也是個成功的做法，讓人們可以從中找出一個敘述框架，納入所有人類而不用考慮他們在語言、文化或宗教各方面的差異。但這是一個很罕見的成功例子。這個案例之可能實現，也許是因為兩個（若或加上伊朗，則有三個）曆法可以愉快地共存，人們可以根據不同的目的自行選用（第二十九章）：這是一個泛基督教的、甚至是雙語的時間觀。

但我們將會看到的是，大部分發生在地方和全球敘述之間的衝突就不是那麼輕易可以化解的。

語言的諸多限制

星期中的日子和年曆這兩個熟悉的例子觸及許多主題，本書接下來將會在其他較高的脈絡來加以討論。這些主題很清楚顯示：信仰一旦建立模式之後，即可長久存在，展現令人驚異的生命力；再來，這些主題也顯示在許多——或許在大部分——社會裡，各種儀式究竟可以在多大的程度上建構人們的生活節奏。

在《諸神的起源》這本書裡，我們不探討修道院中的隱修生活或個體的修行生活，也不會觸及個體的信仰或宗教觀念背後抽象的神學真理——這些真理應該僅限信徒，外人無從知曉。相反地，我們將會觀察在整個社會裡，人們究竟相信什麼和做些什麼。這種探討宗教的方式，即探討宗教實踐而不是宗教教義的方式，或許對有些人顯得陌生，因為有些人從小接受的教育是：信仰是建立在神啟的文本之上，這些文本隱藏著絕對的真理，而宗教的權威就來自這些文本。如果有一個圖像可用來總結西方這種組織性的宗教觀念，這幅圖像一定就是摩西在西奈山（Mount Sinai）直接從神的手中接受十誡的畫面。這畫面裡有一位神——萬能的、控制一切的神，而這位神把一份寫在石頭上，意即不能改變的文本傳了下來。這份文本所記載的，就是那些清楚的、不可改變的教義：關於我們該如何敬奉祂，關於我們可以做什麼和不可以做什麼的規定——通常後者的成分居多。

無庸多言，任何猶太人、基督徒或穆斯林都能指出前述說明是個簡化的誇張描述。對這三個宗教傳統來說，摩西在西奈山上的故事只是另一個更龐大的故事的一小部分而已；這個龐大的故事與神有數千年的聯繫，而且裡頭還有許多其他受到神啟的文本、許多其他種類的社會實踐、許多不斷從希伯來《聖經》、福音書和《古蘭經》發展出來的詮釋（第二十章）。不過，對這幾部經典加以字面的、基本教義式的解讀仍然是穆斯林、基督徒和猶太人發生激烈衝突的主要原因。

亞伯拉罕諸信仰確實很獨特，而且其獨特處不僅在於他們只信仰一位獨一無二的神。在歷史上的大部分時間，大部分信仰都不曾出現一份宣稱自己是那份具有獨特地位的文本——如果這些信仰擁有文本的話。更別說發展出只有一個中心權威的概念，例如像梵蒂岡那樣擁有權力規定某些教義，並要每位信徒都加以遵守。當然，印度教和佛教都擁有許多文本，但並沒有一份文本具有明顯的首要地位，因此各個文本的意義與相關實踐就隨著地方的不同而不同。希臘人和羅馬人在其他方面都很活躍，但卻沒留下任何我們可以稱之為信仰的言論；他們的宗教概念基本上是指公民所做的事。在他們看來，創造一個僅僅聚焦在教義和文本的信仰系統真是一件限制重重又無趣的工作。

但是無論如何，即便我們逼迫人們，我們通常也很難讓他們確切說出他們相信哪個特定的信仰。不過我們倒是可以觀察他們的行動和他們表達其信仰的儀式——不論大小。這些固定且重複舉行的儀式形塑人們的生活，建構人們的社群。因此之故，我們這本書聚焦探討那些具有重要意義的儀式、儀式使用的器物和儀式舉行的地點。我選了許多人聚在一起舉行祭祀、朝聖或祭儀的地點。在地理範圍上，這些地點是盡可能越寬廣越好。書中出現的器物幾乎全來自大英博物館的收藏；但這並不是一個限制，因為我們的館藏幾乎涵蓋全球，時間上也涵蓋人類社會最早期的階段和今日。藉由這些傳達信仰的器物與社會

法國手稿的一張插圖，畫於 15 世紀初期，描繪摩西從神的手中收下生命與信仰的律法。

活動，我們得以啟程，展開一趟全球之旅。

這個研究方法的最大益處是：器物和地點允許我們站在同一個基礎上探討廣布全球的大型宗教與那些比較小型的、依附在某個特定地點的信仰系統（第二十三章）。我們既可看到那些嚴密操控在帝王或神職人員之手的宗教實踐，同時也可以看到世俗之人扮演重要角色的儀式，比如聖誕節的慶祝儀式或瓜達露佩（Guadalupe）的聖母崇拜（第十五、十六章）。另外我們也可以看到那些已經消失很久的宗教和仍然興盛發展中的信仰。從器物和地方入手的研究方式也允許我們看到那些通常並不被視為宗教的信念和行為，例如國家無神論或對國家領袖的崇拜。

這個研究方式還另有一個好處。在擁有幾千種語言的世界裡，器物的靜默容許我們進入原本難以用其他方式進入的領域。星期手鍊的意義只有英文的受眾可以了解，難以翻譯成義大利文而不遺失手鍊的大部分意義——更別說翻譯成阿拉伯文。這個事實很有力地顯示語言與信仰之間的深刻聯繫。語言與信仰聯手，當然可以形成兩大建構任何社群身分認同的力量。但是事情沒這麼簡單。無可避免地，我們用來討論信仰或宗教的語詞必定會受到我們的習慣和思想所形塑，而且在大部分案例中，還會受到我們自己的習慣和思想所限制。基於明顯的歷史理由，歐洲諸語言對亞伯拉罕宗教傳統中那位獨一無二的神，或對古典希臘羅馬諸神是覺得輕鬆自在、容易接受的。但是一旦走出歐洲，比如來到美索不達米亞（Mesopotamia）、印度或日本等地，歐洲人就會覺得十分不安，十分掙扎，尤其在面對流動的神性這類獨屬於這些地區的概念的時候。當我們試圖找出語詞來描述那種形塑萬那杜（Vanuatu）居民或澳洲原住民的地景認識時（第二十三章），我們很快就發現我們根本沒有適當的語彙可以描述他們的概念。然而對這些社群而言，這些概念又是至關重要的，即使這樣的概念從來不曾出現在我們的腦海裡。「有靈的存在」（animate beings）和「有靈的地景」（animated landscape）——此種說法對他們來說會有一種枯燥、抽象的意味，距離他們每日的生活經驗本身很遠，而且缺乏立即性。「神靈」（spirits）大概是我們所能想到最好的詞語了。不過這個語詞卻會帶給我們另一個風險：講出「神靈」這個語詞，可能會讓人覺得你神經兮兮，或是會讓人覺得你妄想跟死者溝通。當我們試圖在我們的語言之中尋找一個途徑進入他者的思想世界，我們所能做的就只有承認我們無能為力，承認我們沒有相應的語詞可以描述我們正在討論的事物。

就本質而言，透過器物、地方與活動的研究方式是零碎的，而且也必定是不完整的。無論如何，這個方式不能加總起來構成一部信仰的敘事史。但是我希望這個方式可以提供一個入口，一個通常令人覺得新奇，而且是直接的入口，讓我們得以進入各個社群，研究他們如何想像、定位他們在這世界上的位置，而他們採用的方式多少跟我們所使用的不太一樣。

誰是「我們」？

《諸神的起源》的另一個中心論題是：宗教猶如政治，也同樣處理許多定義的問題。社會如何組織起來，以便生存下去？社會可以要求個體為了大局犧牲，但是這犧牲得維持在哪種程度才算得體？最重要的是，我們稱之為「我們」的社群包含了誰？信仰的敘事可以創造強力且獨特的團結象徵，比如在帕西人（Parsis）之創造聖火（第二章）或難近母（Durga）神像之製作過程中（第十七章），社群的每一分子——不論貧富、強弱、生死——都同樣獲得展現，同樣受到尊敬。至今沒有任何政治團體曾找到在情感上如此令人信服的隱喻，可以描述每一個人都包含在內的社會。

當然，宗教信仰向來是統治者和神職人員有意識地在操控的工具。數千年來，他們藉此工具排除社會中的部分人士——這是被用來從事政治迫害的信仰，納粹之屠殺猶太人就是最極端的例子。我們在這裡將會檢視兩起發生在17世紀、比較少為人知的事件：基督徒在日本和胡格諾教徒（Huguenots）在法國所遭受的宗教迫害；這兩個例子都是設計用來定義並消滅那些中央掌權者認為不是「我們」的人（第二十八章）。雖然如此，同樣的信仰結構也可以成為被壓迫者的避風港和力量泉源，例如猶太人在耶路撒冷神殿被摧毀、遭受哈德良（Hadrian）征伐之後的故事（第二十七章）；非裔美國奴隸之團結一致，組成社群，從而得以存活下來的故事（第十章）。從這兩個例子來看，猶太人和非裔美國奴隸之所以能生存下來，唯一的理由就是他們擁有一套支撐他們的信仰，因為除了信仰，他們並未獲得其他力量的支持。就此情況而論，宗教提供了一個意義的建構，人們可在此建構之中獲得庇護，找到希望。假如當權者不提供這樣的建構，無權無勢者往往會想方設法為自己創造這樣的建構，就像墨西哥工人掙扎著在美國尋找更好的處境一樣（第十六章）。我們在這幾個例子看到的是，人們可透過政治和宗教來定義他們的身分認同。

歐洲的啟蒙思想家和美國憲法的起草人都曾有這樣的想法：如果能把有組織的宗教團體與政府區分開來，那麼他們就可以把引起宗教戰爭的幽靈永遠趕走。就這個目的而言，他們大體上算是成功的。但是他們或許只達到治標，並未達到治本的目的：人類還是需要歸屬感，人類也需要創造故事來維持這種能包容所有人的歸屬感。那些具有聯繫與啟發、區分與排除功用的共同信仰敘事很快就被民族主義取而代之，而民族主義的團結力量和毀滅力量似乎一點也不小於宗教的幽魂。看來涂爾幹似乎是對的——我們所崇敬的通常是一個出自想像的、社會本身的理想形式。在今日社會裡，我們還有「社會應該如何」這種概念嗎？最近數十年來，隨著經濟逐漸全球化，民族國家逐漸變得衰弱——中東和非洲部分地區的民族國家甚至已經完全崩潰，宗教於是慢慢變成身分的標記，而且此種情勢更甚於以往任何時代。信仰以及能夠提供歸屬感的各種敘事變得越來越有吸引力，越來越有影響力，而且也變得比上一個世代更為危險。

啟蒙時代的思想家認為他們已經發現一帖處方，可以容納不同的宗教社群，可以讓大家在一個政治結構裡和平共處——這帖處方是：寬容的精神加上世俗主義。羅馬人過去的成就驚人，因為他們曾藉由巧妙的設計，邀請戰敗者的神進入他們的萬神殿，從而創造一個多民族、多信仰、和諧共處的社會（第二十一章）。大部分戰敗者都樂於接受這份邀請，其結果就是共創一個寬泛的帝國身分認同。但是像這樣一個寬鬆、多元的方法來面對信仰問題，其基礎是敬神的公共祭儀，不是信仰的固定教義，而且羅馬人的包容手法幾乎不開放給那些以文本為基礎，信奉單一神祇的一神教。

目前大家意見一致的例子是廣被全球接納的公元年曆——公元年曆建立了一個可以容納各種身分認同、全球通用的標準。只是相對來說，這個例子似乎相當微不足道，因為基本上這個例子雖被承認，但卻幾乎無人加以討論。在今日這個連結超級緊密，但卻越來越脆弱——從來不曾如此脆弱——的世界裡，人類是否有可能找到一個多元的、全球適用的敘事，亦即一套足以包容每一個人，而且也被所有人接納的假設和信念？在全球許多地方，對那些人數與日俱增的移民而言，這是一個與生死存亡息息相關的問題（第三十章）。「誰是『我們』？」——這是我們這個時代最大的政治問題；就其本質而論，這也是關於我們究竟信仰什麼的問題。

Our Place in the Pattern

PART ONE

第一部

我們在天地間的位置

最前面這五章，我們來看幾則來自不同社群的故事。這幾個社群遍布四大洲，他們的故事描寫各個社群對宇宙自然的理解，還有他們在天地之間的位置。這些故事與動物、植物、火、水、光，以及四季相關，可視之為一個個不同的解釋，說明人類經驗這個世界的方式，還有萬物在大自然不斷重複的模式中所扮演的角色。人類的社會就存在於這些年復一年、日復一日循環的自然故事裡；永恆的對話就在特定的社群與萬有的偉大法則之間建立起來。從故事衍生的儀式是對這些理解的肯定，透過這樣的理解和肯定，社群的身分認同因而得以強化。

THE BEGINNINGS OF BELIEF

第一章　信仰的開端

1939 年 8 月 25 日，有兩個男人在霍倫斯坦（Hohlenstein）山崖的斯塔德爾（Stadel）山洞後面開挖一處考古地點；這裡距離德國西南部的烏爾姆（Ulm）地區不遠，就在多瑙河北方，向來以藏有大量冰河時期的考古材料聞名於世。兩人都希望這次開挖能夠有所發現。這天是挖掘的最後一天了——大家都知道戰爭即將爆發。這兩個男人是解剖學家羅伯特．維澤爾（Robert Wetzel）和地質學家奧圖．沃爾辛（Otto Völzing）；兩人早已接到徵兵令，必須向德軍報到。

就在兩人打包工具，打算撤離現場的時候，他們有了新發現。就在洞穴深 40 公尺的地方，他們看到另一個較小的洞穴。他們在小洞穴找到許多象牙的小碎片，而且這些碎片似乎都經過人手的處理。不過他們已經沒時間檢查這些碎片，也沒時間研究這些碎片究竟是什麼東西或可能代表什麼意義。他們直接把那些碎片連同其他考古材料一起打包，存放在一個暫時的地方，然後兩人就去參戰了。

1941 年，維澤爾曾在地方科學雜誌簡短地提到他和沃爾辛找到了「驚人的」發現。但是三十多年過去，沒有人真正知道他們到底發現了什麼。

烏爾姆地區發現的獅人雕像，大約四萬年前由象牙雕刻而成。這是一項最早的證據，可證明人類有能力再現經驗之外的事物。

當年開挖出來的材料一直躺在木箱裡，起初存放在杜賓根大學（Tübingen University），後來改放在烏爾姆一處防空洞，最後搬進了烏爾姆市立博物館。1969 年，整理和發表資料的工作移交到博物館長約阿希姆．漢恩（Joachim Hahn）的手上，由他負責研究這批沉寂了三十多年的考古材料。

僅僅工作幾天，漢恩和他的同事就有驚人的發現。他和另外兩個同事很快就發現那兩百多塊猛瑪象牙碎片可以組合成一個直立的、大約 30 公分高的雕像。還有，這是一個人類雕像——不過也並不全然如此。在雕像還沒完全組合起來之前，漢恩以為這雕像有部分可能是熊。但是加上後來幾年內陸續發現的其他碎片，完整的模型終於清楚組合起來。事實上，那是一個人身獅首雕像。很快地，這個雕像就以「獅人」（the Lion Man）之名為世人所知。

獅人的雙腳打開，雙臂微張，垂放在身體兩側。他挺直地站著——可能略踮著腳尖，因此身體有點向前傾。這是一個充滿男子氣概，帶了點挑釁意味的姿勢。兩個腿肚雕刻得很仔細，很明顯是人類的腿，肚臍也位於人類肚臍應該在的位置。雕像的上半身瘦削，看來比較像貓科動物的身材，但是再往上看，就出現了強壯的肩膀和巨大的頭。

吉兒．庫克（Jill Cook）是大英博物館的上古史專家，據她的解釋：

> 這是山洞獅子的頭。這種獅子在冰河時期的歐洲很常見，體型比現代非洲獅大。獅人的頭面向我們，目光直視，充滿力量。嘴角似乎帶著一絲微笑。兩個耳朵立起來，你可以看到耳朵裡面有個小小的開口——那是耳窩管。如果觀察頭部後面的細節，你會看到耳後有許多小小的溝紋聚在肌肉收縮處：那是為了傾聽而轉動耳朵所造成的紋路。這個雕像不是一個戴著面具的人類。這是一種生物，雖然是不可能存

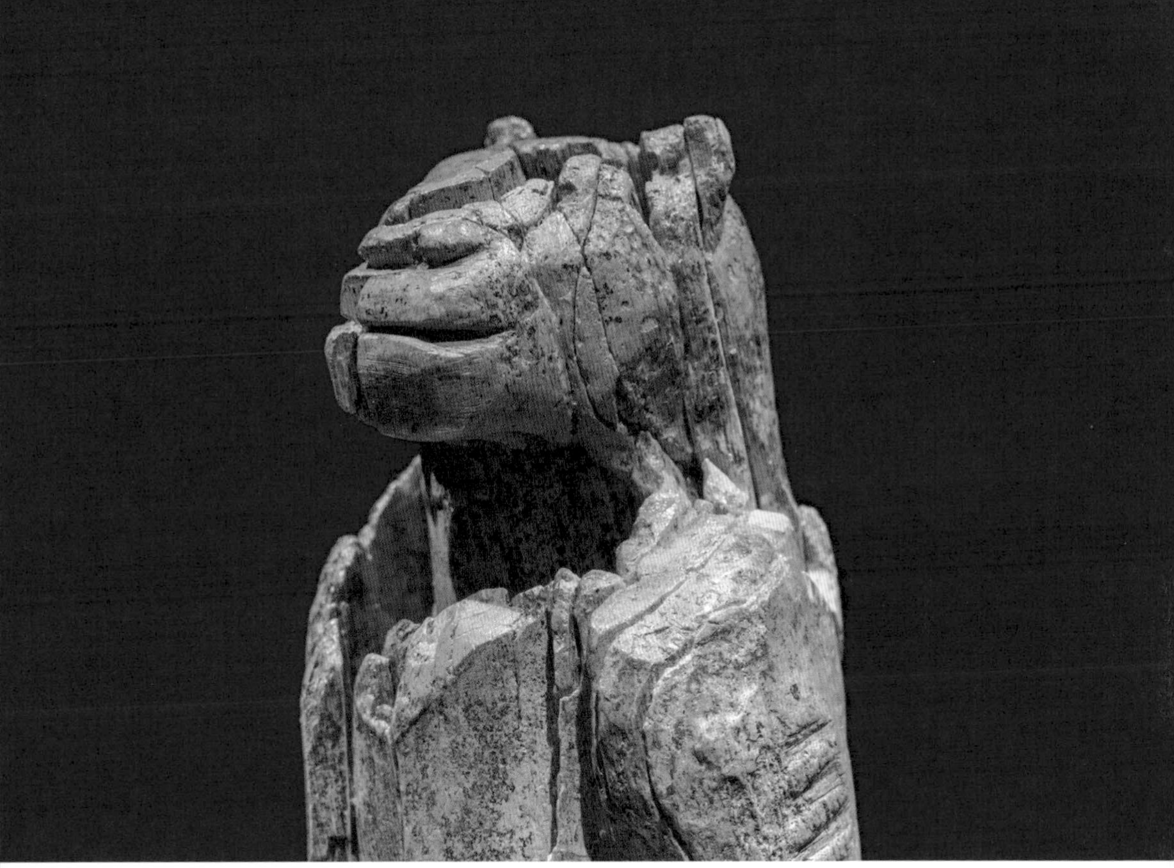

獅人雕像的頭部，彷彿正在聆聽，正在觀察著什麼。

在的生物。而這個生物正在專注地聆聽，觀察周遭的一切。

放射性碳定年法顯示這尊獅人雕像大約已經有四萬年之久，這表示獅人製作於冰河期晚期；從發現獅人的地區收集到的其他考古材料也證實了這個年代無誤。如果獅人的年代真的這麼久（而這似乎是有可能的），那麼這座小小的雕像就在人類的歷史裡占據了一個獨特的位置。這個雕像再現的不只是兩個經過仔細觀察後的物種，它有可能是我們目前發現最早的證據，證明人類擁有無中生有的能力，可以把從未見過的事物，以一個可觸可知的物質形式表現出來。這是我們第一次看到這種只存在於想像中的組合，一種我們可以在物理上掌握的抽象形式。換言之，自然在此被人類重新想像，重新塑造，人類與動物的界限在此消失。獅人因此代表一個認知上的跳躍，代表人類可以進入一個超越大自然、超越人類經驗的世界。

獅人創造者所居住的世界不安穩且充滿危險，那是歐洲氣溫極低的地區之一，大約比今日低個攝氏 12 度左右，而且冬天很長。如果他們活得過嬰兒期，平均壽命也不會超過 30 歲。在很短的夏天裡，他們可以食用各式各樣植物和漿果，但基本上他們只能靠打獵維生，而且只能使用各種簡單的石器來獵殺動物，並把捕獵物剝皮與切割成塊。他們靠動物取得油脂，也用這些油脂生火烤肉裹腹；他們靠動物取得毛皮，製作衣物，保暖禦寒。跟動物比起來，人類顯然脆弱許多，因為人類只有不太靈光的牙齒和指爪，體型也比熊和猛瑪象小，還無法跑得像狼一樣快，而且完全不是獅子——他們最大的敵人——的對手。獅人雕像結合了他們所知體型最大動物的牙、最兇猛動物的頭，然後再加上人的身體——唯一擁有想像力，能夠想像他們所居住的世界的人的身體。這種組合一點也不是偶然。

越仔細觀看這尊獅人雕像，你越清楚知道這不是某人一時心血來潮，花上一、兩個小時隨手雕刻的作品。這個雕像的立姿和儀態顯示雕刻者對象牙這種媒材擁有充分的知識，尤其是年輕猛瑪象的象牙——這個雕像是用年輕猛瑪象的牙雕刻而成。最重要的是，細節的精確顯示雕刻者的技巧成熟，對各種工具的掌握也十分精湛。而且很明顯地，雕刻者為此曾投入了不少時間。根據吉兒．庫克的解釋：

> 你可以看到雕刻者是順著整支象牙的弧度來塑造獅人的身體，這是很聰明的手法，讓觀者有一種獅人身體向前傾、注意看著前方的感覺。

雕刻者也知道如何利用象牙中間的孔腔來創造兩腿張開這種相當男性化的姿態；他還知道如何利用象牙細密的紋理來創造頭部那些精緻的細節。獅人的創作者一定是個技巧精熟的雕刻師，在這之前他一定刻過許多作品，並且對材料瞭如指掌。這是一件想法充滿原創性、技術上有相當的難度、藝術技巧十分傑出的作品。對我而言，這尊雕像所散發的力量和精神讓這件作品成為傑作。

獅人雕像，可以看出是依照猛瑪象牙的弧度雕刻而成。

製作獅人雕像動用了多種石製工具，投入了大量繁重且艱鉅的心力。例如要用一把小小的石鋸來切開手臂與身體，你就得花好幾個小時重複一個動作，而且還必須維持高度的專注。我們用相似的工具做了一個實驗，發現這個製作過程必須花上至少四百個小時的工時。誠如吉兒．庫克所說的，從雕像製作所運用的技巧層次來看，這個雕像不可能是雕刻者的第一個作品。

最後這個觀察引出一個重要問題。這是一個很小的社群，差不多只有一點點人口——肯定不會超過數百人。他們主要關心的應該是為社群尋找並帶回食物、製作衣物、維持火堆燃燒、保護小孩的安全等。但是他們卻允許某個有能力的人遠離上述維生之計，花大把時間磨練各種雕刻獅人所需的技巧。為什麼這個社群願意付出如此巨大的投資，只為了生產一個對他們的生死存亡幾乎沒有任何功用的物件？對此，吉兒．庫克提出她的看法：

> 我認為這可能與該社群的心理生存有關；他們需要某個東西來強化他們的群體感。我們無法確知獅人的性質為何：是神明？是靈性經驗？是創世故事裡的生物？還是負責調解各種自然力量、下凡為獸的神明？不過，只有把獅人看成某個故事——我們現在可能會稱之為神話——的一部分，我們才有可能了解其意義。當年必定有個故事或儀式伴隨著這個雕像，否則我們無法解釋其樣貌與意義。當然，這故事究竟為何，我們現在只能靠猜的了。很明顯地，這個故事必定是關於人類和動物——但是大概也關於某種超乎我們自己、超乎自然的東西，而這個超越的層面多多少少以某種方式讓一個社群團結起來，並使該社群得以克服種種危險和困難。

烏爾姆地區發現的鳥骨笛子，年代與獅人雕像相同。

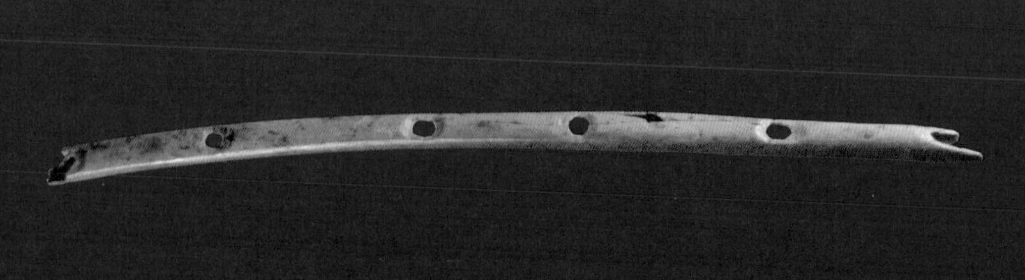

> 我們知道大概在這段時間，居住在這個地區的人也會創作和聆聽音樂。例如我們現在找到好幾種不同的長笛，有的用鳥骨製成——鳥骨本來就是空心的；還有一些比較複雜的笛子是用象牙雕刻而成——這當然也需要投入大量的技術和時間。我們還發現一個明顯正在跳舞的小雕像。所有這些物件都與共享的社會活動有關，同時也跟把你帶向另一個境界有關——或許可以連結到人們製作獅人雕像的目的。

關於雕像的物質層面，我們還有兩個最新發現的重要細節。科爾特．衛爾伯格博士（Dr Kurt Wehrberger）是烏爾姆博物館的研究員，現在負責研究獅人；他透過數位顯微鏡觀察獅人，並且提出一份報告：獅人的嘴部——而且只有嘴部——留下有機物質滲透的痕跡，有可能是血。這即代表曾有某種儀式活動，而獅人的嘴在其中扮演了部分角色。

也許更重要的是，這尊雕像的表面十分光滑，與一般你會在猛瑪象牙上看到的粗糙表面不同：這是由於一連串的長期觸摸，讓這個雕像的表面變得光滑。根據衛爾伯格博士的看法，獅人雕像必定曾被很多人觸摸過，這些人甚至可能跨越好幾個世代。這尊雕像由某一個人雕製而成，之後由一群人在很長的一段時間裡共享。吉兒．庫克如此想像其場景：

> 我們幾乎可以在想像中看到他們圍著火堆坐著——這樣既可以保持溫暖，也可以防止野獸靠近。他們圍坐著，聽著笛子的樂音，看著火焰散發的魔法，一邊傳著雕像，一邊說著跟這個組合生物有關的故事。這個下凡的神獸是他們與不可見的神靈——不管是善靈還是惡靈——溝通的連結。他們說著可見世界的故事，也說著超越此世的故事。作

為一種神奇存在的化身，獅人似乎可以帶領他們通往超越的世界。這不是關於某一個人的經驗，而是某種所有人都可共享的經驗。

在山洞裡傳遞著獅人雕像的是一群跟我們非常像的人類。他們跟我們同屬智人（Homo sapiens）這個物種；基本上，他們擁有跟我們一樣的大腦。他們（亦即我們）起源於非洲，大約在六萬年前快速地向外遷移，移向亞洲、歐洲、澳洲、最後是美洲。較早的原始人類（hominid）已經學會製作工具，並且靠打獵維生超過一百萬年。但是在一個重要的層面上，這群人與原始人類不同。

克里夫．甘伯（Clive Gamble）是南非安普敦大學的考古學教授，專精於早期人類的發展。據他的看法：

> 這當中的核心差異是想像力。真正把我們與其他物種區隔開來的，是我們大腦的運作，是我們可以超越此地與此時的能力。我們做得很好的部分是我們會往前面想，會預想未來，超越我們個人生命的未來，同時我們也會想像我們的過去。這種能力讓我們得以展開一段長長的旅程——在地球上，智人遷徙和定居的速度是很驚人的。我們會建構各種神話和傳說。我們可以居住在其他不同的世界，我們可以從事各式各樣想像力的跳躍，把許多不會發生在自然界的事物結合在一起，就像獅人。這是一個真正新穎且充滿動力的開端。

對克里夫．甘伯而言，這種想像力的跳躍是重要的，人類藉此建立我們在宇宙之中的位置，還有建立我們如何與其他動物互動的觀點。這種能力讓我們可以想像其他人（社群）的持續生存，即使我們自身已不在人世；這種能力也讓我們得以發展一個關於來生的信仰，讓我們得以創造象徵、慶典和儀式。

> 這些信仰——不管我們如何為之命名——不會是某種特別而獨特的東西，而是社會生活完整的一部分，遍及於所有活動之中。而且，這些信仰也不僅涉及與他們自身直接相關的群體。我認為在這段時期，這些信仰系統有可能已經十分重要，幾乎就像擁有足夠的人力保衛家園，或者甚至像擁有確定的食物來源一樣重要。因為共享的信仰可以讓人與距離遙遠的社群產生關聯，而不僅僅限於本地的社群。他們可能會和其他社群分享他們對這個世界的獨特了解，那些象徵器物或儀式可能會被用來敘述這種了解；這種分享會讓他們與其他來自廣大區域的群體建立某種親緣關係，產生某種同在一個社群的感覺。

該地區後來至少又發現了另一個獅人雕像，而這個發現可以支持前述看法：他們或許會和來自廣大區域的其他居民共享這個信仰系統和實踐，其他地區的人們也會從很遠的地方來參加慶典。近幾年，杜賓根大學的約阿希姆．金德（Joachim Kind）教授再次帶領團隊到原先發現獅人的洞穴開挖。他們發現那個洞穴相當寬敞，近乎長方形，大約 40 公尺深，10 公尺寬，很像一間冷颼颼的鄉村禮堂。這個洞穴應該一直都是那麼冷，因為洞穴面向北方。金德教授相信這個從來不曾見過太陽的洞穴並不是人們會選擇定居的地方。靠近洞口處有一個火爐，明顯有多次使用過的痕跡；但令人驚異的是，洞裡幾乎沒多少石製工具、骨頭等足以顯示曾有人定居的正常遺跡——至少遠比附近大部分其他洞穴來得少。這表示這個洞穴並非人們長久居住的地方，而是偶爾聚會的場地。金德教授認為這個大洞穴主要是遠方客人的住所，讓他們暫住個幾天而

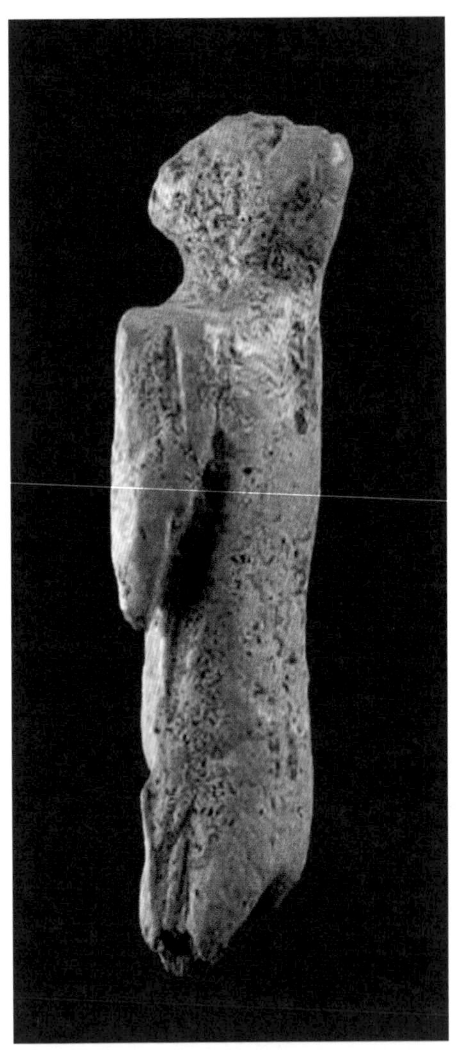
「小獅人雕像」，同樣發現於烏爾姆地區，大約製作於三萬一千年到三萬三千年前。

已。這些遠方的客人可能是來參加慶典的。

山洞後面有個小一點的洞穴，也就是發現獅人碎片的地方；考古學家近年再度進去挖掘；他們找到的物件當中，沒有一件跟日常生活有關，相反地，這些物件都很不尋常，例如北極狐、狼和鹿的牙齒，牙齒上穿了孔，因此可以和小小的象牙墜飾串在一起。洞後還有一間儲藏室，藏有修剪過的馴鹿鹿角。就像獅人一樣，這些物件並沒有實際用途，但是我們很容易想像這些物件被用在儀式中的情景。金德教授認為裡面這個山洞是個特別的場所，專門用來舉行某些跟獅人有關的活動與保存儀式用的器物。他認為我們幾乎可以用「聖堂」這個字眼來稱呼這個山洞，並將其視為一個神聖的地方。

這群在生存邊緣掙扎的人犧牲了大把時間把獅人塑造成形，但是我們永遠

霍倫斯坦山洞。1939 年，羅伯特．維澤爾和奧圖．沃爾辛兩人在此發現了獅人的象牙碎片。

無法確知獅人雕像對他們而言究竟代表什麼意義。我們確知他們有個跟我們一樣的大腦，知道他們有能力理解複雜的概念，所以我們如果試圖想像他們在做些什麼、在想些什麼，似乎這並不是一件不可能的事。與上古史有關的大部分看法都得靠推測，一旦有新的證據出土，每個看法就得重新調整；這裡也一樣：我們最好的假設是，雕刻獅人的社群創作了一件很棒的藝術品，建構了一個故事來連接自然與超自然的世界，並與遠方的社群一起儀式性地演出這個故事。這是所有人類社會都曾做過的事：尋找模式，然後據此模式創作相關的故事和儀式，讓這些創作把我們——我們所有人——放入一個屬於我們的宇宙位置。你或許可以這麼說：當一群人對這個偉大謎團的碎片組合方式都表示贊同，你才擁有了一個社群。也可以這麼說：智人也是宗教人，人們在宇宙中尋找的並不是我的位置，而是我們的位置，人們的信仰與歸屬感在那裡緊密相繫。

獅人雕像雖然似乎一直被保存在斯塔德爾洞穴後面，但那也是他的故事唯一可被述說之處。那是一個神奇的地方——在那裡，故事總是不斷地被述說再述說；在那裡，有一圈閃爍的、宛如魔法、溫暖而危險的火。火，正是我們下一章的主題。

FIRE AND STATE

第二章　火與國家

在日內瓦附近的歐洲核子研究組織（CERN），其總部外面立著一尊印度神像，一尊永遠站在火圈內跳舞的濕婆（Shiva）神像。許多來這裡的訪客都覺得有點不安，不知為何這個強調理性的科學研究中心，怎麼竟在門口安放一尊神像來迎接客人？但說真的，再也沒有比濕婆更適合安放在這個地方的神像了。理由並不只是因為印度長久以來一直和歐洲核子研究組織密切合作，共同經營多項研究計畫。主要的原因在於：在印度的傳統裡，濕婆的火既能創造與支撐我們的生命，也會毀滅我們的生命。火終將逸出人類的理解範圍，或脫離人類的控制，就像核能一樣。

當然，並不是只有印度的傳統曾在危險、搖曳的火中發現神。古典希臘神話中的普羅米修斯（Prometheus）曾到天庭盜火，送給人類使用。對猶太人來說，摩西曾在燃燒的灌木叢中看見上帝；對基督徒來說，聖靈是以火舌的形象降臨在使徒之間。在許多社會裡，可見但不可觸，充滿力量卻沒有具體形象的火是最明顯、最直接的神聖象徵。

然而火也跟人類的生活息息相關。事實上，有人認為人類社會之所以可

濕婆正在跳著毀滅與重生的宇宙之舞。這是印度政府送給歐洲核子研究組織總部的禮物，目前這座神像立在日內瓦附近的實驗園區。

蒙面的維斯塔女神坐在聖壇上，陪伴她的是四位維斯塔貞女。羅馬，公元 1 世紀。

能，正是因為火。大概一百萬年前吧，我們的老祖先一旦學會了用火，火不但提供保暖與安全（阻擋危險的動物不使其靠近），還聚集了整個社群，使大家圍在火堆旁煮食與用餐。煮熟的食物提供人類更多的卡路里和蛋白質，人類的大腦因而得以在數萬年間持繼續成長發展。當社群成員圍坐在火堆前，他們會分享彼此的故事。火於是成為社會的焦點。不過這個概念應該並不會讓我們感到驚訝，因為「焦點」（focus）就是拉丁文「壁爐」的意思，每一次我們使用這個字，就在無意之中對火的聚集力量——那無可匹敵的力量致敬。圍坐在火堆前想像自身的那個社群可能是一家人、一個村落，甚或一個國家。對羅馬和波斯這兩個歷史上最偉大的帝國而言，火成了國家團結最基本的神聖徽誌——雖然火在這兩個帝國的成聖方式極為不同。

波斯和羅馬這兩個帝國曾在公元 3 世紀為了奪取中東的統治權而打得你死

我活，今日則在大英博物館的古幣展示區面對面共處一室。來自波斯的是一枚金幣，大小大約相當於 10 便士硬幣，上頭刻著瑣羅亞斯德的的聖火祭壇和兩個男性侍奉者。來自羅馬的是一枚深色的青銅幣，上面刻著維斯塔神殿和著名的維斯塔貞女（Vestal Virgins）。

對羅馬人來說，維斯塔（Vesta）是司火的處女神，負責保佑家宅和爐火的安全。她是一位百分之百的家宅女神。不像其他女神，例如維納斯（Venus）或茱諾（Juno），她完全沒有情愛方面的荒唐艷聞或軍事方面的冒險故事：她只是待在家裡，坐在火爐邊，保護家中所有居住者的安全。不過，就某個意義而言，她卻是羅馬最重要的女神。不像其他神祇，她在羅馬史的大部分時間裡

圓形的維斯塔神殿——「帝國的爐火」——矗立在羅馬廣場中央。

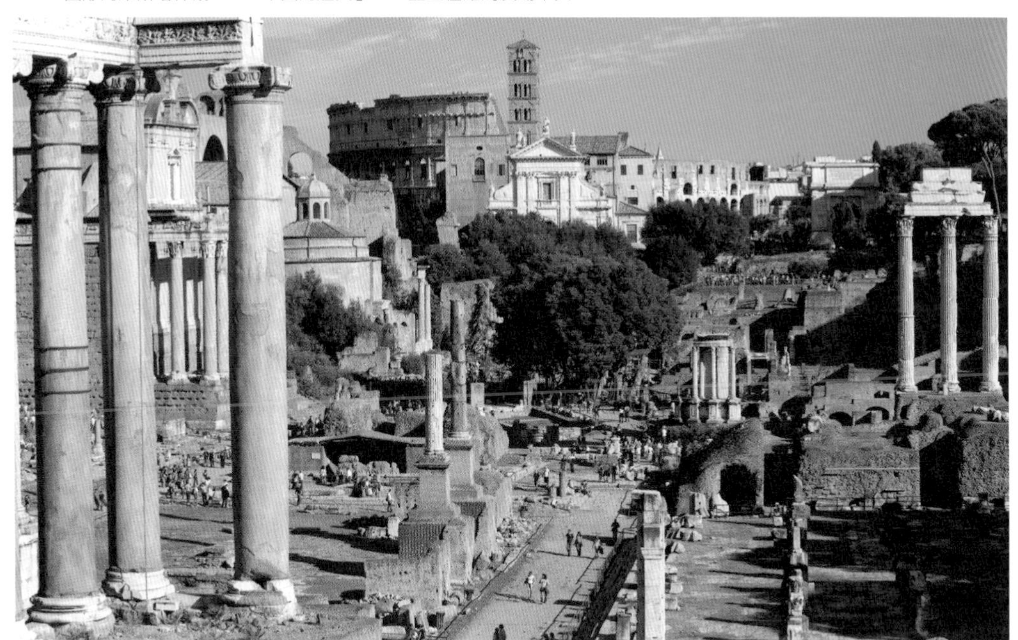

只擁有一座神殿，就蓋在羅馬廣場的中心；很不尋常的是，這座神殿裡並沒有維斯塔女神的神像——維斯塔女神只存在於神殿內那盆永不熄滅的火焰之中。但是那盆爐火和那座神殿也是羅馬城與羅馬帝國的爐火，羅馬人的成功與存亡完全依賴維斯塔女神的火焰。維斯塔女神的爐火因此成為羅馬帝國的主要象徵。她的火焰必須永遠保持燃燒，因此，神殿裡的爐火必須隨時有專人照管。

我們可以在這枚大約鑄造於公元 200 年的銅幣上看到這一景象。銅幣的一面刻著一間圓形神殿，上頭寫著 Vesta Mater 的字樣，意即「母親維斯塔」，因為這位處女神也具有典型的母親形象——這一矛盾現象其實在許多社會裡都會出現。一如既往，銅幣上沒有女神的神像，倒是在火爐的兩側分別站著三名女子。據劍橋大學古典學教授瑪麗・畢爾德（Mary Beard）解釋，這幾位女子就是維斯塔貞女：

> 她們就是維斯塔的女祭司；她們只有一項最重要的任務：照管羅馬城的神聖之火。在羅馬廣場的中央，在維斯塔神殿裡，有一個我們現在可在銅幣上看到的火爐。這盆爐火必須永遠維持燃燒，不能熄滅。維斯塔貞女既然是維斯塔女神的祭司，她們的工作就是隨時維護那盆火，不使熄滅。

只有那些純潔無暇、特別為這個目的而挑選出來的年輕女孩，才有資格照管像這樣一盆具有信仰與政治意義的火。一般來說，神殿設有六位貞女祭司，她們在任職期間必須保持處子之身。瑪麗・畢爾德繼續解釋道：

黑色的羅馬銅幣，大約鑄造於公元 200 年。銅幣的一面印著維斯塔神殿和六位維斯塔貞女（圖上）；另一面則是皇后尤利亞・多姆娜的半身像（圖下）。

VESTA MATER
S C
IVLIA AVGVSTA

> 如果神殿裡的火熄了，那就表示羅馬人與眾神建立的關係出現障礙。一旦那樣的障礙出現，你就得做點什麼來矯正。譴責的手指很有可能會指向其中一位女祭司，懷疑她可能已經失去了處子之身。

犯下這種錯誤的維斯塔貞女，她面臨的懲罰是可怕的死刑——活埋。從歷史文獻中，我們知道這種刑罰曾經施行過幾次。既然這樣，到底有哪些人會願意從事這樣的工作？據瑪麗．畢爾德的解釋，其中一個理由就是這份工作所帶來的地位：

> 就像幾乎所有的羅馬祭司職位，這是一份只有菁英階級才能擔任的工作。這份工作之所以非常特殊，那是因為這份工作只保留給貴族女子。這份工作使貞女祭司和她的家庭位居羅馬宗教世界的中心，當然在羅馬的政治世界也是如此，因為這座神殿和爐火正好就位於羅馬政治空間的中心。這群女子擁有許多特權——例如劇場裡最好的座位等等。她們雖然是在照看一盆爐火，但那可不是烤肉的爐火。她們負責看管與照顧的，其實是某種足以代表羅馬這個國家本身的事物。

如果把銅幣翻過來，我們可以很清楚地看到維斯塔神殿和國家這個概念之間的連結充滿了女性特質。在這面銅幣上，你看不到預期中的皇帝頭像；相反地，你看到的是一個女子的半身像，從上頭所刻的 Iulia Augusta，可知這是尤利亞．多姆娜（Julia Domna）。尤利亞．多姆娜的丈夫是皇帝塞提米烏斯．塞維魯斯（Emperor Septimius Severus），他在公元 193 年開始統治羅馬，一直到公元 211 年為止。由於他在王宮位址蓋了第二座維斯塔神殿，於是把皇后請出來做廣告，宣傳羅馬女人的理想形象：照管家庭與國家的爐火。因為被連結到維斯塔女神之火，皇后於是可以分享某些維斯塔貞女的政治責任，同時也擔任國家之母的角色。

據瑪麗．畢爾德指出，在男性占極大優勢的羅馬政治圈，女性擁有這樣的權力是極為罕見的，而這個例子在後世擁有一個長久且迷人的來生：

> 在西方的文化和政治想像中，維斯塔貞女一直是個鮮明有力的象徵。你會發現，後世許多歐洲貴族女子和出身帝王之家的女子，她們都會從這個典型羅馬版本的女性權力當中，試圖取得某些獨特的權威。

一點也不令人驚訝的是，最懂得利用這份歷史資訊的其中一位形象操縱者就是英國的伊莉莎白一世（Elizabeth I）。作為一位貞女女王（Virgin Queen），她的繼承權與合法性一直遭受羅馬天主教教廷質疑。伊莉莎白一世想必會覺得很高興，因為她發現有機會把自己打造成古羅馬政治制度的繼承人，這個制度認可未婚女子，願意把國家大事託付給她，而且這個制度又比教廷更為古老。曾有一位維斯塔貞女被懷疑失貞，結果她拿著篩子取水，以此證明了她的貞潔。因為這個典故，伊莉莎白在這張畫像（她還有許多幅這樣的畫像）拿著一個篩子——這形象既可強調她的貞潔，也強調她足以擔當保衛國家的獨特身分（這個事例想必讓伊莉莎白感到很欣慰，因為羅馬天主教教廷屬意的王位繼承人是蘇格蘭女王，但是沒有人會把這位女王跟貞潔畫上等號）。兩個世紀之後，法國的瑪麗．安托內特（Marie Antoinette）為了強調她身為模範妻子與母親的角色，並且在政治領域裡擁有適當的位置，她也請畫師把自己畫成維斯塔貞女。可以理解的是，她捨棄了象徵貞潔的篩子，選擇站在象徵國家的爐火旁，以此表示她會為國家效力。我們在此看到的兩位女子，她們就像數百年前的尤利亞．多姆娜一樣，藉由與維斯塔貞女的聯繫，讓她們的國人知道他們可以把跟國民有關，甚至關乎國家生死存亡的任務交給她們——她們會照管國家的爐火。

神聖的爐火這個概念擁有驚人的生命力。令人欣喜的是，這則故事還有民主的最後一章，故事背景是世界第一次大戰的第一個秋天。很快地，大家就清

英國女王伊莉莎白一世，手裡拿著維斯塔貞女的篩子；小昆丁．馬西斯（Quentin Massys the younger）畫於1583年（左圖）。法國的瑪麗．安托內特化身為維斯塔貞女；阿郭提（Jacques-Fabien Gautier d'Agoty）的系列作品之一（右圖）。

楚知道，像規模這麼大的戰事，不僅男人要上戰場打仗，全體國民都必須參與才行。1914 年 10 月，威爾斯作曲家艾弗·諾韋洛（Ivor Novello）創作了第一次世界大戰期間流行最久的愛國歌曲：

當你的心充滿了思慕，
保持家裡的爐火燃燒；
儘管年輕男子身在遠方，
他們會夢見自己的家園。

就像古代的羅馬，英國本來並不容許大部分女子擔任任何政治角色。但在 1914 年，英國此時召集每一位女子動員起來，以妻子、母親或姊妹的身分，負起拯救國家的責任：照管家裡的爐火。因為每一座爐火，就像維斯塔神殿上的爐火，都是國家的聖火。

公元 3 世紀的超級強權之一，也是唯一跟羅馬簽署正式外交關係協定的國家是鄰近波斯（現在的伊朗）的薩珊王朝（Sasanian Empire）。火在這個帝國也扮演了重要的角色，是整個社群的焦點。有所不同的是，羅馬神聖爐火的女性特質，在波斯這裡被一個自始至終都是男性的聖火概念所取代。

薩珊王朝的國土極廣，他們控制了印度河與現代埃及之間的大片土地，有時還不僅限於這塊區域。這個王朝的國祚大約始於公元 230 年，直到公元 650 年伊斯蘭入侵為止，總共維持了四百多年。薩珊王朝實際上是羅馬人唯一的敵人，羅馬在軍事上根本不是他們的對手；公元 260 年，羅馬皇帝瓦萊里安（Valerian）不僅被波斯大軍打敗，甚至遭到波斯大軍俘虜，可說顏面盡失。

薩珊王朝的主要信仰是瑣羅亞斯德教（Zoroastrianism）；就道德準則與儀式方面而論，這是個屬於一神論的信仰。這個信仰的創立者是他們的先知，即大約生活在公元前 ,000 年左右的瑣羅亞斯德（Zoroaster）——在歐洲他是以查拉圖斯特拉（Zarathustra）之名為人所知。這個宗教的中心信仰是敬拜一個無形的崇高存在：阿胡拉．瑪茲達（Ahura Mazda），意思是「智慧王」（Wise Lord）。智慧王對祂的信徒的要求是：相信真理，擁有善念、善言、善行；如此一來，一個公平的社會即可預期。阿胡拉．瑪茲達可能是無形的，但人們或可透過火來了解祂的存在。純潔、無形、溫暖，但又充滿毀滅的力量，瑣羅亞斯德教徒敬拜的不是聖火本身；聖火其實是崇高敬意的焦點，幫助靠近聖火的信徒能夠專注於神的純潔和神的真理。

這枚來自薩珊王朝的迪納金幣大約鑄造於公元 273 年到 276 年之間；我們在此可以很清楚地看到聖火的政治意涵。金幣的一面印著薩珊王（Sasanian Shah）的圖像：這位披著長卷髮，戴著王冠和三角帽的男子是巴赫拉姆一世（Bahram I）——與羅馬皇帝談妥敘利亞的和平協定的，就是這位帝王。公元 274 年，一群波斯大使走過羅馬大街，他們的身分終於不再是俘虜，而是羅馬的貴賓，受邀前來參加奧雷利安皇帝（Emperor Aurelian）的凱旋遊行典禮。金幣的另一面刻著兩位武裝男性侍奉者，他們身材優雅修長，倚著長長的拐杖，充滿敬意的眼神避開中央的聖壇，因為在聖壇上，阿胡拉．瑪茲達的聖火正在燃燒。就像在羅馬，宗教與政治力量在火中相遇與合一。

薩珊王巴赫拉姆一世發行的迪納金幣，大約鑄造於公元 275 年左右；戴著發亮頭冠的巴赫拉姆一世（圖上），瑣羅亞斯德聖火壇和兩位武裝侍奉者（圖下）。

但是在本質上，伊朗人的火與羅馬人的火有一個極大的差異。維斯塔神殿那一座爐火即象徵性地代表了整個羅馬帝國，但是瑣羅亞斯德教最崇高的火則是來自整個社群，不論在名與實兩方面皆是如此。這是一個構想極為出色的儀式：瑣羅亞斯德教的祭司首先會收集各種不同的火——麵包師傅、鐵匠、祭司、戰士等行業的火，然後把這些火組合起來；再來，祭司還必須收集總共來自十四個社群的火種，並加以組合，使之純化，直到整個社會象徵性地融合在一盆爐火當中。不過，要完成聖火的創造，祭司還必須再取得兩種來源的火。首先是火葬材堆裡的火，代表死者也加入生者的行列，一起榮耀阿胡拉．瑪茲達。最後是閃電，亦即來自天空的火，表示把天堂與人間連接在一起。要創造這樣的一盆聖火可能得花上兩年的時間，動用三十二個祭司。完成的結果就是聖火，稱為亞塔斯．貝漢姆（Atash Behram），意思是「勝利之火」。就象徵的層面來說，社群裡的每一分子對這盆聖火都有貢獻，因此這盆聖火是團結社會的強力標誌，不只連結了過去與現在，也連接了凡間與仙界。事實上，我們在這枚巴赫拉姆一世的金幣後面看到的聖火，正是社會神學的精心傑作。

瑣羅亞斯德教是薩珊王朝的國教。薩珊王朝的勢力持續發展，然而在西歐的羅馬卻頻遭挫折。這枚金幣打造之後的三百年裡，波斯文化影響了中東的大部分地區。但在公元640年代左右，由於敵不過阿拉伯人的多次入侵，薩珊王朝以驚人的速度迅速瓦解，該國的宗教信仰自此改為伊斯蘭教。不過聖火並未就此消失——聖火搬遷到了其他地方。

一群瑣羅亞斯德教徒從伊朗逃亡到印度，並在印度西北部的古吉拉特邦（Gujarat）定居下來。由於他們來自波斯，所以他們在印度被稱為帕西人（Parsis）；他們人數不多，但是他們的社群對現代印度的發展卻扮演著重要的角色，尤其在商業之都孟買。根據傳統，帕西人從伊朗帶來聖火的灰，到了新居住地之後，他們將故鄉帶來的灰祝聖、點燃、重造一盆新的聖火。據說這盆新的聖火自公元721年以來就不曾熄滅，至今依舊在古吉拉特邦的烏德瓦達（Udwada）持續燃燒。

當你來到這個離孟買北方大約幾小時車程的偏遠小鎮，你忍不住會覺得這個相當破敗的濱海小鎮在很多方面都像極了英國那些風華已逝的渡假勝地。不過讓我們感到大吃一驚的是，帕西人的火神殿外面竟然寫著「伊蘭沙」（Iranshah），意即宣告該處是國王——伊朗國王——的居所。對此，最高主教祭司解釋道：

瑣羅亞斯德教的「伊蘭沙」，即火神殿的大門。攝於古吉拉特邦的烏德瓦達。據說聖火在這裡已經燃燒了超過一千年。

、

我們總是把火稱為「國王」或「沙」(shah)。我們給聖火取名為「伊蘭沙」,那是因為我們離開了伊朗,以難民的身分來到印度,我們知道我們不可能在這裡建立屬於我們的國度。我們不會有一個實質的、政治的國王;相反地,我們有聖火,聖火於是成為我們的王。

因此這不是政治上的王國,而是一個精神上的王國。這個王國的中心肅立著一位流亡的國君:聖火,並在流亡的國度持續發揮自古以來的功能。最高主教祭司繼續解釋道:

世人都說我們是拜火教徒,其實我們並不是拜火。相反地,火是一個媒介,透過它,我們努力讓自己和智慧王阿胡拉·瑪茲達保持聯繫。沒有火,人類無法存活。沒有熱,人類也無法存活。火是一切。

最重要的是,在生活中,你要盡可能活出你精神上最好的一面。如果你的思想是好的,你說出來的話就會變好。如果你的思想和話語都是好的,那麼你的行為也會變好。這就是我們的宗教。

如果你不是瑣羅亞斯德教徒,你永遠無法進入伊蘭沙的範圍或者觀看聖火亞塔斯·貝漢姆。就這個層面來說,瑣羅亞斯德教徒的聖火真的就像一位君王。在一個用欄杆隔開的正方形空間裡,正中央有個祭壇,上頭立著銀色的甕,這個甕就是聖火的基座。聖火的上面——就像在王座的上方——掛著一頂銀色王冠,王冠之上則是銀色的華蓋。後方的牆上則掛著一面盾和幾把劍。伊蘭沙,亦即伊朗國王,在此擁有適合帝王身分的華蓋、保鏢和王座。就像所有瑣羅亞斯德教聖殿裡的火一樣,這盆君王之火有一群祭司小心翼翼地照管,

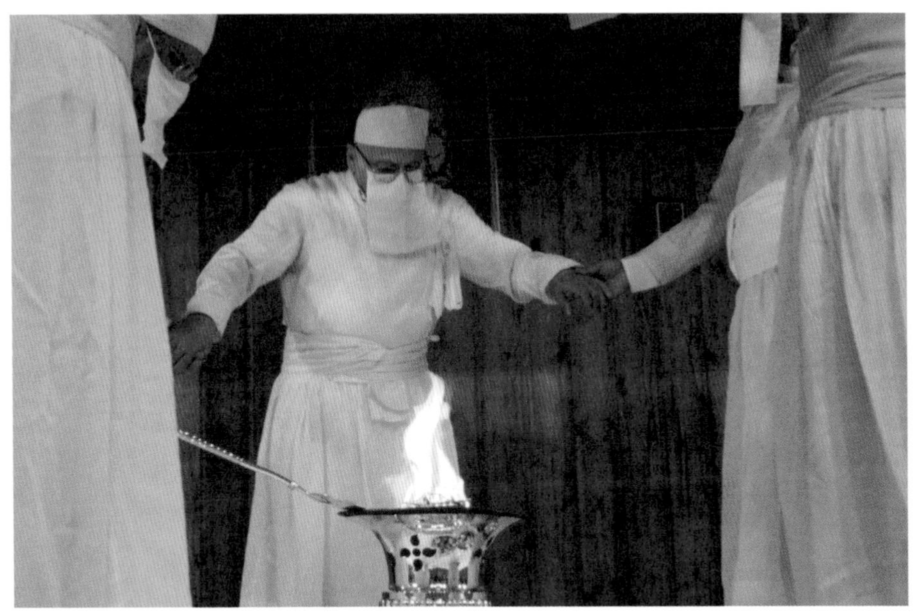

瑣羅亞斯德教的祭司在聖殿裡圍顧一盆聖火。攝於倫敦。

不使熄滅。祭司們身穿象徵純潔的白袍，戴著面罩（以免不小心汙染了聖火），隨時給聖火添加信徒提供的檀香木和其他高貴的香木。

但是瑣羅亞斯德教聖殿與王宮的相似處僅止於此，因為在象徵整個社會的聖火面前，在阿胡拉．瑪茲達面前，社群裡的每一個人都是平等的。最高主教祭司繼續解釋：

> 人們來這裡敬拜神，然而這裡並沒有區分不同的角落來容納男的和女的信眾、貧的和富的信眾，或來自不同社會階級的信眾。這是一個平等的社群，成員來自所有社會階層。這盆聖火是大家共有的，和平的聖火；社會裡的每個階級都可以在這裡聚集。這是聖火的基本目的。

六塊一組的拋光瓷磚畫，1980 年代燒製於孟買。畫面的中央是帕西人的聖火，附有照管聖火的火鉗和勺子。畫面右邊的人物是先知瑣羅亞斯德，畫面左邊則是羅赫拉斯大王（shah Lohrasp）。傳統上認為後者是先知瑣羅亞斯德的保護人。畫面邊框上的建築物，其風格顯然來自古代波斯首都波斯波利斯（Persepolis）的建築。

我們可從 1967 年英國人撤離葉門南部這個獨特的例子，看出帕西人的聖火具有號召整個社群的力量。當時，許多在 19 世紀跟著英國人來到葉門的帕西人也開始遷出葉門，很多人移居到了孟買。當時大家非常擔心，如果沒有人留下來，那麼他們供奉在亞丁城（Aden）的聖火該由誰來照管。經過多次宗教方面的討論，加上多次國際間的外交協調，帕西人終於在 1967 年特別裝備了一架波音 707 飛機來運載燃燒著的聖火。這架飛機的機組人員清一色都是帕西人，這家航空公司——印度航空公司——也是由一個名叫塔塔斯（Tatas）的帕西家族成立的。聖火很安全地降落在孟買。一盆移民之火，一個移民社群，再次上路，繼續前進。

對帕西人或所有瑣羅亞斯德教徒而言，聖火在宗教與社會上所扮演的角色始終不變，即使到了今日也依然如故。康斯坦丁（Constantine）大約在公元312年決定改宗，不過令人印象深刻的是，基督教化之後的羅馬人仍然對維斯塔女神保持尊敬，態度十分有彈性。維斯塔女神畢竟是深印在人們思想、鑲嵌在人們心靈中的象徵，不可能在一夕之間捨棄。事實上，差不多過了數十年之久，羅馬的基督徒皇帝依然持續敬拜與支持維斯塔信仰。一直到公元391年，狄奧多西皇帝（Emperor Theodosius）才下令關閉維斯塔神殿，熄滅維斯塔聖火。最後一位維斯塔貞女在公元394年卸任。僅僅過了一個世代，羅馬城就被西哥德人（Goths）劫掠一空。

維斯塔女神的聖火雖然早已熄滅，不過她遙遠的女兒今日依然在法國明亮地燃燒著。法國人固然自豪於自己是個沒有宗教色彩的國家，但他們還是很尊敬聖火。巴黎凱旋門下至今依然燃燒著一盆代表國家的火，並由一群男子每天照顧，不使熄滅。這盆火最初於1923年11月11日點燃，由當時的戰事部長馬其諾將軍（General Maginot）舉行開幕儀式，目的是為了追念第一次世界大戰的無名士兵。很有意思的是，發起照顧這盆火的組織把這盆火正式命名為「國家之火」（La Flamme de la Nation）；據他們解釋，這盆火不僅代表他們對死者的敬意，也代表了國家走向未來的自信。就像維斯塔或亞塔斯．貝漢姆的聖火，法國的這盆國家之火也必須保持燃燒，不能熄滅。每天下午6點30分，有一小群人就會聚集在一起舉行一個稱為「聖火點燃」（Le Ravivage de la Flamme）的公開儀式。這群人由退伍士兵和學童組成，負責擔任過去維斯塔貞女的任務。照顧聖火的儀式流傳得如此深遠，可說是十分驚人的傳承。

就像在羅馬，法國的聖火很快就被視為國家身分的象徵，連接了這個國家的每一個子民；每日舉行的聖火點燃儀式也很快就載滿了意義，即使在第二次世界大戰期間，巴黎遭到德軍占領，聖火點燃的儀式也不曾中斷。2017 年，法國的新總統馬克宏（President Macron）甫上任，第一件正式的公開行程就是跟前任總統結伴到國家之火前獻上敬意。

* * *

我們很難確切說明與定義任何一個社群的精神，但我認為這裡有一個令人不安的傾向，就是把一個社會的繁榮興旺與一盆虛幻的、搖曳閃爍的火聯繫在一起。如果沒有得到細心照顧，無人為之添加燃料，火最終總會熄滅；社會組

1923 年 11 月 11 日，馬其諾將軍為「國家之火」舉行點燃的開幕儀式。

織也是如此，如果沒有得到持續的修復和更新，任何社會組織最後終會瓦解。或許就是在這種對火——國家生命的象徵——的崇拜之中，我們獲得一個象徵性的認知：所有政治機構都是脆弱的，我們因此有義務與責任保持警惕，持續予以維護，隨時善加修復。

與火的信仰並列的還有第二個元素。這個元素也一樣神祕，一樣對我們的生存不可或缺，也一樣充滿危險和難以掌握。就像火，這個元素擁有造成極大毀壞的潛力，但同時也是淨化與新生的力量來源。我們將會在下一章遇見這一元素。我們將會發現，在自然與信仰最深層的模式當中，既有燃燒的元素，也有流動的元素。

舉行正式的總統就職典禮之後，法國新任總統馬克宏立即到凱旋門點燃無名士兵墳上的國家之火。攝於巴黎，2017 年 5 月 14 日。

WATER OF LIFE AND DEATH

第三章　生命與死亡之水

今天如果你從宏偉的西門走入索爾茲伯里大教堂（Salisbury Cathedral），到了正廳，你第一眼看到的就是水。那是一個洗禮盆，或說噴水池，一個很寬大的銅製水池。洗禮盆設計成十字架的樣子，從十字架的四端，不斷有水湧出來，注入池裡。表面上看來，池水有一種很神祕的寧靜，但在池子底下其實一直有水不停地流動，讓池水時時更新。

這間教堂在入口處設置水池，自有重大的意義，因為在基督教神學中，洗禮的水是一道門，透過這道門，基督徒不只進入信仰，還進入基督徒的社群——包括過去、現在和未來的社群。對索爾茲伯里大教堂的主教尼可拉斯．霍坦姆（Nicholas Holtam）來說，洗禮的水就是「生命之水」本身：

> 水淨化了我們。洗禮的水與走向應許之地，穿過紅海的旅程有關。我們從洗禮盆的另一頭走來，進入大教堂的正廳；在正廳裡，聚集了整個社群，大家在一起領受聖餐禮（Eucharist）。我們是個別地受到召喚，但是我們是以一個整體聚集在一起。不只這座教堂，這跟整個教會有關。要成為一個基督徒，你得要接受洗禮，你得藉此儀式進入

索爾茲伯里大教堂內部，靠近西側大門的洗禮池。

全世界的教會；經由洗禮，你既屬於這裡，也屬於所有教會，不論何時何地。

當然不是只有基督教的教堂會在入口處設置水池迎接來賓。《古蘭經》對其信徒命令道：「信道的人們啊！當你們起身去禮拜的時候，你們當洗臉和手，洗至兩肘，當摩頭，當洗腳，洗至兩踝。」穆斯林在祈禱之前，個體在加入社群與其他人一起面對神明之前，他們必須淨身。這樣的要求從此決定了清真寺的建築結構；古往今來，清真寺為了提供教徒方便，大多會留下大量空間來建造澡堂。噴泉與澡堂的建設更形塑了伊斯蘭世界的都市地理景觀。

參加精神性的活動之前用水清洗身體；水讓我們做好與這個世界建立新關係的準備——這個概念與我們的每日生活經驗有極大的聯繫，以至於最後成為許多信仰的重要概念。這並不令人驚訝。在宗教實踐上，水向來扮演著重要的角色，不僅洗滌身體與心靈，也幫助界定社群的成員——現代的猶太教如此，古代的埃及與古典希臘亦同，事實上全球所有地方都是如此。有時候，某一特定來源的水會特別受到尊敬。穆斯林到麥加朝聖之後，會用一個特殊的瓶子把滲滲泉（Zamzam spring）的泉水帶回家（見第十四章）。據說滲滲泉是在神的命令之下開始噴湧而出，及時解除夏甲（Hagar）和以實瑪利（Ishmael）的渴，因此別具意義。這瓶泉水帶回家後會被好好保存，只有在特殊的時刻才會拿出來使用——例如可能用來滴在臨死之人的唇上。至於對猶太人和基督徒而言，約旦河的河水具有特別重要的意義：先知以利沙（Elisha）曾命令乃縵（Naaman）在這條河裡沐浴，治好了後者的痲瘋病；施洗者約翰就在約旦河為耶穌施洗；時至今日，英國皇室成員仍在使用約旦河的河水受洗。全歐洲的羅馬天主教徒把盧爾德（Lourdes）的河水視為珍寶，認為該河的水具有特殊的特質。水在信仰中扮演著重要的角色，但是世上沒有任何一個信仰比印度教更加重視水——特定的河水。

在一幅來自南印度，大約畫於 1900 年的圖畫中，我們看到一排顏色鮮豔但不太可能出現在現實世界裡的樹，那排樹的前面，有四個人站在河裡。在這幅畫裡，河流被畫成一條二維的藍色色帶，裡面住著鱷魚、烏龜和幾條魚。畫面右邊有三個人，一對男女和一個小孩，三個人面對著畫面左邊一個魔鬼似的藍色人物。很明顯地，這兩組人物所代表的兩個世界正在進行一場不太愉快的對話。畫的構圖和風格都很簡樸，也很大膽——或許有人會認為很粗糙，不過這也是預料中的事，因為這只是一則通俗故事表演所用的其中一張圖畫而已。這個故事總共會用到六十張圖畫，演出的形式與木偶劇沒什麼差別，大致介於公共娛樂劇與社群崇拜儀式之間。演出的故事可在《摩訶婆羅多》（*Mahabharata*）和其他印度聖典之中找到，是印度為人熟知的道德故事之一，至今仍十分流行。

故事的主角是印度家喻戶曉的傳奇人物哈利詹佗羅國王（King Harischandra）；這位國王之所以如此著名，是因為他永遠說真話與信守諾言，無論代價為何。這個故事的情節多少與亞伯拉罕（Abraham）和以撒（Isaac）的故事相似，而且也多少呼應了約伯（Job）的故事；故事描寫國王面臨的考驗：在神明面前，有錢有權的哈利詹佗羅國王被剝奪了權力和財富，被迫經歷一個個可怕的磨難，以此考驗他是否仍能保持正直。這個畫面顯示的正是故事裡的一個重要時刻。哈利詹佗羅國王帶著家人來到瓦拉納西城（Varanasi）朝聖，

（次頁）來自南印度的繪畫，大約畫於 1900 年，描繪哈利詹佗羅國王及其妻兒在瓦拉納西城的恆河沐浴淨身。

三人一起在恆河的聖水裡沐浴。即使在這裡，邪惡的密使（即畫面左邊的藍色人物）還是追上並威脅他們。為了償還一大筆錢，為了不失信，國王不得不賣掉妻子和唯一的兒子為奴，他自己則必須在河邊的火葬場當個低階的服務員。在另一個最重要的時刻，當他為了不失信於人而幾乎要殺死妻子、火化兒子的時候，天神把他的妻兒還給了他，並邀請他加入其他受到神聖祝福之人的行列。善良終獲獎賞，故事到此完滿結束。甘地（Gandhi）小時候聽過這個故事，他聲稱這個故事對他的影響很大，也強化了他的信念——真正的正直具有絕對的力量。

故事的高潮——善與惡，生與死的終極對立——就發生在瓦拉納西城的恆河邊。這樣的安排並不讓人感到意外，因為這張畫裡描繪的河水並不是普通的河水。在瓦拉納西城，你每天早上都可以看到人們站在恆河的河水裡——就像哈利詹佗羅國王和他的家人那樣，讓水漫上腰部，面向逐漸上升的太陽。人們把河水捧在掌心，高高舉起，再帶著敬意把水倒回河裡。他們之所以如此是因為這條河是「天堂之河」。哈佛大學比較宗教與印度學系教授黛安娜．艾克（Diana Eck）解釋道：

> 據傳說，恆河起初是以銀河的形式在天上流動。為了拯救善男信女的靈魂，恆河來到了人間，來到印度北部的平原。因此，恆河事實上是恆河女神（Ganga）的液態化身。恆河，也就是女神，開啟了一個溝通的管道，連結了天與地。我們當然可以這麼說：恆河早就從天上來到了人間！但在印度人豐富的宗教想像中，恆河至今仍在持續不斷

日出時分，瓦拉納西城的恆河河邊，許多來此淨身的信徒站在哈利詹佗羅平台上，面對著升起的太陽。

thoot Finance

地從天上流下來。

這條河的河水，即女神本身的液態形式，連接了人間和天堂，因而十分受到印度教徒的尊敬。所有到恆河朝聖的信眾通常都想隨身帶走一點河水，就像穆斯林帶走滲滲泉的泉水、基督徒帶走約旦河的河水那樣。幾個世紀以來，信徒們都會隨身帶著黃銅或銅製的水瓶來取水，大英博物館即藏有好幾個這樣的瓶子，形狀類似我們在畫中看到的樣子。不過長久以來，那些可以帶走大量恆河之水的，一向都是地位特別崇高的人。

17 世紀有個名叫塔維尼耶（Jean-Baptiste Tavernier）的法國人在印度四處旅行，他提到印度人「從遙遠的地方帶來」恆河的水，然後在婚宴上供賓客飲用：「每個賓客都會喝到三或四杯滿滿的恆河之水，新郎給得越多，就顯得他越慷慨，越偉大。」蒙兀兒（Mughal）帝國的國王阿克巴（Akbar）和英國伊莉莎白女王一世同一時代；他是個穆斯林，但也看得到他那些信奉印度教的子民所尊敬的恆河之水的獨特優點。根據阿布 · 法茲（Abul Fazl）的記載：「國王稱這個生命之源為永生之水……不管是居家還是出外旅行，他喝的都是恆河之水。河邊兩岸有許多正直之人駐守，負責發放裝在瓶子裡的河水給民眾。」

好幾百年裡，印度最偉大的統治者們都曾模仿阿克巴國王這個例子，但沒人比得上齋浦爾的幾位大君（Maharajahs of Jaipur）。1902 年，當時的齋浦爾大君受邀到倫敦參加愛德華七世（Edward VII）的加冕典禮。他命人設法為這趟倫敦之旅帶足大量的恆河之水。結果就是我們今日仍可在齋浦爾王城看到的這兩個巨大的銀瓶——目前人類製造的最大銀製品。兩個銀瓶高 5 呎 3 吋，重 345 公斤。每個都可容納超過 2000 公升的水。要喝到巨瓶裡的水，你得爬上一道梯子，用一把長柄勺去舀。這兩個銀瓶與其王室主人的身分還有珍貴的內容物可謂相得益彰。

這麼說可能多少有點煞風景。現代的大君已經不需要命人製作如此壯麗的銀瓶，他現在可以請人把恆河之水寄到倫敦——或任何其他地方——只需上網訂就可以了。

造物神梵天（Brahma）創造了恆河女神，並將之從天界倒入人間。當恆河女神流經濕婆的頭髮，湍急的水頓時平靜下來。我們在第二章曾經見過濕婆這

齋浦爾大君命人特製的巨大銀瓶。1902 年，齋浦爾大君帶著裝有恆河之水的銀瓶到倫敦參加愛德華七世的加冕典禮。

位神明：他是一位主司創造，同時也負責毀滅、轉換、重新創造的神。恆河女神流經濕婆的頭髮之後，終於嘩啦一聲流入我們的世界，成為賜予我們生命的恆河。在現實中，恆河是從喜馬拉雅山開始往東南方流，注入孟加拉灣。

當恆河流經瓦拉納西城，不停改變的女神突然往北流，往固定不變的北極星方向流去，回頭流向祂的出生地，也是祂終極的家鄉。恆河的流向讓瓦拉納西城成為一個交會點（tirtha），即兩個世界的交會之處，天界與人間最靠近的地方。在這樣的地方，人們相信自己可以輕易地從一個狀態過渡到另一個狀態，而且幾乎立刻就可以達成。所以在這個地點走入恆河淨身，捧起河水再讓

恆河女神的流水平靜地從濕婆的頭髮中流出。這張不透明粉彩畫大約畫於 1750 年，畫面主要以齋浦爾風格，即粉紅色的色調畫成。

河水流入河裡，或來這裡為恆河獻燈或獻上玫瑰花瓣——凡此種種，都可讓自己更加接近神明。黛安娜．艾克解釋為何會有如此效果：

> 在恆河沐浴，成就的是一種淨化作用。這種淨化作用有可能跟我們每天在家裡洗個澡的意義一樣，但也可能代表洗去我們說不定會稱之為罪的東西，或稱之為染汙的事物。再者，在洗浴淨化的過程中會伴隨著敬拜的動作。人們拱著掌心捧起河水，再把河水像是獻祭般地倒回河裡，這是一種敬拜的形式。恆河是個規模宏大的敬拜之地，是信徒聚集崇拜的教堂——只是這座大教堂剛好是一條河。

哈利詹佗羅國王和他的家人之所以來瓦拉納西城，就是為了來敬拜神明和走入恆河這座「教堂」淨化身心。描繪這個場景的圖畫來自印度南部——距離恆河超過一千英里之遠；不過這對黛安娜．艾克而言並不足為奇。據她指出，正是這種在次大陸流傳超過數千年的宗教敘事和實踐，創造了她所說的「印度的神聖地理」：

> 印度有個很長遠的敘事傳統，描述人所居住的世間是由何種元素構成。這樣的描述會出現在故事、朝聖活動，也會出現在宗教儀式裡。所以在這塊土地上，人們擁有一個共有的歸屬感已經是很古老的傳統了。在大部分的敘述中，河流扮演了最重要的角色。河流真的就是印度人的神殿。早在各種神殿被建造起來之前，河流就被認為是神聖的；這種概念延續到每日洗浴的儀式之中，就像你在瓦拉納西城看到的一樣。但是恆河女神不僅出現在印度北部這一段特定的河道——即恆河

喜馬拉雅山脈
Jhelum
Chenab
Beas
Ravi
Sutlej
阿姆利則
北阿坎德邦
Shiquan
印度河
德里
恆河
亞穆納河
藍毗尼
齋浦爾
阿約提亞
拘尸那羅
Sapt
Chambal
鹿野苑
安拉阿巴德
Banas
Parbati
Betwa
瓦拉納西
菩提伽耶
Son
Mahi
Sankh
塞蘭波
Narmada
加爾各答
Brahmani
Wainganga
Tapi
烏德瓦達
Tel
戈達瓦里河
Indravati
孟買
Bhima
Krishna
棟格珀德拉河
Penner
清奈
Palar
Kaveri

的河水裡。恆河女神是神聖之水的一部分，不管這些河流在哪裡。人們幾乎可以在印度的任何一個地點走入恆河女神的水裡洗浴淨身。

對於不是印度教徒的人而言，這也許是恆河最引人注目的特質了。恆河在大家眼前流經印度東北部的平原，但是在精神上，恆河卻出現在印度所有的大河之中。神話與傳奇故事都在傳說恆河女神的河水是如何奇蹟般地注入印度西部和南部其他主要的河流裡，使那些河流多多少少擁有恆河的成分，整個次大陸因而連接起來，納入神聖的地理圖景之中，共同敬拜恆河女神。這種對恆河女神的共同信仰隨處可見，以印度的各種語言出現在儀式、朝聖活動和故事之中。因此，在形塑印度這個概念和身分上，恆河之水早在民族國家的時代來臨之前，就已扮演一部分重要的角色。

瓦拉納西的河水不僅淨化你的身體與心靈，還能引導你走向一個更好的人生。據印度一位重要宗教評論家帕塔納克（Devdutt Pattanaik）的解釋，這裡的河水也會提供你一個完美的人生終點：

> 南方是死亡的方位。這條河終止於南方，印度的大部分火葬場也都蓋在村子的南方。另一方面，北方有北極星，一個從來不移動、從來不改變的星座，因此北方是永生的國度。所以當河道北轉，就像恆河在瓦拉納西城這裡轉向北方，因此瓦拉納西城的這段河道就有特別的意義。這裡是濕婆的城市，而濕婆是幫助你戰勝死亡，進入重生，或幫你永遠脫離生死輪迴的神。這就是大家都想來瓦拉納西城赴死的原因。如果我死在這裡，我要不很快就轉世重生，要不就從此進入淨土，永遠不再重生，亦即從此擺脫了生死的輪迴。

瓦拉納西城的恆河河邊，哈利詹佗羅平台上的火葬柴堆。

對印度教教徒而言，如果你在瓦拉納西城的河邊舉行火化，或是你的骨灰被帶來這裡，撒入恆河這段特別的「交會點」，你很有可能會脫離輪迴的重擔，也就是說，你的靈魂會得到解脫，不再有任何身體上的束縛，你可以回到天界與造物神重聚，處於永恆的寂靜之中。

這就是為什麼瓦拉納西的恆河邊會蓋了一排排著名的石梯和平台，而且一整天都有新的屍體被送過來，等著被抬上火葬柴堆火化。從黎明到黃昏，你在任何時間經過河邊，都會感覺到火葬柴堆的熱氣。時至今日，其中一個最搶手的火葬場稱為哈利詹佗羅平台（Harischandra Ghat），據說我們圖畫裡那位受人愛戴的國王即曾在那裡工作——那位國王的舉止如此謙卑，行為如此受人尊敬，以致最後獲得眾神的獎賞。這裡雖然是死亡之地，是火化屍體的地方，但卻幾乎沒有哀戚的氣氛——或許是因為這裡的每個人都知道恆河女神很快就會化解一切吧。

大英博物館還有另一幅畫足以顯示這條河的力量是如何地無遠弗屆。那是一張樸素的黑白版畫。同樣地，我們看到穿著衣服的人站在恆河裡，水深及腰。但是這幅版畫所描繪的故事十分不同。我們看到一個身上纏著傳統白色腰布的年輕印度男子站在水裡，謙卑地垂下目光。他身後站著一位身穿全套禮服、來自德比郡（Derby）英國男子；這位英國男子一手環繞著他，另一隻手指向天空。我們看到的場景是戶外受洗儀式，在這裡，恆河的水不再是印度神聖地理的聯繫元素，而是進入全球基督徒社群的受洗之水——亦即那位索爾茲伯里大主教所說的生命之水。在這幅版畫裡，我們看不到岸邊是否有群眾來見證英國浸信會牧師威廉．華德（William Ward）為信徒受洗的情景。但是這張畫所展示效果卻是十分清楚的。這幅版畫出版於 1821 年，在許多方面明顯與施洗者約翰在約旦河為耶穌施洗的著名意象有著微妙的呼應。較不那麼微妙的是，當時有一份英文浸信會雜誌以刺耳的語言解釋這個備受爭議的問題：「他們當然需要基督教，他們……沒有一個比恆河更好的救世主；他們在死亡之中也沒有其他的盼望，只除了不要轉世變成爬行動物。」

這幅版畫很鮮明地呈現帝國征服之後的宗教結果。隨著英國的商業與軍事力量在印度逐漸擴大，傳教人員也隨之來此傳教。慢慢地，英國與印度兩個文化發生的衝突越來越多，讓英國的民事官員們非常煩惱。成功改宗的例子非常少，他們擔心傳教人員抨擊印度人根深蒂固的信仰，可能會替英國的統治帶來不良的結果。就像我們在這幅畫裡看到的，在爭奪信徒的過程中，一個信仰的神聖因素可以很巧妙地變成另一個信仰加以痛擊的缺點。在施洗的過程中，光開始照耀印度長久的「黑暗」。

不過，帕塔納克對這幅版畫有不同的解讀，而他的看法較為和緩：

> 大部分印度教徒不會覺得受洗有什麼問題，他們可以受了洗，但同時繼續執行廟裡舉行的種種儀式。他們沒有所謂的改宗——亦即放棄

英國浸信會牧師威廉．華德正在替一個「興都人」（Hindoo）施洗。
時間是 1821 年，地點是塞蘭波城（Serampore）的恆河邊。

某個信仰——這種想法。在他們的想法裡，受洗代表你接納另一個神，而這個神可能有點幫助；他們也總是很樂意執行另一個宗教的儀式。在這幅畫裡，我看到的是一個溫和的婆羅門，他可能正在想：旁邊這位奇怪的紳士究竟在做什麼。另一方面，那位傳教士則一再表示他已經設法讓許多婆羅門入教，站在他那邊，而這意味著所有印度教教徒最後都會跟著改宗，走入羊圈。

印度教總是讓西方人感到既惱怒又迷惑，因為西方人就是無法理解印度教教徒這種流動的觀念。有一次，印度的刑法設計完成，英國殖民地官員想要找個東西讓印度人在作證宣誓時用。在歐洲，人們宣誓時用的是《聖經》，但是印度人要用什麼宣誓？英國人想出來的辦法是：用恆河的聖水。但是，當然啦，在印度沒有人是以這個角度來看恆河之水的，所以印度人會以恆河之水宣誓，然後什麼也不會多想。你可以想像那些英國官僚有多憤怒，有多煩惱——他們到底要怎樣統治這麼一個奇怪的國家？

直到現在，恆河女神還有一點讓歐洲人感到困惑的地方，尤其當他們看到數以千計的信徒不只用恆河之水沐浴，還拿來喝。站在瓦拉納西河邊的平台上，恆河之水看來一點也不吸引人。而且河裡還漂浮著不少殘渣，草根、菜葉、塑膠袋和其他更糟糕的東西，更別提還有其他形式的汙染是肉眼看不見的。多年來，恆河的這個面向一直被印度政府忽略。但是黛安娜．艾克指出，這樣的情況現在已經開始改變：

北印度的北阿坎德邦（Uttarakhand）是恆河與姊妹河亞穆納河

（Yamuna）起始的地方，該地的最高法院在2017年年初宣布河流也有權力，即河流可以被視為像人類一樣擁有權力，所以如果有人汙染河流是會被懲罰的。這是一件很迷人的事：這是印度法院第一次給予一條河類似人類的人格，既給予恆河，也給予亞穆納河。

這個判決很有道理。我認為印度的河流遠比印度的廟宇更重要。所以印度沒有一條不阻塞、不受汙染的河流——這點相當令人意外。比起世界上的其他國家，印度真的必須擁有更高的水質標準，因為他們是如此密集頻繁地使用河水來從事各種儀式活動。在這個疾病猖獗的時代，河流的純淨、健康和衛生並不只是一個汙染問題。這也是一個神學問題，而且是一個很重要的神學問題。畢竟，我們正在討論的這條河，裡頭流的可是女神的身體。

法院的決定後來在上訴時被撤銷了。但無論如何，這個問題——關於河流是否擁有像人一樣的人格——我們可以將之視為現代的世俗力量與古老的印度教信仰之間的一次獨特交手。

恆河女神雖然是一條河的女神，但這條河有許多支流分布在整個次大陸；同樣地，在宗教生活的許多面向中，恆河女神的故事將所有那些實際的、象徵的、隱喻的層面聚集於一點，強而有力地形塑了一個民族的想像力。我們那張又通俗又鮮豔、本來設計用來表演哈利詹佗羅國王故事的圖畫雖然小，但在長達好幾個世紀、形塑宗教社群和印度身分認同的過程中卻占有部分重要的位置。

印度獨立後，第一任總理尼赫魯（Jawaharlal Nehru）在他的遺囑裡聲稱他不相信任何宗教慶典，也不要為他的火化舉行任何儀式。但是這位十足不信宗教的人，這位曾經確保現代印度憲法是絕對世俗的憲法的人，他接下來提到的是：

> 恆河女神是印度之河，深受祂的子民愛戴，圍繞著祂的是種族的記憶、希望、恐懼、勝利和失敗……對我來說，恆河女神一直是印度過去的一個象徵和記憶，流到現代，再流向未來那個偉大的海洋……作為我對印度文化傳統的最後一次致敬，我要求將我的一把骨灰撒在安拉阿巴德（Allahabad）那段河道裡，讓河水帶著我的骨灰流向大海，隨著海水沖刷印度的海岸。

THE RETURN OF THE LIGHT

第四章　光之歸返

都柏林北方的30英里處，有個名叫紐格萊奇（Newgrange）的地方，那裡的人造山丘內部深處埋有一座深色石頭蓋成的墓室。這個人工建物的時代早於巨石陣（Stonehenge），也比埃及的金字塔古老。石墓內部又乾又冷，而且很黑，黑到你幾乎看不見任何人，即使這個人就站在你旁邊。不過這並不是普通的黑，這是為了某個目的而特別創造出來的黑。

五千多年前，人們開始在紐格萊奇墓室的黑暗中等待，等待某種我們生命不可或缺、同時也是我們無法了解的東西：初升太陽的第一道光芒。過了冬至，太陽再次開始移向北方——這是深冬時刻宇宙賜給人類的承諾，向我們保證陽光和溫暖會再度回到人間，五穀會再度生長。我們已經忘了我們曾經多麼依靠季節的更替，以至於無從了解祖先等待陽光的焦急；也許現在最接近的、多少可以體驗他們心情的時刻是我們在等待某人——而非某物——的時候。這種等待的經驗極為個人，而且這樣的等待也沒有令人寬慰的感覺，因為我們不知道我們等待的、我們期望看到的，是否一定會發生。但在紐格萊奇，人們等待的事物總一定會來。

冬至早上，初升的太陽照入愛爾蘭紐格萊奇墓地底的石室。

每年的 12 月 21 日，早上 8 點 58 分，如果沒有雲層的遮蓋，此時就會有一道陽光直接照在這個石器時代建築的頂端，照在這個結構頂端的開口處。陽光接著開始移動，逐漸凝聚成一道寬約 15 公分的金色光線，並沿著一條由古代巨石建成的通道移動，直到光線穿透石墓深處的內室，照亮四壁都是深色石頭構成的空間——曾經埋葬過死者的空間。這道窄窄的陽光會在這座地底石墓裡停留、照亮這座石墓整整 17 分鐘。太陽的光來到了死者的居所，天堂與人間在這一刻連接起來。從這一刻開始，太陽會離人間越來越近，白日會越來越長，新的生命會開始生長。這座石頭巨墓之設計、安排、建築，全都是為了這難以形容的 17 分鐘。

很明顯地，這座位於紐格萊奇的石墓是個偉大的建築成就。仔細的觀察決定了石墓的場景，巧妙的計算成就了建築的結構。但這座古墓也是舞台經營的壯麗表現，一種感官操縱的勝利。當太陽的光沿著通道移動，你不可能不感覺到那道陽光是特意過來找你，把你從黑暗中拉出來，改變你。

* * *

時至今日，英文還是把仲冬稱為「死寂的冬天」（the dead of winter）；就大部分歷史記載看來，這並不只是一個詩學手法，而是一個致命的現實。直到進入 20 世紀，歐洲在冬季的幾個月裡，死亡率還是會很明顯地上升。從愛爾蘭到日本，對那些早期務農的社群而言，每一個冬季都會帶來相同的生存挑戰。當植物枯萎，鳥類和動物遷居他處，寒流開始降臨，人們的食物和柴火足以維持社群生存嗎？在看到穀物開始成長，看到這個一年一度的奇蹟來臨之前，有多少人會因為熬不過冬季而死去？個體的生命當然會結束，但是如果太

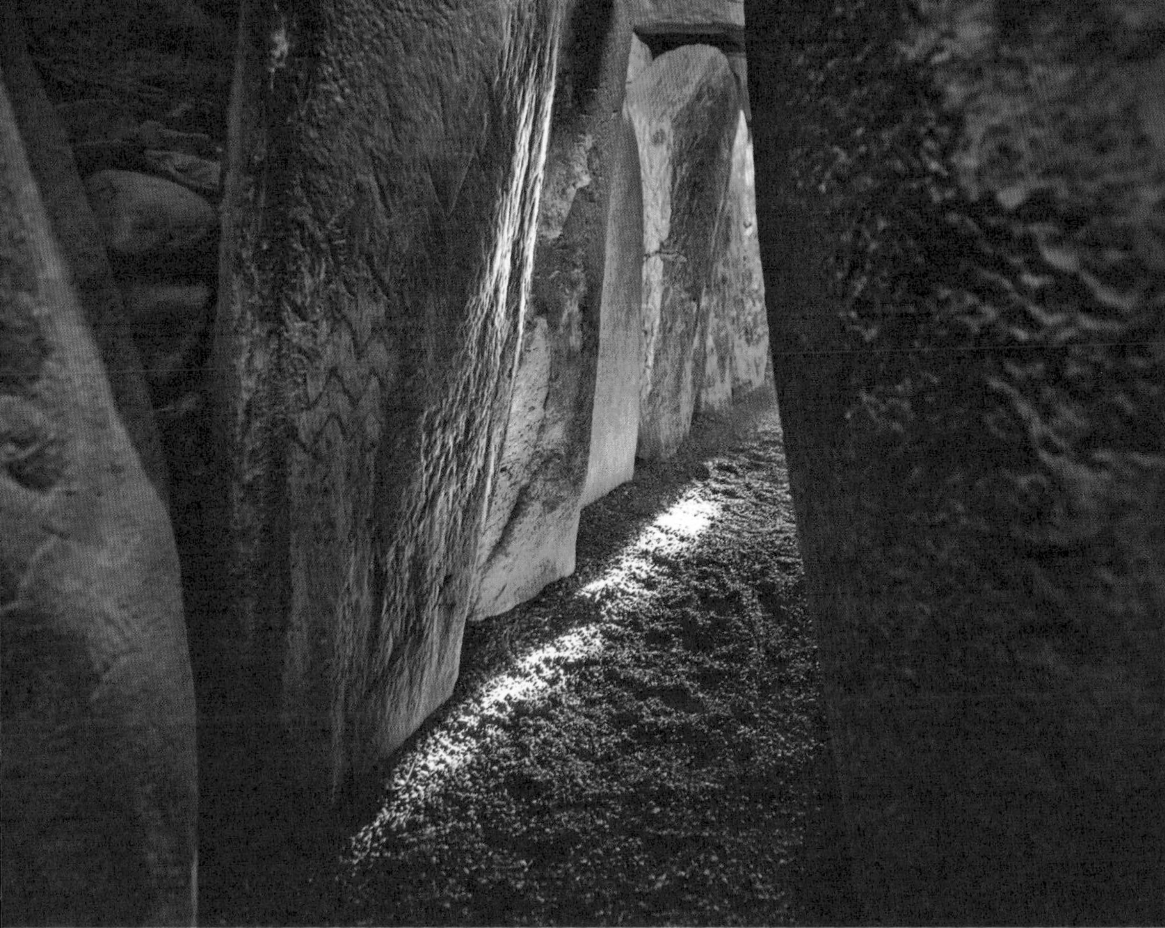

窄窄的一道陽光慢慢地移動，照進石墓的中心。

陽再度照耀，人類的社群就會繼續存活下去。

這個生死循環的中心點，這個過渡的時刻，就落在仲冬或冬至。所以，除了紐格萊奇石墓這個壯麗的地點，歐亞陸塊這個地區還有許多像這樣的建築物被設計出來捕捉第一道陽光——回返的第一道光。這些建築包括在布列塔尼卡納克（Carnac）的戈維尼斯石塚（Gavr'inis），以及戈佐島（Gozo）的詹蒂亞神殿（Ggantija）。這些建築物的存在一點也不奇怪，因為世界各地的務農社群都知道他們的生存有賴於陽光的歸返。

我們無法確知究竟是什麼樣的信仰或儀式導致紐格萊奇墓的創建；但是所有專家都同意，這座古墓的建造必定同時涉及信仰和儀式。走進這座圓形的人造石墓，感覺就像走一趟生與死的神祕旅程。石墓的東側是一道窄窄的入口，大概有 1 公尺寬，通向一條狹長的、一次僅容一人通過的走道；走道的兩側巨石林立，上方有石頭蓋成的屋頂，兩側的石頭有時會擋住你的去路，以至於你得彎下腰來才能擠身通過。就這樣跌跌撞撞差不多走個 20 公尺，你才會走入一個比較寬敞的石室。在石室裡，十道又大又平的階石一層層交相堆疊，形成一個大約有 6 公尺高的錐形屋頂，看來十分壯觀。石室後面有三個小小的凹處，裡頭放著大型的石盆——裡頭曾經用來放置死者的骨灰。此時你所站立的地方，頂上有著重達 10 萬噸的石頭；基本上，這座石墓的結構至今依然完整堅固。即使已經過了五千年，這間石墓的內室依然滴水不漏。

來自愛爾蘭政府公共事務辦公室的克萊兒．達菲（Clare Tuffy）是這座歷史遺址的專家；她認為石墓保持完整乾燥別有重要的意義：

邁可．奧凱利（Michael O'Kelly）在 1960 年代發現了紐格萊奇墓。據他的看法，如果石墓只是用來存放屍骨，那麼你應該不會大費周章，想方設法保持石墓的乾燥；但如果那是你敬愛的祖先的神靈居所，那麼把墓室屋頂蓋得嚴密，蓋得滴水不漏，就是一件很重要的事情了。與其說那是一間墓室，不如說是死者的家，死者的靈魂繼續存活在那個空間。我們很容易得出這個結論：讓陽光照入地底墓室的設計是用來向死者的靈魂確認兩件事，一是自然界沒有任何一個生命會終結於黑暗與死亡，二是任何生命都有重生的機會。或許陽光本身也是一條通道，讓新近的死者得以加入比自己早走的靈魂。

我們的想像是，在五千年前，並不是每一個人都可以進入石墓，只有特別的人才能進入——可能是某種祭司人員之類的。而他們的工作就是與祖先的靈魂溝通。也許他們有責任看顧祖先的靈魂順利重生，或許祖先的靈魂在那段時間會給當時的社群一些訊息；對他們來說，冬至這個時間點有可能是生死界限消失的時刻。

我們現在只能猜測這些信仰具有怎樣的性質；雖然毫無疑問地，紐格萊奇墓的建造背後必然有某種十分複雜的信仰和儀式，這座建築物所代表的共同成

從空中觀察紐格萊奇墓，可看到這座人造石墓的宏偉規模及其入口處。

就也無庸置疑。從其外觀、建築物的規模，還有從那些為了建造該建築物所付出的努力來看，所有的這一切都讓人為之屏息。紐格萊奇墓的位置高踞博因河（River Boyne）之上，俯視著周遭鄉村豐饒的農地牧場，以及附近其他較為小型的紀念碑。博因河彎道的整個區域已被重新形塑，用來作為如今已經失傳儀式的舉辦地點——那是人類的靈心巧手施於大自然的偉大地景。

紐格萊奇墓本身的直徑大約有 85 公尺，高將近 14 公尺。墓室的圓頂種滿草皮，圓頂之下的基座由 97 塊長條形的灰色石板組成，每塊石板緊密相連，每一塊都重達 5 噸以上。這批石板與建造通道和墓室的那幾百塊巨石一樣，都是被人或推或拉，從海岸那裡運上山坡。同樣引人注目的是那些較小的、閃閃發亮的石英石，這些數目難以計數的石頭被堆疊起來，形成一道護牆，圍在入口處。每一塊石頭都來自南方約 40 英里處的威克洛郡（Wicklow）山區。這些需要大量勞力才得以成就的建構固然引人注目，隱身在這背後的知識成就也不容小覷。如果沒有花上多年的時間觀察天象和太陽，並在地上加以標註，現在紐格萊奇墓的每個環節不可能如此準確完成。很清楚的是，這一切一定是某個具有高度組織的社群所創造的，這個社群擁有足夠的人手與食糧，付得起一大群具有建造技術的勞動力。當然，這有可能得花上好幾代人的努力，才得以完成這個非凡的歷史遺跡。建造紐格萊奇墓的意義相當於獅人雕刻，只是前者的規模更為龐大：這是為了生死存亡而做的重要投資，不僅僅只是材料的善加運用而已。克萊兒．達菲描述建造紐格萊奇墓所面對的技術挑戰：

> 五千年前住在這裡的人是我們的直系祖先。開始建造這座巨墓之前，他們在河谷這裡經營農牧生活已經超過一千年。一開始他們建造的石墓規模相當小；不過後來可能發生了一些事——我們不知道究竟是什

麼事——他們開始建造像紐格萊奇墓這種規模的巨墓。

我想像他們擁有一群專家。他們擁有經驗豐富的天象觀察者。很明顯地，他們也擁有專精工程和地理的人員，因為他們用在外層的都是那種極為耐用的石頭——他們知道哪些石頭比較耐久，哪些石頭不耐風霜。

比較大的石頭大多數開採自距離石墓約 20 英里的山區，很有可能是用木筏沿著海岸運送到博因河。這裡有一個問題：即使你兩手空空，光是從博因河邊走到山頂，即紐格萊奇墓的所在地，也得花上二十分鐘。他們運送的可是巨石啊，所以可能是用推的，把石頭推著滾上山。

紐格萊奇墓入口處對面的巨石，石上刻有螺紋圖案。

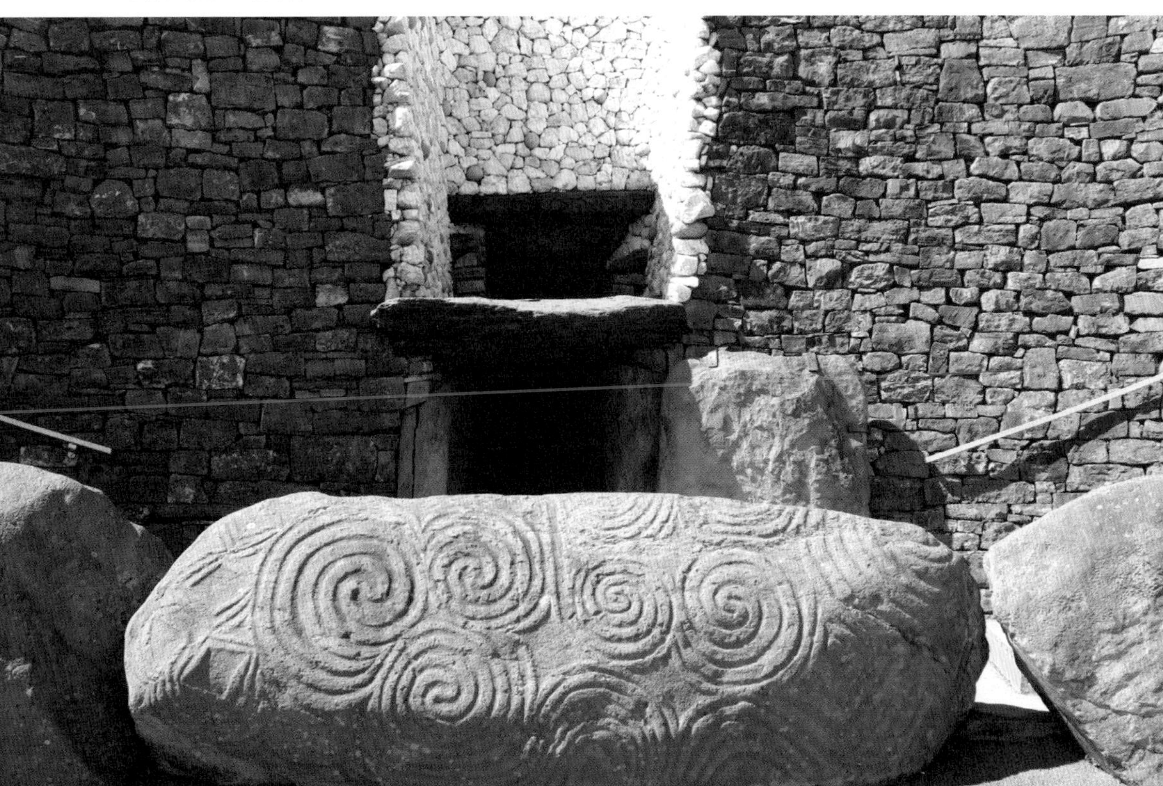

他們必定有一群專家負責設計出方法，來把這些大石頭運送上山。所有這些高度技術性的知識可能必須傳授給下一代。因為他們的平均壽命比我們短很多，所以像紐格萊奇墓這樣的紀念墓室是不可能在某個人的一生當中建造完成。

雖然紐格萊奇墓的建築者沒留下任何紀錄，但紐格萊奇墓本身以稀有的詩意力量，陳說了任何一個在歐洲或亞洲的農業社群都必須生於其間、死於其間的模式。金色的陽光照入地底，溫暖了躺在冬天地裡的死者。這是一個關於掙扎的感人意象——掙扎著把和諧注入個體的生死、四季的循環、農牧社群持續的生命之中。那種掙扎的代價必然是巨大的，需要動用許多額外的資源。這裡只有一種解釋：他們回應的必然是某種令人驚懼的宗教信仰，其中有複雜的儀式，甚或還有先知們那令人恐懼的靈視。

在冬至的早上，從紐格萊奇墓的通道走出來，迎面就是高升的太陽、人們歡慶太陽回歸的祝頌聲與充滿活力的笑聲。人們在這裡跳舞、歌唱、擊鼓奏樂。每一年的同一時間，這樣的場景在歐亞陸塊東側——愛爾蘭位於該陸塊的西側——的一座島上幾乎會固定重演。日本也有一群人會在冬至這一天聚在一起舉行慶典，勸誘缺席的太陽歸隊。

我們現在可以在歌川廣重（Utagawa Hiroshige, 1797-1858）的一張浮世繪版畫上看到這個場景。這張版畫目前收藏於大英博物館。非常有趣的是，關於生與死的冬至劇場，日本人的想像與史前時期的愛爾蘭人迥然不同。誠如你所看到的，現在我們有一份來自這段時期的文本可資參考。在這張畫裡，太陽正在做一件非常奇怪的事：這裡的陽光並不是由外射入一道狹窄的，宛如史前紐格萊奇居民所建造的石縫裡，而是從石洞裡向外散發光芒。在版畫的左手邊，我們可看到幾道淡色的陽光從石洞內射出，而石洞外的世界一片黑暗，人們不得不點燃火堆來照明。愛丁堡大學的哈爾廷博士（Dr. Christopher Harding）研究日本的文化史，據他的解釋：

> 天照大神（Amaterasu）是日本的太陽女神。一日，祂和兄弟大吵一架，然後就躲入這個石洞裡。整個世界頓時陷入黑暗。石洞外面聚集了一群男神和女神，祂們用盡各種所能想到的辦法，設法誘使太陽女神出洞。祂們擊鼓、敲鈸、吹笛，有人甚至還帶來一隻公雞——想藉由雞啼，誘使女神出來。但是這些方法始終都沒能生效。
>
> 後來，祂們在樹上掛了一面鏡子，接著有位女神站出來跳舞——其實是表演豔舞。周圍的觀眾看了紛紛大笑起來。天照大神悄悄爬到石洞邊，急著知道洞外發生了什麼好笑的事。
>
> 「我剛剛才讓世界陷入黑暗，」祂說道：「而你們這群人竟然那麼開心，你們到底在笑什麼？」外頭有人回答：「因為外面這裡來了一位新的女神，而且這位女神比您更美呢。」天照大神心想：「怎麼會？一定不是真的。」祂越爬越靠近洞口。當祂往洞外看的時候，祂會看到鏡子裡自己的影像；祂會因為驚嚇而呆了一會兒，因為祂從來不曾看過自己的樣子。這時有一位男神——天之手力男神（Strong-Armed Man）——剛好爬到洞口旁邊，祂一看到太陽女神出現在洞口就趕緊

（次頁）日本的冬至。歌川廣重創作的版畫（1830 年），描繪諸神試圖把日神天照大神誘出洞穴。

第四彦火火出見尊御母ハ木花開耶姫なり父の尊姫を幸し一夜ニ妊娠たまひしを深く疑ひ玉へバ姫無戸室へ入誓て曰妾娠る子もし神の胤ならずんバ焦亡び天孫のならバ火も害ふ事能はじとて茅を積火を放ち焼玉ふ炎の中より生れたまふ故ニ御名をひこほゝでみのみことゝ申奉る龍宮城より豊玉姫を娶て皇子をまうく

第五鸕鷀草葺不合尊なり豊玉姫の妹玉依姫を妃として四柱の彦神をまうけたまふ是までを地神五代といひつたふ

本朝年歴圖會 二

天照大神ハ伊弉諾尊の御子にして又名大日霊貴と稱まつる天の日をつかさどりたまふ日神を皇祖とあがめたてまつる第二天忍穂耳尊ハ素盞烏尊天照神と誓約し給ひて気のうちより生じたまへり太神そのうちこれを我が子となし給ひて政をゆづりたまふ高皇産霊尊の女を娶て瓊々杵尊をまふけたまひぬ第三彦火瓊々杵尊ハ天照大神の皇詔によりて葦原の中国を治しめさんがために三種の神宝を持し諸の神等を随ひ

> 抓住女神的手，把女神拉了出來。於是，太陽被帶出洞外，重新照耀世間，賜給世間生命之光。

這則太陽躲入石洞生悶氣的故事記載在日本最早的一部文本裡，也就是編於公元 712 年的《古事記》（*Kojiki*）。在我們這幅版畫裡，那位跳舞的女神，即天鈿女神（Ama no Uzume）是穿著衣服的，但在原來的故事裡，這位女神是半裸著身子，站在倒扣的浴盆上跳著引人遐思又滑稽的舞蹈。祂的表演最後引起了太陽女神的注意。哈爾廷對這種差異提出評論：

> 從西方人的觀點，一想到男神女神，我們想到的語彙大多是莊嚴、虔誠和尊敬。但在這裡，我們看到舞蹈、表演和歡笑——而這就是你在冬至時節把太陽帶回人間的方式。對我們來說，這一切似乎是錯的，近乎褻瀆神明。但在日本，人們有個概念：宗教的事並不一定要板起臉孔來面對。在處理涉及神明的事物時，虔誠和嬉鬧沒有理由不能並存。

我們現在有版畫和《古事記》的記載來幫助我們了解天照大神的故事，但是紐格萊奇墓發生的事卻沒有文本可以參考；雖然如此，我們卻可以很合理地推定，這兩個案例所發生的，必然都是宗教與政治的有力結合。很清楚的是，紐格萊奇墓的建造需要眼光、方向和共同合作——那種需要強力領導和有效管理的合作。天照大神的故事成書時間是 18 世紀的日本，日本當時在政治上正要開始形成一個國家，其領導者不僅宣稱他們擁有統治世間的權力，也強調他們是來自神的系譜。直到今天，日本的皇室家庭仍然宣稱他們是天照女

1887 年，日本天皇閱兵場景。圖中的太陽旗是當時日本的國家標誌。

神的後裔。此種說法背後暗示了這樣的道理：就像回歸的太陽，好的統治者對人民的安定和富裕是不可或缺的。其他地位低於皇室的家族（例如祭司等），則將他們的族譜回溯到其他神祇，例如版畫上站在山洞外面的那幾位。好幾個世紀以來，歌川廣重描繪的儀式在日本不斷上演，而且不僅僅在冬至上演，天皇如果生病了，他的精神需要提振，人們就會上演這個儀式。天照大神的鏡子現在是皇室標記的一部分，至今仍然保存在伊勢神宮，即使從來沒人看過這面鏡子。天照大神的光，依然在現代的日本投下一道長長的影子。

在日本老百姓的生活裡，天皇的重要性在幾個世紀裡時有興衰。據哈爾廷博士的解釋，1868 年明治維新之後，日本開始走向現代化，試圖掙脫好幾個世紀以來的孤立封閉。他們一方面模仿西方，一方面卻想掙脫西方政治與文化的箝制；這樣的現代日本於是試圖在光與生命、國家、冬至太陽與天皇這一舊式的組合中注入新的生命。

> 如果你觀察歌川廣重這張製作於1830年的版畫，馬上就會注意到太陽的光從左上角散發出來。如果你看到這點，就會發現這幅版畫幾乎是現代日本國旗的基本構圖：散發著光芒的紅色圓形。在19世紀末，有一群領導者接手日本的政治，他們想利用天皇作為焦點，讓天皇成為人民效忠的對象，藉此團結革新之後的國家。所以他們讓天皇在日本國內四處旅行——因為過去好幾世紀裡，天皇一直隱居在京都；同時提醒人民天皇的身分。最重要的是，他們刻意強調天皇的神聖譜系。就在這一段時間，日本在許多選擇之中，開始採用初升的太陽作為他們主要的旗幟圖案。

對西方人而言，天照大神的神話極為奇怪，幾乎令人難以置信，但是這則神話的目的卻是清楚的，就像紐格萊奇墓的建造目的一樣清楚。對每一個人來說，不管是東方人還是西方人，太陽回返大地的力量都是生存的基礎。這種力量相當直接地顯示死亡之後還會有新生，即便不是個人的新生，也是自然的新生。

冬至的神話和儀式今日依然深深銘刻在日本的國民意識裡。這樣的神話和儀式今日在愛爾蘭似乎也出現某種復興的局面。紐格萊奇墓現在是愛爾蘭最受歡迎的國家紀念建築，吸引了大批遊客到訪；有人認為這種現象是對新的愛爾蘭身分認同的追尋，而且這種追尋跨越了古老的、綿延好幾個世紀的宗教分歧。

提到最偉大的奧祕，最有資格發言的當屬詩人。1999年12月，謝默斯．

希尼（Seamus Heaney）站在紐格萊奇的石墓裡，見證了千禧年的最後一個冬至。他的〈冬至一夢〉（A Dream of Solstice）抓住了冬至的魔法，展現人們對新開始的守望以及等候：

等候東方耀眼的太陽
送來第一道光，就像在溝壑中共享的光；

穩穩地移動，向前，向更深處移動；這光
潛行在墓中走道的地板上，移向墓室後方，
照上壁石以及頂石，猶如在宇宙山丘內部

點起陽光的蠟燭。對這光冷冷的抵達，
誰敢說「愛」？誰又膽敢不說？

Comment noel apres le deluge arriua a terre et mist hors le bestail et fist sacrifice et planta la vigne

HARVEST AND HOMAGE

第五章　收割和禮敬

希伯來《聖經》故事中，如果有一個今日孩童還可能會認得的場景，那一定是〈創世紀〉描寫的故事——動物們排排隊，兩個兩個一起走進諾亞的方舟。這是一則從災難事件衍生而出的迷人神話：一個家庭救了世上所有動物物種，使動物免於大洪水之災。人類與動物在這裡同舟共濟，名副其實地共同生活在一條方舟裡。

不過，大洪水退了之後，大家從方舟裡出來，這群舟友的關係就變得不那麼親密了。我們可以從一幅縮圖看到這一刻。這幅畫取自《貝弗德每日祈禱書》（*Bedford Hours*），大約是在 1420 到 1930 年畫於巴黎。在畫裡，畫家用一個畫面來呈現好幾個階段發生的事件。洪水逐漸退了，溺死者的屍體有的還漂浮在水面上；原本淹沒在水裡的城鎮和建築物開始逐漸露出屋頂（其中還有一間時代錯誤的教堂，不過那應該是畫家的玩笑之筆）；諾亞太太正在協助雞禽走上離開方舟的跳板、羊群開始吃草、駱駝正往沙漠走去、大熊和獅子正準備潛行獵食。最後一批動物還在下船，諾亞和他的家人已經開始放牧和種植葡萄——諾亞的兒子們不只已經把葡萄踩踏完畢，他們還發現他們的父親已經很丟臉地醉倒在地。我們在這幅畫看到世界出現一個新的、由神安排好的農業

來自《貝弗德每日祈禱書》的一張插圖，描繪動物們正在下船，離開諾亞的方舟。

秩序：牲畜和野生動物、莊稼與葡萄、播種時間和收割時刻——所有的這一切，全都為了人類的利益而組織安排好了。這是所有 15 世紀歐洲人熟悉的世界；事實上，對大部分 20 世紀的歐洲人而言，世界的秩序就是如此。

畫面的右手邊，諾亞正在給神獻上感謝的祭禮。我們還可以看見神的手從雲端伸了出來。根據〈創世紀〉，神在這時對諾亞說話，講述未來人類與動、植物的關係。在〈創世紀〉第一章，在世界剛剛創立的時刻，神就已經清楚表示祂要把地上、海裡的所有生物，全部交給人類「支配」。不過，在現在這個時間點，神把祂的意思說得更加詳細：「凡地上的走獸和空中的飛鳥，都必驚恐、懼怕你們；連地上一切的昆蟲並海裡一切的魚，都交付你們的手。凡活著的動物，都可以做你們的食物，這一切我都賜給你們，如同菜蔬一樣。」

這個來自《聖經》的概念，這份來自神賜的權力，容許我們隨心所欲地支配世上任何一種生物——不論是殺死動物或收割任何植物——作為我們的食物，而且這個概念一直深深影響歐洲文明，不論是使用或濫用自然都好。就許多方面來看，這個描述很像是在描寫現代城市居民的經驗；現在地球上有超過一半人口住在都市，而在都市這樣一個驚人的、遠離我們所吃的動植物的環境裡，遍地都是為我們而製造出來的東西，只為了我們的利益而存在的東西。

就這方面而言，猶太－基督教傳統可謂十分特殊。大多數信仰系統都主張我們與我們生活於其間的世界應該有一個更為複雜的互惠關係，亦即在這樣的世界裡，我們對那些提供食物給我們的動、植物負有許多道義責任。這種相互依靠的意識取代了「支配」這個概念。

* * *

這是阿拉斯加西南地區，尤皮克族人芙羅拉．納努克縫製的連帽風衣；這件風衣的材質是海豹的腸子，大約製作於 19 世紀晚期。

雖然這顯得有點奇怪，但我們可以透過一件連帽風衣夾克來檢視這個更為複雜的關係。首先，這是一件寬鬆、附有兜帽的風衣（parka）；製作者將透明的材質一片片橫向地縫製起來，製成一件可以防風防雨的完美外衣。乍看之下，這件風衣很像一件有待改進、原住民版的塑膠雨衣，亦即你在歐洲潮溼的夏季裡，看到旅客在城市裡穿著到處走動的那種塑膠雨衣。其實不然。這件百分百防風防水的風衣是一位尤皮克（Yup'ik）婦女芙羅拉．納努克（Flora Nanuk）的作品。她住在阿拉斯加西南地區的胡珀灣（Hooper Bay），在短暫的北極夏季裡，她會穿著這件風衣出外採集莓果。

這件風衣的材料取自尤皮克人賴以維生的其中一種動物：海豹。風衣的主體是由髯海豹的腸子組合而成——腸子內外都刮乾淨後，撐開、曬乾、切割成縱向的長條，最後再把那些長條形一片片縫起來。風衣腋下的部位需要較大的彈性，因此用處理後的海豹大腸縫製而成。在秋天，尤皮克族人傳統上

阿拉斯加婦女，她們身上穿著海豹腸子製成的風衣外套。攝於 1929 年。

會深入內陸去獵捕美洲馴鹿，取得鹿肉和毛皮。不過，獵取食物最重要的季節是冬天過後那段長長的、到處結冰的春天。此時，海豹會在結冰的海上出沒，牠們的肉、皮和腸子是尤皮克族人取得衣服和營養的來源。海豹的脂肪被提煉成油，作為肉類食物的調味品——在歷史上，海豹的脂肪也曾被用來當作燃料，用來煮食、保暖或照明，幫助人們度過漫長的北極冬天。不過，海豹在這個社群的冬天生活中也扮演了另一個我們比較沒想到的角色。安柏・林肯（Amber Lincoln）是大英博物館北美展品組的策展人，據她的說法：

> 冬天有好幾個月的時間都是又冷又暗，海洋和河流的大部分區域都被冰封了起來。在夏秋兩季，阿拉斯加西部地區的居民會離家外出，在廣闊的土地上四處紮營，但到了冬季最黑暗的那幾個月就不得不留在室內。男人會聚在一起修補各種工具，縫補或製作獵網。女人則縫製或修補衣物。這幾個冬季月分也是整個社群聚集在一起安排並舉行各種儀式和慶典的時間。
>
> 在這樣的時刻，人們會邀請一整年中被他們殺死的動物的靈魂前來參加慶典，並頌揚這些動物的靈魂。一方面，他們感謝這些動物犧牲

生命，給尤皮克人帶來食物。另一方面，尤皮克人也會在典禮中頌揚這些死去的動物——他們以舞蹈、故事和美食來招待這些動物的靈魂。他們相信這麼做，其他動物在來年才會同意放棄自己的生命，讓獵人獵捕牠們。

當然，這些動物靈魂訪客也包含了海豹，尤其在「膀胱慶典」（Bladder Festival）——他們最重要的一個冬季慶典。尤皮克人認為，海豹的靈魂棲息在牠們的膀胱裡：所以當他們獵獲海豹，把海豹的身體切割完畢之後，他們會把膀胱保留起來。在慶典當中，他們會將保留下來的膀胱供奉在最重要的地點，然後他們會在冰上挖個洞，把膀胱放回海裡——意思是讓海豹的靈魂回

尤皮克人正在舉行慶典，圖中的鼓是由海豹的皮製成。大約攝於 1914 年，阿拉斯加的隆冬時節。

到海裡。這麼做的目的，是為了鼓勵其他海豹在下一個季節持續來訪。這是一個很重要的慶典，你在慶典中公開頌揚你必須殺害的動物，因為你的存亡有賴該動物的死亡。收割與禮頌在此攜手相連。安柏．林肯進一步解釋道：

> 你處理動物的方式，從頭到尾的每個階段都很重要：你為剛剛殺死的海豹奉上一杯水，這樣海豹的靈魂就不會覺得渴。他們相信動物離開之後會去告訴其他動物，說牠們是如何得到善待。這件事告訴我們：在尤皮克人與動物的狩獵關係中，掌握主動權的並不是獵人，而是動物，是動物同意讓獵人獵殺牠們；如果獵人心懷敬意，注意牠們的需要，那麼牠們就會同意放棄自己的生命。

隱藏在這種實踐背後的想法，其所主張的是動物與人類之間應該維持一個充滿敬意、完全平等的關係，而且在這種關係裡，動物擁有真正的主動權。生活在高度都市化社會裡的我們幾乎完全無法理解這種想法。對我們來說，其中最陌生的概念也許是他們的這個假設：動物與人類之間有著密切的相互關係，相互的責任義務；人類的責任不只是尊敬活著的生物或照料瀕死的生物，如何在動物死後使用牠們的身體、處理牠們的身體也很重要。根據安柏．林肯的描述：

> 你必須仔細照料牠們的掩埋之處。你得把牠們的骨頭丟在適當的地點。你得使用動物身體的每一個部分，因為牠們是知道的，即便你已經獵殺了牠們。其他動物也是知道的，所以這真的是一種互惠相生的關係。

海豹身體的每一個部分都被善加使用，例如用來製作魚叉、鼓和靴子。

如此說來，尤皮克人的這件風衣就不只是一件保暖防雨的工具而已。這件風衣代表了人類的責任：好好地運用海豹身體的每一個部分。不過，這麼做並不只是因為海豹身體的每一個部分都很有用處，而是表示對死去動物的一種尊重。在大英博物館裡，除了這件風衣，我們也收藏了海豹骨頭做的魚叉、海豹胃囊做的鼓、海豹毛製作的衣服，另外還有許多用海豹觸鬚製作的趣味裝飾品。當然，這些證據顯示尤皮克人是一個節儉、善於運用資源的社會。不過，這也是該社群用來表示他們尊敬生命的禮物的一種方式。

人類與動物之間的連結是如此親密，以致於他們產生一種了解，即動物與人類真的是同一個社群的成員，而他們必須盡可能以這種平等的態度來對待牠們。他們這個觀點不僅反映在每日的行為模式，也反映在談話當中，即使是禮貌性的交談。根據安柏．林肯的解釋：

我參加過他們的「狩獵規則會議」——這是阿拉斯加政府各部門官

員和獵人聚在一起開的會議，討論他們究竟可以獵捕多少動物等問題。在這種會議裡，尤皮克人總是會一再提醒政府官員，要大家注意當下我們正在討論的動物正在關注我們，也許還聽得到我們的談話。他們會請求政府官員：「拜託，講話委婉一點。沒有必要提到動物的名字。你不需要一直講『熊』這個字講十遍。你可以用另一個字。」

不論是過去還是現在，尤皮克人的世界觀大致上還是認為動物、地方，還有植物都是「會知道的」——這是尤皮克人自己的描述，我們可能會用「有靈」這樣的語詞。動植物這種「會知道的」的感覺能力還包括感知人類的思考、人類的行動。所以不論是對待彼此，還是對待這個世界，尤皮克人總是努力保持好的思想，保持充滿敬意的念頭。

我們與自然世界之間的關係基本上是互惠互助的，而這樣的關係需要人類這一方來努力保持平衡——這樣的概念在尤皮克人生活的每一面向都可見到。安柏·林肯進一步解釋道：

河的上游會漂下大量的漂流木。傳統上，阿拉斯加西部的住民因此而得到許多好處。這是一項巨大的資源。直到今日，他們還是會收集漂流木。漂流木的種類繁多，各有非常特定、獨特的用途；蓋房屋用的、造船用的、製作面具用的，還有其他許多用來製作不同物質文化器物的漂流木。他們的想法是：這些木頭是一份禮物，只能就其本來存在的目的——亦即上天賜予的那些目的——來加以使用。舉例來說，如果尤皮克人決定把木頭面具拿去賣，而不是拿來戴，那麼他們就會燒掉一批等量的木頭，作為平衡。

當然，我們沒有一份描寫尤皮克人觀念的文本可供參考，不知道他們如何看待人類在宇宙中的位置。但從他們的信念和日常行為所顯露的各種習慣看來，他們並不認為人類應該支配自然界，而是應該時時與各種生物保持一種對話的關係，即使那些生物早已超越了任何個體生命的限制。

尤皮克人認為我們如果要和自然保持適當的平衡關係，不僅得學會尊敬自然，還得跟自然維持一個互惠互利的關係。對我們這些已經習慣對農業施以工業化的管理，或以層架養雞籠來養雞的現代人來說，這是一個很讓我們感到掙扎的觀念。即便如此，這個觀念對務農社會和狩獵社會都是重要的。無獨有偶，這也是古埃及許多宗教實踐的重要概念。阿拉斯加的河流替沿岸居民帶來許多他們需要的木頭，但對古埃及人而言，尼羅河幾乎就是整個食物供應系統的先決條件。在埃及，相互依存與儀式是維持宇宙體系平衡的必要關鍵，就像尤皮克人一樣。

古埃及人住在世界上降雨量最低的地區；對他們而言，尼羅河是維持生命最基本的來源。每一年，季風雨會降落在最遠的南方，亦即現在屬於衣索匹亞的高地地區。季風雨使尼羅河的水位上升，接著而來的就是埃及人最迫切盼望，尤其在 7 月到 9 月之間最為頻繁的河水氾濫。套用一份古埃及文本的文字，在這段期間，埃及的「田野笑了起來……神賜的禮物降臨，人們的臉也亮了起來」。

「神賜的禮物」是指河水退去之後，留在河岸兩側那些極為肥沃的黑泥——農夫就在這片黑泥覆蓋的土地耕種作物。整個埃及是如此依賴這場季節性的河水氾濫，以至於打從公元前 3000 年立國以來，埃及整個國家幾乎就建立在尼羅河邊以及尼羅河兩岸附近。然而，事情也很容易出錯。沿岸建立的聚

落和寶貴的耕地有時候會被上升得太高的河水摧毀。河水如果上升得不夠高也是問題，因為隨之而來的就是饑荒。據希伯來文《聖經》的記載，約瑟（Joseph）向法老王證明其能力的方法，就是在七個豐年裡積蓄五穀，讓埃及在隨之而來的七個荒年中擁有足夠的資糧，不為饑荒所困。總之，所有的一切都得依賴大自然保持適當的平衡。

這種相互的依賴是如此深刻，以至於超過了維持生存或走向死亡這兩個選項，只剩下一個單項：生存與死亡。現今大英博物館藏有一尊小小的棕色神像，這尊神像在維持適當平衡這方面扮演了重要的角色。這是一位很特別的神：祂在維持平衡的過程中並非扮演「主導」者，相反地，祂本身也介入、捲入這個過程，亦即祂自己也經驗了生和死的歷程。約翰・泰勒（John Taylor）是大英博物館埃及葬儀文物處的館長，他解釋道：

> 這尊小雕像大概製作於公元前 700 年到公元前 300 年之間，高度大約 30 公分，看起來是一個已經製成木乃伊的人形。頭部是由蜜蠟製成，橢圓形的大眼睛四周畫上明顯的鍍金線條作為強調；雕像的身體全部包裹在亞麻纏裹布裡，所以看不到雕像的四肢。不過，你可以看到雕像身體前方有個巨大的陰莖勃起，而且雕像的頭上戴著一頂王冠。
>
> 這是歐西里斯（Osiris）的雕像；他是個國王，也是神；他死了之後，身體被製成木乃伊，之後就復活了。勃起的陰莖代表他的繁殖力旺盛，

（上圖）埃及的「田野笑了起來」：埃及石板浮雕，描繪麥田成熟的情景，大約製作於公元前 1340 年。（下圖）「神賜的禮物降臨」：尼羅河氾濫後，隨之而來的大豐收。埃及墓室壁畫，大約畫於公元前 1250 年。

歐西里斯的穀物木乃伊雕像，大約製作於公元前 700 年到公元前 300 年之間。

即使死了，也能產出新的生命。

根據埃及神話，歐西里斯是遠古時代一位特別愛民的良君，他教導埃及人如何栽種、賜給人民法律、教化人民。但他善妒的兄弟殺了他，還把他的屍體切成碎塊，四散丟在整個埃及。

歐西里斯的妻子伊西絲（Isis）把他的屍塊收集起來，命人將歐西里斯復原成人形，然後製成木乃伊。歐西里斯在這之後復活，但是祂留在陰間，在死者的國度當冥王。歐西里斯神話的核心意義是：他是代表整個埃及的神。這位神死了，但是後來又復活，因為這個緣故，祂為每個人帶來了希望——新生的希望。

這個神話概念在我們這尊小雕像得到生動的物理展現。如果我們能夠打開那些乾燥龜裂的纏裹布，我們將會看到雕像裡面放的不只是泥土和蜜蠟，我們會找到某種料想不到的東西：穀粒，即將在這身體裡，即將從種子狀態發芽生長的穀粒。換句話說，在這尊小小的雕像裡，同時裝著死亡的意象和新生的茁壯。在埃及每年舉行的盛大慶典中，像這樣的雕像是慶典的重心。這個慶典每年在洪水發生之後的第四個月舉行——那時洪水已經逐漸退卻，岸上逐漸露出肥沃的淤泥；很快地，農人就可以在肥沃的土地上耕種。約翰．泰勒繼續解釋：

製作像這樣的小雕像，目的是給未來帶來希望，希望稻穀會生長，希望生命會延續。這些雕像是為了舉行「豐收節」（Khoiak）而特地製作的。這個慶典的埃及名字很恰當，來自埃及的語詞 ka-her-ka，意思是「食物與食物」；舉行的時間則是在新的耕種季開始之前。祭司們會到河岸上收集各種穀物種子，然後用泥土、蜜蠟，還有其他材料混合起來，塑成像歐西里斯這樣的木乃伊雕像。這就是為什麼有時候這種雕像被稱為「穀物木乃伊」。

經歷一連串的儀式之後，這些小雕像接著會在慶典的隊伍中遊行，讓廣大的民眾瞻仰。慶典結束後，這些雕像會被小心地保存在一個安全、神聖的地點，直到下一個豐收節來臨。屆時整個過程會再重複一次。在那之前，祭司會先舉行一個適合的儀式，把舊的穀物木乃伊埋起來，重新製造一個新的木乃伊取代舊的。這個程序每年都會循環一次。

舉行這個慶典的目的是為了確保土地肥沃，食物的生產永遠不虞間斷。這個慶典的部分儀式涉及製作這些特別的歐西里斯雕像：你在這位神的身體裡種下種子，然後期待新的穀物和新的生命會從這些種子長出來。

那麼，這是關於季節循環最全面的慶典了。歐西里斯活著，死了，又再復活。土地再度恢復肥沃，埃及人因此得以維生，埃及本身也獲得更新。

看著像歐西里斯這樣的穀物木乃伊雕像，還有那些伴隨著雕像而衍生的儀式，我們可能忍不住會想像埃及人是個打算扭轉自然，企圖改變自然變化的民族。但這樣的想像是不正確的。我認為這樣我們就會陷入現代西方人對大自然的既定看法，亦即認為大自然是外在於我們，大自然應該被調整，以符合我們的種種欲求。但根據許多學者的看法，我們在這裡所看到的季節性儀式似乎並不是關於人類施加力量於諸神或大自然，而是人類與諸神或與大自然合作，扮演人類被分配到的角色——幫助保持系統的平衡，以及維持系統本該發揮的功用。這裡的重點是合作，不是操縱。約翰．泰勒解釋這樣的合作關係：

> 在古代埃及人的所有生活和宗教面向當中，他們都意識到有一個更大的力量存在，一種超越平凡人類能力的存在。很明顯地，埃及人深信他們必須跟這個力量保持合作，這樣他們所認識的世界才會持續存在，生命才會持續下去。因為歐西里斯的屍身被切分成塊並丟棄在全國各地，因此祂的身體被看成一個隱喻，代表整個埃及。祂的生命循環與埃及的年曆緊緊相連，並且與人民每日生活的例行程序密切聯繫在一起。只有這樣，諸神的力量才會帶來新的生命。

埃及人這些複雜的觀念和儀式被詳細記錄在許多文本裡，本身即具有濃厚的政治意義。這些觀念和儀式跟埃及這個國家的存在有密切的聯繫，這很明顯可從法老王——包括圖坦卡門（Tutankhamun）——的墳墓設計看出來。他們的墓室安放了一個形式跟歐西里斯一模一樣的木頭模型，並在模型裡放入泥土和大麥種子；這做法就像在黑暗的墓室中放入一個希望，一個確保法老王和人民都會得到新生，確保新的莊稼、新的生命都會到來的希望。

尤皮克人的風衣和穀物木乃伊是兩個截然不同的思想世界的產物，這兩個思想世界彼此相距十分遙遠，但我們的思想世界與他們的距離卻更遠。對大部分現代人來說，歐西里斯是一個已經死去的、生命根本無從挽回的神；他的身體被組合並獲得重生——這對我們而言是個很陌生的概念。尤皮克人的想法也同樣讓我們覺得陌生：海豹的靈魂住在牠的膀胱裡，然後牠的靈魂會四處旅行去跟牠的同伴交談！話雖如此，阿拉斯加和埃及這兩個社會雖然處於不同的環境，卻逐步發展出一則則故事，謙虛地承認他們對自然世界的依賴。因為這樣，他們得以設計各種行動來調度整個社群，並有所節制地使用自然資源。目前現代世界的大部分地區也開始掙扎著學習這麼做。

（左圖）埃及墓室中的歐西里斯木頭模型，模型裡有各式種子。（右圖）埃及壁畫，描繪歐西里斯留在陰間當冥王的樣子，造型十分華麗。

Believing Together

PART TWO

第二部

因為相信，因而相聚

在第一部的五個章節裡，我們看到幾個社群講述的故事——那些讓他們的生命產生意義，讓他們在自然界繁複的模式中找到自己位置的故事。在這一部，我們將會看到短暫的生命是如何被織入時間幅度較長的社群團體，亦即個人的生命究竟是如何跨越好幾個世代，依舊能與其他的生命產生互動。除此之外，我們也會看到幾個成年儀式與初入社會的慶典，還有各種讓我們團結在一起的活動，例如一起祈禱、歌唱等等。最後，我們將會探討兩個影響我們生活的事件：出生和死亡。

LIVING WITH THE DEAD

第六章　與死者同在

讓我們從結束的地方開始談起。人死了之後，是否還留有某種形式的生命存在？大部分的社會在大部分的歷史時間中都相信，人死後還有某種形式的生命持續存在。如果我們贊同這樣的想法，其他種種問題——與人性本身同樣古老的問題——就會隨之產生：生者如何與死者保持聯繫？死者需要我們的幫助嗎？或是我們需要死者的幫助？如果真是如此，那麼我們如何向死者求助？死者和生者是否會共處在一個彼此互惠的網絡內——至少一小段時間？在現代社會裡，我們已經習慣於要求社會關注幼小、弱者和老人，但在整體上卻失去了要求社會關注死者的習慣；在所有該受到關注的群體中，死者可能是最棘手的一群——當然，對許多人而言也可能是最有助益的一群。

一旦葬禮和悼念的各種儀式結束，接下來的問題就是決定我們跟祖先之間的關係。對中世紀的英國和信奉天主教的整個歐洲地區來說，這個問題的答案很清楚。基督宗教的社群是由死者與生者共同組成，是同一個身體的兩個部分；生者最重要的責任就是替死者的靈魂舉辦祈禱會和望彌撒儀式。在這個過程中，每一個禮拜信眾和每一個堂區教民都會依照他們各自的經濟能力，

保羅．康明斯（Paul Cummins）和湯姆．派柏（Tom Piper）創作的裝置藝術：〈血染的土地和紅色的海〉，裝置地點在倫敦塔，2014 年。

各自扮演適當的角色。人們建立許多精美華麗的小禮拜堂和小教堂（你在牛津看到的甚至是一整座宏偉的萬靈學院［All Souls College］），用來舉辦各種代禱儀式，祈禱死者的靈魂能夠快速通過痛苦的煉獄，並且盡可能讓他們早日獲得拯救，進入天堂。有錢人會留下大筆遺產給教會，好讓教會可以長久地、持續地為他們和他們家人的靈魂代禱。代禱涉及的種種儀式必須動用許多人力——尤其是主持望彌撒的神父。五百年前的英國，死者是最重要的雇主。

宗教改革之後，上述這種代禱活動突然被硬生生地打斷。大部分新教神學家反對煉獄這個概念，他們不認為人的靈魂可以透過在煉獄的苦行解除生前的罪，也不認為透過代禱或付款可以讓靈魂加速脫離苦行煉獄，早日進入天堂。在此情況下，為死者靈魂舉辦的望彌撒遭到廢除。那些為了舉辦望彌撒而累積的捐款，不是遭到變賣，就是被沒收。到了 16 世紀中葉，信仰新教的歐洲人

中世紀的英國人為死者的靈魂祈禱，攝於泰因城堡（Tynemouth Priory）的波西小教堂（Percy chantry）。

幾乎無法做任何事來幫助死者；他們與死者此時似乎隔著一道無法跨越的鴻溝。教義的轉變改變了神職人員的責任與教會的經濟，統治者及其寵信的子民則從中得到巨大的收益。同樣重要的是，這種轉變也重組了現在與過去的關係。

* * *

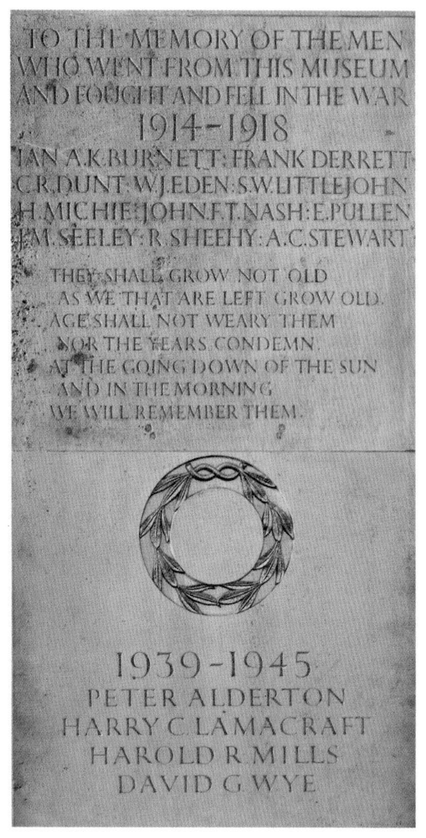

「他們將不再老去」——這是大英博物館入口處的紀念碑，紀念在兩次世界大戰中陣亡的館員。

今日英國人與死者到底有什麼樣的聯繫？這點我們顯然並不太清楚。每年前來參觀大英博物館的人有好幾百萬，大部分是從館前的台階進入主要入口。他們經過一根根古典的柱廊時，很少人會注意到右手邊有一座紀念碑，紀念在兩次世界大戰中陣亡的館員。死者的名字被刻在以波特蘭石灰石製成的石碑上，碑上同時還刻著我們熟悉的詩行：「太陽西沉的黃昏，朝陽初升的早晨／我們將會記起他們。」這種紀念形式在全國各種公共建築物皆可看到，比如學校、火車站、企業集團的辦公大樓、俱樂部等，紀念碑通常設立在入口附近，碑上會刻著在兩次大戰中陣亡的人名，並且加上一句對來訪者的勸誡：記得他們。我們越來越不清楚今日還有多少人記得他們；至於為什麼應該要記得他們，就更少人討論了。

不過，一旦進入博物館，訪客很快就會看到另一種完全不同的方式來想像和經營死者與生者的關係：不是為死者祈禱，也不是僅僅記得他們，而是定期與他們交談——不是和祖先的靈魂交談，而是和祖先本人交談，因為祖先本人就在現場。

大英博物館美洲藏品主任傑戈．庫柏（Jago Cooper）負責保管好幾個以棕色布料包裹的木乃伊，每一個都長約 1 公尺，全都仔細包裹並且牢牢綁好。

> 這些是來自秘魯的木乃伊包裹，裡面包著現在秘魯人的祖先的遺體。每一個包裹裡面都有一個已經製成木乃伊的遺體，全都經過精心處理並用布料仔細包裹起來。在秘魯和智利北部，這個習俗已經有六千多年的歷史；這種習俗讓他們的祖先即使在死後仍在社會上扮演一個特定的角色。對我們歐洲人來說，這是一種想像祖先——乃至想像我們自己——最為不同的方式。

乾燥的沙漠氣候是自然的乾燥劑，有利於屍體的保存；因為這樣，製作木乃伊的習俗不僅在秘魯十分普遍，整個安地斯山脈地區都有此種習俗，而且年代至少跟埃及一樣古老，雖然埃及製作木乃伊的傳統較為知名。祖先死後，軟組織首先會被摘除，遺體在包綑起來之前，通常會被安排成蹲坐的姿態。現在收藏在大英博物館的祖先木乃伊大約製作於公元 1500 年左右，在這之後，西班牙占領了秘魯，製作祖先木乃伊的習俗就停止了。包裹用的織品現在已經褪成灰黯的棕色，但還是隱約可以看到織品上原有的鮮豔條紋設計，布的末端還織有精緻的流蘇。條紋的設計和顏色有可能代表死者的身分（無可避免地，

秘魯人的祖先木乃伊，木乃伊身上附有祖先的「畫像」，如 1880 年代的插圖所示。

只有菁英人士的遺體才會保存下來）和死者居住的區域。再來，許多木乃伊都戴著一張彩繪的臉，亦即線條簡單的人像畫；毫無疑問地，這讓坐著的木乃伊給人一種真人的感覺，而且他們的後人也像對待真人一樣地尊敬他們，即使他們已經死了很久。

在本書裡，我們主要探討的是物件和物件背後所隱藏的信仰系統。但是這些木乃伊並不被歸類為物件；他們是死去的人，因此博物館館方努力以尊敬的態度對待他們，就像在 1520 年代以前，在歐洲人尚未到來之前的秘魯人尊敬他們的木乃伊祖先那樣。古代埃及木乃伊的身邊會準備所有他們來生會用到的必需品，留在墳墓裡等待來生。也許他們的家族成員偶爾會到墓中拜訪他們，或獻上祭品之類的。與埃及木乃伊相反，秘魯的祖先木乃伊擁有一個比較活躍的死後生活。平日，他們被包裹在色彩鮮豔的棉毯或羊駝毛毯之中，存放在山洞裡或高山上；不過到了特別的節慶，他們的後代就會帶他們到大街小巷遊行。在這段短暫的時間裡，他們回到生者的社會，幾乎就像是個歸來的貴賓，仍是這個社會重要的一部分。在生者的社會裡，在許多與國家相關的事務上，他們持續扮演重要的角色。首先，他們確立了統治階級的資格，根據傑戈．庫柏解釋：

> 在重要的會議桌上，你把德高望重的祖先請出來跟你坐在一起——這是在宣布你的家系、你的族譜。身為祖先的直系後代，這是你獲得權力的基礎。你不僅僅是你祖先的後人，你還繼承了他們的智慧、權力和權威。跟祖先的知識持續保持聯繫——這是印加帝國菁英分子的基本概念；所有首領在做重要的政治決策時，都會直接諮詢祖先的意見。

如此說來，祖先木乃伊的角色不僅只是確保後代的身分。坐在生者當中，他們的經驗和判斷可以被召喚出來。根據傑戈．庫柏的描述，他們的在場，本身就增添了一種在時間概念上的不同理解：

> 對我們來說，如果我們的祖先死了，他們就存在於過去，而我們的後代則存活於未來。對印加帝國和美洲地區許多文化來說，他們的想法——不論在過去或現在——跟我們是完全不同的。對他們來說，所有的時間是同時存在的：現在、未來、過去三者同時共存，而且總是平行運作；如果有技巧，或者有時在入定的情況下，他們是可能在三種不同的時間之間移動，並且可以藉此取得活在這三種時間裡的人的

智慧。祖先的木乃伊有時會被帶進會議室，因為祖先可以貢獻過去的智慧。不過，同在一個房間參與討論的，還有那些尚未出生的後代的靈魂。他們也會幫忙形塑各種政治決定——畢竟這些政治決定對他們的影響比較大。

這種情形，就像我們把格萊斯頓（Gladstone）和迪斯雷利（Disraeli）的大體請出來，然後請他們坐在倫敦內閣的會議桌上，提醒現任部長們要注意歷史的影響力和未來的種種要求一樣。將祖先的木乃伊從墳墓裡請出來，帶到議事廳，這就像是給某個政治理念一個獨特的物理性表達。對此現象，說得最好的不是研究秘魯歷史的學者，而是 18 世紀的政治理論家艾德蒙．柏克（Edmund Burke）；柏克在《法國革命的種種省思》（*Reflections on the Revolution in France*）寫道：「就各方面而言，社會是……一種合作的夥伴關係。由於這種夥伴關係所欲達成的目標不可能在幾個世代之內完成，所以這樣的關係就不只存在於生者之間，同時也存在於死者和尚未出生者之間。」柏克的觀念與宗教改革前的歐洲人，還有與前哥倫布時期（pre-Columbian）的秘魯人有著強烈的共鳴。

西班牙殖民者發現秘魯人與他們祖先的大體保持如此親密的接觸，大都覺得十分不安。這一點實在讓人覺得很奇怪。時至今日，羅馬天主教的彌撒儀式還不是每日照常對著死者的物理性遺物舉行？每一座祭壇——即使是可以移動的祭壇石——都必須包含某一位聖人的遺物，最理想的是那些為了信仰而殉教的烈士的遺物。彌撒儀式會在聖人的遺體或部分遺體前面舉行，教堂會眾則站在聖人遺體的旁邊向神祈禱。在天主教堂裡，人們會請求已經死去

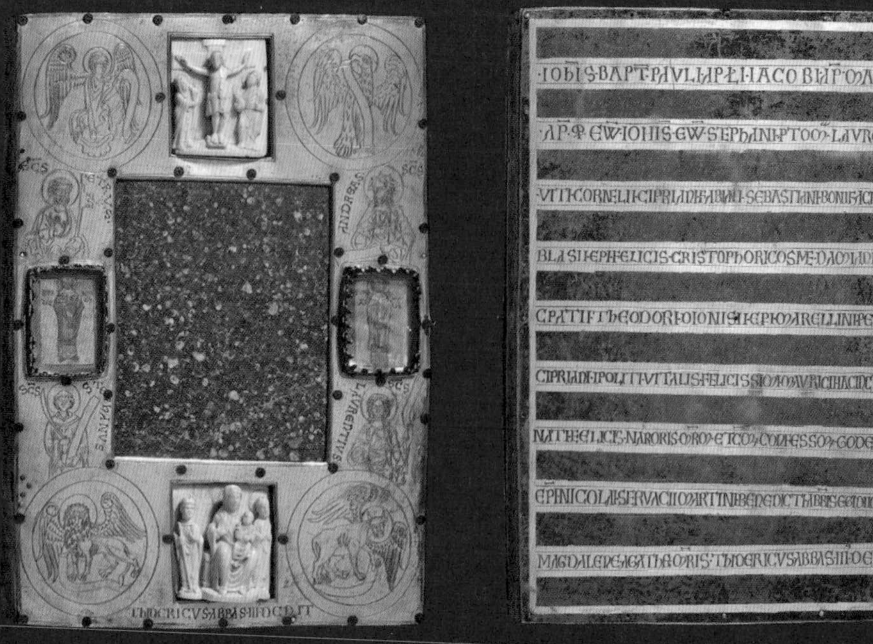

在死者大體前舉辦的望彌撒：可攜帶的德國天主教祭壇，大約製作於公元 1200 年（上圖）。祭壇背後寫著死去的聖人的名字，聖人的遺物或部分遺體全都小心地做了註記（下圖），並藏在石製祭壇背後的凹洞裡。

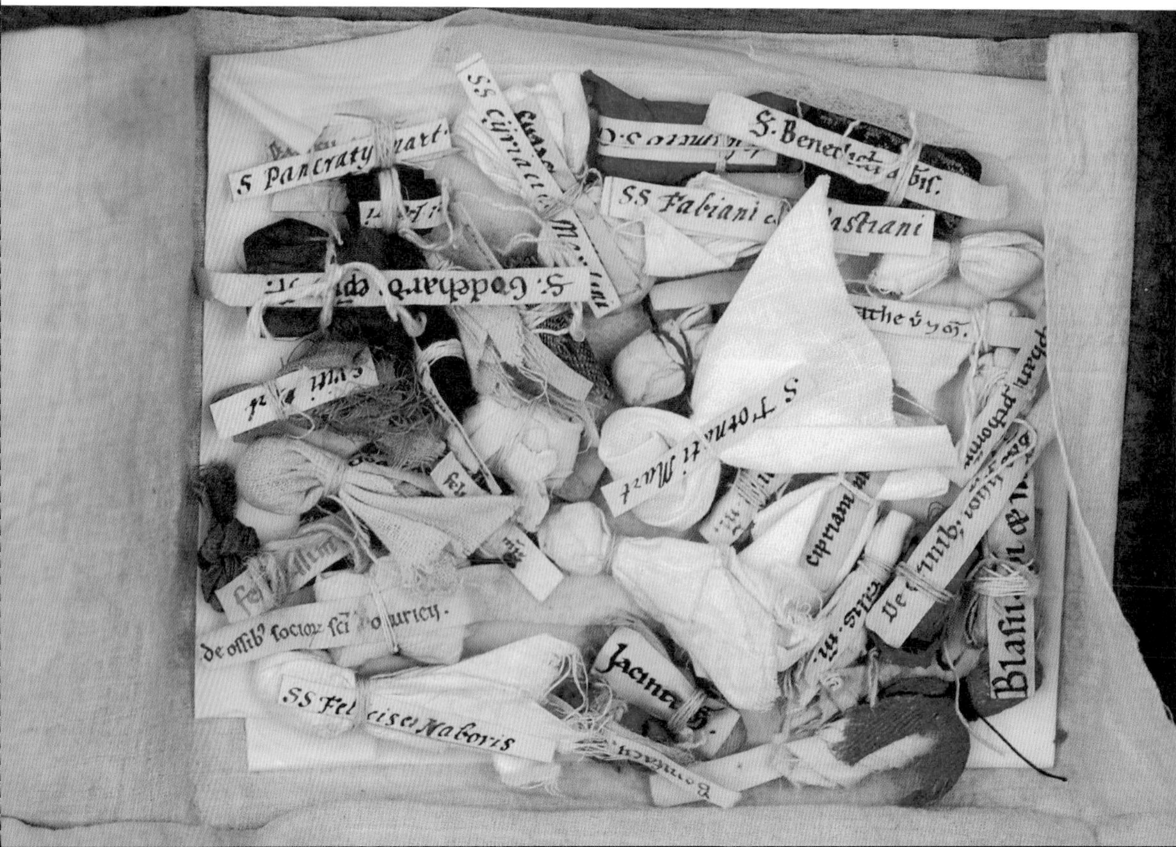

很久的聖人幫忙處理日常生活每一層面的問題，例如信徒會要求聖人代他向神求情，請神對已經死去的靈魂大發慈悲。有時候，聖人保存良好的遺體會被抬出來遊行，就像秘魯人把祖先的木乃伊請出來遊行一樣。死者的世界持續與我們的世界保持聯繫的概念在全球各地皆可找到：從墨西哥的亡靈節（Day of the Dead）到日本的盂蘭盆節皆是；在這些節日裡，家人每年聚集，在墓地或在其他地方吃吃喝喝，與死去的親人同樂。死亡是社群結構裡的一部分，而不是在社群結構的界限之外。在中國文化中，死亡雖然改變了生者與死者的關係，但並未消解兩者的關係。好幾百年來，中國家庭最重要的儀式就是一年一度與祖先的團聚。不像在秘魯，中國死者的身體不會出現在儀式中，出現的是死者的靈魂，而且祖先的靈魂會回家小住一段時間，棲居在一張特別為迎接他們的歸來而製作的畫像裡。中國肖像畫的歷史，與這種用在祭拜儀式、方便後人與祖先保持對話的圖像繪製服務一直難以分開，緊密相連。

今日大英博物館藏有兩張為了這個目的而繪製的人物畫。這兩張明朝的「祖先圖像」是畫在可以掛起來的絹本立軸上，可能繪製於公元1600年。畫中的一男一女分別坐在木頭椅子上，他們身上的深紅色袍子幾乎蓋住了椅子，兩人從樸素的淡金色背景中，木然地向外凝望。每張卷軸高約2公尺——祖先的畫像毫無疑問比真人大；雖說如此，畫裡的人卻一點都不像真人，他們表情木然，看不到任何感情表現或心理反應。

司美茵（Jan Stuart）是華盛頓弗利爾與賽克勒美術館（Freer-Sackler Galleries）中國藝術部的主任，據司美茵的說法：

（次頁）明代中國人的祖先肖像畫。畫中男性祖先佩戴一個很大的徽飾，標記他——或他的後人——的官位。

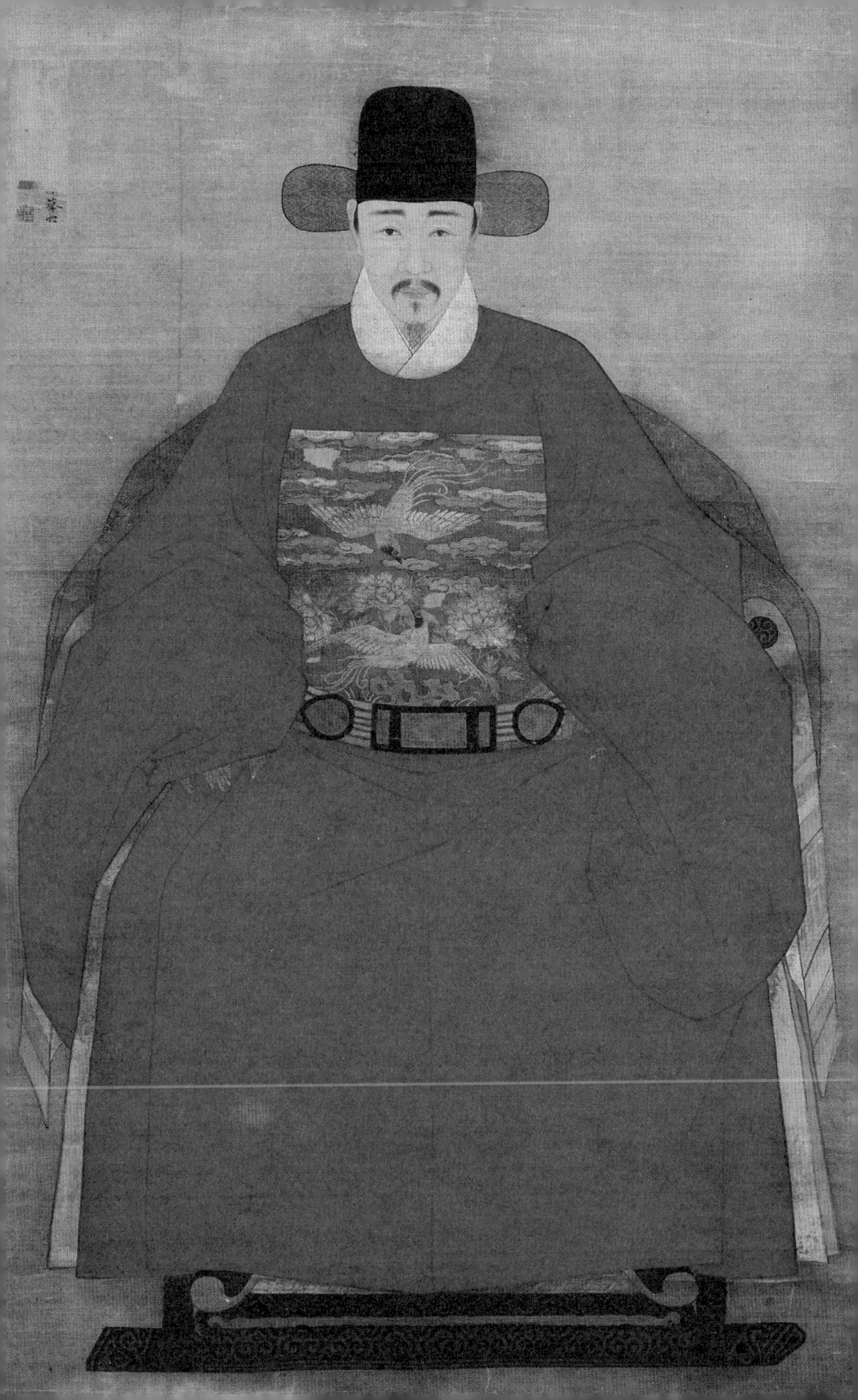

中國人要的是一張能夠再現天賦特質的肖像畫，因為這樣才能永久保存重要的臉部特徵。他們不要那種你在特定時刻會看到或遇到的臉——所以畫中人既不皺眉，也不微笑，既不是白天的臉，也不是晚上你會看到的臉。這就是為什麼這兩張畫既沒有光線，也沒有陰影——這是故意的，目的是呈現一張沒有時間性、永恆不變的臉。這兩張肖像畫可能是祖先死後，由一位從來沒見過死者本人的畫家所畫。一般的情況是，畫家會使用面相圖表——跟我們警察用的容貌繪製工具並沒什麼不同——來繪製一張可以表現其人格的圖像，例如圖表會告訴你如何畫出高高的顴骨，藉此表現人物的堅毅個性，哪一種特定的眉形會顯示智慧等等。這些圖表彰顯的是古典的人物面相特徵，而這些特徵會告訴我們畫中人的個性。

人們主要看重的是父親的畫像，不過一般家庭通常也會請畫家畫一張母親的畫像。兩張畫像會並排掛在一起，丈夫的畫像永遠掛在妻子的東側，因為東邊是比較受人敬重的方位。我們這兩幅畫的大小相似，畫中人的衣著相似，這代表畫中人可能是夫妻。不過兩人所坐的椅子材質不同——丈夫坐的椅子飾有亮漆，妻子坐的椅子則是木製的，這顯示兩人可能沒有關係。這兩個人有可能是因為畫商為了吸引西方收藏家，後來才被配成一對的；換言之，這兩人並不是天生佳偶，而是畫商為了藝術市場的考量，硬生生把兩人湊成了一對。不過，誠如司美茵所描述的，這類祖先畫像——不論是單張還是一對——的繪製目的，主要是為了讓畫像所代表的人可以在他們死後數百年裡，仍可在他們後代的生活中扮演一個角色：

只有在特殊的節日裡，家人才會把祖先畫像掛出來，其中最重要的節日是華人的農曆新年。家人會在高掛著畫像的桌子前擺上點亮的蠟燭和燃燒的線香，還有其他祭品例如水果和酒。家族裡最主要的後代，亦即長子會帶領其他家庭成員祭拜祖先。他們會跪在祖先的畫像前叩頭，好讓他們死去的父母或祖父母知道家人仍然尊敬他們，仍然跟他們保持聯繫，仍然確保他們死去的靈魂得到適當的照顧。

唐寅的祭祖圖，大約畫於公元 1500 年。

人們很清楚沒有適當地祭拜祖先會有什麼後果。只要得到適當的照顧，祖先的的靈魂就會保持和善，會不時回到家中，寓居在其畫像裡，接受後人的祭拜。數十年後，甚至是數百年後，祖先的靈魂還是會認得自己的畫像——這就是為什麼這類畫像必須畫出永久的、沒有時間性的面部特徵，只有這樣祖先才知道要住在哪張畫像裡。館藏的這兩張祖先畫像中，男人的胸前繡有一塊華麗的飾片——那顯然是官位的標記。不過很有趣的是，那可能不是他自己的官職。中國人的祖先與後人保持極為密切的聯繫，以至於他們的兒子或孫子例如在朝廷中升了官，祖先——即使在死後——也會一起升官。這時，家人必須找人另外畫一張祖先像。新的畫像會和舊的非常相似，只是官位的標記會改成更高的品級。舊的畫像則會在一個儀式中燒掉。

如果沒有好好祭拜祖先，可能會給家人帶來災難，可能是疾病，也可能會破財。如果好好祭拜祖先，讓祖先分享家人持續的成就，那麼祖先就會為後代帶來好運，包括多子多孫和長壽。每年的例行祭典結束之後，畫像就會捲起來仔細收藏——這就是為什麼這類畫像的保存狀況都非常良好的原因。經過四、五代之後，祖先才會成為人們的「遠祖」。這時，他們的靈魂就不需要以食物和酒來祭拜，他們的畫像也不再需要懸掛起來。只有到這時候，才可以賣掉他們的畫像——館藏這兩張 19 世紀的肖像畫可能就是在這種情況下被賣掉的。毛澤東的「一胎化政策」帶來了一個普遍的隱憂：那些現在已經年老的人，將來可能不會有人好好地祭拜他們的在天之靈。

中國的共產黨領袖——尤其在文化大革命期間——都極力查禁傳統宗教活動，包括祭拜祖先，因為他們認為這類行為屬於反革命活動。但近年來，中國的死者捲土重來，古老的習俗再度復甦。現在許多居住在中國大陸的中國人和其他散居在世界各地的華人一樣，每一年會在幾個特定的時間祭拜祖先。

為了這麼做，他們大部分都使用數位照片——對一個有著綿延兩千多年的肖像畫傳統而言，這麼做更合乎時宜。人們用來祭拜祖先的祭品也跟上了時代，從傳統的水果和酒，改為紙製的電腦、汽車、冰箱和各式各樣的奢侈品，甚至還有無限傳輸分享器。這些祭品會在祭拜之後燒給祖先，讓煙把這些物件傳到死者的靈魂處。古老的儀式現在正蓬勃地復興；照顧死者的其中一個面向是，讓死者跟上現代生活的種種改變。

大英博物館是在 1920 年代購入這兩張中國祖先肖像畫，當時負責東方版畫與繪畫的研究員是東方藝術研究的先行者及權威勞倫斯．賓揚（Laurence

獻給趕流行的祖先的禮物：這些紙糊的現代奢侈品會在祭拜儀式過後燒給祖先，確保祖先在天之靈也能得到最奢華的享受。

Binyon）。賓揚現在比較為人所知的身分是詩人。1914年，他寫了〈給倒下的戰士〉（For the Fallen）一詩，其中有幾行後來就刻在博物館主要入口處的戰士紀念碑上，也刻在英國各地無數的紀念碑上。每一年的「國殤紀念日」（Remembrance Sunday），這幾行詩都會在白廳（Whitehall）的陣亡將士紀念碑前被一再地重複朗誦——這是國家最公開、最嚴肅的紀念儀式：

太陽西沉的黃昏，朝陽初升的早晨，
我們將會記起他們。

全國人民此刻會暫時停頓一會，追念和禮敬那些在戰爭中喪生的人，讚頌他們的為國犧牲。但是在這之後呢？套個中國人的用詞，他們今日已經成為許多人的「遠祖」，只有非常老的人還記得那群死於第二次世界大戰的人；我們不再要求他們繼續在我們延續不斷的公共生活中扮演任何角色，我們也不再跟他們分享喜悅，不再跟他們討論可能形塑這個社會——他們以死捍衛的社會——的任何決定。至於其他歐洲國家，他們會記得死者，因為他們有一個比較清楚的目標：加強或改變國民的行為。俄國每年舉行盛典來紀念1941到1945年死於「偉大衛國戰爭」（the Great Patriotic War）的戰士；這些慶典有個主要的功用：強化國家——許多人會說是民族——的熱忱。法國人會聚集在凱旋門下，在固定的時間點燃「國家之火」（第二章）——這是一個精心設計的活動，用意是恢復法國人的愛國精神。相反地，德國人無法忘記那些導致戰爭的罪行和錯誤，因此他們舉行追念會，敦促現在的人不要重複前人犯下的可怕錯誤。對法國人和德國人而言，與過去的敵人和解是追念儀式當中最至高無上的修辭。

相較之下，英國人辦的追念會，其背後的意義就比較不確定了；而且這些不確定的意義在這數十年來似乎有漸漸改變的趨勢。諷刺的是，在戰爭紀念會上，追憶個別死者的這個面向如今已經淡化，購買國殤紀念日佩戴的人造罌粟花的人卻越來越多，各種紀念儀式也日漸增多。彷彿追念這件事本身已經成為懷舊的對象，以至於人們想要重新捕捉前幾代人在哀悼和紀念國家歷史重要時刻所流露的激烈情感，還有重新捕捉前人的目標。2014 年，為了紀念第一次世界大戰爆發 100 週年，人們用 888,246 朵陶瓷罌粟花——一朵代表一個替大英帝國捐軀的戰士——製作了一座極為壯觀的裝置藝術，讓花朵從倫敦塔一路蔓延到護城河。這座名為〈血染的土地和紅色的海〉（Blood Swept Lands Seas of Red）的裝置藝術十分壯麗，也十分感人。倫敦塔那棟傳統建築本身彷彿自有生命，看起來正在流血，不可抑止地流著血（頁 114）。然而，展品的延期申請被拒絕了，理由是這件藝術創作的基本理念正是它的稍縱即逝。所以大體上，這個展覽主要是一個藝術事件，其設計的目的是觸發人的情感，而非永久保存。我們的國家紀念活動不像其他國家的紀念活動，我們並不要求那些死去的生命來決定和改變我們的行為，或要求他們隱身在我們現在所做的諸多決定之內。我們紀念我們的死者，但我們已經不再與他們同在。

BIRTH AND THE BODY

第七章　誕生與身體

沿著白廳街走一小段路，你會先遇到唐寧街和外交部，再經過和平紀念碑（Cenotaph）與財政部，一走入國會廣場（Parliament Square），你就來到英國的宗教與政治中心。在你的左手邊有國會大廈（Houses of Parliament）、西敏宮（Palace of Westminster）和伊莉莎白塔（Elizabeth Tower）——大笨鐘（Big Ben）就設置在這座塔內。在你的右手邊，你會看到西敏寺（Westminster Abbey），一千多年來，英國君主的加冕典禮就在這裡舉行，為世俗的權力注入一股神聖氣息（第二十六章）。夾在左右這兩組建築群之間，有一棟樸素的、遊客通常不會注意到的建築物，這是供奉聖瑪格麗特（St Margaret）的牧區教堂。這棟建築物的目的雖然並不是用來行使或展現權力，但就某個意義來說，這座教堂正是周邊那些代表著宗教與政治的著名建築群的起點。這座教堂供奉的是安提阿的聖瑪格麗特（Saint Margaret of Antioch），亦即保佑婦女順利分娩的守護聖人。

神聖的瑪格麗特，天下所有母親在分娩前都會來向您禱告，祈求安產。
您對天下母親充滿慈悲……她們的順利生產，就是您慈悲的明證……

座落在國會大廈和西敏寺之間的聖瑪格麗特教堂，教堂的塔前有一面藍色的日晷鐘面。

這段祈禱文譯自一段寫於公元1520年左右的拉丁文本；從12世紀開始，懷孕的婦女都會向安提阿的聖瑪格麗特禱告，祈求聖人保佑她們順利生下孩子。婦女唸誦祈禱文時，通常會站在一尊祈禱專用的聖像前面，就像大英博物館現藏的這尊彩色鍍金象牙小雕像。這尊小雕像大約是在1350年在巴黎雕製並上色，而且顯然是某個有錢贊助人委託製作的。雕像高約20公分，瑪格麗特雙手合掌，正在祈禱——這裡刻畫的場景是她戰勝魔鬼，從困境中掙脫而出的那一刻。她的上半身向後微彎，呈現一個優雅的弧度（因為象牙這種雕刻材料的天然限制），正從一頭野獸拱起的背向上穿透而出。這頭野獸是一隻看起來很疲憊的龍——其實牠是化身為獸的魔鬼。從這座雕像看來，牠正無精打采地咬著瑪格麗特鑲金邊的裙擺，也就是說牠還沒把瑪格麗特吞完（裙擺還掛在牠嘴邊），聖瑪格麗特就已經逃脫了：聖人不但沒被吃掉，而且毫髮無傷。

這尊雕像的雕刻技巧高超，保存的狀況也大致良好。不過如果仔細觀察，你會發現瑪格麗特右手的指尖並非原作；她手裡很有可能曾經拿著一個十字架，因為根據傳說，她之所以能死裡逃生，那是因為她祈求十字架的保佑力量。她的祈求得到回應，十字架的保佑力量使那條龍的身體裂開，聖人只需一躍，即可獲得自由。在這之後，她繼續驅除惡魔並取得很大的成就；同時在這過程中勸服了數百人改宗，信奉基督宗教。最後她因故被判以斬首的刑罰。那位不忍心的劊子手在行刑之後隨即倒下，死在她身邊。她的頭則被一群天使帶上天堂。對後代的信徒來說，瑪格麗特以十字架戰勝惡魔固然重要，更重要的是她神奇地從龍裂開的身體中迅速掙脫而出的故事。這個類比並不特別討產婦的歡心，但是在後人心目中，她慢慢就和安全、快速的順產聯想在一起。最後她成為保佑順產的聖人，保佑母親和嬰兒順利度過難關，不受傷害；就像聖人自己曾經從龍背逃脫，嬰兒也會順利地從子宮產出。

這件 14 世紀中期製作於巴黎的鍍金象牙小雕像，刻畫聖瑪格麗特神奇地從裂開的龍背掙脫而出的情景——雖然這隻龍才剛剛把她吞下肚（左圖）。這隻龍還在咀嚼聖瑪格麗特的裙擺，但是突然意識到聖瑪格麗特本人已經從牠肚子裡逃走了（右圖）。

瑪格麗特成聖的生涯並不尋常。據傳說，她大概是在公元 300 年左右，即戴克里先（Diocletian）和馬克西米安（Maximian）大舉迫害基督徒的那段期間殉難。不過早在第 5 世紀，教會就開始質疑她與龍爭戰的事蹟是否屬實，同時更質疑她本人是否真的存在。公元 490 年代中期，教宗哲拉修一世（Pope Gelasius I）宣布她為偽聖。《黃金傳說》（*Golden Legend*）是一部流行於中世紀的聖人傳記故事集，記載許多最令人驚奇的奇蹟，但這部傳記故事很明確地反駁了龍的故事。雖然如此，瑪格麗特及其行使的奇蹟對民眾卻深具吸引力，無法就那樣輕易撤銷。世俗民眾的願望壓倒了神職人員在學術上的種種顧慮——這種事並不是第一次發生（見第十六章）。瑪格麗特終究得勝。聖喬治（George）以其武力戰勝龍，瑪格麗特則以她樸素的、女性的虔誠，靜靜地逃脫龍的傷害；這位女性馴龍人（作為魔鬼化身的龍在這個故事中逃過一劫）

成為中世紀歐洲最受人歡迎的聖人之一。瑪格麗特既是當時年輕女子一生的模範，也是求助的對象。

> 瑪格麗特，母親們組成的歌唱隊快速地走進您的聖殿；每一年，每一位母親都會為您帶來神聖的禮物；她們囑咐未婚的女兒從小就來敬拜您和讚美您。

基督宗教世界有許多女子被命名為「瑪格麗特」，甚至包括國王的女兒以及王室其他男性成員的女兒。今日，在英國就有超過兩百間教堂為了敬拜安提阿的瑪格麗特而建立。

這尊象牙雕像的表現形式是奢華的巴黎風格，可能一度屬於法國的王室家族所有，不過這雕像所代表的卻是歐洲所有階層人民共有的宗教信念。在德國，瑪格麗特是十四位「神聖助人者」的一員，是民眾面對重大危難不可或缺的信靠對象。在 1420 年代，洛林（Lorraine）的鄉下女子貞德（Joan of Arc）在夢中幫助法國士兵擊退英國人，她當時聽到的其中一個「聲音」就是瑪格麗特的聲音。僅僅過了幾年，在 1434 年的布呂赫（Bruges），我們再度看到瑪格麗特的身影：此時她出現在一個有錢的義大利家庭——楊．范艾克（Jan van Eyck）所繪的油畫〈阿諾菲尼夫婦〉（Arnolfini Portrait）。在這張畫裡，我們看到床板頂端有一尊小小的瑪格麗特木雕，刻的正是瑪格麗特從龍背飛升而出的那一刻。從阿諾菲尼太太的肩膀向後看，我們可以清楚地看到瑪格麗特。這種安排的用意是向產婦保證：當分娩的時刻到來，她會待在產婦旁邊，就在床邊守護著產婦。一般相信，為分娩中的婦女大聲誦唸瑪格麗特的生平故事，有助於保佑婦女順利生下子女。她腰帶的一小塊碎片——據傳那是她用來綁龍，使之馴服的腰帶——是巴黎聖日耳曼德佩修道院（Abbey of Saint-Germain-des-Prés）最珍貴的聖人遺物。每當法國王后生產的時候，那塊碎布就會被鄭重其事地請出來，安放在王后的肚子上。再也沒有比這件事更能顯示生產的政治意味了——王后的身體狀況是國家要事。在今日，英國王位的繼承更是全國人民最關切的大事。這是一個普世真理：社會上所有人都為小孩的出生投下一份賭注，都承擔了一份責任，王室小孩的誕生只是其中最尊貴的例子而已。在巴黎，在聖瑪格麗特的保護之下，一個像路易十四（Louis XIV）那樣偉大的國王安全地來到世上。聖瑪格麗特在倫敦的教堂是如此靠近政治力量的所在地，這一點也不足為奇。

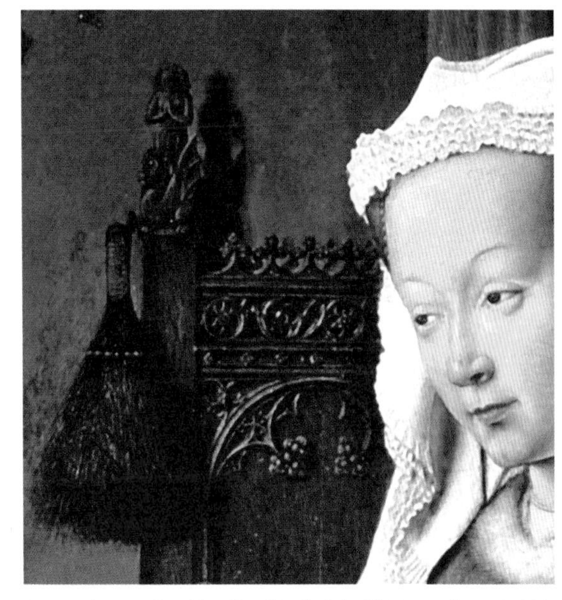

在布呂赫，聖瑪格麗特剛從一隻翼龍的身體掙脫，帶著一種保護的姿態，立在一對夫婦的床邊；楊．范艾克的〈阿諾菲尼夫婦〉，畫於 1434 年。

幾乎所有人類社會都會設計一套相似的禱文與儀式來幫助母親和嬰兒順利安全地度過分娩過程——這套禱文和儀式往往涉及許多人，不僅止於產婦本身。但是，在一個像分娩這樣的危險之中，僅僅祈禱善的力量來幫忙是不夠的，人們也必須想辦法來驅除惡的力量，更何況惡的力量總是隨時潛伏在四周，更何況這些惡的力量早在瑪格麗特馴服惡龍之前就早已讓人們感到害怕，早已為人所知。即使到了今日，許多人仍然認為惡的力量依然存在，依然充滿危險。

她兇猛，她狂暴；她是女神，她令人讚嘆，
……她是母狼，她是天神安努（Anu）的女兒。
她的雙足就像安祖（Anzu）的雙足，她的雙手遭受染汙，
她的臉就像凶惡獅子的臉。

這是女神拉瑪什圖（Lamashtu），最偉大的天神安努的女兒。拉瑪什圖專門為人類帶來噩耗：流產、嬰兒猝死、死胎；她是古代美索不達米亞神話中的「生命的終結者」。大家都知道拉瑪什圖會溜進懷孕婦女的家裡，輕敲婦女的肚子七下，以此方式殺死婦女肚裡的小孩。她也會強行奪走小孩，包括還未出生的胎兒和剛剛出生的嬰兒。其他惡魔大都受制於一個更高的力量，並且依此力量行事。她的行事不然，她獨來獨往、任意作惡、無從預測，而且只聽命於她自己。拉瑪什圖到底有多可怕？我們可從大英博物館現藏的一塊石頭護身符清楚地推測出來。這是一面長方形的護身符，大小跟手機差不多，雕刻於兩千五百多年前的巴比倫或亞述（Assyria）地區。即使到了今日，光是看著這面護身符，依然會讓人覺得毛骨悚然，背脊生涼。

她的高度大概是她站著的那頭驢子的五倍，直立面對著我們。她有一個呲牙咧嘴的獅頭，雙手各握著一條巨蛇，左右乳各有一隻豺狼和野豬在吸奶。令人覺得不祥的是，她腳下的驢子正在小跑步地向前走——看來拉瑪什圖正要前往某個分娩中的婦女家中作惡。這就是為什麼這張護身符必須趕快翻轉過來

的緣故。護身符的另一面刻著充滿魔法的咒語。如果唸誦這些節錄自一份較長的文本的咒語，就可以阻止她繼續前進，把她嚇走。已知今日大約有六十多個這樣的護身符留存至今，可見當年必然流傳甚廣，人們可以在某間神廟或聖殿輕易買到。刻在背後的文本也透露了許多真相。這些文本有的刻得很精準，有的刻得很粗糙，文字僅勉強可辨。這個事實清楚告訴我們：大概在公元前 700 年左右，美索不達米亞每個地區的人民都在尋求保護，避免受到拉瑪什圖的傷害。在古代地中海地區，拉瑪什圖有許多跟她很像的姊妹：希伯來文化中的莉莉斯（Lilith）、希臘文化中的拉米亞（Lamia）、羅馬文化中的史翠斯（Strix）——這幾位都是會帶來各種不幸的惡神，尤其對還沒有出生的胎兒或新生兒最為危險，而且這幾位惡神大都與夜晚出沒的動物有關。祂們都必須施加儀式和咒語加以驅離，而這些儀式和咒語與用來趕走拉瑪什圖的很相似。今日的地中海世界，這幾位邪惡女神的名字已不再被人提起，不過在虔誠的伊斯蘭世界和信奉基督宗教的社會裡，人們還是對「邪惡之眼」（the Evil Eye）有一份深沉且流傳甚廣的恐懼；「邪惡之眼」是一股有害的、無從預測的力量，最常攻擊的對象是懷孕中的婦女和幼童。保護是不可或缺的，所以用來驅趕邪惡力量的護身符通常都會被縫在衣服上或

乘著驢子行進的拉瑪什圖——古代美索不達米亞的生命終結者。攜帶式的石頭護身符，約刻於公元前 800 到公元前 550 年。

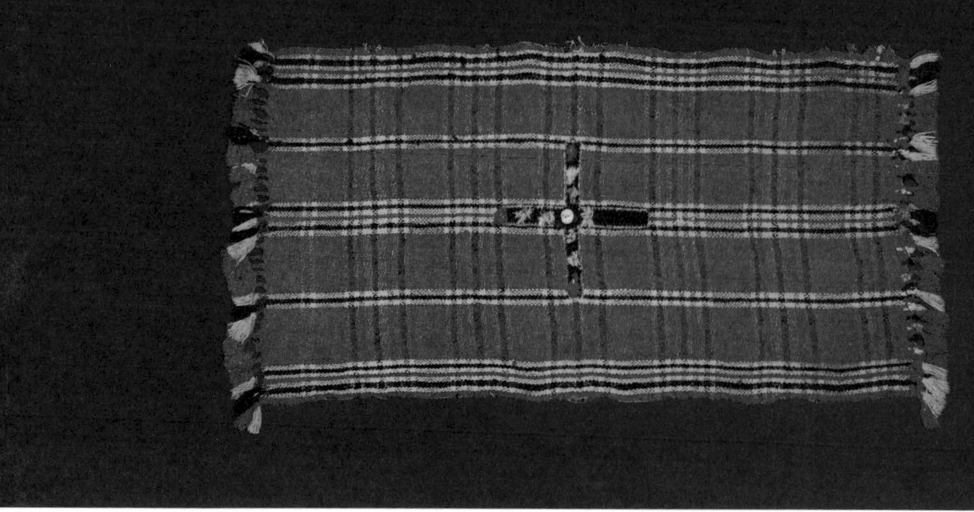

1950 年代阿爾巴尼亞搖籃床單，繡著十字架和鮮黃色的鈕扣，用以趕走邪惡之眼。

床罩上。阿爾巴尼亞人的這張搖籃床單就是一個很好的例子。這張羊毛床單來自米爾迪塔（Mirdita）的天主教地區，從 1950 年代保存至今，床單上織有紅色的格子圖案，正中央繡著黑色的十字架，十字架身點綴著幾簇彩色絲線，十字架的中心則縫上一顆鮮黃色的塑膠釦子。彩色絲線和釦子的用意是轉移邪靈的注意，或防止邪靈靠近。基督宗教的十字架在此扮演異教的角色，化成護身符來驅除拉瑪什圖後來的繼承者——「邪惡之眼」。

在 21 世紀的今日，我們大部分人會比較仰賴現代婦產科學，而不會依靠某一段以楔形文字刻成的咒語來嚇阻拉瑪什圖和她的同類。我們也不再召喚聖瑪格麗特的保佑，我們現在傾向於把希望放在婦產科醫學的專業和科技。真的是這樣嗎？在許多國家，最現代的科學至今依然伴隨著傳統的宗教習俗與實踐。就像在中世紀廣為流傳的瑪格麗特信仰顯示：平民百姓的需要和願望，往往勝過學者專家基礎強固的醫學建議。就保佑新生兒誕生這件事而言，所有能夠取得的助力都是資源，都必須善加使用。

在日本，懷孕中的婦女固然隨時享有世上最先進的生物醫學科技，婦產科診所通常還是會販賣傳統的「安產腰帶」。這些安產腰帶不具有可以證實的醫學價值，但可以提供一種保護，化解民眾心中對厄運的恐懼。保明綾博士（Dr Aya Homei）是曼徹斯特大學日本醫學史專家，據她的解釋：

> 日本婦女通常在懷孕的第五個月佩戴安產腰帶，因為第五個月是傳統上所謂的胎動期，即你第一次感覺到胎兒在子宮裡的動作。根據習俗，你必須在中國生肖屬相的「犬日」那天，開始在腰間佩戴安產腰帶，因為相傳狗很容易就可以生下小狗。現在你在日本的任何地方都可以買到安產腰帶——你甚至可以去百貨公司買。但是買了之後，婦女會帶去神社蓋個印，表示這條安產腰帶已經受到神明的保佑。

日本婦女佩戴的安產腰帶，很難不讓我們聯想到聖瑪格麗特的腰帶，只是在日本，安產腰帶是每個人都可取得之物，而瑪格麗特的腰帶卻只有法國王后或其他有權有勢的巴黎人才有機會使用。儘管如此，這個習俗的存在還是令人感到驚訝。大部分日本人現在會把自己定義為「無宗教」（mushūkyō）信仰之人，把他們的社會視為世上科技最先進的社會之一。但同樣的這一群人，他們會帶著沒有醫療功用的安產腰帶到神社或佛寺去祈求祝福。日本的佛寺也可以買到御守（omamori）或給御守祝福，這些御守似乎也能夠提供懷孕婦女某種保護，性質大致跟瑪格麗特的祈禱文或阻止拉瑪什圖的護身符相同。御守通常是裝在一個小小的、平整堅固的塑膠袋子裡，大小差不多等於一張紙牌。袋子裡裝有一塊織得十分緊密的布，有的是白色的，有的是鮭魚粉色；布裡面包著一小張紙，印著「安產祈願御守護」的日文字樣。據保明綾博士解釋，許多日本婦女在整個孕期，身上都會帶著一個像這樣的御守。不過這種護身符的有效期並不是永久的：

> 御守通常會被拿來跟某種電池比較：意思是神明的祝福或可以保護你的那股力量，過了一段時間就會消失。建議你下次懷孕時不要再用同一個御守，你應該再去買一個新的。每次懷孕都買一個新的御守。一般的習慣是：一旦順利生產之後，你應該把御守帶回你買的那間神社，向神明報告：「是的，我很順利生下小孩了。非常謝謝您。」

一個買來的、得到祝福的護身符，保護母親度過孕期，保護她順利分娩，接著親自走一趟神社向神明獻上謝意，感謝神明讓母親分娩順利——這是一個熟悉的、在許多國家都可以看到的模式；相信中世紀的歐洲人一點也不會對這個模式感到訝異。這個模式顯示：日本的醫療技術固然進步，但完全不會去除人們想要向宗教求助的想望。

* * *

現代日本的護身符，有木製的、布製的和紙製的可以選擇，目的是保護孕婦度過孕期。

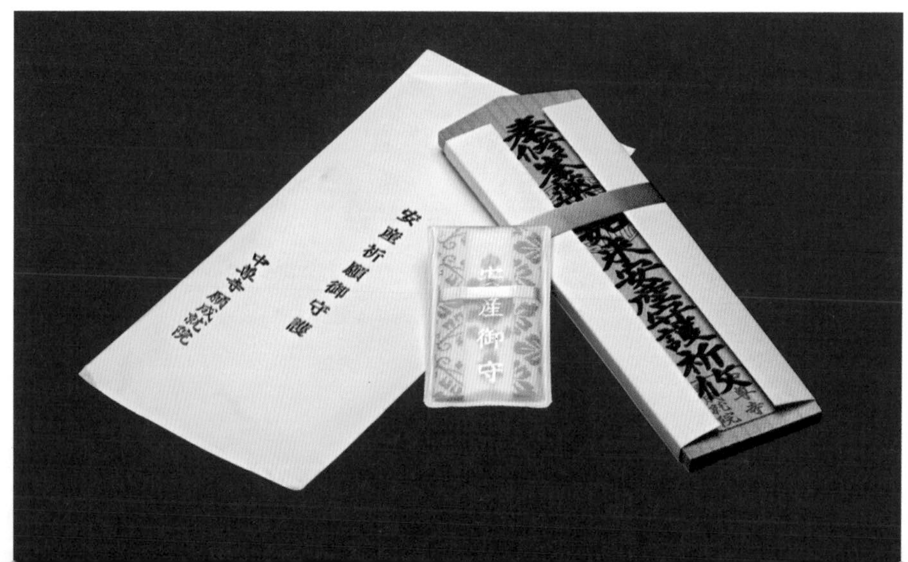

不過，日本傳統宗教對待母親和小孩有一個面向與世界上其他國家——至少西方國家——的規範迥然不同，而且似乎以很有創意的方式與時俱進：墮胎。保明綾博士提到日本在過去數十年中，出現了一項獨特的、僅存於日本的宗教儀式：

> 這是一種悼念的宗教儀式，舉行的地點是佛寺，目的是解除那些強加於許多孩子身上的痛苦和傷害；這些孩子可能由於死產、流產或墮胎，無法來到世間，無法在這世間出生。很有意思的是，這是一個相當晚近的，由醫生、接生婆和佛教人員共同合作發明的儀式。這個儀式在 1970 年代開始普遍起來，當時墮胎開始普遍流行——事實上這個手術是被用來當作計畫生育的一種形式。

那些已經選擇墮胎的父母，他們會帶著供品到廟裡參加悼念儀式。他們相信並且希望那位照顧小孩和迷途旅人的地藏菩薩（Bodhisattva Jizo）會照顧那位此時與他們無緣，因而無法在世間誕生的孩子。舉辦過法會之後，他們會帶著玩具和糖果，走到寺廟外圍的一個墓地，把玩具和糖果放在菩薩石像周圍——那些玩具和糖果使那個地方看來十分令人鼻酸。這個新的、屬於佛教的儀式似乎反映了一個廣泛存在於當代日本社會的觀點：雖然一個可能的生命遭到拒絕，但墮胎的決定既不是法律的議題，也不是公共領域管理的事務，而是一個私人的、精神上的決定。

與日本形成鮮明對比的是，自 1970 年代以來，墮胎在歐洲和美國就一直是女性身體政治的中心論題。經過了數十年，這方面的論辯依然激烈，通常還伴隨著暴力衝突。這是一場論辯，一個政治衝突，而宗教在此論辯與衝突之中一直扮演著重要的角色，尤其傳統宗教所扮演的角色。尚未出生的小孩是否已是社群一員，因此應該得到保護？政治力量有沒有權力替生養小孩的女性身體做決定？特別是在大部分的時間與大多數地方，政治力量即等同男人的權力？婦女個人是否有權力自己對所有這些問題做決定？弗蘭絲卡．史塔佛卡布魯（Francesca Stavrakopoulou）是艾克希特大學（University of Exeter）希伯來聖經與古代宗教教授，她指出這些議題現在因為亞伯拉罕宗教教義的關係而變得越來越複雜：

> 最終我們可以歸結到一個觀念：身體的等級差異。三個主要的一神教教義都強調男性的身體比女性的身體優越，因為畢竟神首先創造的是亞當，而且是依照祂自己的形象來創造。男性的身體不會每個月自

送給未出世的孩子的玩具。攝於日本北部一間佛寺的石塚。

動變得不潔一次。所以這裡有個道理，亦即在這個傳統下，身為男人意味著比較像上帝，而擁有女性身體則意味著某種缺陷，意味著有淨化的必要。

幾個世紀以來，猶太教、基督宗教和伊斯蘭教都認為人類的生育能力，尤其小孩，是上帝賜給人類的禮物；生育能力是人一生當中必須護持與追求的東西之一。所以就某個意義上來說，打從青春期開始，女性的身體就已經屬於一個更大的社群所有，因此不管對社會或對神，干擾生養小孩的過程都是不對的。

讓我們回到西敏寺的聖瑪格麗特教堂。這棟晚期哥德式教堂可能在今日更適合設置在這裡——一個處於宗教與政治力量之間的公共空間，因為婦女獲得政治解放雖然已經過了一百多年，但她們現在依然必須在這兩個場域努力爭取全然平等的角色。聖瑪格麗特是女性力量的象徵，她行使力量的方式與聖喬治屠龍時所展現的強硬力量不同，但效果一點也不遜色。今日再也沒有多少其他場域，更讓女人想在其中施展那種力量去挑戰與改變男性對女性身體的態度。如何平衡女性的權力與社群的要求？在今日歐洲，關於這個對所有人至關重大，但對母親尤其困難與危險的議題，我們還有很長的一段路要走，才能取得大家都同意的觀點。不過，尚未出生的孩子在法律上和宗教上的地位為何？要對這個議題取得共識，我們要走的路更遠。我們在這裡看到的日本例子似乎還是個特例。我們能夠想像有一天，聖瑪格麗特教堂或任何其他教堂為無法出生的孩子舉辦這樣的悼念儀式，然後在教堂外面設置一個花園來擺放他們的玩具嗎？

עץ חיים היא למחזיקים בה
ולחופה
אמן סלה

A PLACE IN TRADITION

第八章　傳統裡的位置

1750 年 10 月 31 日，那天正逢滿月，又是安息日前夕，在德國某處的一個猶太社群，鞏貝爾（Mordechai Gompel）出生了。關於鞏貝爾的一生，我們所知道的就是這些，而且我們所可能知道的也只有這些。不過，我們可以很精確地說出在他出生的頭幾個月裡，他的家人對他的期望，他們對他的人生的禱告，因為他們把他們的希望和禱告全都繡了下來，就繡在一塊很漂亮、保存極好的亞麻布上。那是一塊長條形的亞麻布，大概 17 公分寬，3 公尺長，上面用彩色絲線繡著圖畫與文字。這塊刺繡作品本來可能是要在感恩節那天獻給猶太會堂，向會眾報告鞏貝爾的出生，同時也送給教會，讓教會用來捆綁經卷《妥拉》（*the Torah*）——希伯來文的《聖經》前五書。這部經卷平日會捲起來，用一塊像這樣的布捆起來，保存在約櫃裡。每星期教堂會眾聚會的時候，人們才會取出這部經卷，誦唸上面的經文（第二十章）。我們現在不知道為什麼，也不知何時，這塊經卷捆綁布會被保存在大英博物館。也許當初這塊布是與現存在大英圖書館的《妥拉》綑在一起的。

貝芙麗．聶克（Beverley Nenk）是大英博物館猶太文物的負責人；根據她的陳述，我們也許能據以推知這塊布的早期歷史：

鞏貝爾的《妥拉》綑經布，1750 年製於德國。原本四塊的割禮布被縫成一個長條形。希伯來經文由右往左讀。

這塊亞麻布原本應該是正方形或長方形的。男嬰出生之後的第八天，習慣上會為他舉行割禮儀式，這塊布是舉行儀式時用來包裹嬰兒用的。割禮儀式舉行之後，這塊布會被剪成四個長條，然後再縫起來——你可以清楚看到縫接的痕跡。在這之後，根據傳統，男嬰家裡的女性成員，例如他的母親和姊妹就會給這塊布繡上圖案與文字。從縫製的手法來看，我們知道這塊布一定來自德國，不過要再知道更進一步的細節就不可能了。她們用了各種顏色鮮豔的絲線——絲線的顏色到現在還是很鮮豔；然後為了使這塊布更有生氣，她們還縫上鍍銀的小銅片作為點綴。無可避免地，現在這些銀製亮片已經失去光澤，我們又無法清理銀片而不傷害到布。不過，這塊布原本應該是銀光閃閃，看起來非常漂亮。

這塊雅緻的亞麻刺繡把一個18世紀出生的猶太男孩的一生都設計好了——一個宗教與社會無從清楚區隔的人生，並且也在猶太傳統數千年的脈絡之中為他界定了身分。經過割禮儀式，當那塊割禮布把他包裹起來的時候，他就已經繼承了猶太人與他們的神訂定的古老契約，而且他也從此受到摩西律法的約束。跟這場儀式中幾乎同樣重要的是，他被賜予一個名字；根據貝芙麗．聶克的解釋：

他的名字是用希伯來文寫的，從右讀到左，我們看到的第一個字是嬰兒的名字：肇貝爾。接著是父親的名字：艾利．哈－李維（Eli ha-Levi）。下面繡了一個小小的水瓶和水盆，那是李維這個家庭的家族標誌。在傳統上，他們家族負責供水給神殿裡的神父洗手。接下來我們讀到這位嬰兒生來就有好運，因為上面繡著「喜」（mazel），那是「恭喜」（mazel tov）的縮寫。他誕生在安息日的前夕，那天剛好是滿月，星象也很好——你可以看到一個繡得很精緻的天蠍座。接著就是猶太曆法上的日期，相當於公元 1750 年 10 月 31 日。

鞏貝爾長大之後將會閱讀的律法經卷。

這是鞏貝爾的傳承，既是他個人的，也是他家庭的、宇宙的傳承；這是他出生之後，直到第八天接受割禮儀式之前所發生的故事。接下來的是祈禱文——他的父母為他未來的社會角色所做的禱告。第一個禱告是祈求他長大成人，學習《妥拉》；伴隨著這段禱文的是一個小小的律法經卷圖像，經卷之上繡著一頂皇冠，皇冠之下有一段傳統的句子：「對那些牢牢抱緊此經的人來說，這是生命之樹。」在猶太會堂學習閱讀或唸誦《妥拉》的希伯來文是一項他必須完成、不可推卸的任務。在猶太社群裡，男孩要成為一個完整的成員，通常需要花很長的時間做準備，才能獲得這個位置（第二十章）。就學習閱讀與唸誦希伯來文《妥拉》這項任務而言，今日的猶太男孩與18世紀的男孩沒什麼不同。傳統上，成為「法典之子」（Bar Mitzvah）這項儀式會在男孩13歲舉行。從那時起，男孩就會被叫去會堂，在會眾面前唸誦《妥拉》；他也可以被列入由十個大人組成的「十人祈禱團」。根據宗教法，他開始有權利擁有財產，也可以上法庭作證。伴隨這些新權利而來的是新的責任：他現在有責任遵守法律的規則，而且從此以後他本人——不再是他的父親——要對他自己的所有行為負責。他也要對整個社群負起責任。全球的猶太社群至今仍有一個常常舉行的典禮，即在全部的會眾面前慶祝一個男孩成為一個男人，一個負有責任的成人。

我們這份刺繡作品很有可能是要送給教會捆綁經卷用的——鞏貝爾以後會在「十人祈禱團」或在未來誦唸這部經卷，因此這塊布——嬰兒時期包裹著他經歷割禮儀式的布——名副其實地捆起了他的一生，使他成為一個遵守律法的男人。刺繡作品接著下來陳述父母對他的希望：他們希望他能在婚禮的華蓋（chupah）之下走過。婚姻和為人父母是他的責任之一，社群眾人會希望年輕的成年成員履行這項責任。在這一點上，這塊刺繡作品首次出現了人的意象。貝芙麗．聶克解釋其原因：

> 這裡有一幅漂亮動人的小繡像，繡著一對男女在華蓋之下舉行婚禮。他們穿著精緻的18世紀服飾，站在慶典用的華蓋之下，拉比正在為他們主持婚禮，祝福他們。整個看起來，這幅小畫像就像莫札特歌劇

中的場景，只是這個場景設定在法蘭克福或漢堡的猶太社區，而不是歌劇裡提到的後宮。

傳統的猶太婚禮華蓋，犖貝爾將來會在華蓋之下結婚。

現在犖貝爾有能力在猶太教堂全力扮演祈禱者的角色，而且也幸福快樂地結了婚，就理想來說，他應該也有了小孩；這時候，他的父母對他還有一個願望有待實現。據貝芙麗·聶克的解釋：

> 經卷以一句禱文作結，祈求第三個祝福：「ve'ma'asim tovim'」，亦即希望他能夠一生行善。經卷的結尾繡著這幾個字：「Amen Selah」，意思是：「阿們，就這樣吧。」

「就這樣吧。」犖貝爾的綁經布清楚呈現一個觀點：要成為社會的一員，他必須滿足哪些人們對他的期望，還有在每個階段各得扮演的角色。這是一個用各種有待履行的責任架構起來的生命，而且非常具有典型亞伯拉罕信仰以及今日歐洲的特色：一個由男人主導，但是由女人（顯然有好幾個）繡出的生命。

不過，我們可以在今日許多改革後的猶太會堂裡，看到男女之間有比較平等的機會。女孩也可以成為「律法之女」（Bat Mrtzvah），而且也是在 12 歲或 13 歲的時候。就像她們的兄弟那樣，她們也可以在猶太會堂學習閱讀《妥拉》的希伯來文本，並且因此公開地擔負新的角色和較大的個人責任。儘管教會越來越世俗化，這個儀式還是十分受到男孩與女孩的歡迎。亞貝．狄因（Abe Dein）和蕾貝佳．狄因（Rebecca Dein）是一對住在倫敦西北區的兄妹，兩人都發現這個儀式既肯定了他們新的成年人身分，也肯定了古老的傳統。據蕾貝佳．狄因所言：

> 對我來說，這真的很重要，因為我在那一刻正式成為猶太女人。我非常緊張，因為每個人都看著我，而且整個教會裡好安靜。我以前從來不曾接觸過《妥拉》，但是為了那一刻，我付出非常多的時間和精力。我讀完指定給我的段落，每個人都對我微笑，跟我說：「恭喜！」——我現在是他們的一分子了，而且我以後也會一直跟他們在一起。這種感覺真的很好。我覺得現在我是社群的一分子了。

她的哥哥亞貝．狄因也感到一種類似的興奮，因為他們終於得到大人社群的接納；但對亞貝．狄因而言，更重要的是他有一種傳承感，亦即他在悠久的歷史傳統裡有了一個位置：

猶太男孩為了成為「律法之子」所做的準備：拿著指經標學習閱讀《妥拉》（第二十章）。

> 很重要的是，我過去的祖先都曾做過這件事。「律法之子」在猶太人的傳統裡已經存在好多好多個世紀那麼久。我本人是不相信神的，但我真的喜愛我的猶太文化。這是一個你會想傳承下去的傳統，因為每一個在你之前的人都這麼做。練習和背誦我的 parsha，也就是《妥拉》裡的一個段落，那是很耗時費力的。當我唸完，我抬起頭來，看到每個人都在微笑。我的感覺是，嗯，是的，我做過了。那種經驗……嗯，那是一種長大成人的感覺。

「律法之子」和「律法之女」這個儀式其中最引人注目的地方就是，它出現在一個現在越來越世俗化的西方世界裡，這是一件很不尋常的事。並不太久以前，許多社群對他們下一代的希望和期待——即使他們並未用圖像描繪出來——也是與那些繡在鞏貝爾《妥拉》捆經卷布上的期待和希望一樣清楚。

* * *

在上一章，我們看到要把小孩安全地帶到這世上，讓小孩健康地度過嬰幼年時光，這整件事一直都充滿了危險，十分令父母憂心。不過，一旦嬰幼兒期的種種危險都成功地解決，接下來的是更艱鉅的挑戰：父母——還有社群團體——必須幫小孩預備好，讓他或她出去面對這個他們生活於其間的世界。幫助小孩社會化的過程是那麼地長，以至於通常不會留下什麼紀錄；即使有，也十分簡要。不過，我們的館藏現在有一件這樣的實物，其記錄方式固然獨特，但表達的情意就像《妥拉》捆經布那樣清晰。這件實物紀錄來自世界的另一端，來自一個十分不一樣的社群。乍看之下，這件實物紀錄就像一小束乾燥花，淡棕色，大約 20 公分長，而且有將近兩百年的歷史。這件實物來自萬那杜，是大英博物館第一個來自美拉尼西亞（Melanesia）地區的藏品。美拉尼西亞是太平洋上一個廣大的區域，從新幾內亞一直延伸到斐濟。1831 年，喬治・班內特（George Bennett）把這件實物紀錄捐贈給博物館。班內特是駐船外科醫生，當時他在一艘雪梨註冊的蘇菲亞號（Sophia）上行醫，並曾隨團到萬那杜南部收集檀香木。博物館很嚴肅地記錄這件館藏：「新赫布里底群島（New Hebrides Group）之塔納島（Tanna）的男性居民頭髮，當地原住民蓄留的髮型。」

沒錯，這束仔細編織起來的人類頭髮真的就是「當地原住民蓄留的髮型」，但是它不只是一種髮型，過去不是，現在也不是。嚴格說來，這是一份為期甚長的指導紀錄，名副其實地把年輕人該知道的一切「編織」進他的頭髮裡，直到他成年，直到他知道如何在社會上立身處世為止。在萬那杜共和國（Republic of Vanuatu）的塔納島上，這項指導過程今日還在持續執行。當男孩過了青春

1830 年左右，喬治・班內特在萬那杜收集到的一束男子頭髮。

期，在他慢慢長成大人的過程中，年長的男子每隔一段時間就用植物纖維把男孩的一綹頭髮編起來，他們一面編，一面告訴男孩這個世界的重要傳統知識、什麼是歷史、如何與親族往來、如何在生活中安身立命等。

山姆・博森（Sam Posan）是萬那杜文化中心（Vanuatu Cultural Centre）的實地考察工作者；他來自塔納島，也就是喬治・班內特找到這束頭髮的地方。他描述這段人生教育的課程究竟如何組織起來：

> 你首先為男孩舉行割禮。然後你把他的頭髮編起來。然後你教他所有的一切，關於這個世界，關於如何立身處世。你把你告訴他的所有知識全部牢牢地編起來——好讓他牢牢記在腦袋裡。過了兩到三個

在塔納島，年長者在教導年輕人時，一邊說話一邊把各種故事與知識隨手編入年輕人的頭髮裡。這個教育過程得花上好幾年的時間。

月，你們兩個會再見面，然後你會問男孩問題，看看他是不是還記得你教他的東西。你會一再跟那男孩見面，一再編他的頭髮。如果他忘了你告訴他的事，你就再教他一次。你會在他的腦子裡塞滿他應該知道的知識。等到他那一綹綹髮辮長到超過背部，那時老人家就會說——他已經長大，成為男人了。

如今看來，喬治．班內特抵達塔納島的時候，似乎遇到某個年輕人剛好結束這段教育課程。在那一刻，他那些編起來的髮辮就會被剪下來，代表他已經進入成年階段。看來當地人很少會保留那束頭髮，似乎也沒有什麼特別的價值，即使對那位剛成年的當事人來說也是如此。不過幾年之後，有幾個塔納島的男子來參觀大英博物館，他們馬上就認出那束剪下來的髮辮；他們的說法是：「這是我們的大學。」

根據山姆．博森解釋，如果一個人根據他在髮辮被綁時學到的一切過活，那麼他所經歷的知識階段，可以用五根手指來做出區別：

> 你從小指開始，小指代表你，代表你還是個小孩子的階段，這時候你對這世界一無所知。然後你長大一點，你來到下一根手指：這時你會一直追問一直追問許多問題，然後老人家會告訴你一切，回答你的問題。不久，你來到最長的中指，這時你已經學會做每件事。你所做的每件事，那些事物的精神已經成為你內在的一部分。然後你往下，來到下一根手指，這時候你開始教導其他小孩子。
>
> 等你老了，長了白髮，這時你就來到最後一根手指，就是大拇指。你坐下來，就像一塊處在適當位置的石頭。年輕人有他們的刀子，如果他們的刀子鈍了，他們就來到你這裡，在你的石頭上把刀子磨利。他們可以問老人家任何問題，而老人家會告訴他們一切，因為他已經走過了一切，擁有了那些經驗。

這是萬那杜人以五指為形象，清楚陳述的人生過程——裡頭有各種權利和責任，全部清楚陳述，一如包綑《妥拉》的那塊布那麼清楚，而且兩者頗為相似，都有一個落在傳承與傳統的焦點。就像世界上其他許多社會，明確知道你所處的位置——包括你在自己生命中的位置和你在你社群中的位置，那是一個極大的安慰。不過，就像所有的社會結構，你在這些社會結構裡獲得支持的同時，也會遭受某些限制。首先，你必須接受某人對「你是誰」所做的定義，比如你是個男人或是個女人。如果你是個女人，那麼在大部分的社會裡，通常就代表你擁有一個次要的角色。

琳達．伍德赫德教授（Professor Linda Woodhead）來自蘭卡斯特大學（Lancaster University）；她對這類成年儀式和初次進入社會的過程曾做過特別的研究，根據她的解釋：

> 在大部分社會裡，男人擁有比較高的地位和比較公共的角色。所以男孩的成人儀式會比較公開，而且程序也比較繁複。一般來說，男性比較和公開展示有關，所以他會有一個公開的成年儀式，那是你向這個社會介紹一個男人的方式。當然，女人也會由其他女人帶領著進入各種不同的傳統，但是這類儀式比較家常，比較私密，也很少伴隨慶祝儀式。

現代西方社會裡的成年儀式多得不得了，從學校舉辦的高中畢業舞會到第一次跟朋友們去度假，或參加人聲混雜、醉醺醺且充滿混亂的音樂藝術節等都是。但是我們已經捨棄由長者帶領小孩進入成人世界的這個模式；相反地，在跨世代的知識轉移之後，小孩會以一個新的角色加入父母的行列。傳統上，父母會在子女 21 歲時舉辦生日宴會，宴請親朋好友慶祝子女成年。21 歲代表小孩擁有投票的權利，通常他們會得到一把「大門的鑰匙」——這個經典的標誌代表小孩不管在公領域還是私領域都已成年。但是這個習俗現在已經慢慢消失了。取而代之的是，年輕人彼此互相引導，藉由啤酒、歌曲和舞蹈的歡樂洗禮，自己進入成年人的世界。

琳達．伍德赫德認為這樣的發展是科技進步帶來的，無可避免的結果；加上人們現在越來越強調選擇，越來越重視個人的權利，因此就越來越不在意習俗和責任這些傳統價值。

我們的社會正在發生一些事情，而這些事情與社會正在快速轉變有關。那些引導你進入一套固定的智慧，即那套固定的、代代相傳的學習體系的種種儀式已經不再具有意義，因為事物的改變是如此地快速，以至於那些十分重要的事物，例如數位科技，青少年知道的遠比他們的父母多。這種現象阻擾了舊式的知識傳承模式。我認為作為一個社會，我們正在努力面對的問題是如何把某些會持續的、不會改變的價值觀傳遞給下一代。

我們現在也有較大較廣的管道可以取得任何我們想要的文化資財。在思考你想要成為什麼樣的人，想加入哪一個團體時，我們現在擁有更多的選擇。我們想要的儀式，是那種跟我們個人的選擇有關、跟我們想要成為的人有關的儀式。現在是一個解放了的社會。我們要有所選擇。我們不要那種傳遞到我們手中的未來。

這是一個巨大的轉變。那塊繡花的《妥拉》捆布。那束來自萬那杜的髮辮。你在傳統裡的位置。你的種種責任還有你的各種權利。這些都是社群團體為每個個體設計的、寶貴的生命願景。如果現在給我們一塊空白的亞麻布，要我們畫出我們對孩子的期望，我們首先當然會希望他們健康快樂。但是其他的呢？我想在今日，多數的父母大概會說他們無法替孩子做決定——他們的孩子必須為自己的人生找到方向，做出自己的選擇。要求任何一個小孩去設計他們自己的《妥拉》刺繡圖樣，去設計他們自己的故事，或把他們所需要的知識編入他們自己的髮辮裡——這是一件十分困難的事。但是琳達·伍德赫德提到，即使成年儀式在今日已經大部分消失了，西方社會長久以來還是一直深深被基督宗教的傳統所形塑，即便我們或許已經不再需要這些傳統：

> 我們目前還是一個道德十分完整一致的社會。這點你可以很清楚地看出來，例如當我們面對集體大災難的時候，馬上會浮現我們腦海的，就是傳統基督宗教的各種價值：愛、團結、關心彼此、站出來抵抗邪惡。儘管教會已經衰落，這些事物依然深深刻在人們的心裡。這是一種巨大的道德共識。

當然還有其他許多信仰也宣導這些價值。對琳達·伍德赫德來說，這些價值的持續存在，顯示即使在消費主義當道、文化多元的歐洲，社會上似乎仍然存在一個牢固的道德架構；在此架構下，年輕的成年人——也許現在比過去自由許多——可以自己做出形塑他們生命的選擇。這些選擇並不是社會預先為他們決定的，而是他們自己想要的。

LET US PRAY

第九章　讓我們祈禱

喔，神啊，所有的心都向您開啟，所有欲望都被理解，所有祕密都向您敞開……（《公禱書》）

我會教你苦的成因，也會教你離苦之道。（佛陀）

謹依普慈，特慈，造物主的尊名始。（《古蘭經》）

偉大的神靈啊，我在風裡聽到您的聲音……（美國原住民祈禱文）

天主聖母瑪利亞，神的母親，求您現在和我們臨終時，為我們罪人祈求天主……（羅馬天主教禮拜儀式）

聽啊，以色列：上帝是我們的主，主是唯一的真神（《妥拉》）

不論在歐洲和美洲，這幅畫是20世紀初期最受人歡迎的其中一幅作品。在畫裡，在田野的黃昏暮色中，一對男女停下採收馬鈴薯的繁重工作，靜靜地站著祈禱。這幅畫是米勒（Millet）畫於1857年的〈晚禱〉（L'Angélus），畫中頌揚的是傳統農人的虔誠。這幅畫很快就成為法國天主教徒的身分認同標

（次頁）米勒的〈晚禱〉，畫於1857年。此畫複製品繁多，這張雕版印刷版畫印製於1881年。

記，市面上出現了無數複製品——例如像我們這張雕版印刷製品，還有其他許多數也數不清、廉價的照相複製版本。不過讓法國人感到錯愕的是：這幅作品後來竟然被美國人買走了。幸好有一位愛國的法國收藏家在 1890 年以天價——原價的 750 倍——把畫買下來，並且帶回巴黎。這幅畫現在就掛在奧賽美術館裡。

在這幅雕版印刷版畫裡，你可以清楚看見鄉村教堂高聳的尖頂——剛剛召喚村人停下來晚禱的鐘聲就來自那裡。教堂的鐘聲提醒每個人，要求他們停下手上的工作，停下來誦唸三鐘經，召喚那位向聖母奉告耶穌即將出生的天使，以及祈求為所有罪人祈禱的聖母。晚禱的鐘聲過去不曾、現在也不會召喚人們去教堂祈禱；相反地，晚禱的鐘聲要人們停在原來的地方，暫時放下日常繁瑣的憂慮，把心思重新導向天主。鐘聲的召喚是公開的，但是祈禱的行為卻是私人的。

我們很容易了解為何這樣一幅描繪田野平靜禱告的圖畫那麼受人歡迎，尤其那些住在新近建立的工業城市與村鎮的人，因為在這樣的環境裡，工廠從來不曾停止運作。我們這張雕版印刷版畫發行於 1881 年，在這個時間點，晚禱的傳統，亦即你可以停下手上的工作來祈禱的習俗，對大多數住在城市裡的歐洲人來說，至多只是一個回憶而已。但是米勒的畫激起了另一個，或許更為深刻的懷舊思緒。法國第三共和（French Third Republic）的政治氛圍是反宗教的（其結果是法國在 1905 年徹底政教分離），然而米勒的畫卻清楚無誤地描繪了另一個法國，那個在 1789 年大革命發生之前的法國。那時的法國是個天主教國家，國民因為這個共同的信仰團結一致，相互認同（見第二十八章）。另一個國家愛爾蘭，最近也以非常相似的語彙來定義自身——這應該不是巧合。在愛爾蘭，晚禱的鐘聲依然持續敲響（儘管引發許多公開的抗議），不論在國家電台或國家電視頻道，每到中午 12 點和下午 6 點都會響起鐘聲。

對於住在歐洲以及其他地區的數百萬穆斯林來說，宣禮人（muezzin）喚拜的聲音也是生活中一個固定、熟悉的召喚。一天五次，全球各地的穆斯林都會停下來禱告幾分鐘：就像〈晚禱〉裡的基督徒農民那樣，他們停下手邊的工作，把思緒聚焦在神。而且不管身在世上任何地方，他們全都會先轉向麥加的方向，然後再做禮功（Salah），亦即伊斯蘭的祈禱儀式，包括站著默誦經文、鞠躬、叩頭和跪坐。

當然，大部分的祈禱是發生在每週一次的聚會裡，不論是在猶太會堂、基督教教堂或在清真寺。所以這或許看起來有點奇怪，在一本主要把信仰定義為社群共同事業的書裡，竟然在這裡聚焦描寫私下禱告這麼高度個人化的活動，或每個靈魂獨特且複雜的追尋——套用英國國教牧師兼詩人喬治．赫伯特（George Herbert）樸素的語彙：「某種人人都了解的」追尋。由於祈禱這種活動通常會先暫時擱下每日生活中的責任，所以看起來有可能是一種社會退縮的形式——至少在外人看來是如此。但是就像晚禱鐘聲和宣禮人喚拜的聲音所顯示的，這種看來似乎是精神上極度個人的活動，其實也可以是一種深具意義的公共活動。

我們會在這一章的結尾處回到這個矛盾，但是現在我想討論一個比較實際的問題，亦即人們如何在祈禱之前做好準備，尤其當他們不是聚集在一起做禮拜的時候。幾乎所有宗教傳統都會觸及這個問題，指導信徒如何在獨自一人的時候禱告。這是一項大部分人都需要協助的任務，只因我們人性當中有某些無可避免的層面必須克服，比如我們都有一個停不下來的身體，一個極度活躍、不易靜下來的腦袋；我們都有一個難以熄滅的欲望，渴望控制，尋求安全感；

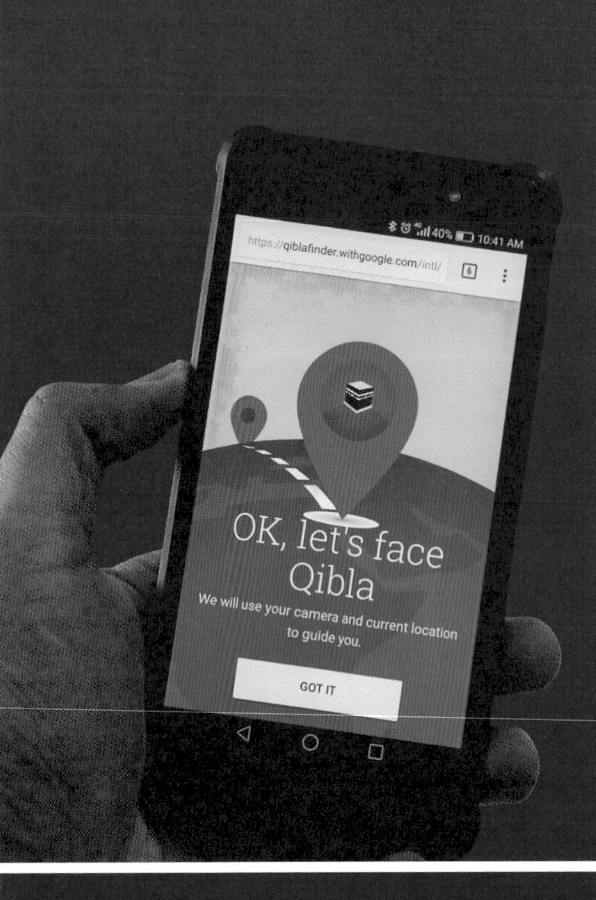

40% 10:41 AM
https://qiblafinder.withgoogle.com/intl/
OK, let's face Qibla
We will use your camera and current location to guide you.
GOT IT

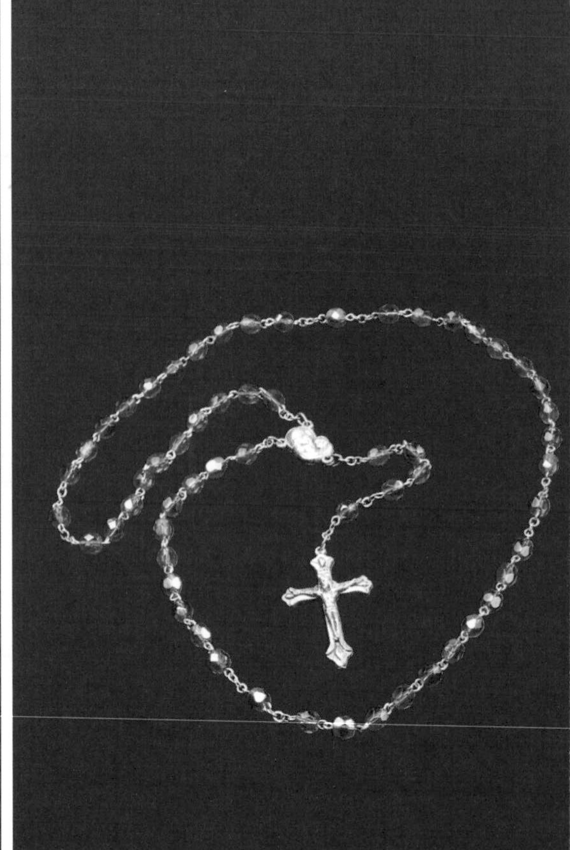

AUSTRIA GOLD

我們還有一種想法，即認為我們的內在世界是個封閉的空間，因此極不容易讓神直接進入內心侵擾。所以，那些希望禱告的人，他們是如何安頓自己？還有，一旦他們安頓下來，他們如何敞開自己，讓他們不僅保持安靜，而且開始傾聽？

　　這說來似乎有點違反我們的直覺，但可以讓我們暫時脫離有形世界的最好

（左頁）現代人的祈禱輔助工具（順時鐘從左上）：智慧型手機裡的方向指示應用軟體；天主教的玫瑰念珠；來自喀什米爾（Kashmir）、由啤酒罐改造的佛教轉輪；沙烏地阿拉伯的伊斯蘭禮拜毯。

（下圖）象牙製作的方位指示盤，附有日晷，16 世紀晚期製造於伊斯坦堡。

方式，似乎就是專注於我們這個有形的肉身，專注於我們的身體的姿勢和我們的呼吸。而且，我們還可利用各種可觸可感的物件來幫助我們，例如念珠。這類物質性的物件可以短暫地幫我們放下物質世界。這類物件有的很美麗珍貴，有些可能是用黃楊木、水晶、象牙和寶石製成的藝術品。但大部分禱告輔助工具幾乎沒有任何美學或商業價值——事實上，有些可能是用再生材料製成，而且也樂於保持平凡，例如佛寺裡那些用來重複誦唸咒語和經文的法輪即是。像這樣的物件，其重點在於用途，而不在於形貌。

對一個準備祈禱的穆斯林而言，他永遠有一個很急迫的問題有待解決，也就是他首先得確定要轉向哪個方向才能面對麥加？為了找到正確的方向（qibla），你需要一個方向指示盤（qibla-indicator）。目前大英博物館藏有一個這樣的指示盤，這個指示盤精緻高雅，世上無出其右。這個指示盤在 1582 年或 1583 年製作於伊斯坦堡（Istanbul），盤面是圓形的，看來有點像大粉餅盒。掀開蓋子，基本上你會看到一個由羅盤和日晷結合在一起的設計。盤面的正中心有一個黑色的小方塊，小方塊周邊圍著紅色的邊欄：這個圖像象徵卡巴天房（Kaaba），亦即聯繫到亞伯拉罕與穆罕默德（Muhammad）、座落於麥加大清真寺正中心的神聖建築（見第十四章）。羅盤會告訴你朝向哪個方向才會面向麥加和卡巴天房，小小的金色日晷則提醒你禱告的時間。如果你耳力所及之處聽不到喚拜人的聲音，你就需要這個指示盤來告訴你每日應該祈禱的時間。

牛津大學伊斯蘭研究中心的亞菲菲．艾奇迪（Afifi al-Akiti）博士解釋道：

> 一旦你知道你面對的是正確的方向，下一步就是確定你的心念是否正確。你清洗身體，執行清淨身體的儀式——穆斯林稱為「小淨儀式」

(Wudu),然後走向你的祈禱毯子。基本上你得製造一個神聖的空間。這有點像阿拉丁(Aladdin)坐上他的神奇飛毯。你是一個機師,你檢視所有的工具,做好所有飛行前的檢查。一旦準備好了,你就可以開始起飛,開始祈禱。

我認為另一件很重要而必須記得的事情是:對大部分祈禱人而言,方向並不是那麼要緊的事。《古蘭經》提到:「東也,西也,均是造物主的;你們無論轉向於何方,造物主的妙意即在何方;造物主確是無所不在,無所不知的。」著名的神學家魯米(Al-Rumi)曾提到:「我曾到神廟、教堂和清真寺裡尋找,但是我在我的心裡找到神。」所以,方向本身只有對每日固定執行這種稱為禮功的儀式,這種正式的、設計用來產出一種團結感的禮儀崇拜形式才是重要的。但是內在祈禱這件事本身必須發生在你的心中。這種祈禱並不會受到時間和空間的限制。

就像所有穆斯林那樣,艾奇迪博士有他自己的方向指示盤和祈禱毯子,讓他得以安頓身體和導正祈禱方向。不過科技的進步,意味著許多穆斯林現在可以下載應用程式到智慧型手機,如此一來就可以立即得知自己得朝向哪個方向祈禱了。

據牛津大學佛教研究中心的莎拉・蕭爾(Sarah Shaw)描述,對斯里蘭卡的佛教徒而言,助人安定精神、專注於冥想的物件有可能只是一個小小的陶碗。這種陶碗只要花幾個盧比就可買到,也可當一盞燈使用;點一盞這樣的燈,即代表對佛陀這位三覺圓滿的聖者的一種禮敬。只需一點點酥油或椰子油,再加上幾條撕下來的棉布即可啟動這種陶燈:

如果你撕下一小條棉布，然後分成兩股，再往相反的方向將之扭在一起。到了某個階段，兩股棉布中間的張力就會變強，以至於最後會纏絞成一條，成為燈芯，可以用很久的燈蕊。在斯里蘭卡，他們說這種由張力所形成的燈芯是佛陀中道教法的體現——中道是兩個極端的中心，因而指向覺悟之路。點燈是一個意義深長的儀式，既接地氣，使人平靜，又讓人感到心滿意足，就像許多儀式給人的感覺一樣。就象徵層面來說，這盞燈當然就是驅除心靈黑暗的光。

這種在祈禱之前的禮敬行為，涉及佛教徒所說的「護持」：你必須首先把

供奉在佛陀手邊的酥油燈。

自己安放在神的護佑之中。這樣的概念也可以在穆斯林禱告文裡找到，通常禱文是這樣開始的：「奉至仁至慈的真主之名。」提摩太．拉德克利夫（Brother Timothy Radcliffe）是道明會的修士和神學家；據他所述，羅馬天主教的祈禱儀式也有一個相似的程序：

> 開始祈禱的時候，我們口稱聖父、聖子、聖靈之名，手劃十字於胸前。這麼做是把我們自己放置在耶穌裡面。耶穌並不只是某個你稱呼的名字，他是某個你可以安住在他裡面，而且感到舒適的存在。然後很重要的是，你的身體必須好好地就定位。我們都是動物——理性的動物，所以這個步驟是很重要的；因為如果我們要祈禱，我們的身體就必須好好地就定位，好好地安頓，然後好好地呼吸。讀神學書的時候，你通常會覺得很抽象。但在祈禱的時候，其實你是慢慢地貼近地面，降落到我們自己的身體，並且感覺我們的身體是活著的，是呼吸著的。

一旦身體安頓好了，下一個會妨礙我們專心禱告的事物就是我們不斷胡思亂想的心思。對莎拉．蕭爾（和提摩太．拉德克利夫）來說，讓心思安定下來的第一步是呼吸。我們可以有意識地控制我們的呼吸，但也可以保持放鬆，讓呼吸自然而然地發生：

> 事實上，呼吸對於靜坐是必要的，之所以必要，是因為唯有這樣，思惟才會完全停在心念上。通常我們會把這件事比擬成蜜蜂飛去尋找花朵。蜜蜂知道牠要去的地方，但是牠也需要繞個幾圈，一而再再而

三地好好了解那朵花。當你重複誦唸一小段經文或咒語，你就是在讓自己腦子裡那些非常散漫、非常凌亂的思緒漸漸收束起來，團結起來，然後停在一個物件上。我發現吟誦很有幫助，因為我腦海中那個一整天裡總是忙個不停的部分——就像一隻到處嗡嗡叫的蜜蜂，終於有機會可以停在一朵花上，就只是一朵花上。

但是任何試過靜坐的人都可以證實：要達到這樣的專注，且停留在這樣的境界，雖然聽起來很容易，做起來卻很困難。或許這就是為什麼大部分信仰所發展出來的祈禱都是重複的形式。這一點也不令人感到驚訝，因為其中部分的重點就是幫助祈禱者進入專注的靜止狀態。

根據提摩太．拉德克利夫所言，進入專注於一念的旅程通常可以靠一條念珠或玫瑰念珠來撐持：

我覺得不管是伊斯蘭教、佛教、基督宗教，你都會發現到了某個時刻就會出現念珠這個東西。我們會一面誦唸經文，一面數著念珠。這是一種觸覺的行為，伴隨誦唸禱文的過程而移動。我們是肉體性的存在，我們需要這種有形的鍛鍊來帶動我們，深入我們整個身心。

基督宗教早期的好幾個世紀裡，祈禱全然是身體性的，就像今日穆斯林的祈禱儀式。當時人們靜立、鞠躬、叩首、跪拜，就像現在穆斯林依然在做的那樣。但是到了16世紀，祈禱似乎變成一項比較精神性的活動，變得比較抽象。清教徒甚至禁止所有的跳舞和歌唱。在禱告的時候，我們失去了許多跟身體有關的動力。穆斯林倒是保留了這一項，而我認為這是很明智的做法。在天主教教堂裡，這是某種我們正在試圖努力找回來的東西。

從一顆念珠到另一顆念珠，我們用手指和身體祈禱。透過重複的動作和經文，玫瑰念珠幫忙我們平靜下來：藉著唸誦十次瑪利亞讚歌，念珠帶領我們走了一趟生命之旅——從天使奉告，描述她懷了耶穌的那一刻開始，直到我們的臨終時刻。接著我們會觸及一顆較大的珠子，那是讚頌天父的指示。重複唸誦熟悉的禱詞是一個很有效的方法，讓我們放下當下所有的憂心焦慮。

艾奇迪博士提到許多伊斯蘭的傳統也可以找到很相似的練習：

在某些階段，你只會聽到一個單音節，就是「hoo，hoo，hoo，hoo」；這個單音節會重複唸上數百次，數千次，用來幫助你靜坐。根據《古蘭經》的傳統，你只有透過紀念神、透過靜坐，才能找到內心的平靜和滿足。

這樣的重複禱告可以在任何地方執行，不論是私人場合或公共場所皆可。可以自己一個人禱告，也可以跟非正式的團體一起禱告。最重要的是，這種禱告無須牧師或伊瑪目（imam）在旁引導。這是一般人的私下活動。然而在基督宗教和伊斯蘭的傳統裡，固定重複的個人禱告——不論誦唸玫瑰經或做禮功——都有個引人注目的地方，即這樣的禱告從來就不是關於個人，這樣的禱告其實明確地把祈禱者定義為社群的一分子。一個穆斯林開始祈禱的時候，他就與世界各地的穆斯林連結在一起——他們同時轉身面向麥加。米勒的〈晚禱〉中，那兩個農人在田地裡祈禱，但在同一個時刻，他們也與村裡的每一

位於瑞士旺根（Wangen）的宣禮塔；穆斯林要建造像這樣的宣禮塔，後來引起爭議，導致瑞士 2009 年舉行公投。

個人一起祈禱。主禱文（Lord's Prayer）一開始，我們唸的不是「我的天父」，而是「我們的天父」，「我們」與「我們的」這類語詞貫串了整篇經文。這裡沒有「我」——只有神才是單數人稱。不管我們以什麼樣的方式祈禱——跪著、坐著、站著或者是俯身叩首，祈禱的人總是「我們」。就像在幾乎所有的宗教儀式裡，與神連結的同時，也是與人類彼此更為緊密，更為全面地連結在一起。

不過，公開召喚和私人禱告這樣的習俗雖然可以把社群凝聚起來，這種習俗同時也會把社群分開。法國 19 世紀晚期的三鐘經——就像在現代的愛爾蘭——後來慢慢變成國家身分認同的象徵，一個有意為之的天主教象徵，雖然很多人認為這個象徵充滿了爭議。在今日的中歐，各種關於歐洲文化認同的激烈爭論已經具體化，爭議的重點就落在傳統的教堂鐘聲和喚拜人的呼聲這兩者之間——有人認為後者令人難以接受，因為那是一種侵入式的、公開宣揚伊斯蘭教的方式。然而這裡有個潛在的問題是：歐洲基本上是不是一個基督宗教文明？在德國，「愛國歐洲人反對西方伊斯蘭化運動」（Pegida movement）反對西方國家的伊斯蘭化；在法國，政府禁止穆斯林在大街上祈禱（第二十八章）；2009 年，瑞士舉行公投，大多數人投票禁止穆斯林建立新的宣禮塔。這些在歷史上信奉基督宗教的國家試圖保衛他們傳統的身分認同，沙烏地阿拉伯也在禁止建立基督教堂，更別提公開敲響教堂鐘聲或公開祈禱。祈禱是一種最個人的精神活動，但若集體為之，祈禱也會變成最容易引起衝突的議題。

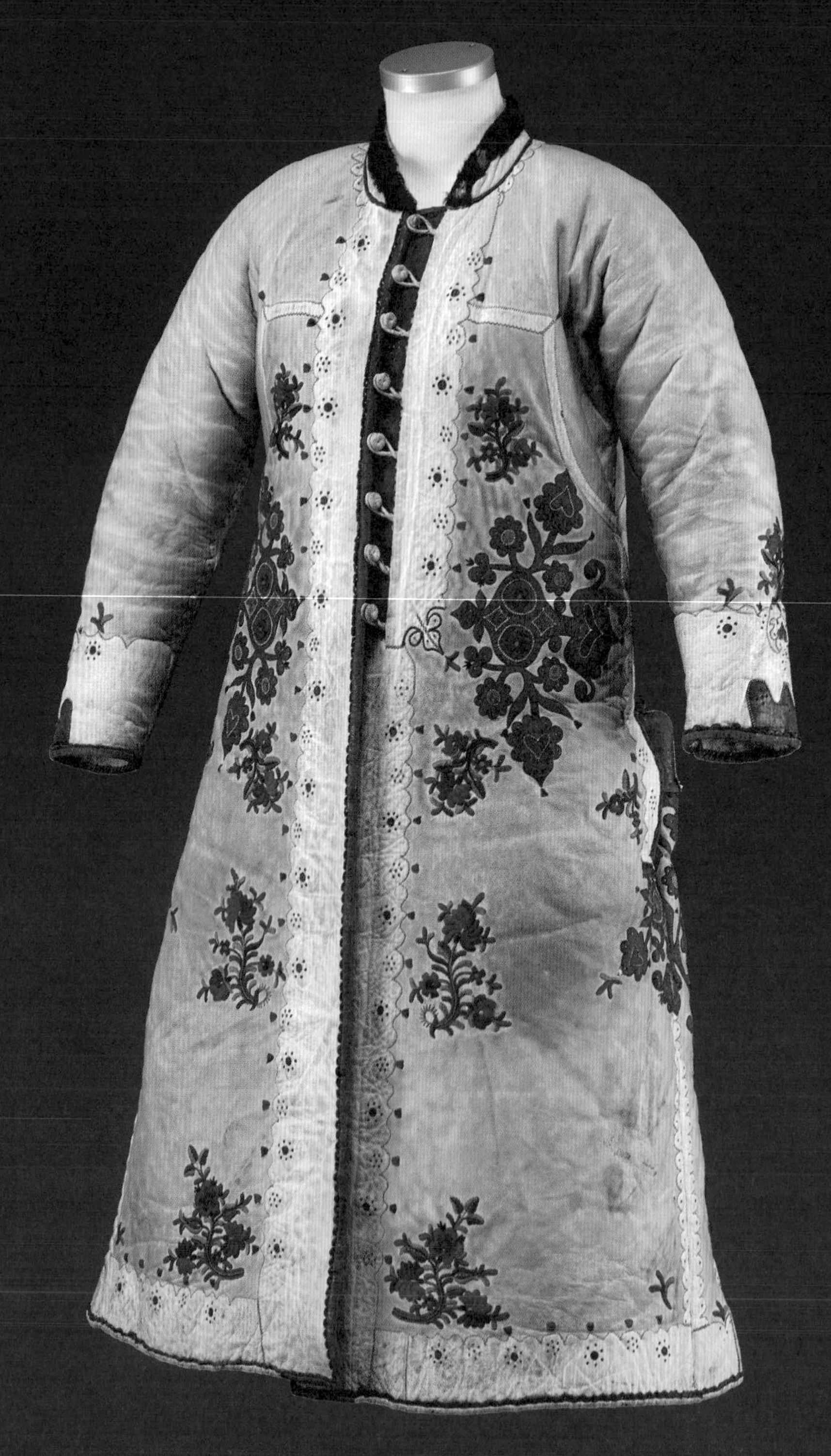

THE POWER OF SONG

第十章　歌的力量

新教教徒的星期天一直都有很大的壓力。對他們而言，星期天不是大家期待中的休息日和放鬆日；幾百年來，他們的星期天毫無樂趣可言，即使是最無傷大雅的的樂趣。不過，新教教徒卻有一個通常被人忽略的星期天習慣，而這個習慣顯然充滿歡樂的節慶氣息，而且具有一種非凡的力量把人們團結在一起：合唱讚美聖歌；或更為準確的說法是，藉著合唱聖歌來定義自身身分的活動。到目前為止，這個活動已經對西方文化造成很大的衝擊；而且也沒有被禁止的危險。

在亞伯拉罕信仰興起之前，或在沒有亞伯拉罕信仰的世界裡，「社群崇拜」（community worship）是指那些一年舉行一次的聚會活動，內容主要是慶祝季節的轉變、重要的祭典，或其他類似的活動（第十五章）。在平常的日子，或一年之中的其他時間裡，只有神職人員或特別虔誠的信徒等一小群人才會去神聖場所，例如廟宇、神社或祠堂等，舉行固定的或每日例行的儀式或活動。一般人或許偶爾也會去，但整個社群一起出現在神聖場所是很少見的現象。

後來一切就改變了——不過這個「後來」其實距離我們並不太遠。基督宗教和伊斯蘭教在全球各地興起、成為全球性的宗教之後，大部分地區才開始出

路德教派華麗的科爾澄博茲外套，19 世紀晚期製作於外西凡尼亞。

現像猶太人那樣每週整個社群聚在一起敬神的崇拜模式。其實這種活動的設計是複製神的活動模式，亦即〈創世紀〉所說的：神在六天之內創造了世界，然後在第七天停下來休息。所以猶太人從星期五下午一直到星期六都會停下工作，因為那是他們的安息日；在這段時間內，多數猶太人都會放下工作，到猶太會堂去做禮拜。每到星期五下午，穆斯林就會聚集在清真寺，與全體信徒一起禱告，一如《古蘭經》所命令的那樣；「星期五」在阿拉伯文的意義就是「集會日」。至於對大多數基督徒而言，星期日意謂著「主日」（Lord's Day），亦即上教堂做禮拜的日子。這些每週一次的聚會把人們從家裡帶出來，進入一個共享的空間；在此空間裡，他們藉由崇拜，在神的面前確定他們是一個團結的社群。在這三個宗教傳統裡，人們會大費周章，想方設法地標出這個日常生活中的轉換，讓自己從日常的生活中留出一段時間，把自己呈現在神面前，呈現在彼此面前。

欲標記這一天的生活焦點已經轉換，其中一個最明顯的方式就是盛裝打扮，穿上基督徒圈子過去常常說的「最好的星期天服飾」。在所有「最好的星期天服飾」當中，很少有比現藏大英博物館的這一套更華麗的了。這件人稱「科爾澄博茲」（Kirchenpelz）的大衣，亦即「教堂皮裘」的羊毛皮製長版外套產自 19 世紀末葉的外西凡尼亞（Transylvania）——當時是匈牙利的部分領土，現在則在羅馬尼亞的西部地區。這種皮裘的穿者是一群講德語的撒克遜人，大約在公元 1200 年移民到此，以務農維生。今日，這個社群還保留他們獨特的身分認同。截至目前為止，這件皮裘外套是大英博物館館藏當中最引人矚目的路德教派藏品。

這件外套的內裡襯著極為溫暖的羊毛，外面則以補縫的手法，縫上深紅色與淺奶油色的皮革，再綴以精緻的刺繡，繡上紅色、綠色、紫色、藍色與粉紅色的圖樣。這是一件手藝高超、充滿喜氣且色彩繽紛的藝術作品，同時也是一件耐穿且保暖的外套，可以抵禦外西凡尼亞的寒冷天氣。

男女都可穿上這樣一套科爾澄博茲上教堂。不過這種外套是極為貴重的衣飾，人們只有在特殊的日子，例如堅信禮或結婚，才會獲得這樣的禮物。這件星期天最好的服飾並不只是讓你在教堂裡看起來很體面而已。穿上這樣的外套，等於公開宣布你的身分：忠於路德教派的信徒、住在外西凡尼亞的撒克遜人、講德語的特定社群成員。目前這個社群的人數已大為減少，不過在羅馬尼亞仍然可以看到他們的蹤影。

不過，還有一件事比穿著科爾澄博茲上教堂更重要，那就是這群人即將在教堂裡從事的活動：唱歌。生活在外西凡尼亞的路德教徒如此，生活在其他地方的路德教徒亦然——他們星期天上教堂最重要的活動就是唱歌。這是馬丁．

最好的星期天服飾：住在外西凡尼亞的撒克遜人穿著他們的科爾澄博茲外套。攝於羅馬尼亞布拉索夫（Braov），1983 年。

路德（Martin Luther）的偉大洞見之一：世上很少有別的事物，能比大家合唱一首歌，一首大家都會的歌更快速、更有效地把迥然不同的人集結在一起。

約翰·巴特（John Butt）是個指揮家和風琴手，也是格拉斯哥大學（University of Glasgow）加德納音樂教授。根據他的解釋：

> 從16世紀到現在，路德教徒一般的崇拜方式就是合唱讚美詩——這是路德本人開創的聖歌合唱形式。這些合唱詩歌的設計不僅含有教義和信仰的元素，而且還以會眾合唱聖詩來建構整個崇拜儀式，通常是先由風琴引領，奠定詩歌的情緒或精神。

路德當然不曾發明讚美詩和合唱詩班，但他把這兩者變成做禮拜的重要元素。這是從來不曾有人做過的事。宗教改革之前，宗教音樂通常是由受過訓練的專家演奏誦唱，做禮拜的會眾大多數時候保持安靜。各種音樂文本幾乎都是用拉丁文寫成，就像那些禮拜儀式文本一樣。普通老百姓並非全然都是被動的，但他們的參與通常會受限於他們對拉丁文的了解，因此崇拜活動——不論宗教或音樂——都由各種專家主導與安排。隨著路德對基督教法的理解的改變，他對每週一次的崇拜可以做什麼、應該做什麼的看法也隨之改變。約翰·巴特持續解釋道：

> 路德宣稱所有信神的人都是神職人員：他認為神職人員的特別聖事並不是專屬菁英神職人員階級的特權，而是屬於每一個有信仰的人。這個說法幾乎馬上就產生一個神奇的效果：每一個個人都要為自己的信仰負責（單是這一項就足以帶來救贖）；不過隨著這個說法而來的

音樂是路德傳奇故事的一部分：古斯塔夫．史班根貝塔（Gustav Spangenberg）這幅畫於 1866 年的油畫描繪這位偉大的宗教改革者正在彈琴，而他的孩子們則正在唱歌。

> 是一種新的共同責任，亦即全體信眾必須同心協力，幫助每一個個人在信仰的路上前進。合唱讚美詩可以把個人與團體有效地連結在一起——路德的讚美合唱詩反映了這一看法，促成了這一現象。路德意識到信徒聚集在一起唱歌，不論歌曲是聖是俗，都會創造一種溝通的迴響，而且還會產生歸屬感。所以他隨即著手發展這個面向，同時逐漸脫離天主教會。

路德用明白曉暢的語言來翻譯聖經，讓德語世界每個地區的人民都能讀懂；以這樣的方式，他有效地創造了現代德語。他不僅要民眾了解和講說上帝的話，也要他們能夠唱出來，因此他開始為教會會眾寫讚美詩，並配上音樂。他告訴他的追隨者：「上帝同時也會透過音樂來傳授福音。」1524 年，距離他發表激起宗教改革的《九十五條論綱》僅相隔七年，這一年他出版了「讚美合唱詩集第一冊」（First Lutheran Hymnal）；這部通常被稱為《德文聖詩集》（*Achtliederbuch*）的合唱詩集收入八首歌，其中有四首是路德自己寫的。

而這四首歌曲之中，有一首他改寫了〈詩篇〉第130篇，即〈深處呼求歌〉（De Profundis）的「耶和華啊，我從深處向你求告」。這部讚美合唱詩集十分受人歡迎。同一年稍晚，他又出版了另一本合唱詩集，這次總共收入二十六首，歌詞有的取材自經文，有的取材自某段經文的沉思，他把這些散體經文全部改寫成韻文，譜成曲子，方便每個人唱誦和記憶。現在這群新的「新教教徒們」不僅可以用自己的語言像讀一本書那樣閱讀《聖經》，他們還可以用唱的方式來擁有《聖經》，即使是那些只認得幾個字的人；透過歌唱，他們可以把《聖經》保留在腦子裡和心裡。從瞭望塔到大街上，到處都有人背誦這些讚美合唱詩。路德以一個嶄新的、意義深長的方式，把上帝的話送給了人民。大家都知道宗教改革的成功有部分得力於印刷術的發明；但是對約翰·巴特而言，宗教改革的成功，有一部分其實必須歸功於歌的力量：

> 押韻當然是幫助記憶的重要工具；押韻可讓特定的文本烙印在你的腦海裡——有時候甚至連忘都忘不掉。拉丁文本的《彌撒程序》（*the Order of the Mass*）是標準的散文文本，但是路德把它改寫成韻文，然後譜上曲子。他不只自己很擅長做這件事，他也鼓勵其他人運用現有的旋律來形塑經文，使經文產生美妙的韻律。事實上我們可以這麼說：在這之後的好幾百年裡，路德的讚美合唱詩仍然支撐著西方音樂語彙的發展。就某個意義來說，這是一場革命，雖然是另一場革命的延續。現有的讚美詩和歌曲有時也會為他所用，但路德會徹底改寫，重新加以編排。許多不在路德教派的人很妒忌他竟然有辦法在信徒之間創造一種共有的情感——這是其他基督宗派辦不到的事，至少路德在世的時候是這樣。

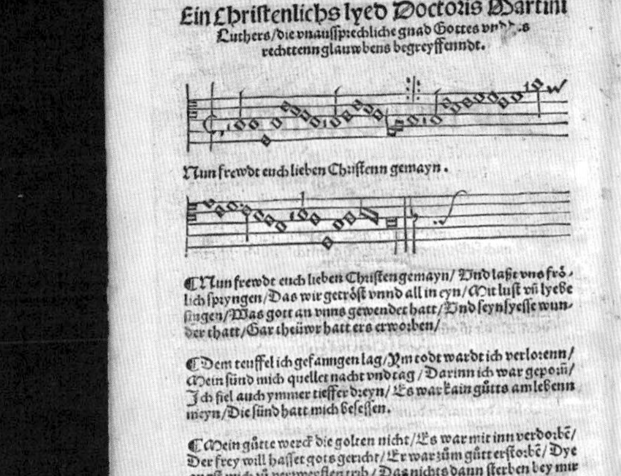

Ein Christenlichs lyed Doctoris Martini Luthers/die vnaussprechliche gnad Gottes vnd des rechttenn glauwbens begreyffenndt.

Nun frewdt euch lieben Christenn gemayn.

Nun frewdt euch lieben Christen gemayn/ Vnd laßt vns frölich spryngen/ Das wir getröst vnnd all in eyn/ Mit lust vñ lyebe singen/ Was gott an vnns gewendet hatt/ Vnd seyn syesse wunder thatt/ Gar theüwr hatt ers erworben/

Dem teuffel ich gefanngen lag/ Ym todt wardt ich verlorenn/ Mein sünd mich quellet nacht vnd tag/ Darinn ich war geporñ/ Ich fiel auch ymmer tieffer dreyn/ Es war kain gütts am lebenn meyn/ Die sünd hatt mich besessen.

Mein gütte werck die golten nicht/ Es war mit inn verdorbẽ/ Der frey will hasset gots gericht/ Er war züm gütt erstorbẽ/ Dye angst mich zü verzweyflen treib/ Das nichts dann sterben bey mir blyb/ Zür hellen müßt ich sinckenn.

Da yammert Gott in ewigkait/ Mein ellend über massen/ Er

路德的第一部讚美合唱詩集：1524 年版的《德文聖詩集》。

這些合唱活動有助於強化早期新教信眾的決心、吸引新成員加入新教教會，其重要性無庸置疑。長久以來，社會心理學家就發現，路德開發的那種需要全體成員經常參與的活動有助於提升社群的團結和個人的幸福感。史提夫．賴歇爾（Steve Reicher）是聖安德魯斯大學（University of St Andrews）的社會心理學教授，據他解釋：

> 生理的同步是產生心理同步的一種有效方式。我們的身體越常接觸，越能促進心理產生大家同在一起的感受，從而產生共有的身分認同。唱歌、誦唸經文、站立、齊步前進等絕對都是重要的元素，有助於我們產生「我們同在一起」的感覺。
>
> 你甚至可以說那些參加這類活動的人會變成了我的延伸自我的一部分。這種共享的身分認同全然轉變了我們的社會關係，使人們的關係

越來越親密。當我們擁有共享的身分認同，我們就開始停止把人看成「其他人」。他們就像我們，他們跟我們一樣，他們是跟我們在一起的。我們信任他們，我們會比較願意跟他們合作共事。我們會比較願意幫助他們，支持他們。

當然，這是許多宗教組織——還有每個軍事組織——都了解的普遍道理。對許多穆斯林來說，星期五的祈禱是十分重要的活動，因為他們能夠同時與一大群信眾一起靜立、跪拜、行動與祈禱（第九章）。每個極權政體都會使用齊步前進、同聲歌唱、同步行動這種多人一起行動的方式，來激發參與者和旁觀者對其共有目標產生堅強的信念。

我們不難看出這種強化的社群感對 1520 年代和 1530 年代的德國所可能代表的意義。當年路德教派那一小群團體直接挑戰的是他們的地方首長、羅馬天主教會或德國皇帝本人。在此，約翰．巴特增添另一個更深沉的層面，指出歌唱這個行為本身很有可能會改變一個個體的精神與生理狀況，導致該個體進入高度順從的狀態：

回到 16 世紀，我們知道信徒在做禮拜和歌唱時，有時候是非常情緒化的。人們會被音樂經驗感動，以至於淚流滿面，不管他們是自己在唱，還是聆聽其他人歌唱。當你唱歌的時候，你的呼吸會有所改變。有時候你會一口氣喘不過來，有時候你會獲得比平日更多的氧氣。你會經歷一種愉悅的感覺，你的生理狀態會有所改變，而這種改變超越了音樂所帶來的共鳴。

集體唱歌幫助信眾把經文內化，使他們深深感動，從而建立一種集體的團結感。因此，除了路德教派，大部分新教教派也紛紛採用路德的方法，把《聖經》文本改編成韻文，配上曲調。這個發展並不令人感到訝異。這些教派之中，那些較為極端的改革分子喜歡強調他們的禮拜有《聖經》作為依據，因為他們只歌唱〈詩篇〉裡的讚美詩。〈詩篇〉據傳是大衛王（King David）本人所寫，原文是希伯來文，但是此時已經翻譯成明白曉暢、容易記憶的德文、法文與英文韻文。用你自己的語言來歌唱〈詩篇〉——這個風潮很快就變成新的改革派的宗教身分標記。個別的教會團體亦紛紛採用特定的翻譯版本，使用特定的曲調來區別彼此。

這是個很成功的策略。從北歐到美洲北部，各種派別的新教教會以歌唱形成一個個新社群，而且一直維繫到今天。在這些教派中，沒有比英國的清教徒更為成功的了。1630 年，這群清教徒搭船隨著麻薩諸塞灣公司（Massachusetts Bay Company）來到波士頓，在美國安頓下來。這群宗教難民除了信仰虔誠，他們也很有學問：1636 年，他們基本上建立了哈佛大學的原型；兩年之後，他們設置了一間印刷廠。博學的神職人員在新的殖民地用英文印製了一部〈詩篇〉；這個新版的〈詩篇〉在翻譯方面力求準確，幾乎無可挑剔。他們據此版本譜上曲子，與其他移民所歌唱的版本截然不同。這部人稱《海灣聖詩》（*Bay Psalm Book*）的新譯本是第一部在英屬北美地區印製的書籍，時間是 1640 年。這部聖詩集定義且團結了波士頓清教徒，時間長達一百年。在 2013 年 11 月，這部聖詩集的首刷版成為世界上最貴的印刷書。

英國國教徒、循道宗信徒（Methodists）、浸信會教友後來都追隨路德教派的例子。到了 19 世紀，天主教會也承認合唱的力量，並將俗語讚美詩列為禮拜儀式的一部分。但總的來說，在這方面貢獻至鉅的是非裔美國人，他們不僅改變、還豐富了誦唱模式；他們在歐洲的讚美詩裡加上了流傳久遠的非洲音樂傳統，從而創造了許多歌曲，亦即黑人靈歌。這些靈歌具有無與倫比的強度，在奴隸之間建立並使之保有一種社群感。

有一首18世紀的英文讚美詩可以展現這種結合了語言、韻律與音樂的作品是如何可以在非常不同的脈絡下成就非凡之事，這首讚美詩就是〈奇異恩典〉（Amazing Grace）。這首歌的歌詞創作於1772年，是白金漢郡奧爾尼（Olney）教區副牧師約翰·牛頓（John Newton）的作品；當時他的寫作對象是一群貧窮，而且沒有受過什麼教育的教居居民。歌詞如下：

奇異恩典！何等甘甜，
我的罪已經得到赦免。
我曾迷失，今已回頭；
我曾盲眼，今得看見。

牛頓在這首歌裡帶入好幾個人們熟悉的聖經典故（浪子的寓言，好牧人尋找迷途的羊，耶穌基督治療盲者），並且把這幾個典故寫成有節奏有韻律的詩行。通篇都用單音節字，只有第一個深具意義的字是多音節字。詩裡表達的神學概念：神聖的恩典本身就能給充滿罪的人性帶來奇異的救贖——這無疑是路德的神學理路，而且讓人一聽就能理解。經文與教義就在這短短四行中顯露無遺。

罕見的《海灣聖詩》第一版。早期麻薩諸塞州新教教徒在教堂使用的唱本；大部分版本如今已經銷毀。

THE

VVHOLE BOOKE OF PSALMES

Faithfully
TRANSLATED *into* ENGLISH
Metre.

Whereunto is prefixed a discourse declaring not only the lawfullnes, but also the necessity of the heavenly Ordinance of singing Scripture Psalmes in the Churches of God.

Coll. III.
Let the word of God dwell plenteously in you, in all wisdome, teaching and exhorting one another in Psalmes, Himnes, and spirituall Songs, singing to the Lord with grace in your hearts.

Iames V.
If any be afflicted, let him pray, and if any be merry let him sing psalmes.

Imprinted
1640

大概過了七十年，亦即 1840 年代末期，這幾行詩被譜上傳統的旋律〈新英倫〉（New Britain），並且附上簡譜，收入一本讚美詩集，發行於整個美國地區。這首讚美詩帶來很大的衝擊，尤其對南部那些幾乎不識字的信眾而言更是如此。在那裡，這首聖詩產生一個非常特定的迴響：牛頓在改宗和擔任神職之前，曾是一個販賣奴隸的商人。他公開談論早期這一段充滿罪惡的生活，還加入廢奴主義者威伯福斯（Wilberforce）的行列，宣導廢除大西洋兩岸的奴隸貿易活動。1852 年，哈里特．比徹．斯托（Harriet Beecher Stowe）出版了一本反奴隸制的小說《湯姆叔叔的小屋》（*Uncle Tom's Cabin*）。小說的主角湯姆叔叔是個黑奴，有一段寫到他在極度哀傷之際，唱起了牛頓的這首讚美詩，以此給自己打氣。這當然是虛構的情節，但這必定就是路德希望達致的效果。一個沒受過什麼教育的男人，當他在孤單的時候，當他處於危難的時候，他可以透過音樂找到能夠強化他的信仰的文字，並且給他希望——那些文字是他熟悉的，因為他曾在教堂裡唱過，那是他與教會那個龐大的信眾社群共享的文字，而他是這個社群的一分子。這實在是太奇異了。比徹．斯托的小說暢銷全

〈奇異恩典〉配上〈新英倫〉的曲譜，1847 年。

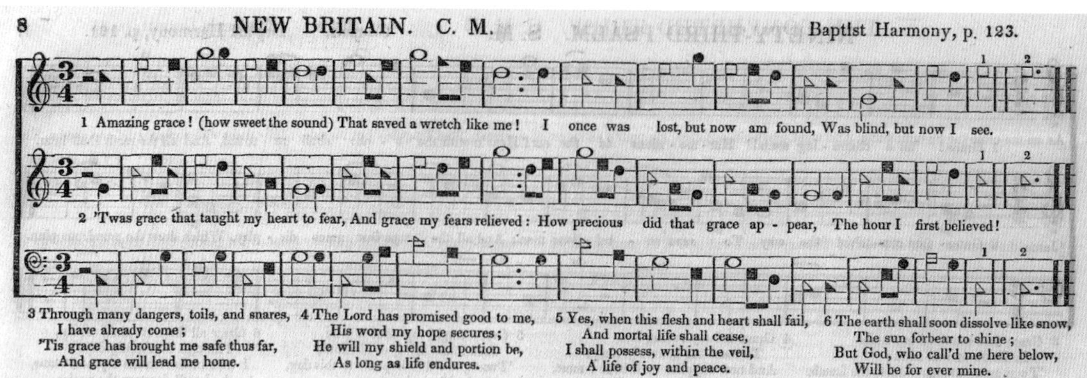

球，〈奇異恩典〉也成為宣揚解脫的聖歌，後來被收進讚美詩集，分送給美國內戰時，留駐北方的軍人。

至少從1940年代起，〈奇異恩典〉就是許多音樂會的常駐曲目，例如爭取黑人公民權的福音歌手瑪哈莉雅．傑克森（Mahalia Jackon）即曾表演過這支曲子。在1950年代和1960年代，有數以千計的人，不論其信仰如何，都曾為了爭取公民權，在南部各州走上街頭抗議，一面高唱這首歌，藉此宣告他們共同的目標。這個現象也許與16世紀的德國相距遙遠，但是公民權鬥士之中有一個領袖的名字就叫馬丁．路德．金恩博士（Dr Martin Luther King），這一點並非偶然。今日美國各個世代裡，如果有一首歌他們可以背得出來，那就是〈奇異恩典〉。2015年，南卡羅來納州查理斯敦（Charleston）的牧師克萊門塔．平克尼（Reverend Clementa Pinckney）在一間路德神學院講課，但卻在一場種族衝突引起的槍擊案中遇害。當時的總統歐巴馬在他的喪禮上致詞，可是就在演講中途，歐巴馬總統獨自唱起了〈奇異恩典〉。民眾的反應起初是驚愕，但是在幾分鐘內，每個在場的民眾都跟著他唱起了這首讚美詩。對於這個現象，馬丁．路德想必不會覺得奇怪，19世紀那群穿著科爾澄博茲外套去做禮拜的外西凡尼亞人也不會。

這股路德模式的合唱音樂創作風潮，看來一點也沒有止息的意思。在許多國家裡，傳統教會的參與人數正在慢慢減少當中——歐洲的教會人數消失得比較快，美國的減少得慢一點，但有許多奠基在音樂的宗教社群卻方興未艾，欣欣向榮，尤其是那些採用非裔美國音樂模式的社群。在世界各處，在某些成長最快速的基督教運動中，聚在一起唱歌似乎扮演了一個主要的角色。澳洲雪梨的新頌教會（Hillsong Pentecostal church）目前在全球都有附屬教會，例如設在紐約的附屬教會每個星期天都吸引了超過六千名教徒去做禮拜，跟所有人

歐巴馬總統在平克尼牧師的喪禮上，帶領信眾合唱〈奇異恩典〉，攝於南卡羅來納州查理斯敦，2015 年。

一起大聲唱歌、歡呼和（有時不那麼和諧地）高聲叫喊。

根據約翰．巴特所言，在路德式的星期天崇拜活動中，受過高度音樂訓練的專業表演者雖然並不再獨占教會音樂的製作和表演，但也並未被排除在外；事實上，他們仍然是崇拜儀式的要角：

> 路德似乎一直都有一種想法，即信眾在聚會時，聽音樂和表演音樂一樣重要。路德教派向來都很有彈性，允許會眾參與音樂表演，但也不排斥那些較為專業的、較為複雜的音樂奉獻形式。如果你有一個很棒的唱詩班，你就會把某支特別的曲子交給那個唱詩班表演，讓一般會眾當聽眾就好。

不過，約翰．巴特特別指出，教堂信眾其實是以不一樣的方式在聆聽音樂。這個充滿路德精神的取向也改變了教堂信眾聽音樂的方式，因為他們也參與了音樂製作的過程。這種不一樣的聽音樂方式創造了條件，因而產生了歐洲音樂當中某些最偉大的作品，例如巴哈的〈馬太受難曲〉：

如果你考慮到巴哈的〈馬太受難曲〉是為了禮拜儀式而寫的這個事實，你就會注意到信眾在曲子的開頭、中間、結尾都會合唱一段讚美詩，而這種合唱讓他們進入一種特定的狀態，進入一個充滿迴響、樂於接受一切的空間，即使在整段〈馬太受難曲〉演奏的期間，他們未曾開口唱歌。不過，一種主動的沉思已經預先被創造出來，他們在整個儀式的共享架構之中已經扮演了他們的角色。

在新教教徒的世界裡，這種混合聆聽與參與的模式蓬勃發展了幾百年，幾乎存在於每一個跟音樂有關的層面。今日我們可以很容易指認出路德的遺澤，例如各種合唱團體、教堂唱詩班，還有到處可見的各種最謙卑的合唱服務團體。約翰．巴特在這個傳統看到另一個流傳更廣、幾乎是世俗化的迴響：

至少在英美文化之中，這個傳統看來似乎已經轉移到流行音樂的範疇。在流行音樂會上，人們聆聽表演者的演唱，但他們也會帶著非凡的熱情跟著一起唱。他們都知道歌詞，也知道歌詞裡的情節，很清楚的是，這裡創造了一種社群的感覺。新教文化真的有一種在歌聲裡把人們聚集在一起的內在傳統。

這是一個有趣的想法，新教教徒的星期天，後來發展成兩個意外的成果：胡士托音樂節（Woodstock）和格拉斯頓伯立當代表演藝術節（Glastonbury）。

Theatres of Faith

PART THREE

第三部

信仰的劇場

所有宗教傳統都很注重靈性生活公開的、儀式性的展演。在這樣的展演慶典中，社群成員既是演員，也是觀眾，而這種雙重身分在創造心靈與社會團結方面扮演極為重要的角色。在信仰的公共場域中，政治和宗教必然緊密相連。在神聖的建築物裡，在舉行祭祀與獻祭的儀式中，所有社會清楚地表達了關於世界正確秩序的觀點。在世世代代重複舉辦的各種慶典活動裡，人們定義且重新想像精神上的社群，並努力使該社群繼續傳承下去，即使單一個人的生命已經不復存在。

THE HOUSE OF GOD

第十一章　神的家

除了考古學圈子裡的人，幾乎沒人知道哥貝克力石陣（Göbekli Tepe）。不過在宗教建築史上，這個地方很可能占據一個最主要，甚至也許最重要的地位。「哥貝克力」的意思是「大肚山」（Potbelly Hill），位於土耳其東南部，靠近敘利亞的邊界。這地方其實算不上一座「山」，因為高度大概只有 15 公尺而已。現在這座「山」的四周只有幾叢灌木胡亂生長，不過，自從 1996 年開始開挖之後，考古學家發現這裡埋有一個巨大的石頭紀念碑；據推測，這個紀念碑大約是在一萬一千年到一萬兩千年之前，由一群採獵者組成的社群建立的。這個建築群至少包含兩百根巨石打造的柱子，有的將近 6 公尺高，而且大部分石柱都豎立在一個圓形的範圍內。有些石柱刻有動物浮雕，主題通常是獅子、蛇與兀鷹這類兇猛的野獸，而不是當地人獵捕為食的鹿。到底這座石頭建築群的用意何在？

現場大部分地方還有待開挖。不過，考古學家克勞斯．施密特（Klaus Schmidt）在 1990 年代晚期帶領團隊前往該地開挖，並提出一個看法：這座巨大而神祕的建築並不是某個聚落的遺址，而是一座聖殿——人們會定期到那

拉格什的古迪亞國王——吉爾蘇城（今日伊朗）神殿的創建者：國王正在敬拜天神寧吉爾蘇，這座雕像大約刻於公元前 2130 年。

位於土耳其東南方的哥貝克力石陣考古遺址，據信這是世界上最古老的宗教建築。

裡聚會，可能在那裡舉行獻給死者的宗教儀式。他在那裡發現許多動物骨頭，這代表那裡曾舉辦大型慶典，而且持續辦了好幾個世紀。不過那裡顯然不是居民長期定居的地方。施密特的結論是，哥貝克力石陣是世界上最古老的大型宗教建築，整整比英國的巨石陣早了六千年。

如果他的推論沒錯，那麼這個考古遺址即代表人類歷史的一個關鍵時刻：人類首次創造了一個巨型結構，用來安頓信仰的各種儀式。就像紐格萊奇石墓，這個石陣的建立顯然極為費力，動用了共有信仰社群的龐大力量才得以完成。在第一章，我們提到從獅人的嘴部我們找到可以辨識的跡象，顯示人們曾從遙遠的地區聚集在獅人的洞穴，並在那裡舉行儀式性的慶典。若就這個意義而言，這個石陣建築是一個規模極大的進展。

施密特認為哥貝克力石陣可能具有更重大的意義：一個共有的信仰系統不僅會把散落四處的人們聚集一處，而且會促使石陣建造者彼此合作；這種合作的範圍極大，可謂前所未有。克勞斯．施密特的看法是：採獵者首先必須學會如何齊心合力建造像哥貝克力石陣這麼龐大的建築物來舉行宗教慶典，接著他們才會懂得如何在城市裡生活與工作。計畫和建造如此龐大的神聖空間是城市文明必須通過的考驗——或套用他那句很出色的論斷：「先有神殿，後有城市。」這個看法可謂扭轉了傳統的秩序。換句話說，我們是先學會了與神明同住，之後才住在彼此緊密相連的城區。

前面兩章我們檢視了人們如何試圖接近神明，如何設計種種策略，例如冥想、祈禱和歌唱，來幫助我們暫時離開紛繁的日常生活，專注於一個與日常迫切事務無關的世界。但是如何遇見神明，向來就跟在哪裡遇見神明一樣重要。在大多數城市和文明之中，神聖的建築物一直都是最堂皇、最昂貴與最持久的建築，通常也都是精神生活與公共生活高度發展的成果。下列這幾座神聖建築物的誕生即是如此：以弗所（Ephesus）的阿特米斯（Artemis）神殿（第十六章）、鹿野苑（Sarnath）的巨大浮屠塔（stupa）（第十四章）、科隆（Cologne）的大教堂（第十四章）。但是你該如何設計一棟這樣的建築物，好讓神明來見祂們的人民，也讓人民來此敬拜神明？

哥貝克力石陣複雜的外型和雕塑背後究竟隱藏怎樣的觀念和政治，我們現在只能靠猜測——雖然隨著挖掘的進展，我們也許可以多知道一點。目前有幾個神聖空間留有文本資料，根據這些資料我們可以相當確切地了解當時的人在想些什麼，還有神殿的建造過程如何。留下文本資料最古老的神聖空間是在哥貝克力石陣南方僅僅幾百英里的美索不達米亞。美索不達米亞的這些

（左）記錄古迪亞國王翻新吉爾蘇城神殿故事的石板：「古迪亞，拉格什的統治者，他讓事物依其該有的方式運轉。」

（對頁）四個銅製神像，這是吉爾蘇城神殿的地基界樁。

神聖空間的建成時代較晚，大約建於哥貝克力石陣的八千年後，也就是差不多公元前2000年左右。大英博物館目前藏有其中一座神殿的相關文本和物件，這座神殿座落於底格里斯河與幼發拉底河交會處偏北的一座城市，當時這座城市叫吉爾蘇城（Girsu），亦即今日位於伊拉克的鐵羅（Telloh）。

吉爾蘇城是拉格什（Lagash）的宗教中心，而拉格什是一個六百英里見方的小城邦，擁有好幾個重要的大都市（就當時的標準而言）。拉格什因農業與貿易致富，擁有從西奈半島（Sinai）進口的黃金、從阿拉伯進口的銅、從黎巴嫩進口的杉木。在主神寧吉爾蘇（Ningirsu）的保護之下，這個城邦成功地擊退了許多鄰近的敵人。寧吉爾蘇是雨和閃電之神，管理農業和戰爭；主要供奉祂的神殿就在吉爾蘇城，是拉格什最重要的宗教建築。

要建造這樣一個神聖空間，第一步是得到神的允許。羅浮宮藏有一塊石板，上面刻了一首用楔形文字寫成的詩；這首詩提到拉格什的國王古迪亞

（Gudea）做了一個夢，夢裡有個天神吩咐他把一塊平凡的地改成神廟的建地，奉獻給寧吉爾蘇。古迪亞當然願意順從神的心意，而且他也有足夠的資金可以使用。但是他不確定應該如何開始建造神殿，他問天神：「寧吉爾蘇啊，我願意為您建一座神殿，但是我不知道該怎麼做！戰士啊，您已提出建造『聖物』的要求！恩里爾（Enlil）之子寧吉爾蘇啊，這件事的要旨我無從知道。」當然，古迪亞顯然很快就找到某個知道該怎麼做的人，因為在大英博物館裡有一項證據，讓我們據此了解接下來發生了什麼事。這項證據是四個銅合金製成的小雕像，大約有 15 或 20 公分高，是刻著四個留著鬍子的男子，每一個都單膝下跪，抱著長長的、長度超過他們身體一半的銅釘。瑟巴斯提安·雷伊（Sébastien Rey）是大英博物館的策展人，目前正負責挖掘該考古遺址。根據他的解釋，這四個男子並不是銅器時代普通的建築工人：

這幾個雕像其實是神：他們頭上戴著四個角的冠狀頭飾，這是神的標記。他們手裡抱著的是地基界樁。他們的作用是給土地祝福，接著他們就會被埋入建地四周，作為神殿這個神聖空間的邊界標記。安置在各個角落的石板告訴其他神明—因此也告訴我們—這座神殿叫做伊寍努（Eninnu），意思是「五十屋」（House-fifty）。這似乎是一個很奇怪的名字，但是「五十」是寧吉爾蘇的父親，亦即拉格什萬神殿主神恩里爾的祕密數字。我們在神殿內部的神聖空間找到許多雕像、石板、刻有文字圖像的各種容器等，這些東西都是供奉神明的工藝品。

當然，這間神殿裡面本來應該供奉的是寧吉爾蘇本人的人形雕像，不過目前沒有一件流傳下來。這裡的雕像通常是用木頭和珍貴金屬——例如銀和金——做成，因此有可能在後來的歷史階段中被熔化，改製成其他東西。但是大英博物館藏有另一件來自該地區附近神殿的合金浮雕，在這塊浮雕版上，我們可以看到寧吉爾蘇的其他形象：一隻獅首鷹身，負責管理暴風雨的大鳥。寧吉爾蘇被刻畫成荒野的主人：他伸出鷹爪，捉住兩隻鹿角昂揚的雄鹿。他是如此充滿力量，以至於頭部溢出了畫框，消失在觀者目所能及的空間之外。他若拍動翅膀，就會創造一場暴風雨。他把大自然的各種力量約束在他的管轄範圍內——他是拉格什的保護神。

如果寧吉爾蘇的人形雕像還在的話，必定會被安置在神殿的中心位置，即神殿內部某個隱密的空間，與古迪亞國王的雕像擺在一起：神與神殿建造者並列。我們知道古迪亞國王長什麼樣子，因為他非常熱衷於建立神殿，因此有許多雕像保存至今，其中有一件目前就收藏在大英博物館（頁 194）。面對面站在他的雕像前是一個令人十分不安的經驗。這座雕像大小與真人一樣，用粗粒玄武岩——堅硬的墨綠色石頭——刻成，所以該雕像的細節線條相當粗獷。他的頭剃得光光的，眉毛像低垂的倒弓，覆蓋在眼睛上方。他穿著露出一肩的袍子，雙手互握，放在胸前。這是一個有權有勢的男人，全然不在乎誰在看他，只管專心於祈禱。瑟巴斯提安．雷伊解釋道：

> 古迪亞國王的雕像被安頓在殿內最神聖之處，因此他可以永遠凝視天神寧吉爾蘇，永遠敬拜寧吉爾蘇，即使他本人已經離開這世間。他的眼睛很大，因為他看著寧吉爾蘇；他的耳朵也很大，因為他在聆聽寧吉爾蘇的聲音和訊息。這樣的安排有個用意：統治者敬拜著天神，觀看的民眾則同時敬拜天神與他們的統治者。

不過，並不是所有敬拜者都能進入殿內的所有空間。神殿裡的神聖空間有高下等級之分，我們可從殿內的許多巨大石門插孔和走廊推知當年殿內設有許多門檻，只有某些人有資格通過，得以進入殿內空間。當然，身分地位決定了誰可以通過門檻，以及能夠多靠近內殿的神聖空間，亦即多靠近天神寧吉爾蘇。對拉格什的居民而言，寧吉爾蘇的神殿就是這位天神的王宮；一如人間的國王王宮，大部分老百姓只能待在前院，不能長驅直入。英文單字「basilica」現在的意思是「建有廊柱大廳的長方形基督教堂」，但是它的希臘文原意是「正義的宮殿」。由此顯示，神就等於王的這個等式對後世基督宗教建築的影響有多大。不過在吉爾蘇城，神殿就是名副其實的神明居所，神殿內部設有各種私人空間，完全依照神明的需要而打造，包括廚房、餐廳、家庭起居室與招待客人的空間等。在這裡——以及其他像這樣的神殿裡，神明有祂們自己的床，而且有考古證據顯示，公元前 1000 年曾有一套由祭司主持的繁複儀式，人們透過這套儀式向神明奉上餐點、衣物、容器和其他器物。瑟巴斯提安·雷伊繼續解釋：

> 新的神明雕像一旦塑造完成，人們透過清洗雕像嘴巴的儀式，把神明的雕像轉變成某種彷彿活著的存在；經過了清洗嘴巴的儀式，接著神像就會得到祭司的特別照顧，彷彿照顧人類似的。早上，祭司會叫

神明起床，然後給神明穿衣，並且每天供奉兩餐。到了晚上，神明會被帶入祂們在神殿裡的房間睡覺。

照這樣看來，這似乎並不只是人類渴望與神明同住的例子，而是神明下凡來與我們同住。不過，這裡的神明並不會被限制在祂們的神殿裡。祂們擁有拉格什的土地，所以一年當中，祂們有好幾次會被請出神殿，搭乘著馬車或船

荒野的主宰：天神寧吉爾蘇化身為掌管暴風雨的大鳥。約製作於公元前 2500 年。

存放在羅浮宮的古迪亞國王雕像，雕像的大腿上放著天神寧吉爾蘇神殿的平面圖。從這張圖可以清楚看到，天神寧吉爾蘇被安置且接受奉拜的神聖空間受到極嚴密的保護，亦即這個空間有厚厚的扶壁使與城市隔離，左右兩側還建有高塔保護。

隻，領著一大群民眾列隊行進，出外巡視祂們的田地。神明的雕像——例如寧吉爾蘇——會被帶去拜訪其他神明，尤其是祂們的親戚；祂們親戚的神殿或家就散布在拉格什的其他城市，例如寧吉爾蘇的姊妹蘭什（Nanshe）的神殿就在尼真（Nigen），亦即今日的祖爾古勒（Zurghul）；他的妻子巴鄔（Bau）則近在眼前，也住在吉爾蘇城同一批建築群中。在這個我們可能會用「國家建構」來形容的過程裡，神明與民眾組成的出巡隊伍扮演一個很重要的角色，拉格什的居民藉此可以了解，雖然居住的城市不同，但是他們是同一個國家的一部分，是同一個統治者的子民，因為大家有一個共同敬拜的神明。

寧吉爾蘇的神殿是在四千多年前建立、布置與啟用的。但令人驚訝的是，就塑造神聖空間的模式和觀念而言，這座位於古代拉格什的神殿，竟與今日整個歐亞大陸各地的其他神殿十分相似。倫敦聖保羅天主教堂（St Paul's

Cathedral）的大門刻著一段銘文：「這裡就是神的居所」——這無異是在提醒或暗示訪客，或至少比喻性地告訴我們：這是一座神殿，但這裡也是神的居所。這座教堂裡面立著各式各樣的紀念碑，感謝神幫忙打贏戰爭，讓國家得以保存；從這些紀念碑我們可以得知，世俗權力與神聖力量之間有個十分清楚的連結。全球各地的印度廟宇中，神明會在廟裡休息，每日廟祝會喚醒祂們，廟方也會按時照顧祂們的生活起居。在羅馬天主教堂，通常每座教堂都有各自的聖人雕像，就像寧吉爾蘇的雕像被安置在供奉祂的神殿裡一樣。在歐洲南部和拉丁美洲，聖人的雕像有時會被信徒請出神殿，抬到城裡的其他教堂去拜訪其他聖人，就像寧吉爾蘇在幾千年前也會偶爾離開自己的神殿，出去拜訪家人一樣。

從早期美索不達米亞神殿的建築結構，可知當年能進入神殿的人士有等級之分。後來歐亞大陸其他地區的神殿建築也複製了這種等級之分。在吉爾蘇城，大部分民眾只能來到神殿前院，無法進入最裡層的空間——那裡是安置神明的地方。一千多年後，耶路撒冷的神殿也設有類似的等級分別，嚴格限定紳士、婦女、男人與教士所能進入的空間。在瑣羅亞斯德教派的聖殿裡，只有祭司可以靠近並照顧聖火（第二章）。同樣地，在基督宗教史上的大部分時間，祭壇是禁止信徒靠近的；祭壇附近的空間只有神職人員可以出入。即使到了今天，希臘和俄羅斯的東正教教堂裡，只有神職人員可以出入內殿，普通信眾並不能進入或參觀。就像在吉爾蘇城，基督宗教的教堂和天主教堂的建廟者和贊助者的雕像，幾千年來一直被安置在最靠近內殿之處；這些雕像也都刻成正在祈禱的樣子——不僅永遠在祈禱，而且就在他們敬拜的神的近旁祈禱。大英博物館現藏的美索不達米亞石板和雕刻顯示有一種流傳久遠的模式：權力讓人得以自由出入聖殿，能自由出入聖殿則進一步強化了權力。

2012年，在世界的另一端，我們看到一座風格迥異的教堂，這裡沒有古迪亞國王的夢和神明的地基界樁。這座嶄新的教堂是英國建築師約翰·麥阿斯藍（John McAslan）及其夥伴設計的，地點位於肯亞，奈洛比（Nairobi）西北方約125英里處的凱里喬（Kericho）。從這間新教堂，我們看到人們對於空間有著完全不同的認識。這裡沒有出入教堂的等級之分、沒有特定區域的隔離、內外空間也沒有嚴格的劃分。寧吉爾蘇神殿複製了王宮建築的許多特色，但是這裡的教堂設計顯示的是追求透明和民主開放的欲求。這個社群是在一個相當不同的基礎上與其神明相遇。

凱里喬大教堂高高座落在一座山丘上，位於裂谷（Rift Valley）邊緣，視野寬廣，俯瞰著廣闊的茶園。好幾英里外就可看見教堂紅色的屋頂。自從2015年5月得到祝聖並啟用之後，這間教堂就成為該地區的地標。這座教堂的建立，說明了今日建築師在接手這樣一個有著幾千年歷史的挑戰時，他們必須面對的議題：如何為龐大的社群建立一個神聖空間——就這個案例而言，那是指一個大約有二十五萬信眾的教區社群。在這裡，建築師採用了線條簡單的模式，內部不設立區分的門檻，也沒有區隔的空間。訪客從西邊的大門進去之後，會看到教堂平穩地向內擴展，越往內走，視野越廣，屋頂越高，一直延伸到東邊盡頭的聖壇。整座教堂的屋頂是由十道外露的、倒V形的混凝土屋樑構成，屋頂則是以木頭板條鋪成，用以擋去非洲熾熱的太陽。建造這座教堂的資金來自一位國外的慈善家。古代的廟宇建造者，例如拉格什的古迪亞國王或耶路撒冷的所羅門王，他們都選擇到遠方異國購買木頭和金屬，但是這裡的建築師不同，他們很清楚知道他們要的是一間非洲的教堂——事實上是肯亞的教堂。艾登·波特（Aidan Potter）是其中一位建築師，他解釋他們當時考慮的問題：

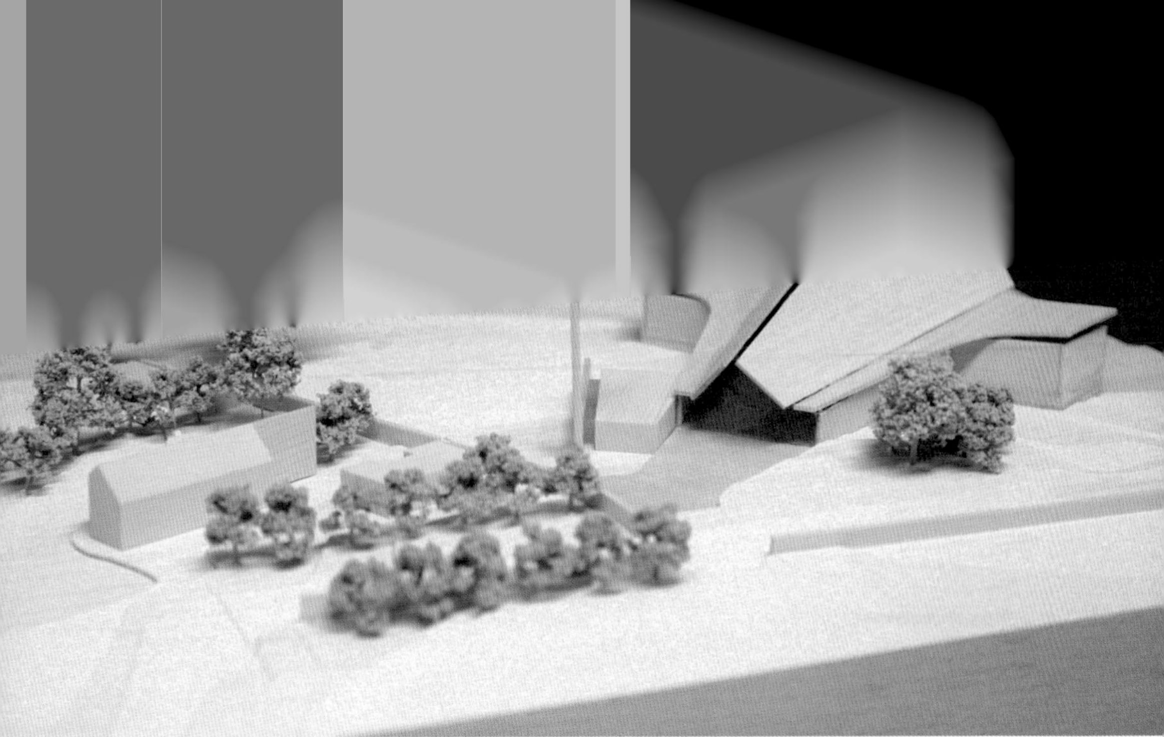

建築師為肯亞凱里喬聖心大教堂（Cathedral of the Sacred Heart）初步設計的模型。

我們不要進口任何建材。就規模而言，這是一間很大的建築物，但是我們不要這棟建築物讓人感覺彷彿是歐洲人或美國人慷慨解囊的成果，彷彿是由直升機運載過來，硬生生地強加在這個建址之上。我們的地板是由肯亞的花崗岩與藍石鋪成，雕刻則採用當地的皂石。屋樑上的木條、門，還有桌椅傢具等全部都是用凱里喬當地生產的絲柏木製成。屋頂上面紅色的波浪形瓦片也是當地的建材。雖然我們的資金來自慷慨的慈善家，但是我們想確保這座教堂傳達的是某種程度的簡樸風格。

一旦選定了建材，建築師即與凱里喬的主教伊曼紐爾．歐侃柏（Emmanuel Okombo）討論教堂的設計。最後他們決定取消傳統教堂常見的空間區分：

主教很希望能讓更多教友來參加望彌撒。所以這間大教堂的設計背離了經典的拉丁十字形結構。一走進教堂，你會覺得越靠近祭壇，空間和容量就越大。這個構想的用意是確保祭壇前面的空間可以盡可能地容納多一點教友，亦即以望彌撒為中心，在視覺與人際互動方面來強化整個社群的參與感。

很不可思議的是，艾登．波特發現設計這座新教堂的各種重要考量之中，有一項恰好就是五千年前紐格萊奇墓室的建築者曾經思考過的事：如何把光線引進室內（見第四章）。

如何建造一個神聖空間？很大部分的考量是如何讓光線進來。世界上那些偉大的神祕空間總是非常注意光線這個問題。在我們的大教堂，我們利用天窗，讓一道光線照在教堂的中央走道上，然後再慢慢把焦點導向聖餐檯。我們希望教堂的邊緣看起來稍微有點陰鬱，稍微有點黯淡，藉此強化光的強烈效果。利用當地木頭打造的樑木散發出漂亮的光芒，最後我們創造的效果是一個溫和平靜的空間。這種設計讓這個神聖空間產生了一個有趣的動態感，亦即這裡可以寬裕舒適地容納兩個人或一千五百人，而且沒有一個人會在經驗上覺得自己被冷落了，或產生任何類似的感覺。

教堂的設計過程中，除了建築師和主教，教堂會眾也扮演了重要的角色。就像當地建材的選用反映了社群的品味，教堂的設計也反映了信眾來到教會的

寬廣的大教堂：凱里喬大教堂的內部空間，到了聖壇前面，空間之拓展到達極致。

方式。雖然這座大教堂有堅固的牆壁，壁上掛著許多雕像顯示耶穌受難的過程，但是這座教堂的邊緣卻很不尋常地開了許多出入口。根據艾登・波特的解釋：

> 主教有一個很棒的想法，那就是在教堂的兩側設計很多道門；每一場禮拜儀式結束的時候，兩側的門會全部打開。這個想法的重點是：望彌撒結束後，每一個人都往外走，就像被送出去，就像使徒那樣，由耶穌基督本人送出去，讓他們走進外面的世界。在凱里喬，要上教堂的人極多，教堂外面往往有一大群信眾擠在那裡等著參加下一場彌撒。當他們打開所有的門，讓第一批信眾走出去，教堂外面就會產生

> 一陣混亂，一大群朋友彼此遇見，相互招呼等等。這是很棒的一刻。這是很「非洲」的現象——這是這棟建築物所造成的效果，也是我們期望看到的現象。這讓這棟建築物在社交上和環境上彷彿有了呼吸。與此同時，這也創造了一個額外的共有社群，許多社會的、神聖的活動就發生在教堂的外面。這是我們可以向非洲人學習的一課：信仰可以在我們設計的傳統活動場地外面獲得實踐，得到讚揚。

就概念與時間而言，凱里喬的大教堂與吉爾蘇城的神殿差距十分遙遠。最近數十年來，這座大教堂在全球基督宗教的建築設計方面展現了極大的轉變。這座大教堂仍然被視為神的家，但是在這棟神的家裡，所有人都是平等的。教堂裡頭沒有分隔空間來維護高低的位階，或把社群區隔成不同的團體。在這個空間裡，神聖的氛圍向外擴散出去，散布到周遭的風景裡。不過，就像在吉爾蘇城的那座神殿，就像所有的宗教建築，這座凱里喬聖座大教堂的規畫和建材使用也反映了宗教和政治的願望和理想。

神聖空間的運作方式可能會與時俱變，但是人們在這些空間裡所得到的經驗卻從來不曾改變。這些空間之所以神聖，是因為這裡有許多祈禱者，包括過去好幾個世紀以來的祈禱者，而他們的存在感營造了一種神聖的氣氛，一種不可能定義，但是卻不難感受到的氣氛，讓信眾感到與神更為接近的氣氛。這或許可以解釋為何這幾年英國總區大教堂的參加人數有驚人的成長，即使那些不確定其信仰為何的人也會被吸引進來——他們有可能是被教堂的音樂、教堂的美，還有那種長久存在的模式和社群的歸屬感吸引進來。

這就是為什麼拆除神聖空間通常會引起很大的爭議。西方世界雖然在最近數百年變得越來越世俗化，但一旦提到要把神聖空間改作世俗之用，例如變成住宅或簡單的商用建築時，就會不時看到一種混雜的情感在公共場合引爆出來。許多這類建築物後來都改建成社區中心、藝術畫廊或音樂廳——亦即某種世俗化的神聖空間，並以此方式繼續保留這類場所的作用——消除外在世界的種種憂煩，讓人們可以在這些地方繼續聚會，或與某種超越他們自身的事物相遇。

當舉行崇拜儀式的地方，如清真寺、佛教廟宇、猶太會堂或基督教教堂遭受破壞的時候，即可清楚顯現神聖空間這一恆久不變的面向。即使沒有人因此受傷，但這種行為一般上都會被解讀為一種攻擊，不僅只是對建築物的攻擊，也是對整個社群的攻擊。公元70年，耶路撒冷神殿的摧毀（第二十七章）；1685年，法國沙朗東（Charenton）的胡格諾教堂遭到拆除（第二十八章）；1992年，阿約提亞（Ayodhya）的清真寺之拆毀（第二十八章）；到了1990年代，巴爾幹半島的許多教堂和清真寺遭到拆除——前述這些攻擊使人震驚，感到威脅，猶如遭受攻擊的是人們自家的財產。就直覺的理解來說，人、信仰和建築物是一體的。

GIFTS TO THE GODS

第十二章　送給諸神的禮物

大英博物館每日閉館之後，清潔人員不時會在某些雕像前面發現水果或花束之類的小禮物，通常是放在印度雕像面前，而最常收到禮物的是象神（Ganesh）。這些小禮物都是感人的證據，顯示定期以禮物——不論是出於感恩或僅僅只是出於敬意——供奉神明的習慣是如此深植於印度人的生活。當然，這種習慣並不是只有印度教徒才有；在大部分的宗教裡，諸神的起源的每日生活中，總是少不了定期敬奉神明或以神之名從事慈善活動。這種贈與模式肯定了人神之間具有慷慨、互盡義務的久遠關係。

大英博物館充滿了這樣的禮物；不論簡單或奢華，這些禮物全都表達了幾千年來世界各地人們的希望、需求與慷慨。很明顯地，這些獻給神的禮物都是個人敬奉的，其中最令人印象深刻的是身體部位的小模型。那些小模型大部分是用陶土、金屬或蠟製成的廉價品，人們藉此向神明祈求病癒，或者是病癒之後送給神明的謝禮。這些禮物都很感人，但其奉獻者大多數都是無名之人。隱藏在這些禮物背後那許多信仰生活與故事，我們永遠無法得知。

雖然如此，我們手上還是握有一些證據，足可以說明一個社會如何為神

瓜塔維達湖的寶物：穆伊斯卡金人雕像，大約在公元 1500 年的一場祭神儀式中被丟入湖裡。

明製造禮物，還有其社群選擇這麼做的理由。送禮物給神明似乎是一個普世皆有的現象。這一章我們敘述兩個特別突出的例子，而且這兩個例子都是在非常華麗壯觀的場景——或者說「信仰的劇場」——當中上演送禮的儀式。這兩個例子當中，一個出現在哥倫比亞安地斯山脈中的瓜塔維達湖（Lake Guatavita），另一個則發生在雅典的帕德嫩神殿（Parthenon）。這兩例除了讓我們更加了解當地受到敬奉的神明，也透露了許多關於信眾本身的故事。

> 典禮是在環礁湖邊舉行。舉行典禮之前，他們忙著做木筏，接著用他們所能找到最漂亮的東西來裝飾木筏，把木筏弄得漂漂亮亮的。
>
> 與此同時，他們脫掉王位繼承人的衣服，然後在他全身塗上一層很黏的泥土，接著再灑上金粉，直到他整個人變成金色為止。接著他們讓那位繼承人登上木筏，在他身邊堆滿了金子和綠寶石，繼承人自己則維持一動也不動的姿勢。陪同繼承人一起登上木筏的，還有四個地位最高的酋長。他們全都盛裝打扮，戴著黃金打造的羽飾頭冠、手環、墜子和耳環。他們也跟繼承人一樣全身赤裸，並且也各自帶著他們的禮物。木筏一離開岸邊，音樂即開始響起，其中有小號、笛子和其他樂器，還有震耳的歌聲響徹群山與山谷。直到抵達湖心，木筏那頭有人舉旗示意大家安靜，震耳欲聾的歌聲與音樂這才停了下來。
>
> 這時，那位鍍金的印第安人開始把他腳邊那堆金子一一丟入湖中，供奉給神明；跟隨他的四個酋長也各自把他們帶來的金子丟入湖中。在這整個祭祀的過程中，那面旗子始終高舉在空中。祭祀完畢，他們放下旗子，木筏開始朝岸邊移動。這時岸邊響起一陣歡呼聲，各種管樂器如笛子的樂聲再度響起，人們再度載歌載舞，歡迎他們的回返。

> 這個儀式結束後，該位鍍金的繼承人就正式被族人接受，成為他們的主人和國王。這個儀式衍生了著名的「多拉多」（El Dorado），也就是黃金人傳說。歷來不知有多少人為了這個傳說命喪黃泉。

上述這段著名紀事的作者是胡安．羅德里格斯．弗雷勒（Juan Rodríguez Freyle），大約寫於1636年，描述的是穆伊斯卡（Muisca）國王的「加冕」典禮。當時的穆伊斯卡人住在現在哥倫比亞北方。羅德里格斯．弗雷勒寫作這段紀事的一百年前，西班牙人占領了這個地區，到了他撰寫這段文字的時候，多拉多，也就是黃金人的傳奇故事，早在歐洲人之間流傳已久。對許多歐洲人來說，多拉多是幻想中的黃金世界，他們只要能夠抵達該地，就可以隨意取用黃金財寶。誠如羅德里格斯．弗雷勒所說的，許多人因為想到該地尋寶而送了命。為之喪命的大部分是當地人，但其中也有好幾百個歐洲冒險家，沃爾特．

黃金人被灑上金粉，準備參加在瓜塔維達湖邊舉行的「加冕」典禮。插圖來自羅德里格斯．弗雷勒的《黃金人》（*El Dorado*）。

雷利爵士（Sir Walter Raleigh）就是其一。他曾在 1595 年和 1617 年兩度到了黃金國，但是兩次都空手而回。由於他違反政府的命令，擅自下令攻擊占領當地的西班牙人，因而被判死刑，並於 1618 年被處死於倫敦塔。讓他以及所有歐洲人著迷的，其實是一個傳聞：穆伊斯卡人擁有大量黃金。讓那些終於抵達黃金國的人最困惑的是，穆伊斯卡人並不把黃金視為有價的財物。相反地，穆伊斯卡人只把黃金當成某種用來換取宇宙平衡的物品，某種適合拿來送給神，而且最好只送給神的物品。

大英博物館收藏了一小部分曾在儀式中被黃金人或他的隨從丟入湖裡的物件。當然，這些都是後來被貪婪的歐洲人打撈出來的物件。這批藏品包括幾個

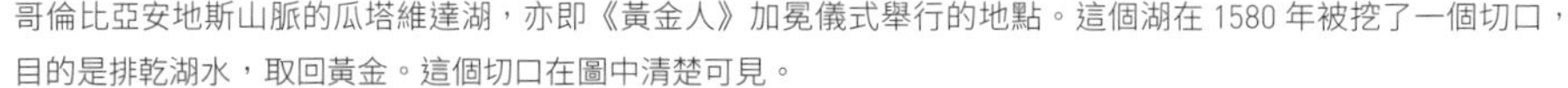

哥倫比亞安地斯山脈的瓜塔維達湖，亦即《黃金人》加冕儀式舉行的地點。這個湖在 1580 年被挖了一個切口，目的是排乾湖水，取回黃金。這個切口在圖中清楚可見。

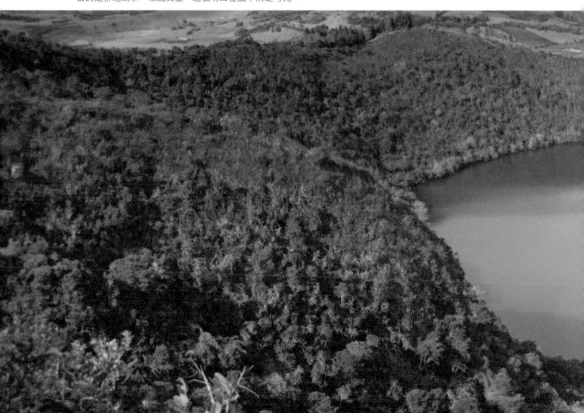

由寶石和石板製成的鈴鐺（弗雷勒的紀事曾提到此物），另外就是幾個由陶土與黃金打造的精緻小雕像。大英博物館美洲部門的主管傑戈・庫柏解釋：

> 瓜塔維達湖是世界上最美麗的湖泊之一。那是一個很小的環形湖，位於哥倫比亞東部的安地斯山脈之間，處於穆伊斯卡族居住地的中心。穆伊斯卡族是公元600年興盛起來的一支部族，大約到了公元1530年代才第一次與歐洲人接觸。他們是世界上手藝最好的金器工匠。

你可以在這個扁平的，幾乎是二元維度的男子金像看到他們的技術品質。這件黃金器物大約有5到7公分高，20世紀初期才從瓜塔維達湖底打撈上來（頁

212）。它的材質是黃金加上一點銅合金，製作時間可能是1500年。這個男子金像看起來似乎戴著王冠和精美的耳環，一手拿著葫蘆——裡面裝著可用來嚼食的乾古柯葉。金像的邊緣有點粗糙，還可以看到金像在形塑階段用來灌入金屬溶液的小導管痕跡。從這些殘留的小導管，我們知道這尊金像是用脫蠟技術打造的。所謂脫蠟技術是指先用蜂蠟雕塑塑像，等蠟乾了之後，在蠟像外面裹上一層陶土，等陶土乾了之後，再將之加熱，使蠟融化流出，待蜂蠟流盡，留下的空洞即可倒入金屬溶液，等金屬溶液冷卻變硬之後，黃金塑像就大功告成。

這是穆伊斯卡人最擅長的技術。就我們所知，他們為了取得各種軟硬度不同的蜂蠟，還特地養了好幾種不同品種的蜜蜂——蜂蠟的不同軟硬度有助於他們在塑造蠟像時，創造最大的準確度。不過，打造黃金塑像並不僅僅只是一種工藝技術而已。在某種程度上，打造塑像也被視為一種宗教行為。根據傑戈．庫柏的說法：

> 穆伊斯卡人相信在一個二元的、充滿各種不同關係的生態世界中，人類是其中完整的一部分；這個二元世界是指男性／女性、黑暗／光明、液體／固體、濕／乾等狀態。他們信奉許多神明，但是這群神明基本上是宇宙平衡系統的一部分而已；祂們代表那些必須由人類負責連結，並使之平衡的各種對立面，因為人類擁有調解精神世界的力量。你也可以這麼說：「平衡」這個狀態本身就是穆伊斯卡人最終極的神明，當然也是整個南美洲許多原住民社群的終極神明。
>
> 一旦生活的任何領域出現了平衡問題，不再如常順利運行，例如出現一段時間很長的乾旱期，這時就是給神明獻上祭禮、修護缺陷，藉

此恢復平衡狀態的時機。打造像這樣的小金像，其過程本身就像演示一個普遍存在的二元觀念：蜂蠟融化，然後消失不見；液態的金屬變成固態的金屬，接著出現一個看起來相當不同的物件。這個過程本身被視為轉變和替換的儀式，而蜂蠟／金屬工匠的身分通常也半帶著祭司的性質。就這個層面而言，他們打造出來的物件因而成為理想的祭品，可以用來幫助恢復世界的平衡；他們的做法是把該物件當作禮物送給神明，放在神明的出入之地，例如埋入洞穴、壓在大石下，或是沉入湖底。

雖然穆伊斯卡人也會為自己製作配戴用的黃金飾物，但根據考古學家估計，他們創造的黃金製品大概有半數都是用來沉入水裡，都是用來送給神明的祭品。他們之所以創造黃金飾品，目的就是讓他們的成品永遠消失。所以這些黃金物件可見天日的時間可能只有幾個小時，其中某些物件還是做工繁複精美的藝術品。我們現在看到的這尊小金像有可能一打造完成，就馬上被丟入湖底，直到好幾百年後才被人找回來。穆伊斯卡人私底下可能也會打造黃金飾品作為個人奉獻的禮物。不過在「加冕」典禮中，獻祭儀式必須由新領袖負責執行。傑戈·庫柏解釋儀式的過程：

他們選出一個「基芭」（Zipa），亦即新國王，然後族人就請他登上一個用輕質木頭製成的木筏，準備前往瓜塔維達湖湖心。對穆伊斯

（次頁）傳世最華麗的穆伊斯卡黃金作品；一般認為這裡刻畫的就是黃金國加冕儀式的場景，其中體型最大的人物有可能就是「基芭」。

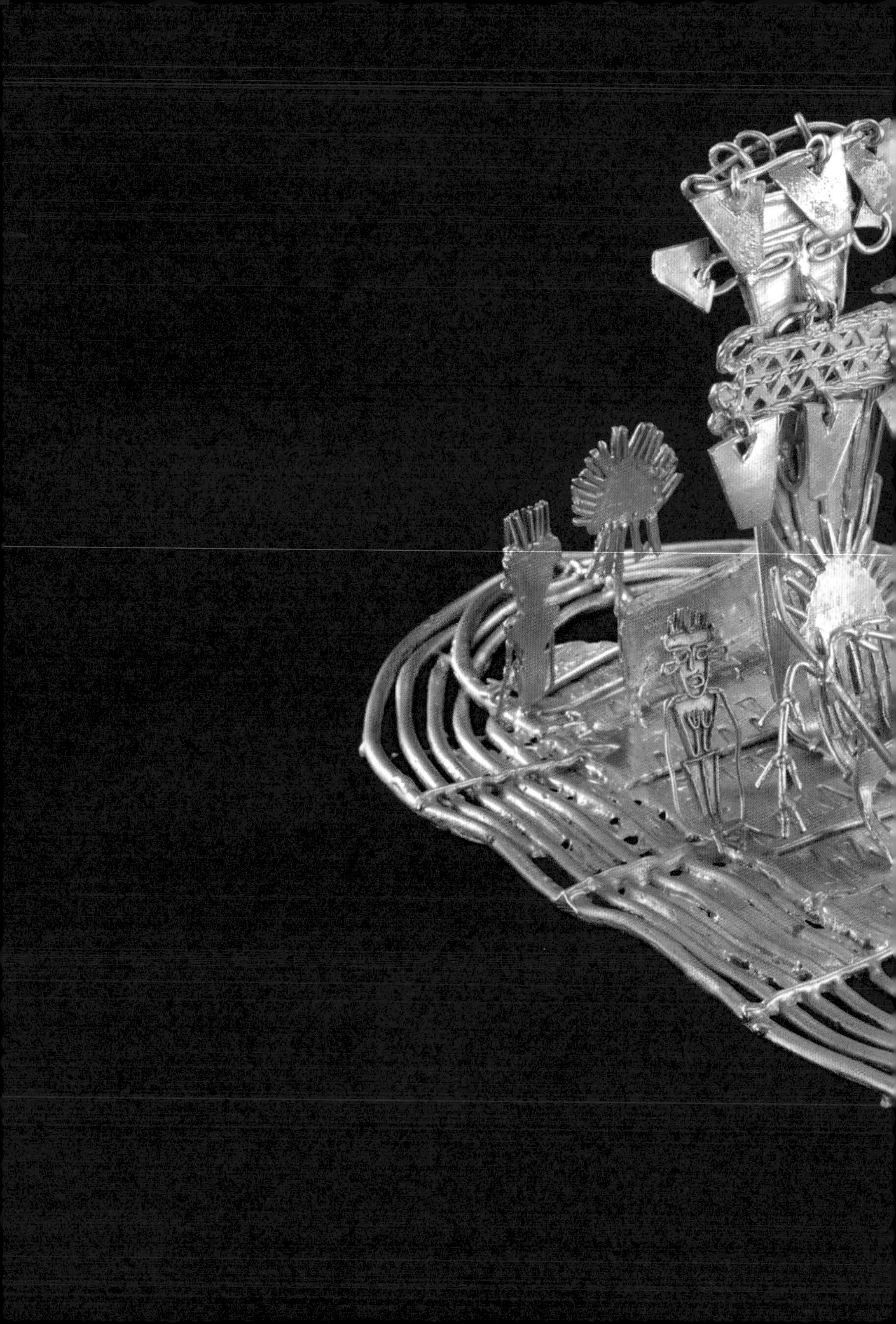

卡人來說，瓜塔維達湖是個很特別的地方，因為那裡是所有人類的母神巴秋伊（Bachué）的家。到了瓜塔維達湖心，基芭首先沉浸在水裡，執行淨化儀式；接著他就把那些像今日存放在大英博物館的黃金物件一一丟入湖裡。湖邊大概有數千人在場見證這個儀式。在這種觀眾數量龐大，公開獻祭的儀式中，丟入湖中送給神明的禮物有可能來自所有階層人民的貢獻。他們相信這種集體性的獻祭可以啟動新的平衡：這是一份豐富的禮物，神明想必也會回以相應的禮物，亦即賜給穆伊斯卡人和他們的首領有益的贈禮。

波哥大（Bogotá）黃金博物館藏有一件穆伊斯卡人最著名的金工製品。這件作品也許可以讓我們一窺穆伊斯卡人的獻祭儀式場景（頁 220-221）。在一個大約 20 公分長的木筏上，站著一個身材高大，衣著華麗的人物。圍在他身邊的是十二個身材小一點的人物，這幾個人物都戴著美洲豹面具，手裡拿著旗幟或手杖——他們有的可能是負責把基芭送到湖心的槳手。到了湖心，即使是像現在我們眼前所見、如此精緻漂亮的藝術品也會被丟入湖裡。

就歷史學家估計，穆伊斯卡人並沒有公制的度量衡來讓他們從事農產品和商品的交換。換言之，這是一個沒有貨幣流通的社會。把那些亮閃閃的、費盡心力製造的漂亮物件永遠地交出去，藉此創造天地之間和諧的平衡——這就是穆伊斯卡人主要的價值所在。穆伊斯卡人的這種價值觀，剛好與他們的侵略者截然相反。根據傑戈．庫柏的解釋：

歐洲人的宗教觀和經濟觀當然和穆伊斯卡人迥然不同—歐洲人幾乎馬上就想把穆伊斯卡人獻給神明的黃金藝品找回來，占為己有。1580

年，有一個西班牙人在湖邊挖了一個三角切口，讓水位降低差不多 20 公尺，他因此找到大量黃金，並把這批黃金運回西班牙，送給西班牙國王。到了 1890 年代，一家英國公司花了二十年，計畫並修築了一條大水道把湖水引出去，讓水位降低，露出泥巴。他們隨即開挖，也找到許多東西。但到了第二天，湖裡的泥巴卻被太陽烤乾，硬如水泥，他們再也無法從湖裡挖出任何東西。他們這次開挖出來的黃金製品後來在拍賣會上出售。大英博物館在 1910 年購買並收藏了這尊小金人雕像。

瓜塔維達湖現在已經受到法律的保護，阻止未來的冒險家再度前往開挖。

＊　＊　＊

在歐洲，把珍貴的寶物奉獻給神明也有一段很長的歷史。歐洲人也曾像穆伊斯卡人那樣把寶物丟入水裡。你可以在整個歐洲大陸的河流和池塘找到寶劍、盾牌、頭盔這類東西，而且很明顯地，這些東西是刻意被放在該地，作為一種祭品。很神祕地，這個習俗竟流傳至今。今日人們依然會帶著一種不確定的、期望好運降臨的心態，把許願錢幣丟入噴泉、水井與河流。在羅馬，特萊維噴泉（Trevi Fountain）每天收到的許願錢幣高達數千歐元（這些錢會被收集起來，作為慈善之用）。但是歐洲並沒有像瓜塔維達湖這樣的對等物；在歐洲，大型的公共贈與儀式向來發生在都市，主要集中在諸神的神殿。

大英博物館藏有四塊白色的大理石石碑，它們的大小差不多，高約 80 公分，寬約 45 公分，厚約 15 公分，碑上刻著一行行整齊的希臘文，時間大約是

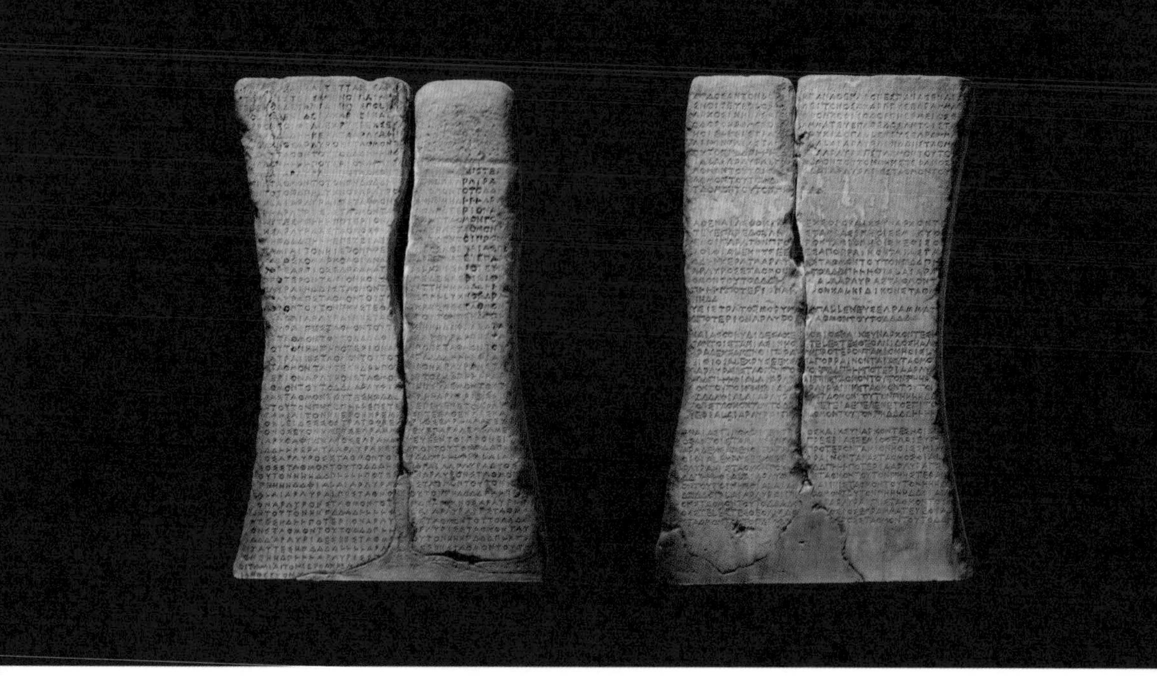

帕德嫩神殿的大理石清單，刻於公元前 426 到公元前 412 年。

公元前 400 年。事實上，這四塊石碑是古代雅典「會計師」直接刻在石頭上的帳本，而這群「會計師」的客戶就是女神雅典娜（Athena）；雅典這座城市的名字即來自這位女神，雖然這也一種禮敬神明的方式，但是這種城市命名的方式在古代並不常見。這四部石頭帳本記錄了所有存放在神殿，即帕德嫩神殿的寶物。事實上，這座神殿就是雅典城的宗教中心。

這份存貨清單每一年都會更新。單子上所列的物件包括酒碗、銀杯、角形飲酒器、香爐、祭祀用的淺托盤，另外還有勝利女神的金色雕像，包含她的一對翅膀、手環、頭冠等等。在帕德嫩神殿的橫飾帶浮雕上，你可以看到許多人物手上捧著類似清單上的物件——他們是雅典市民，各自帶著禮物來供奉雅典娜。根據這份清單，我們可知有些物件是個人奉獻的禮物，有些則是城市集體的獻禮，但是其用意都是一樣的：確保女神得到適當的、奢華的供養，尤其是在以她的名義舉辦的慶典之中。對穆伊斯卡人來說，瓜塔維達湖具有特別重要的意義，同樣地，雅典人對帕德嫩神殿也懷有特別親近的情感。我們或許會因此這麼想，這兩種敬神的贈禮儀式既然在表面上這麼相似，本質應該也是一樣的。其實並非如此。這兩種贈禮儀式具有許多極大的差異，其中最為顯著的一點是：雅典人送給女神的物件可以展示出來；同樣重要的是，這些禮物雖然已經送給了女神，但是之後可以再度收回。就整體而言，雅典人的禮物是暫時的，而且這些禮物還可以轉化成商品。

提姆・惠特馬斯（Tim Whitmarsh）在劍橋大學教授希臘文化，對這個轉讓的過程，他有如下的描述：

> 帕德嫩是一座很特別的神殿：事實上，這座神殿是國家的工具。現代人的想法大多傾向於把神聖場所和公共或政治機構區分開來，讓兩者有個絕對清楚的界限。我們現在會將「祭品」或「還願的奉獻典禮」（votive dedications）這類詞彙理解為宗教語言，陳述宗教的現象。但帕德嫩神殿及其藏品讓我們感到有趣的地方是：宗教與政治這兩個範疇竟可以如此來回擺盪。
>
> 大英博物館裡的這份碑文是官場修辭的一部分，比如刻字的大小一致、使用正式的片語告訴我們當時負責的官員名字，還有當時的財務官或大臣是誰等等。這份碑文的實際用途是記錄雅典娜的神聖財物清單；除此之外，這份碑文也反映了雅典這個國家的地位。
>
> 如果以希臘人的語言來理解，「國家地位」事實上就是關於資金的集中，關於組織稅收的方式，然後將這些財富集中到一個中心點。帕德嫩神殿不僅是當地稅收的產物，也是整個雅典帝國的稅收產物。那些存放在神殿裡的寶物，事實上就是雅典財富與權力的一種表現。列

在清單上的某些物件，比如刀子和酒碗，雖然是用於儀式活動的法器，但幾乎沒有任何證據顯示雅典人曾經在神殿裡舉行宗教儀式。相反地，這座大約建造於公元前 438 年的神殿，最初設計的目的就是作為雅典帝國財庫——一棟巨大的財富存庫，而且就放在女神雅典娜的名下與保佑之下。雖然如此，這些獻給女神的財物是可以挪來作為國家財務之用。

雅典人送給神明的贈禮，其目的顯然與穆伊斯卡人的不同；雅典人似乎沒想過要送出一份不可撤回的禮物來修復宇宙的平衡。在帕德嫩神殿，那些圍繞在女神周遭輝煌的財寶，無疑有一部分是用來確保女神會持續保護他們，但這也同時是一種展示，用來顯示雅典人自己非凡的成就和權力。

就比例上，這份清單所反映的僅僅只是帕德嫩神殿的一小部分庫存。但這些清單很有用處，因為我們可以用來追蹤某些特定物件每一年的狀況。我們可以看到某些物件什麼時候被取走——可能是熔化改做他物，尤其在國家面臨危機或危險時，物件消失的速度和數量也會隨之大增。大英博物館的石碑也許可以提供一個例子，據提姆．惠特馬斯的說明：

我們在其中一份碑文看到一個有趣的現象。這是一份連續兩年的清單，分別是公元前 414 年和公元前 413 年。這兩份清單幾乎一模一樣，只除了在公元前 413 年的清單上少了一個淨碗，亦即在宗教儀式中用來裝水和灑水的銀碗。沒有人知道淨碗為什麼不見了。沒人說這碗是

俯瞰古代雅典城的帕德嫩神殿：當時這座神殿不僅是一座神殿，也是存放祭品的寶庫和雅典財富的展示中心。

被賣掉了、或被熔化掉了，或任何類似的話。不過我們要知道，公元前 413 年是很重要的年分，因為雅典人在這段期間遠征西西里，只是戰況慘烈，雅典人口也因此大量減少。還有，這段時期斯巴達人在雅典的一個重要據點設立要塞，並且占領了該地。所以這是一段人命損失嚴重、財務也出現巨大危機的時期。這個不見了的淨碗或許只是冰山一角，當時可能有很多物件都被取出來，挪作他用。

或許這就是兩種獻祭模式的最大差異。送給雅典娜的禮物來自金錢的世界，在這世界裡，不論銅、銀和金器都有一個確切的、從來不曾完全消失的商業價值。一旦遇上危急時刻，社群送的禮物可以從女神那裡取回來，改作錢財來保衛她的城市——不管借用的時間有多短暫。不過，這樣的挪用是暫時的，據提姆．惠特馬斯的解釋：

> 雅典人確實曾在國家財務與神聖財物之間畫一條界線。雖然有時候這個界線可以跨越，但是大家彼此都了解：如果你取走了某件宗教物品，改作其他用途，例如作為國家財務的紓困之用，你得知道這並不是雅典娜送給國家的禮物。帕德嫩神殿是雅典城的神聖中心，你不能隨便從神殿拿走東西，好像那是免費之物。你拿了，就得歸還；欠女神的債是要還的。

如果做一個時代不符的比較，我們或許可以這麼說：帕德嫩神殿多少就像一間中央銀行，或國際貨幣基金組織（International Monetary Fund），在危急時刻，你可以用裡頭的所有物來申請一筆貸款。不過申請貸款有個嚴格的條

羅馬銀幣，製作於公元前 74 年，幣面刻著茱諾女神的頭像；英文單字「money」（錢）即來自「Juno Moneta」——茱諾女神的名字。

件：時間到了，你得要還款。穆伊斯卡人的禮物是無可撤回的——至少在他們眼裡看來是永遠無法取回，但是古代希臘人的贈禮一直都是暫時的。

女神的神殿與國家的財務密切關聯並不是只有雅典才有的獨特現象。古代世界的許多城市，公共財庫通常就設立在神殿裡。在羅馬，卡庇多山上的茱諾女神（Juno Moneta）神殿就是該城的度量衡，許多重要的檔案都存放於此。但這並不僅只是為了保存上的安全。在歷史和商業的領域中，茱諾女神是個公認的印記，代表最終極的可靠性，所以她的神殿成為羅馬的鑄幣廠是很適當的選擇。今日義大利文中，「moneta」這個字的意思是「零錢」；在英文世界裡，每當我們用到「money」（錢）這個字的時候，就是再次肯定神聖與財務這兩個範疇之間那段長久的共同歷史。

下一章，我們將要檢視古代神殿另一個重要的角色。但這次神殿不是作為銀行，而是屠宰場。

HOLY KILLING

第十三章　神聖的殺生祭儀

大英博物館的墨西哥室藏有一把刀，長約30公分，雪松木做的刀柄，石髓石打造的刀身，刀尖十分銳利，刀刃還細心雕成鋸齒狀。刀柄的製作尤其精美華麗：柄身是一塊散發著香味的深色木頭——那是墨西哥最珍貴的木頭，因為這種木頭特別能防白蟻。整塊木頭鑲著精美的圖案，由淺色的松綠石與深綠色的孔雀石交錯排列而成，中間還點綴著三種貝殼：珠母貝、白色海螺貝，以及深紅色的多刺牡蠣貝。當你仔細欣賞鑲嵌的圖案及其對比的顏色時，可能得花一點時間才能看出，那個圖案其實是一個蹲伏著的阿茲特克人。這個阿茲特克人的臉隱藏在一個鷹喙頭套裡——這種鷹嘴張開的頭套是個身分標記，表示他是一個高階的「老鷹武士」；他的下巴靠在可怕的刀刃起始處附近。他袒露著牙齒，目光炯炯，專注地看著刀尖。

這件展品的做工精緻，手藝高超，加上博物館展場那清冷、安靜的氣氛，讓人一點都猜不到這把刀來自何處、有何用途。要了解這把刀的用途，你得移動目光，望向刀柄，望向刀身本身——那位製刀者的手藝是如此精巧，以至於武士的每一顆牙齒都刻得清清楚楚。這時，那個蹲伏著的男子之所以顯得如此急切，如此專注，其原因終於變得清楚了：原來他正在等待血——人類的血。

阿茲特克人的祭祀石刀，在祭祀典禮中，祭司使用此刀取出活祭者的心臟。這把刀大約製作於15世紀。

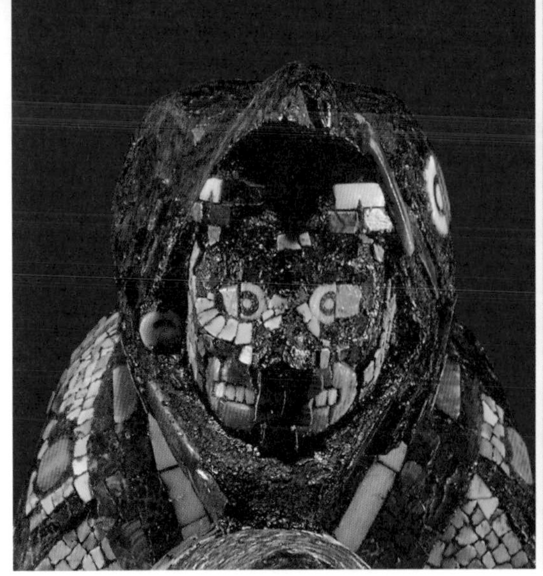

（左圖）帶著老鷹面具的阿茲特克戰士：這個圖案鑲嵌在祭祀刀的刀柄上。（右圖）玄武岩製成的祭祀容器，刻有旭日的裝飾圖樣，邊緣則塑成人類心臟的樣子。活祭儀式中取下來的心臟就放在這個容器裡。

大約在公元 1500 年左右，這樣的刀——或許就是這一把——是用來切入人類腹部，從胸腔下方切到橫隔膜，先製造一個開口。此時神殿上的祭司會立刻伸手探入那個開口，迅速摸向上方的心臟，把心臟扯出來。接著他會把還在跳動的心臟放入一個特製的淺碗裡——這個專為放置心臟而製作的淺碗是由玄武岩刻成，碗的下方有個很高的底座，座身刻著太陽圖案，淺碗邊緣則塑成人類心臟的樣子。剛剛被摘下心臟的受害者，他的身體則被推下神殿的台階。

神殿的台階下面聚了數千名觀眾，圍觀剛剛那一幕充滿血腥與痛苦的場面。心臟取出，儀式完成，他們全都歡呼慶賀，周遭有各種打擊樂器和絃樂器的演奏，還有歌舞隊載歌載舞的表演。阿茲特克人舉行活人獻祭通常都是因為國家打了勝仗。這是一場國家勝利的展演。透過殺死敵人，肯定阿茲特克人的權力——在太陽神與戰神維齊洛波奇特利（Huitzilopochtli）的保護之下，他們開疆拓土，擴展帝國的權力。

英文單字「sacrifice」（祭祀）源自拉丁文，本意指做一件神聖的事。這個字涉及許多古代地中海的宗教傳統，以及這些傳統如何影響我們的思考習慣至今；而所謂「神聖的事」，也不只是指奉獻祭品或禮物這個概念而已。祭祀這個字所隱含的意義不只是把珍貴的物品放在我們永遠拿不到的地方，一如穆伊斯卡人的黃金，實際上指的是摧毀那個物品，因為只有這樣，我們才能讓一個更高的力量息怒，我們才能完成某個更崇高的目的。把酒倒入地裡作為獻禮、燃燒珍貴的香作為獻祭，這兩者都是很明顯的例子，因為酒與香經過祭祀之後就永遠不能再使用了。但是祭祀的活動可以重複舉行，而且通常不僅止於獻酒或燒香，這裡所謂的「摧毀」可能是指灑血，也可能是奪取他者的生命。

16 世紀西班牙人眼中的阿茲特克老鷹戰士和美洲豹戰士。

如果說「sacrifice」這個英文單字衍生自羅馬的傳統和習俗，那麼這個概念本身則幾乎是普遍共有的。近數十年來，祭祀是讓宗教歷史學家最擔心的主題，尤其是那種公開的、儀式性的動物獻祭或活人獻祭。有些學者認為這類祭祀行為呈現了人類天生內在暴力的一面，而舉行祭祀就是承認這種暴力、限制這種暴力，同時緩解或驅除因這種暴力而造成的集體罪惡感。有些學者則把目光聚焦於祭祀在建立社群、團結社群成員所扮演的角色。幾乎沒有學者觸及身為人類究竟代表什麼意義，即種種更為深沉的情感這個主題。當然，這也是可以理解的，因為這個主題讓人覺得不安。

＊ ＊ ＊

傑戈．庫柏是大英博物館美洲部門的主管，根據他的看法，如果你要進入阿茲特克石頭刀背後隱藏的思想世界，了解跟這把刀有關的儀式性殺人事件，你首先必須了解阿茲特克人對戰爭的看法：

阿茲特克是個相對短暫的帝國，大概只維持了一百年左右；這個帝國在公元 1428 年左右崛起，此後就一直處於戰鬥的狀態之中。這個帝國興起之後就極力發展並擴張國土，勢力幾乎涵蓋了現代墨西哥大部分地區和美國南方的部分區域。直到 1521 年，西班牙征服者埃爾南．科爾特斯（Hernán Cortés）入侵，這個帝國才迅速瓦解並徹底走向滅亡。在這個極度軍事化的帝國，「老鷹戰士」是政府部門最高級的職位。要爬到這個階級，你得在戰爭中捕獲一名受害者，將之帶回部落囚禁或下放為奴——或公開獻祭給神。

阿茲特克帝國擴張國土之際，英國也正在打玫瑰戰爭。在這段時期，歐洲人的戰爭通常涉及大量傷亡：殺傷力極強的箭到處亂飛，數以千計的士兵手持銳利的金屬武器互相砍殺，一心一意想把對方砍死。不管結果如何，交戰的雙方都會留下好幾百名受了傷或斷手斷腳的士兵，讓他們痛苦地留在戰場上等死。阿茲特克人的戰事跟歐洲人不一樣——非常不一樣。歐洲人在戰場上的殘酷行徑，還有歐洲人在戰場上屠殺大量士兵，看在阿茲特克人眼裡是極其可怕的。阿茲特克人上戰場的目的不是殺人，而是打敗敵人，俘虜敵人。通常他們的戰士會在戰場上俘虜一個受害者，將之帶回首都。把敵人全部殺死對阿茲特克人來說是沒有意義的，因為他們依賴投降的部族奉獻貢金，而貢金來自那些從戰場上回來的人。他們會從敵方的軍隊裡捉幾個人作樣本，而不是把整支軍隊殲滅。那個被刀挖出心臟的人有可能是個戰犯；獻祭戰犯是阿茲特克人最常見的獻祭形式。

我們不難想像，這樣的死亡祭祀如果被阿茲特克人的潛在對手看到，可能會產生什麼樣的威懾效果。再者，他們這種蓄意的嗜血儀式有可能是特地設計的活動，目的是遏止戰爭帶來的殺害與痛苦——雖然這是一個耐人尋味、但有點違反直覺的想法。不過我們可以確定，這個嗜血儀式對西班牙人很有利，他們得以據此極力強調阿茲特克人的殘酷，同時大肆屠殺阿茲特克人和劫掠他們的帝國。

就祭儀和實際兩個層面而言，這把石刀既象徵且體現了阿茲特克戰爭的兩個重要面向：一是把精挑細選的敵人殺了獻給神，二是對他們征服的人民索取貢金。裝飾這把石刀的不同零件，例如松綠石、孔雀石、帶刺的牡蠣貝和珠母貝等，全都是極為珍貴的材料。這些材料都是貢禮，來自帝國不同的區域——有些區域彼此竟相隔數百英里之遠，我們也常在現存的貢禮清單上看到這些材料。由此可知，這些在各個地方收集到的材料，最後會全數運回帝國的首都，然後再打造成最華麗的祭儀用品。

不論在心理上或是在經濟上，阿茲特克人發動的戰爭看來都很合理。據傑戈．庫柏所述，阿茲特克人的活人祭祀還另有其他重大的宗教意義：

阿茲特克人的神——維齊洛波奇特利——不僅是個戰神，同時也與燃燒的太陽有關。阿茲特克人相信諸神曾經犧牲自己，流血以創造人

在一部 4 世紀的阿茲特克法典抄本中，可看到主宰衝突與變化的天神特斯卡特利波卡（Tezcatlipoca）取走了活祭者的心臟。

類的生命。人類的心臟被視為太陽力量在地球上的一滴精華。因此，阿茲特克祭司從人體取出一顆心臟，將之奉獻給神，這有一部分是為了償還所有人類欠下的巨大債務。同時也希望這份奉獻足以幫助太陽繼續在既定的軌道上運行——這就是為什麼那個盛放人類心臟的淺盤底座會刻上太陽的圖案。在阿茲特克這個重視死亡方式的社會裡，作為祭品而死是一種良善的、有益眾生的死法。

誠如我們在前一章看到的，人類獻給諸神禮物通常是為了從諸神那裡獲得各種益處。阿茲特克人也是如此，他們希望透過活人鮮血的溢流，來維持帝國與宇宙秩序的穩定。

涅內伊德碑像（the Nereid Monument）是一座巨墓，位於克桑托斯古城（Xanthos），亦即現代的土耳其西部；由於巨墓的許多鑲板都刻著跳舞的水神涅內伊德（Nereids），因而如此命名。這座巨墓建於公元前 4 世紀初，墓主是當地的國君厄爾賓納（Erbinna）。建築風格模仿希臘愛奧尼亞柱式神殿，嵌著大量雕刻鑲板；這些鑲板本來是有顏色的，不過現在已經褪成淺灰色。鑲板上刻著厄爾賓納王在政治與軍事兩個領域所扮演的多種角色：接見大使、舉辦晚宴等。但是其中有兩片描繪人民公共生活另一個重要的面向：動物獻祭。

看過阿茲特克人壯麗血腥的活人祭祀之後，我們可能以為希臘式的涅內伊德碑像會帶給我們一個平靜的、令人寬慰的畫面：古典的長袍、托加袍，還有清晰刻畫的美麗圖景。其實不然，我們發現涅內伊德碑像也充滿了殘忍的暴力。在其中一面鑲板上，我們看到有個人抓住羊角，努力把羊往前拉，而那隻羊抵死不肯，只見牠用盡全身力量抗拒，蹄子深深埋入地裡，身體極力往後

位於今日土耳其西部的古城克桑托斯，國王厄爾賓納坐在一把大傘之下，正在接待前來參訪的使節。涅內伊德碑像之一，約製作於公元前 390 年至公元前 380 年。

退。羊的後面有人牽著一頭牛跟著。在第二片鑲板裡，我們終於看到等著兩隻動物的是什麼了：祭台。有一個看來像是祭司的人站在祭台一側，另一側的男子已經脫下了上衣，以免弄髒。我們幾乎就快看到儀式即將開始，聽到動物尖叫，看到牛羊的屍體被肢解，血濺得到處都是，蒼蠅一大群一大群飛來，動物內臟的惡臭飄散在空氣裡。希臘神殿的教區通常也是神聖的公開屠宰場。

在古代地中海地區，像這種定期殺死家畜的祭祀儀式相當常見——除了希臘人，羅馬人、腓尼基人，在耶路撒冷神殿的猶太人也會舉行這樣的獻祭儀式。很明顯地，這是一件可怕的工作，你難免會聞到動物排泄物的臭味。但這也是一個重要和嚴肅的宗教活動，不論私人或公共領域皆是如此。艾絲特・埃迪諾（Esther Eidinow）是布里斯托大學（Bristol University）的古代史教授，根據她的解釋：

> 動物祭祀是個重要的儀式，透過這個儀式，你可以跟你看不見的諸神溝通：你透過動物獻祭來敬拜諸神，感謝諸神。透過觀察動物的內臟，你可以得知諸神是否站在你這一邊。你向諸神請求的事物，也是

動物被拖到祭壇面前，準備舉行動物獻祭。涅內伊德碑像之一，約製作於公元前 390 年至公元前 380 年。

透過觀察動物內臟顯示諸神是否應許。

換句話說，古典世界舉行的動物祭祀，其功用在某些方面與基督宗教傳統中的祈禱是一樣的：這是一種儀式性的語言，透過這種語言，你可以跟神明說話，也聆聽神明對你說話。舉行祭祀的方式很多，可以在自己的家裡，也可以跟一小群人共同舉辦。不過，規模龐大的市民慶典當然是在神殿裡舉行。

如果神殿裡正在舉辦祭祀活動，你一定會知道的，因為你會聞到祭祀的氣味。祭祀之前通常會有一個遊行隊伍，引領一頭戴著花圈的動物走向祭壇。那頭動物是經過千挑萬選才選出來的，因為用來祭祀的動物必須品種優良，長相漂亮，身價高貴，這樣神明看了才會歡喜。祭壇早已從神殿裡搬出來，放在神殿前面——祭壇必須放在神殿外面，這樣諸神才看得到祭祀，並且聞得到祭祀的味道。祭司通常會面向東方站著，面向正在升起的太陽。在整體效果上，祭祀活動是色彩斑斕的，用意是吸引大量民眾前往參與。

祭司正在準備舉行動物獻祭。涅內伊德碑像之一，約製作於公元前 390 年至公元前 380 年。

諸神是預期中的部分觀眾。人們總是假設神明會來參加祭祀活動——神明一定會前來聽取人們的禱告、回應人們的禱告、享用香爐裡燃燒的香味和動物遺骸燃燒的氣味，還有來聽現場伴隨的音樂。在理論上，動物必須同意被獻祭（就像第五章提到的海豹）：如果是大型動物，人們會在祭祀前對牠潑水，使牠點頭。艾絲特．埃迪諾解釋道：

> 如果用來祭祀的是大型動物，例如公牛，他們會先把牠震昏，然後再割開牠的喉嚨。如果是小型動物，就直接以一把長刀快速割喉了事。在動物被殺的那一刻，現場的婦女觀眾會大聲哀嚎，這是一種儀式性的嚎叫，為祭祀典禮帶來另一層感官上的經驗。

有學者認為這類程序繁複的儀式可能是承認殺生這件事本身那種令人震驚的性質。如果濺血是必要的，那麼這件事就必須公開地、嚴肅地，在整個社群面前、在諸神的面前做。被犧牲的動物必須公開地接受榮耀，因為牠是為了所有人的利益，在儀式的架構之下放棄生命。神聖的殺生儀式接收了每個人在殺生過程中應該感受到與必須感受到的罪；但它也會找到方法來贖罪，或至少遏止這種罪。就像阿茲特克人的活祭儀式，在我們看來這個殺生儀式似乎很殘酷，但是它有可能帶著某種深沉的、合乎道德的職責。

在希臘神殿中，一旦動物已經在祭典裡完成任務，另一個刺激感官的新元素隨即加入：烤肉的聲音與氣味。一般而言，獻神的祭祀過後，接下來就是一場每個人都可參與的盛宴，諸神當然也在被邀請之列。在《伊里亞德》（*Iliad*）第一章，荷馬給了我們一份難忘的敘述——那是奧德修斯和他的士兵共同舉辦的、獻給阿波羅的祭祀宴會。用艾絲特．埃迪諾的話來說：

他們把受害者的頭往後拉，切開喉嚨，然後再剝皮。接著他們從腿部切下長條肉片，用一層層油脂將肉片包裹起來，在這上面放上生肉，接著整個放在火上烤。負責烤肉的是一個老人，他偶爾會給那些烤肉灑一點紅酒。其他年輕男子就站在旁邊等待，手裡拿著五叉的叉子。

涅內伊德碑像中的祭祀鑲板和隨著祭祀而來的宴會場景傳達了一個希望，即希望碑像的創造者可以永遠參與這種盛大的祭典——在這種祭典中，統治

祭祀之後，人們正在烤肉，準備與大家分享。公牛的角清楚可見，正放在祭壇上燒給諸神。希臘古瓶，約製作於公元前 450 年至公元前 430 年。

者本人通常扮演著祭司的角色。如果用這樣的角度看，祭祀並不僅只是犧牲一頭家畜來換取大家的好運。相反地，祭祀凝聚了社群中的每一個人，使之產生宗教上和政治上的團結感；祭祀讓大家有機會一起分享食物，也跟諸神分享食物。對許多希臘人而言，這很有可能是他們唯一吃肉的機會。當然，這樣的祭祀也有一些嚴格的規定必須遵守。根據艾絲特．埃迪諾的說法：

> 動物的屍體會按部位切開來分給大家——有些分給諸神，有些分給人。大腿骨、薦骨和尾巴首先被取出來焚燒給諸神，因為諸神只食用煙霧。內臟得送去給專家檢驗，觀察諸神是否同意這次祭祀，接著才用烤叉串起來放在火上烤。屍體被整個切開，可能就在現場烤了吃，也可能之後再烤來吃。有時候在神殿附近不遠的地方會有食堂，人們可以到那裡烤肉來吃，或把肉帶回家裡煮食。肉的分配很公平，祭祀儀式提供的肉品在這裡成為食物，成為餵養社會的一部分。

希臘動物獻祭的「宗教儀式」是一個過程，在這個過程中，人與諸神以及其他人之間的關係同時得到強化。人們帶著強烈的情感和滿滿的感官經驗聚在一起參加儀式。接著他們聚在一起用餐，他們就在諸神面前分享食物，但是因為諸神只食用煙霧，這提醒了人們神人有別，兩者各自住在不同的宇宙空間裡。世界、人類、動物和諸神的關係既分離又相互關聯，既獨立又彼此依賴——在儀式中，這個秩序再一次得到肯定。

希臘人這個偉大的市民與宗教儀式後來被羅馬人接收，並且在整個羅馬帝國裡實行，這個儀式因此深具影響力，而這一點我們不用再多加強調。這是一個由祭司執行、人民希望可以得到認可與接受的犧牲祭儀。祭祀的煙往上飄升。犧牲者的血被人喝下，犧牲者的身體被社群的所有人瓜分共享——在這個過程中，社群因之而更團結，因之而更強大。從這個古典世界發展起來的基督教，他們把新信仰的中心儀式描繪成犧牲祭儀和「羔羊」的晚餐。

耶穌基督，上帝的犧牲羔羊，圖中描繪羔羊流血注入祭壇上的聖餐杯裡。根特（Ghent）聖壇裝飾畫的細部。休柏特與楊．范艾克（Hubert and Jan van Eyck）畫於 1432 年。

Quod this Somonour / and I bishrewe me
But if I telle tales / two or thre
Of freres / er I come to Sidyngborne
That I shal make / thyn herte for to moorne
ffor wel I woot / thy pacience is gon
Oure hoost cryde pees / and that anon
And seyde / lat the womman telle hir tale
Ye fare as folk / that dronken were of ale
Do dame / telle forth youre tale / and that is best
Al redy sire quod she / right as yow lest
If I have licence / of this worthy frere
Yis dame quod he / tel forth / and I wol heere

Heere endeth the wyf of Bathe hir prologe / And bigynneth hir tale

In tholde dayes / of kyng Arthour
Of which that Britons / speken greet honour
Al was this land / fulfild of ffayrye
The Elf queene / with hir joly compaignye
Daunced ful ofte / in many a grene mede
This was the olde opinion as I rede
I speke / of manye hundred yeres ago
But now kan no man / se none Elves mo
ffor now the grete charitee / and prayeres
Of lymytours / and othere holy freres
That serchen every lond / and every streem
As thikke as motes / in the sonne beem
Blessynge halles / chambres / kichenes / boures
Citees / Burghes / Castels / hye toures
Thropes / Bernes / Shipnes / Dayeryes
This maketh that ther been no ffayryes
ffor ther as wont to walken was an Elf
Ther walketh now the lymytour hym self
In undermeles / and in morwenynges
And seyth his matyns / and his holy thynges
As he gooth / in his lymytacioun
Wommen may go saufly / up and doun
In every bussh / or under every tree
Ther is noon oother incubus / but he
And he ne wol doon hem / but dishonour
And so bifel / that this kyng Arthour
Hadde in hous / a lusty Bacheler
That on a day / cam ridynge fro ryver
And happed that allone / as he was born
He saugh a mayde / walkynge hym biforn

TO BE A PILGRIM

第十四章　成為朝聖者

她的五官突出，膚色白裡透紅，
終其一生，她都是令人欽佩的婦人，
她曾與五個丈夫步入教堂結婚。

她去過三次聖城耶路撒冷。
她曾渡過許多陌生的河川；
她去過羅馬，還有波隆納，
她走過聖雅各路，還有科隆；
她四處漫遊，在朝聖的路上。

巴斯太太（Wife of Bath）必定是喬叟（Chaucer）《坎特伯里故事集》（*Canterbury Tales*）許多朝聖者之中最生動的角色，或許也是歷來最棒的旅伴。喬叟筆下的朝聖者大部分都有幾段情色故事，但巴斯太太的故事最露骨，而且她不時還能語帶詼諧地誇耀自己永難滿足的性欲，終於把一個個丈夫全都累死。除此之外，她還能從新、舊約找到完全恰如其分的引言，機智又巧妙地為

喬叟《坎特伯里故事集》裡的巴斯太太。她騎著馬，出現在埃爾斯米爾手抄本（Ellesmere Manuscript）的頁邊。

朝聖者在帽子上別著扇貝形狀的徽章，正在孔波斯特拉敬拜聖雅各的雕像。圖畫的背景描繪聖人正在被砍頭。

自己的行為辯護。當然，她也是這群朝聖者之中最有旅行經驗的人。把她「在朝聖的路上」去過的地方列成一張清單，就是14世紀晚期虔誠（富有）的歐洲人想像中的世界地圖，一張幾乎完全是由聖人遺物與聖地組成的性靈地理圖景。這些地方是已知世界最偉大的景觀和景點，最完美的神聖地點。

對於想去歐洲大陸的英國旅行者來說，濱海布洛涅（Boulogne）是最容易抵達的地點。這裡有一座頭戴王冠、手握權杖、懷裡抱著耶穌寶寶，備受欽仰的聖母瑪利亞雕像。據說這座聖母像是獨自搭船抵達該地，但沒有人知道她何時抵達，只是過了一段時間，聖母像就開始顯現奇蹟，吸引許多信徒前往膜拜。許多英國朝聖者會走得遠一點，踏上更漫長的旅程到羅馬朝聖，尤其當教宗提供特別赦罪狀的時候。聖地牙哥德孔波斯特拉（Santiago de Compostela）因為埋著聖雅各（Saint James the Apostle）的遺骸而成為各國信徒重要的朝聖地點，科隆的大教堂則藏有曾到馬廄探望耶穌的三賢士遺骨。到這兩個地點朝聖，你可以親自接近、或甚至碰觸這幾位聖人的遺物，而這幾位聖人生前若不是見過耶穌，就是碰觸過耶穌。到了聖地，你就置身在耶穌出生、生活、傳教、

保存三賢士遺骨的黃金聖物盒。科隆大教堂曾為了安置聖物盒而大肆重建。

死亡與再生的同一個地點。曾到過濱海布洛涅、科隆、聖地牙哥和羅馬的朝聖者少之又少，去過耶路撒冷的更為罕見，但富裕的巴斯太太——她的富有來自超群的裁衣手藝以及多位丈夫留給她的遺產——顯然是中古時期重要的朝聖常客之一。她曾經去過至少三次耶路撒冷，而且她此時就在前往坎特伯里大教堂的途中。坎特伯里大教堂是英國最受歡迎的聖陵，大主教聖托馬斯·貝克特（Saint Thomas Becket）殉教之後埋葬於此，這裡也收放他的許多遺物。

巴斯太太可能很富有，但她也很勇敢。大部分朝聖之旅不僅旅途漫長、費用昂貴，而且也十分艱鉅危險。許多朝聖者不是在路上遇到強盜，就是死在途中。（一般的勸告是：離家之前，你最好先立下遺囑。）但從許多當時留下的記事，或從許多朝聖者帶回英國的徽章和其他紀念品，可知當時還是有不少人選擇踏上朝聖之旅。大體上，那些保留至今的紀念品都不是貴重之物，大小差不多只有一英吋左右，僅僅只是一些可以隨身佩戴、紀念一段偉大宗教之旅的小紀念品。這些紀念品當然都曾被用來向朋友或鄰居炫耀，表示你曾去過聖地；但是這些紀念品也是一個提醒，讓你記得你曾經非常接近聖人遺物，幫助你再次體驗充滿恩典的那一刻。

大英博物館藏有許多這樣的紀念品，亦即那種巴斯太太可能會從多次朝聖之旅帶回英國，然後將之縫在帽子上（喬叟說她縫得極為精巧美麗），或帶在身上隨時拿來向朋友展示的東西。這些紀念品當中，有來自耶路撒冷的鉛製聖水瓶——可以戴在脖子上的小瓶子，據說裡面裝的水或油曾經流過聖人的遺物，因吸收了某些聖人的神聖性；一個來自羅馬的帽子徽章，上頭刻著教宗的牧徽，以及聖彼得和聖保羅的頭像——這兩位聖人的陵墓是信徒熱心崇拜的焦點；另一個紀念品來自濱海布洛涅，上面刻畫著神奇聖母像搭船來到該地的情景；還有一個用鉛粗略打造的海扇貝——那是代表你曾走過或騎馬經過聖雅各之道的紀念品。然而數量最多的是來自坎特伯里的紀念品，其中有一個刻著聖貝克特像，他頭戴主教頭冠，造型跟他出現在教堂聖物盒上的樣子一模一樣。

這些小小的金屬紀念品當年必定是擺在攤位上，等待朝聖者前去購買。這些金屬小物件看來十分吸引人，讓人忍不住想去碰觸。喬叟筆下的大部分朝聖者都會付錢買一些紀念品，但我們也可以理解為何在一本題為《伯溫故事集》（*Tale of Beryn*）的書會提到兩個人——磨坊主和贖罪券販賣者——在店內行竊（這部《伯溫故事集》雖然宣稱是《坎特伯里故事集》的續集，但其實是一本偽書）。在當時，順手牽羊這種事應該相當常見，大英博物館現藏的某些徽章很有可能就是贓物。雖然如此，某些其他紀念品的來歷我們倒是可以確定，而這些紀念品訴說的故事頗引人深思。

巴斯太太可能會購買的紀念品：（順時鐘左上起）來自耶路撒冷聖墓教堂（Holy Sepulchre）、裝有聖油或聖水的細頸小鉛瓶；購自羅馬的帽子徽章，上頭刻著聖彼得與聖保羅的頭像；購自坎特伯里大教堂的徽章，上面刻著聖貝克特的頭像；來自濱海布洛涅的紀念品，刻著聖母瑪利亞和耶穌在船上的情景。

現在收藏在許多博物館——尤其倫敦博物館（Museum of London）——的徽章都是從泰晤士河的淤泥中打撈上來的。當朝聖者安全回到英國，當他們踏上碼頭的那一刻，他們可能會丟一個朝聖徽章到河中作為謝禮，感謝神讓他們安全度過一段危險的旅程。這讓人忍不住思索：到底是什麼原因，讓一大群人——不管來自哪一個階級——願意付出大筆錢財、歷盡艱辛、冒著種種危險踏上朝聖之旅？朝聖之旅的要點到底是什麼？

埃蒙．達菲（Eamon Duffy）在劍橋大學教授基督教史；據他的解釋：

> 朝聖者的基本動機是到一個特別神聖的地方，然後在那裡祈禱。
>
> 基督宗教是一個很唯物的宗教。這個宗教強調有形的物質世界，強調人的身體是神聖的載體。所以人們可能會覺得：如果他們能夠跟隨耶穌的腳步，去看看他生前走過、住過、死亡的地方，並且在那個地方祈禱，那應該是對他們有幫助的事。
>
> 在很早期的階段，教徒已經把殉教烈士的墓移入大教堂，通常就安置在聖壇之下。慢慢地，殉教者的遺物和耶穌的身體就產生一種關聯。人們靠近祭壇，為了可以靠近、碰觸、親吻，或跟聖人遺物建立某種接觸。
>
> 坎特伯里大教堂最受人崇敬的貝克特遺物是水，據說他的腦和血曾用這裡的水洗過。當然，這裡的水已經稀釋過無限多次了，但把一小滴這裡的水裝入鉛製小瓶，密封並蓋上坎特伯里的徽章，你就可帶走某種聖物。

信徒想要靠近聖人和殉道烈士的欲望是如此的強烈，以至於聖人遺物成為歐洲中古時期最珍貴的可動產。想擁有聖人遺物的競爭因而變得十分激烈。擁有聖人遺物，威望就會隨之而來，朝聖者也會聞風而至，還會激發某些最精緻的金屬工藝品和最偉大的建築物之建造。巴黎的聖禮拜教堂（La Sainte-Chapelle）是一棟哥德式建築傑作。1240 年代，路易九世（Saint Louis）為了安置耶穌的荊冠，花了 4 萬里弗爾（*livres*）建造這座教堂。至於購買那頂荊冠——據信耶穌上十字架時曾戴過的頭冠——則花了更多，大約是蓋這座教堂的三倍。

如果聖人遺物無法用買的，人們可能就會去偷，或動用武力去搶。威尼斯的聖馬可教堂蓋得十分莊嚴，相當適合用來安置聖人的遺體，不過聖人的遺體卻是偷來的。公元 828 年，威尼斯商人奉當時總督之命，從亞歷山卓城將聖人遺體偷偷運回威尼斯。公元 1162 年，德國皇帝腓特烈．巴巴羅薩（Frederick Barbarossa）占領米蘭時，把米蘭最珍貴的財產——曾經探望嬰兒耶穌的三賢士的遺骨——運去了科隆。在科隆，三賢士的遺骨被安置在金色的聖物盒裡，這聖物盒製作精美，世間沒有多少物件可與之比擬。為了安置聖物盒，一間新的大教堂因而建立——那是北歐最宏偉的哥德式教堂。科隆也是巴斯太太的朝聖目的地之一，她要去看的，就是這座新的大教堂裡收藏的黃金聖物盒。時至今日，朝聖者仍可到此地觀賞這個聖物盒。

當然，朝聖之旅最令人欣喜若狂的，莫過於見到聖陵的那一刻。許多朝聖者甚至會跪著走完最後一段路。不論遠近，這樣的所在帶給朝聖者的是一種可能性：可以靠近聖人、可以更有效地祈禱、可以在特定聖人的幫助之下求得疾病的療癒或悔罪之赦免。要去朝聖，最起碼的要求是你必須離開家，離開你每日的例行工作，然後啟程（通常是跟一群人在一起），朝向一個清楚的宗教目標前進。埃蒙．達菲解釋踏上旅程的重要性：

旅程的本身就是部分重點。生命就是一趟旅程——這已是個很古老的隱喻。你在死前接受的宗教儀式稱為臨終聖餐，這個儀式的拉丁文為「viaticum」，意思就是「旅費」。不論生死，這個過程向來被視為一段旅程，一段走向未知的旅程。

旅途上的危險和不適也是部分重點——朝聖者都知道，他們最後一定會因為走路過多而覺得腳痠，因為厭倦而覺得疲憊：

許多朝聖之旅的性質其實是悔罪。那些曾做過壞事的人，他們得到的建議就是去一趟朝聖之旅，以此作為一種處罰。所以人們總是在生命面臨轉變的時刻展開朝聖之旅，基本上是要藉此理出一個頭緒。行走或旅行是一種方式，把你從沉溺其中的世界抽離出來，讓你體驗生活中的危險和不便，讓你有能力用一個新的、單純的角度審視生活。

換句話說，發生轉變的地方並不一定是在聖陵或聖殿——而是在旅程本身。在旅程中，你脫離了熟悉的架構和例行事物的支持，身邊也沒有太多財物，你得仰賴你的旅伴或陌生人。當你回到舊有的生活時，應當可以更清楚地看到你的生活模式、你自己和你的神。

朝聖之旅在許多宗教信仰裡都扮演了重要的角色；讓人覺得驚異的是，關於朝聖之旅的功能，大部分宗教信仰的看法幾乎是一樣的。人們普遍覺得某些地方可以較容易感受到神的在場，尤其是信仰的開宗祖師曾經生活過的地方。基督徒前往聖地耶路撒冷，他們希望看到伯利恆（Bethlehem）、拿撒勒（Nazareth）、加利利海（Galilee）和加爾瓦略山（Calvary）。錫克教徒（Sikhs）到阿姆利則（Amritsar）朝聖，因為聖典《格蘭特·沙哈卜》（*Guru Granth Sahib*）——信徒永遠的指導聖書——就保存在金廟（Golden Temple）裡（第二十五章）。

佛陀的信眾可以到四個好地方去朝聖。這四個地點全都位於印度次大陸的東北部：尼泊爾的藍毗尼（Lumbini），這裡是佛陀的誕生之地；印度北方邦（Uttar Pradesh）的拘尸那羅（Kushinagar），這裡是佛陀圓寂的地點；再來就是印度比哈爾邦（Bihar）的菩提伽耶（Bodh Gaya），這裡是佛陀覺悟地方，那棵菩提樹就長在這裡；最後就是距離印度最大聖城瓦拉納西東北方只有幾英里路的鹿野苑，這裡是佛陀初轉法輪，開始講經說法的地方（第十九章）。目前鹿野苑的地標是一座巨大的圓形浮屠塔。信徒到這裡朝聖時，會把小小的金葉子貼在浮屠塔上，即使有標語禁止信徒這麼做。德瓦杜特·帕塔奈克（Devdutt Pattanaik）

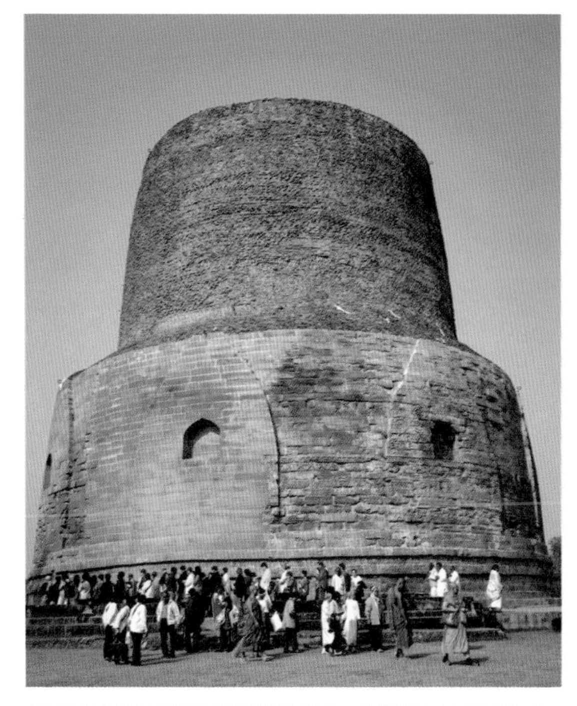

信眾在鹿野苑鹿園裡的浮屠塔四周散步。鹿野苑在今日印度北部，靠近瓦拉納西城附近，這裡是佛陀第一次講經說法的地點。

是個作家，寫作主題是印度的宗教生活；他提出的看法與埃蒙．達菲的說法十分接近：

> 藉由走上這趟旅程，你讓自己與佛陀產生一個連結。只有概念，人類會覺得不自在。我們需要某種明確有形的事物。我們需要把概念連結到我們可以碰觸、可以感覺的事物上，不管那是一個地方或一段時間。一條河、一座山、一座鹿園，這些都是物理現實，都是當初佛陀曾經生活、行走與呼吸的地方。我們需要一個可以觸知的東西來幫助我們接近神聖。

靠近鹿野苑的浮屠塔附近有許多小旅館和神廟，這些小旅館或神廟都各以朝聖者自己國家的風格建成，因此你可以在這裡找到各種風格的寺廟，有日本、緬甸、西藏、斯里蘭卡、泰國，還有中國。在這座小城走一趟等於迅速地瀏覽了一遍東亞不同風格的宗教建築。鹿野苑因此不僅是個人的朝聖之地，也成了全球佛教徒聚集祈禱之處。

在所有宗教的朝聖活動之中，有一個特別突出：朝覲（Hajj），亦即穆斯林一年一度聚集在麥加的朝聖之旅。根據《古蘭經》，亞伯拉罕在這裡建立了卡巴天房（Kaaba）——卡巴天房是一個花崗岩結構，也是伊斯蘭教最神聖的中心。這裡是滲滲泉湧出泉水，讓亞伯拉罕的女奴夏甲及他們的兒子以實瑪利解渴的地方；這裡也是穆罕默德的出生之地，同時還是他清除卡巴聖殿所有偶像的地方。伊斯蘭教有「五功」，亦即信徒必須將之視為生活重心的五大元素，前四種元素是信仰、祈禱、慈善和齋戒，第五個元素則規定每一個教徒在身體

數百萬朝覲者每年聚集在麥加，面向卡巴天房的黑色巨石祈禱。在這張照片中，可看到巨石位於大清真寺建築群的中心。

狀況允許，而且付得起旅費的情況下，一生當中至少必須在伊斯蘭曆的第十二個月（Dhu al-Hijjah），到麥加朝覲一次。在歷史上的大部分時間裡，對大部分的穆斯林——尤其女性——而言，這是趟不可能的旅程。不過幸好現在有了飛機，數百萬穆斯林如今可以，而且也真的啟程前往麥加和麥地那的大清真寺朝覲。這批朝覲人潮為當地政府帶來巨大的後勤挑戰。保護朝聖信徒的安全是沙烏地阿拉伯歷任國王最大的責任與榮耀。這是一項他們必須承擔的職責，不管伊斯蘭世界發生什麼樣的政治衝突或分歧。這項職責也帶來了無可比擬的聲望：「兩大神聖清真寺的護衛」是最讓他們感到驕傲的稱號。

新穆斯林計畫（New Muslims Project）是一個以英國為基地來招募新伊斯

蘭教徒的組織，負責人是巴圖爾．托瑪（Batool Al-Toma）。儘管就任何方面而言，我們都不適合拿她跟巴斯太太相提並論，不過她們倒有一個共通點：巴圖爾．托瑪曾經去過麥加參加朝覲，而且很驚人地去了十三次：

> 任何朝聖之旅對靈魂都是有益的。參加朝聖之旅的人尋找的是某種可以使他們再生、某種可以滿足他們的宗教需求、某種可以讓他們與神保持聯繫的東西。他們事先必須作好萬全的準備。不在家的時候，你得把家人交給信得過的人，你得確保家人有足夠的食物並得到適當

平等謙卑的「哈吉」：三位現今與未來的沙烏地阿拉伯國王，穿著簡單的朝聖者的戒衣：（由左到右）阿布都拉（Abdullah）、法赫德（Fahd）和費薩爾（Faisal）。

的照顧。這不是一件可以掉以輕心的事。接著你得要把自己準備好。實際層面的準備真的很重要，因為要成為「神的客人」——我們是這麼稱呼參加朝覲的人——可能會讓人心生畏懼。你得依賴陌生人。不過，幸好大家都很熱情、好客、大方。他們會把自己才剛買下或正在使用的念珠給你，然後請你在祈禱的時候記得他們。

朝覲者或者「哈吉」（Hajji）必須離開日常生活的社群一段時間，踏上一段時間可能長達數月或更長的旅程。他們會暫時成為更大的社群的一分子，在這個大社群中，他們唯一關心的是神；在這裡，財富和地位沒有任何意義。最後他們會從這次經驗帶走某種東西，然後再回到他們的日常生活。巴圖爾．托瑪繼續解釋道：

朝覲的其中一個意義就是你和所有人變得平等，因為我們會保持衣著樸素。男人穿著兩塊沒縫起來的布，材質是某種毛巾布，有點像兩條很大的浴巾；一塊圍在腰以下的部位，長度差不多垂到膝蓋到腳踝之間，另一塊則圍著肩膀裹起來，就像圍圍巾或披巾那樣。在朝覲期間，他們從開始到結束就只穿這樣。女人可以穿洋裝。許多女人選擇白色的洋裝，因為男人都穿白色。但其實女人可以穿任何顏色的洋裝，只要看來乾淨、舒服、得體就好。

這樣的穿著讓你看不出人的貧富。大家都是朝覲者。到了聖地，你看到來自世界各地的人，這個現象讓我們用一個新的角度思考國內那些為了信仰而展開的小小討論。這現象幫助我們擺脫那些無關緊要的、糾纏細節的議題。對你來說，生命開始變得十分真實。你開始思考：「我真正需要的是什麼？在這個世界上，我真正想要的是什麼？」

這個問題本身就是伊斯蘭教徒參加這趟又艱鉅又昂貴的旅程的其中一個理由，也是基督宗教教徒參加朝聖之旅的理由之一。但兩個宗教不同的地方是：基督宗教朝聖者基本上是要去觀看、碰觸聖物，或只是想置身於聖地；伊斯蘭朝覲者則必須有所行動。朝覲者，即那群穿著相同服飾的男人，得繞著卡巴天房走七圈，然後走到擊殺撒旦的地點，並以石頭丟擲石牆，代表他們擊殺了撒旦；他們得在沙漠中過夜；在沙漠中，他們得像夏甲尋找水源那樣，瘋狂地在沙漠中奔跑，最後再回到卡巴天房所在的地點。與其他數以千計的人一起做這些事，而且通常是在烈日曝曬之下，這樣的經驗既令人困倦、振奮，也令人覺得身心都得到潔淨與平衡。

當哈吉完成這樣一個充滿轉化力量的旅程之後，就像所有其他朝聖者那樣，他們也會想從聖地帶一點紀念品或禮物回家。當然，這裡的紀念品不會像基督宗教聖地的紀念品那樣印著圖像，不管在中世紀或現代都是如此。這裡的紀念品比較跟虔誠信仰的實際層面有關：例如幫助穆斯林找到麥加方向的朝拜羅盤、祈禱用的坐毯、披巾或者念珠。有些人會帶走裝有滲滲泉水的小瓶子——通常回鄉之後，他們會把聖水保存起來，只有在

金色的塑膠紀念瓶，朝覲過後的「哈吉」可藉此帶著麥加滲滲泉的聖水回鄉。《古蘭經》提到夏甲在沙漠中找水給兒子以實瑪利時，滲滲泉湧出水來。

危機時刻、需要重振信仰時才會拿出來使用（第三章）。但是無論如何，這些紀念品的用途與本章一開始提到的中世紀徽章並沒有什麼不同，都是提醒朝聖者記得曾經有個地方、有段時間，他們熱切地投入宗教敬拜，那時他們是如此地靠近神，那時他們是更大社群的一分子。

因為朝覲，全球各地的穆斯林每一年聚在麥加，共處一小段時間；這個現象以其獨特的力量肯定了伊斯蘭這個全球性的社群，肯定了在神面前人人平等的信念，縱有萬般殊異，但仍可在祈禱中團結在一起。我們很難想像，世上還有什麼機制能比朝聖之旅更能如此有效地達到前述這些目的。

今日，朝聖之旅比從前更為興盛。得照顧越來越大量來訪信徒的國家，不僅只是麥加。在印度，因為近年交通運輸系統改善，現在可以讓數百萬人在同一段時間參加大壺節（Kumbh Mela），在恆河岸邊參加儀式性的沐浴（第三章和第三十章）。其他跟佛陀生平有關的地點也是如此，如今可以看到越來越多信徒從全東亞各地搭飛機前往朝聖。從 1990 年代起，基督宗教的朝聖之旅也有一直增加的趨勢，雖然過去一百五十年來，朝聖者的興趣已經從可觸可感的面向轉向抽象的層次——過去吸引喬叟筆下那群朝聖者的聖人遺物和遺址，現在已經被那些充滿靈現（visions）和顯聖之地所取代。對羅馬天主教徒而言，聖母瑪利亞的顯靈是目前最受大家關注的焦點，例如因神奇療法而名聞四方的法國小鎮盧爾德；歐洲還有幾個地方也十分受人歡迎，如法蒂瑪（Fatima）、諾克（Knock）、默主歌耶（Medjugorje）。其他地區則有墨西哥的瓜達露佩（第十六章）、南印度泰米爾納德邦（Tamil Nadu）的韋蘭卡尼（Velankanni）、菲律賓的馬納瓦格（Manaoag）。這幾個地點的顯靈事件對教育程度不高的年輕人特別有吸引力。不過並不是每一座宣稱聖母顯靈的教堂都會受到梵蒂岡的認可——默主歌耶和葦蘭卡尼這兩個案例即仍在討論之中。但是這幾個地點每一年還是吸引了大批信徒前往朝聖，希望簡樸的虔誠信念可以開啟轉變的契機，與神產生聯繫。在法國，論及旅館房間數目，只有巴黎勝過盧爾德——每一年，大約有超過六百萬旅客前往盧爾德朝聖。

朝聖之旅向來有個引人爭議的面向。在每一個傳統裡，在每一個世紀中，我們都可以看到許多批評的言論：品行不良的朝聖者、為朝聖者提供膳食服務者的貪婪、聖地變得越來越商業化等等。許多人——尤其信仰一神教的人——都對神在某些地方比較接近人類這樣的言論感到不安。從 16 世紀開始，大部分新教教徒認為根本沒有必要去朝聖：朝聖又貴又浪費，甚至還有偶像崇拜之嫌；最重要的是，《聖經》根本沒清楚提到朝聖的必要。對他們而言，朝聖意味著每日掙扎著過一個配得上神的生活，這種掙扎和努力所需要的勇氣和忍耐一點也不遜於實際的旅程。對他們而言，朝聖者的「天路歷程」（pilgrim's progress）是在精神上克服各種阻礙和困難，從而找到通往神的道路，不管那些困難是來自「浮華世界」（Vanity Fair）或來自「罪惡的淵藪」（Slough of Despond）。雖然《聖經》並未明白討論朝聖的必要性，但這並不表示朝聖是不存在的，根據埃蒙．達菲的看法：

> 信仰的相關活動也同樣取決於《聖經》描述的意象，而這些意象處處透露著朝聖的暗示：亞伯拉罕為了尋找聖地而四處流浪，摩西和以色列人離開埃及之後就在沙漠中流浪。從舊約時代開始，《聖經》到處都可看到朝聖之旅那些非常深刻的意象。

亞伯拉罕和摩西帶領他們的徒眾進入荒野的這個意象，猶太教和基督教都將之理解為轉變的旅程，目的是尋找一個可以與神生活得更接近的地方。在這樣的訪尋之中，一個新的、更虔誠的社群可以因此成形。這個概念，聖保羅在〈希伯來書〉（Epistle to the Hebrews）曾詳細解釋過：「亞伯拉罕帶著信仰……服從（神的指示），展開旅程，即使他並不知道自己要去哪裡。」但是話說回來，這些出現在《聖經》裡的旅行是一種非常特別的朝聖之旅，目的並不是經歷改變之後，再度回到出發之地；相反地，那是尋找一個讓人們可以更適當地崇拜神，讓人們可以建立一個新社會的地點。在逾越節（Passover）或贖罪日（the Day of Atonement），猶太人都會說：「明年在耶路撒冷（相聚）。」猶太人這句話所表達的願望是：所有猶太人都能夠回鄉，住下來，一起見證彌賽亞的到來。這並不只是一段時間有限的短暫逗留。

這種宗教旅行是美國建國神話的重要部分。1620年，一群意見不同的清教徒從普利茅斯（Plymouth）搭船抵達美國，在新英格蘭（New England）建立殖民地，希望可以在那裡用他們相信是對的方式事奉神。他們把自己看成亞伯拉罕和摩西的繼任者，他們帶著信仰展開旅程，尋找一個虔誠的地方，一座「山丘上的城」，讓他們可以建立一個新的社群。五月花號（the Mayflower）的乘客威廉．布萊福特（William Bradford）後來治理這個由移民建立的殖民地，並提筆寫下該地的歷史；他在書中明白表示：「他們知道自己是朝聖者，因此……他們抬眼望向天堂——那是他們最親愛的國度。」就在這個與《聖經》相關的意義上，他們直到今日仍被所有美國人尊崇為「朝聖先輩」（Pilgrim Fathers）。

FESTIVAL TIME

第十五章　慶典時間

朝聖之旅要求每一個個體帶著信仰之心到某特定的地點旅行——也許一生就只要旅行這麼一次。相反地，宗教慶典邀請整個社群聚在同一個地點舉行慶祝活動，年年如此，代代延續。朝聖之旅通常意味著艱辛和危險，但大部分宗教慶典都會設法把對神明的崇敬和辦一場盛宴結合在一起：人們不僅要跟諸神一起生活，還要跟諸神一起享受慶典。我們在第五章介紹的尤皮克族人的海豹膀胱慶典就是一種傳統節日，表達人類與動物世界在精神上深刻的依賴關係。相比之下，這一章要介紹的慶典雖然與宗教有關，但隨著時間流逝，宗教慶典也會與政治產生關聯。

慶典舉行期間，我們平凡的生命、每日的時間表，還有我們對未來的計畫——這些全都會被擱置在一旁。取而代之的是，我們會在一段短短的、熱烈的幾個小時或幾天的時間裡，思考並且確實感受到更大的生命模式——雖然含納著我們，但也延伸到我們所不能企及之處的生命模式。每一個慶典都是所有過去慶典的再現，我們於是可以從中強烈地體悟到，生命並不是孤單的——不管是社群的生命，或是宇宙的生命。生命並不是只有一個開始加一個結尾的獨幕劇；相反地，生命是一個巨大的循環，其結尾——如果有結尾的話——將處於我們此生的生命之外。

幾乎每個宗教傳統都有慶典，而大多數慶典都與太陽、月亮和季節運轉綁在一起。北緯地區各地會公布一整年的日照時數變化，於是大部分文化都會找一個適合自己的方式來慶祝一年當中最長和最短的一天（第三章）。在大英博物館，你可以像個獨享尊榮的客人一樣，到一個少有遊客會去的地方參加這樣的慶典。乍看之下，這似乎是個小人國的慶典。在一塊未上漆的針葉木板上，大約二十來個小小的、做工精緻、部分上彩的象牙雕刻人物聚在一起參加某種慶祝儀式。這件藝術作品很簡樸，但對薩哈人（Sakha）來說，這是一個罕見的紀錄，保留了對他們深具意義的重要時刻。薩哈人是西伯利亞人數最多的原住民社群，這件作品的主題是他們的夏至慶典恩薩赫節（Ysyakh）。直到今日，這個節日仍然是薩哈人最重要的年度節慶。基本上這是一個禮敬大地諸神的儀式。恩薩赫節是個很好的例子，足以說明宗教節慶可以是什麼樣子，可以做些什麼。就像大多數節慶，恩薩赫節已有數百年的歷史，歷經了許多改變。這個一年一度的節慶提供一個機會，讓人們向諸神表達謝意、跟朋友一起慶祝，並且從中肯定社群的能力：維持與適應社群本身的變化和社群的信仰。儘管過去一百五十年來，這個社群歷經了非比尋常的政治、經濟和文化斷層。

大概在公元 1300 年左右，一支說突厥語的遊牧民族，即薩哈人，從貝加爾湖（Lake Baikal）往北遷徙，在勒拿河（River Lena）附近安頓下來。這裡是北半球冬季最冷的地區——在冬天，這裡的溫度降到攝氏零下 50 度是常有的事。根據傳統的說法，當他們抵達這個很特別的、很吸引他們的地點時，他們向神靈請示去留的問題。神靈的答案是降下禽鳥讓他們食用，長出最鮮美的草讓他們的馬吃。從那時開始，每逢新的生長季節開始，薩哈人就紛紛從遙遠的地方回來團聚，紀念家園的成立——儘管現代俄羅斯聯邦之一的薩哈共和國

（次頁）19 世紀中期的模型，人物是由史前猛瑪象的長牙雕刻而成，描繪西伯利亞東部的夏至慶典：恩薩赫節。

（Republic of Sakha Yakutia）幾乎像印度那麼大。他們在宗教祭司，亦即在入定狀態下可與神靈世界溝通的薩滿的帶領下，用食物、美酒、跳舞和賽馬來慶祝這個日子。他們向神靈獻上祭禮，感謝神靈保佑他們度過嚴冬，並請求神靈繼續在未來保佑他們。我們幾乎可以這麼說：對薩哈人而言，這個節慶就像美國人的感恩節。

亞伯丁大學（University of Aberdeen）的塔提亞娜．阿古納瓦羅（Tatiana Argounova-Low）是薩哈原住民，出生在薩哈共和國首都，即位於莫斯科東方約 3000 英里的雅庫茨克（Yakutsk）。根據她的解釋：

> 恩薩赫節的記載可以追溯到 17 或 18 世紀，也許還可以追溯到更早的時期，亦即薩哈人第一次往北遷徙，安頓在勒拿河畔那段時期——那時他們覺得勒拿河畔似乎是個完美的定居地點。

雖然書寫成文的記載可追溯到更早的時期，不過我們館藏的這個模型是在 1860 年左右製作的。這件作品有個特殊之處——它是最古老的視覺記錄文件：

> 在那段時期，人們的生活環境很艱苦。薩哈人向來以遊牧維生，主要的職業是畜養馬和牛。不過要保護動物度過長達六個月、嚴霜遍地的冬季是個恆常存在的挑戰。馬是最重要的牲畜；薩哈人仰賴馬作為交通工具，馬也是他們的食物來源之一。馬是強悍的動物，即使在零下 40 度，甚至 50 度，牠們都有辦法從雪地裡挖出草來餵飽自己。但是人類能不能存活下來卻永遠是個未知數。

6月初，草開始大量抽長，水果開始成熟。到了7月、8月和9月，人們所有的精力都必須用在製備乾草、收成水果、盡力收集足夠的食物準備過冬。夏至是薩哈人可以聚在一起慶祝的大好時機，因為此時道路還可通行，氣溫也還是溫暖的。過了夏至，接下來好幾個月的時間都要用在艱苦而密集的工作上：

> 在為新的生計而忙碌的季節開始之前，他們想要舉辦活動來慶祝生活。他們會在慶典上相聚，通常這種慶典是由富有的地主舉辦。他會邀請每一個人，主要是他的親戚，但沒有什麼錢的窮人也會受邀前來參加慶典和分享食物。這個慶典的用意是享受彼此的友誼、音樂和生命的喜悅。

在我們這組雕刻得相當僵硬的模型上，你可以看到這種生命的喜悅。慶典的贊助人——大概是當地的地主——坐在中央的兩張長凳上。五根高柱讓從遠方來參加慶典的客人拴馬。末端有個圓錐形、門簾畫著裝飾圖案的蒙古包——那是一種用白樺木的樹皮製成，只要架在高度可調整的柱子上就可完成的攜帶式帳篷。另一端有兩個大桶裝著微帶酒精的發酵馬乳——庫米酒（Kumys），就放在幾株修剪得很整齊的樹木之間。蒙古包旁邊有一群男女正在唱歌，另一群人則在觀賞摔角比賽。模型的中間位置可看到幾個人物正在列隊前進，他們手捧著裝了馬乳的飲酒器，而走在前面的首領單膝跪下，向光明主神（Urung Aiyy Toyon）吟唱祈禱詩，祈求神靈保佑。在薩哈人的信仰裡，光明主神——亦即太陽本身——是他們最重要的神；他們稱之為「光之父」或「白色的創造主」。套用塔提亞娜．阿古納瓦羅的說法：

慶祝恩薩赫節期間，領隊的薩滿跪在神明面前，獻上發酵的馬乳作為祭品。

人們感謝神靈，因為神靈保護他們。模型上，你可以看到敬神儀式的首領——他差不多近似一位薩滿；在這個特別的儀式裡，帶著一群男孩和女孩給神靈添火。基本上，這是一種和神靈說話的方式，他們還會獻上馬乳、奶油、肉類和糕餅致謝。他們同時也會祈禱，希望神靈在來年繼續保佑他們和引導他們。

恩薩赫節要在戶外舉行，而且還要盡可能地邀請更多人參加。這兩件事是很重要的，因為對薩哈人來說，自然界的每一個元素，包括山、河等地景都是有靈性、有生命的。整個環境是個有靈性與生命之物。

1867年，巴黎辦了一場盛大的世界博覽會（Exposition Universelle），邀請世界上所有國家展出他們新的工業產品。我們這件模型即可能在這個展場展出過，甚至有可能是為了這次展覽而特別製作的，因為這場展覽的主辦單位也鼓勵參展國家展出他們的民俗傳統。交通、資訊與科技的進步使這麼龐大的國際展出成為可能。但現實是，交通、資訊與科技的進步卻讓很多民俗傳統逐漸消失與毀滅，這是當時整個歐洲都在發生的現象。在英國，第一次威爾斯國家藝術節（National Eisteddfod of Wales）是在阿伯德爾（Aberdare）舉行，那時是1861年；接著，蘇格蘭的皇家國家文藝節（Royal National Mòd）也在幾年後舉辦了起來。不過在同一段時期，因為資訊的改善，威爾斯和蓋爾語（Gaelic）卻急速地消失，中央政府的角色逐漸變得重要，英語漸漸成為各地的強勢語言。我們這個小小的節慶模型上的薩哈人可能也正面臨相似的現象。當沙皇統治的俄羅斯在西伯利亞東部加強其政治控制，俄文與東正教得到國家的贊助，因而迅速地傳揚開來，原住民的各種傳統和信仰則漸漸開始消失。這個在巴黎——「19世紀的首都」——展示的模型顯示：現代的、面向西方的俄羅斯，仍然還有一個鄉村的、如畫的、亞洲式的過去。這當中的訊息看來似乎是，這個說突厥語的、非基督宗教的、西伯利亞的宗教慶典，若不是很快銷聲匿跡，就是被打入迷人且無害的民俗傳統的範疇。

根據塔提亞娜．阿古納瓦羅的解釋，恩薩赫節幾乎真的就銷聲匿跡了。在強調無神論的蘇聯統治下，薩哈人的文化受到極大的傷害，其程度遠遠大於沙皇時代。直到20世紀90年代初期，蘇聯垮台之後，薩哈人的文化才逐漸開始復甦：

> 30多歲之前，我從來沒參加過恩薩赫節。我錯過了這個節日很多年。

在蘇聯政府統治下出生、整整一個世代的小孩都錯過了這個節日。我們的父母有很多關於社群的知識想傳授給我們，但是他們不能，因為蘇聯的意識形態創造了一個淨化了的環境，這個環境沒有少數民族文化的容身之地。在那段時期，大概只有在很偏遠的村莊，人們才會慶祝恩薩赫節，但規模大不如前，節日也不再具有宗教精神；一切大概與蘇聯的意識形態有關——感謝列寧和馬克斯之類的。

基於這個原因，在1990年代剛剛復興的恩薩赫節當中，大家慶祝的都是和部族相關的一切：美麗的歌和故事、傳統服飾、珠寶、銀器、舞蹈和賽馬，但也有現代服裝秀與流行音樂會。有時候，這個節日會讓我想到2012年倫敦奧運的開幕式：來自各地的人，大家聚在一起參加一年一度的盛會。我們講的是數以千計、數以萬計的人，有的開車來，有的搭飛機來，就只是為了在一起慶祝節日。

薩哈人在復興與重建他們那些幾乎已經滅絕的傳統的那段期間，蘇格蘭和威爾斯的凱爾特人（Celtic）也正在致力恢復他們對自己的文化、語言與政治的自信。這兩件事在同一個時間內發生，當然並非偶然。

不過話說回來，恩薩赫節從來不曾失去精神上和宗教上的面向。時至今日，這個節日依舊與向神靈禱告、請求祂們保佑人們度過冬季有關——即使是蘇聯的意識形態也無法改變氣候。

說到氣候，館藏的這件模型還是拜氣候之賜，才取得了人物雕刻的材料。原來這組人物雕刻的材料不是一般的象牙，而是猛瑪象的長牙。令人感到極為

蘇聯時代結束後，恩薩赫節的慶祝活動重新復興起來。照片攝於 2016 年，圖中蒙古包的造型清楚地呼應了 19 世紀的節慶模型。

訝異的是，這個模型使用的材料竟然跟我們第一章提到的獅人雕像的材料是一樣的。西伯利亞的猛瑪象至少在五千年前就已經絕種了。不過，一旦發生洪水，人們還是可以在勒拿河邊找到牠們原本保留在永凍層中的屍體和長牙。如此古老的材料，在 1860 年代雕成模型，今日依然在持續發展中的恩薩赫節扮演一個小小的角色。

2015 年，大英博物館的這組模型來到了薩哈共和國。那裡的人們仔細研究這組模型，視之為珍貴的文化紀錄，協助他們計畫並確認未來恩薩赫節的慶祝事項。在這個過程中，他們意外發現這組模型原本的規模比較大，而且有比較多的人物和活動。這些遺失的部分，目前正以現存的人物為依據，一一重新打造。這是命運漂亮的一記逆轉。這組模型原本的製作用意是標記一個宗教慶典之衰落，轉而變成一則民俗傳說。但是一如該節慶本身，這組模型現在被用來強化一個萬物有靈的傳統信仰系統、用來連結族人，神靈與土地，還有用來重新取得薩哈人在現代世界裡的身分認同。

儘管有很多俄國人移居此地，儘管 19 世紀經歷激烈的基督宗教化，儘管 20 世紀被灌輸無神論述，在 2012 年執行的一份調查報告中，人口不到一百萬的薩哈人當中，有十五萬人在宗教信仰欄上填著傳統的雅庫特薩滿教。世界上其中一個很小的宗教，正在逐漸興盛起來。

跟薩哈人的節慶模型相比，一張印著聖誕老公公送禮物的普通商業聖誕卡似乎不是可以端得上抬面的物件，畢竟薩哈人的模型可是有許多用古代西伯利亞猛瑪象長牙雕刻的人物雕像。不過話說回來，這張聖誕卡也像這組模型一樣，清楚記載了宗教節慶擅於改變自身以適應政治和經濟發展的非凡力量。

我們在幾部福音書裡都看不到耶穌究竟出生於夏天還是冬天，一直到那三位從東方來的賢士出場，福音書這才提到耶穌出生現場的情景。不過，福音書雖然提到三賢士帶來了黃金、乳香和沒藥等禮物，但並未確切說明他們是在耶穌出生之後多久到訪。所以一直以來，大家都有一個疑問：聖誕節為何是在 12 月 25 日？這一天究竟是如何成為聖誕節的？

「奴隸會成為主人，主人會變成奴隸」——這句話並不是某種激進的宗教或政治信條，而是指薩圖納利亞（Saturnalia）——羅馬農神節——的其中一個重要特色。顧名思義，農神節是以農神薩圖恩（Saturn）之名舉辦的慶典，時間是每年的 12 月 7 號到 23 號左右。這是羅馬最受人期待的節日，詩人卡圖勒斯（Catullus）曾提到這個節日是「所有日子當中的精華」。農神節一到，不論是在羅馬共和時期，還是後來的帝制時代，人們都會響起這樣的歡呼：

「太棒了！農神節到了！」這時，家人會齊聚一堂，一起享受美食並交換禮物——通常是陶器製品或小蠟像。奴隸會得到主人的款待，甚至與主人共桌進食。在諷刺作家盧奇安（Lucian）的筆下，農神薩圖恩自己是這麼描繪這個節日的：

奴隸們戴著樹葉製成的頭冠，正在慶祝隆冬期間舉行的農神節薩圖納利亞。這個來自 3 世紀的馬賽克鑲嵌年曆來自現代突尼西亞的城市傑姆（El Djem）。

> 在我的節日裡，嚴肅的事務一概禁止：不准做生意。你就一直喝酒，喝得醉醺醺的就好；你只管大聲喧鬧、玩骰子遊戲、任命新王、招待奴隸大吃大喝、脫光衣服唱歌、拍手跳舞……偶爾把燻黑的臉浸在冰水裡清醒一下——在我的節日裡，你該做的事就是這些。

這真是 12 月底最讓人期待和喜愛的羅馬慶典。禮物、遊戲、停止工作、陪伴家人。隨手取得的酒讓人們的談話越加順暢，幫助人們忍受他們的親戚，就像我們今日會說的：「聖誕快樂！」

挪用早期宗教節慶來解釋聖誕節的起源是個簡便的方式，可以藉此解釋聖誕節舉行的日期和種種習慣，但是事實並沒有這麼簡單。迪爾梅德．麥克庫洛赫（Diarmaid MacCulloch）是牛津大學教會史的教授，根據他的說法，不管是聖誕節的起源還是人們何時開始慶祝這個節日，兩個問題至今都還沒有一個確定的答案：

我們不知道耶穌何時誕生。基督教的習慣是把耶穌的出生設定在一年最黑暗的季節；很自然地，我們會覺得這樣的可能性極高，因為這段期間有許多節慶，其中之一就是羅馬人的農神節。然而話說回來，關於農神節的一切，我們也同樣所知不多。再來，這段時間其實還另有一個節日：無敵太陽神節（Sol Invictus）。不過這個節日的出現有可能是因為隨著基督教的逐漸普及，並成為羅馬人的威脅，焦慮的羅馬皇帝才鼓勵人們慶祝這個非基督教的節慶，以此抵消基督教徒當時所做的一切。

聖誕節有可能開始於公元第 3 世紀，所以這是一個很古老的節日。但是我們也可以確定這個節日與《聖經》無關。後來某些新教教徒指出這一點，並試圖取消聖誕節，他們認為你可以名正言順地辦一個新教式的復活節日，因為復活節的日期可以依《聖經》的記載推算出來，但聖誕節是個外來節日。就實際層面而言，他們當然是對的：聖誕節並不是早期教會會慶祝的節日。

宗教改革之後，大部分新教教會持續慶祝聖誕節，視之為重要節日，就像羅馬天主教會那樣。但是清教徒非常不喜歡這個沒有《聖經》依據的節日，因此在兩百多年的時間裡，聖誕節始終是個宗教、政治論爭的核心議題。考慮到聖誕節在現代社會廣受歡迎的程度，這個事實還真讓我們覺得訝異。1620 年，朝聖先輩抵達美國之後，他們堅持在聖誕節工作，因為聖典並未提到這一天可以不工作。在克倫威爾（Cromwell）執政時期，因為英國國會議員大多數成員是清教徒，所以英國禁止慶祝聖誕假日——儘管民眾極力抗議。到了1660年，聖誕節才隨著皇室的回歸而解禁。1640年，蘇格蘭議會廢除了被認為有危險的天主教節日——基督彌撒，並把這個主要於隆冬舉辦的慶典移到新年；對許多蘇格蘭人而言，這個節日至今依舊存在。一直到1958年，聖誕節在蘇格蘭依然是個普通的工作日。

所以，現代人歡欣慶祝的聖誕節，還有與這個節日相關的所有熟悉意象究竟是如何形成的？一般來說，普通民眾在形塑宗教慶典時所扮演的角色，幾乎和聖職人員一樣重要。宗教慶典極容易受到民眾的影響，而且幾乎馬上反映大眾的品味轉移，因為民眾會從許多不相干的源頭尋找、添增與吸收新的元素（我們將會在第十七章的難近母節〔Durga Puja〕看到這一點）。當然，這種廣收眾納的能力是宗教慶典得以存活、並持續履行其社會功能的重要因素。在中世紀，由於受到聖畢哲（Saint Bridget）的文字影響，人們在很大的面向上重新想像西歐的聖誕節，使之符合時代改變中的靈性關懷（見第十八章）。現代版本的聖誕節也在很大程度上受到通俗作家、政治和經濟改變的影響。迪爾梅德·麥克庫洛赫的解釋是：我們現代過的這個聖誕節是19世紀的發明，而且有許多發明是來自紐約。想當然爾，清教徒的先輩們對這一點一定會覺得十分訝異。

因為受到清教文化的薰陶，早期北美的新教教會實際上是不過聖誕節的。但是獨立戰爭結束之後，美國人希望替他們的新共和國創造一個新的節慶日曆，而負責統籌的那群人當中，有一或兩組人專精古老的歐洲傳統。當時的紐約人重新撿起自己的荷蘭根源（藉此與英國的殖民主義分庭抗禮），於是就採用了荷蘭傳統的聖尼古拉斯（Saint Nicholas）節日。事實上，聖尼古拉斯本來是駐土耳其南部的麥拉主教（Bishop of Myra），但他的名字後來漸漸改變成聖特卡拉斯（Sinterklaas）。儘管歷經了宗教改革，這位屬於早期教會的主教還是在尼德蘭（Netherlands）存留下來，而且成為大眾歡迎的人物，後來甚至成為美國聖誕節日的主要角色。漸漸地，他的形象也產生變化；他越來越不像主教，反而慢慢變成一個歡樂的老人。而且他的名字也再一次經歷轉化，變成聖誕老公公（Santa Claus）；事實上，聖誕老公公是一個誕生於美國，再從美國傳向全球各地的節慶人物。

根據荷蘭傳統，聖尼古拉斯是在每年的 12 月 6 日，即他的瞻禮日前夕，騎著馬，帶著禮物去送給每一個（乖）小孩。在北美，大約在 1800 年左右，他的這個在當時已增添一種反英魅力的送禮行動被延遲幾個星期，使之與聖誕節同時。聖誕節是當時所有信奉新教的北美基督徒（除了清教徒之外）都會大肆慶祝的節日，不論是在自己家裡，或是在教會。傳統上，荷蘭的聖尼古拉斯／聖誕老公公是騎著馬，帶著助手黑彼得（Black Peter）到各家各戶派送禮物。但美國人也改變了這項特色；他們決定把聖尼古拉斯跟另一個完全不同的北歐隆冬傳統結合起來。最後讓人驚異的成果是，這位來自古代地中海的主教獲得了一支北極的馴鹿隊。

這個新英格蘭人發明的、有點古怪的傳統很有可能就一直維持這樣。不過到了 1823 年，事情產生了另一個轉變。當時，住在紐約的神學教授克拉克·

聖誕節大雜燴：來自德國異教徒的聖誕樹、北極的馴鹿、哥德式教堂，還有一位來自紐約和荷蘭的土耳其聖人。

A Merry Christmas

摩爾（Clement Clarke Moore）把這個宗教節日大雜燴寫成了一首詩：

聖誕節的前夕，屋子裡靜悄悄，
大家都已安歇，連老鼠都睡了；
聖誕襪好好地掛在壁爐旁邊，
希望聖尼古拉斯很快就會來到。

毫無疑問的，這是一首打油詩。但是由於節奏明快，容易記憶，因此這首詩很快流行起來，成為大西洋兩岸的暢銷作品：

到那時，我的眼前會出現什麼景象？
一輛小小的馴鹿車，八隻小小的馴鹿，
跑得如此輕快迅速，後面還跟著一位
老駕馭，他一定就是聖尼古拉斯。

從此，這首詩就在英語世界的聖誕節留下了印記。從此在大西洋兩岸，這個慶典的焦點就轉移到孩子身上。聖尼古拉斯駕著馴鹿車派送禮物的畫面成為慶典的重要部分，而現在這個節慶也和禮物產生密切的聯繫——聖誕購物風潮於焉開始。摩爾甚至還給聖尼古拉斯的八頭馴鹿一一取了名字：歡歡（Prancer）、小舞（Dancer），小妞（Vixen）等。一百年之後，從聖

聖尼古拉斯經歷的多次轉變：（從左到右，上到下）12 世紀土耳其南部麥拉的天主教聖人；15 世紀專門救助落難年輕女子的荷蘭大善人；1850 年，聖尼古拉斯帶著助手黑彼得，騎著馬在荷蘭的屋頂上奔馳，一面把禮物從煙囪丟入每一戶人家；2016 年，他把聖誕節的歡樂帶到了孟加拉。

আমার স্কুল
শব্দসন্ধান
ফারাক পাও
আমার দুনিয়া
আনন্দমেলা
গল্পে আছে আসলে নেই
সান্তা ক্লজ, রবিন হুড, জোধাবাইয়ের মতো এমন অনেক চরিত্র শুধুই গল্পে আছে
KUNAL_16
জমজমাট তিনটি গল্প
পাতাল নিয়ে নানা কথা
'কিংবদন্তি' কোহলি

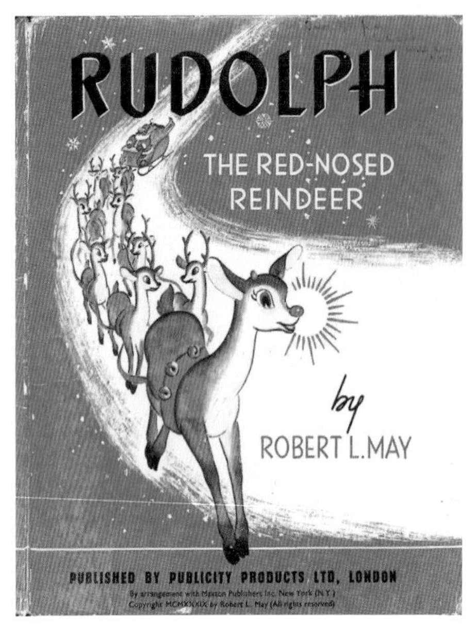

紅鼻子馴鹿魯道夫在 1939 年加入聖誕老公公的馴鹿隊，帶領從 1820 年就在一起的八個夥伴。

誕購物這個活動誕生了第九隻馴鹿，也就是最著名的魯道夫（Rudolph）。1939 年，美國的蒙哥馬利百貨公司（Montgomery Ward）推出了一首促銷小曲，用來刺激聖誕節的購買風氣。從此以後，魯道夫的紅鼻子就一直閃耀至今。

美國人重新發明的聖誕節在 1820 年代被英國人熱烈地接收，並進一步將之發展開來。就各方面而言，接下來的這些新發展也還是一樣令人驚異。這一切主要得力於狄更斯（Charles Dickens）在 1843 年出版的小說《聖誕頌歌》（*A Christmas Carol*）。這部描寫吝嗇鬼史古基（Scrooge）的短篇故事是一本暢銷書，第一年就售出十三版。更重要的是，這個短篇故事從此影響了英國聖誕節的所有層面，特別是英國傳統的聖誕大餐。英國聖誕大餐的主角本來一直都是鵝，但是史古基改過遷善之後的第一個動作是去買一隻大火雞送給他貧窮的書記鮑伯．克瑞奇（Bob Cratchit）。從此，火雞成為所有家庭的聖誕大餐首選，「火雞不情願為聖誕節投票」也變成一句諺語。

更重要的是，狄更斯提到聖誕節是一年當中，富者應該記起他們對貧者的

〈聖誕精靈就快來到〉：狄更斯最暢銷的《聖誕頌歌》小說插圖。

Scrooge's third Visitor.

責任的時刻，或誠如史古基慷慨的侄子所說的：「男男女女似乎一致同意打開他們原本關起來的心，想到比他們低下的人，將之視為一群也會跟著他們走向墳墓的同伴，而不是另一個注定要走向其他旅程的生物品種。」狄更斯的看法是，聖誕節除了是個宗教節日，也是一個促進社會和諧、慷慨行善，讓所有階級團結一致的節日。這個想法在維多利亞時期的倫敦引起很大的迴響，尤其在工業化的都市。到現在我們依然還可以感受到這種迴響。今日英國人為了幫助社會弱勢而捐出的善款，通常會在聖誕節達到最高峰。

就像所有節慶，聖誕節一年年地重複，但也一年年地進展，因為每一個獨立的慶典都有意無意地與每一個其他的慶典產生共鳴，呼籲人們反省。就像史古基的遇到過去、現在和未來聖誕節精靈，毫無疑問地，他和他的讀者都被拉進那個形塑每一個個人生命的循環之中，在其中扮演他們必須扮演的角色。這個循環將會持續下去，遠超過每個人的生命，將世世代代的人連結在一起。當史古基在聖誕節的早晨醒來，已經改變了的他提出一個新的、溫暖人心的智慧見解：「我會住在過去、現在，還有未來。」這正好就是舉辦慶典的重點所在。

19 世紀還為現代聖誕節增添另一個特色，而這個特色讓我們的慶典與西伯利亞恩薩赫節的世界產生了連結。許多北歐的宗教傳統中，人們認為長青的針葉樹可以透過根、樹幹和支幹來連結冥界、地界與天界。人們會在針葉樹的支幹掛上閃亮的、刻有圖騰的裝飾物——這原本是一個象徵，代表地面的神靈力量。斯堪地那維亞和德國兩地的人民有一個習慣：他們會搬一棵長青樹——原始森林的一部分——回家過節。這個習俗在維多利亞女王和亞伯特王

1848 年，歐洲飽受革命事件驚嚇；在溫莎堡內，英國的皇室家庭圍在聖誕樹旁。

CHRISTMAS TREE AT WINDSOR CASTLE.—DRAWN BY J. L. WILLIAMS.—(SEE NEXT PAGE.)

子的影響之下，也在英國流行起來。把這個傳統從科堡（Coburg）帶回英國的是亞伯特王子。1848 年，《倫敦圖文新聞報》（*Illustrated London News*）刊登了皇室家庭的聖誕節全家福照片：在溫莎堡裡，這對皇室夫妻與他們的小孩圍在一棵長青樹旁。這張照片在英國全國激起熱烈迴響。這一年，革命震撼了整個歐洲，最後導致法國皇室倒台。也許是這個原因，這張照片刻意把皇室家庭拍得不像皇室，反而讓他們看來像他們的人民——幾乎就像任何一個可敬的中產階級家庭。他們的聖誕樹到處受到人民模仿，只要買得起，大家都會在家裡擺上一棵聖誕樹。一個家庭造就了和諧的社會團結。

聖誕節這段漫長的融合過程，這是最後一步了，我們的聖誕卡和我們的現代聖誕節慶體驗至此終於完成：最受人歡迎的一個中亞宗教節慶與古代羅馬的假日重疊，接著再吸收了德國的自然崇拜成分，接著這一切在紐約被重新塑造，譜成曲子，最終導致全球的百貨公司在聖誕節期間都會在樓梯旁邊搭一個聖誕老公公的人工洞穴，讓小孩可以進去玩（聖誕老公公到底是什麼時候得到那個的？）

清教徒反對聖誕節，因為這個節日沒有《聖經》的依據。現代的批評家則把批評火力集中在自我耽溺和商業氣息太重。然而迪爾梅德．麥克庫洛赫認為這種批評沒注意到一個基本重點：

> 聖誕節向來都相當重視物質的層面。這話的意思是：聖誕節一直就是關於好好享樂的節日。這一點向來都是個問題——中世紀教會的道德家總是痛斥淫蕩的跳舞這類活動。這是慶典的問題所在，慶典永遠都有個雙面性格。慶典有其神聖的一面，如果你要聲稱那是一個宗教慶典。但是慶典如果有什麼好處，那就是慶典也總是會滲入普通人的

生活。人們擁有一段歡樂的時光——這就是為什麼人們會記得慶典，願意持續舉行慶典的原因。

令人意外的是，聖誕節在今日竟然充滿宗教氣息。許多平日不上教堂的人，他們會在聖誕節去教堂做禮拜。他們把這個節日和一個引人入勝的概念連結在一起——他們認為這個節日與一個對我們十分重要但又無助的嬰兒有關。人們喜歡教會處理這個概念的方式。值得注意的是，在聖誕節期間，所有教堂看起來都比平日滿，甚至比紀念耶穌上十字架的受難日或紀念耶穌死而復生的復活節還滿。對平日不上教堂的人而言，後面這兩個節日是一個比較難以同理的概念。聖誕節則比較容易讓人接受，那是因為這個節日說出了某些我們無從躲避的深奧道理：我們生來都是無助的，新生是一個值得慶賀且帶來巨大喜悅的時刻。

不管在英國的隆冬或在西伯利亞的仲夏，宗教慶典一直都在重新調整。但是此種調整不是出於權威人士之手，而是人民合作的成果。這些宗教慶典讓我們思考我們自己，讓我們想起那些年年在同一個時刻留在我們身邊的人。我們大部分人都記得童年時期度過的聖誕節——不管這個節日換上什麼樣的名字：恩德爾節（Eids）、狄瓦利斯節（Diwalis）或漢努卡哈節（Hannukahs）；我們也記得那些跟我們一起過節的人，雖然那些人現在已經不在人世。同樣地，我們預期我們的兒孫也會持續慶祝聖誕節，即使我們已經不在世間；我們預期他們也會重新肯定我們一起共享的傳統，還有我們自己在這段時間裡的短暫停留。

The Power of Images

PART FOUR

第四部

神像的力量

在前面幾部，我們檢視了幾個信仰的社群。在這一部，我們將會探討一個概念：信仰社群的神像。天賜的神像特別能激起人們的虔誠之心，進而代表整個國家，最終成為一國之尊。人造的神像也同樣具有團結信眾的力量，即便是那些重塑再重塑、複製了無數次的神像也是如此。這樣的神像以共有的歸屬感將神像創造者團結起來，或將幾個世紀的觀者團結起來，因為這些觀者共同擁有一個信念──神像會帶來指引和保護。雕像和畫像帶領我們走入一個文字無從描述的世界，一個超越我們自身，通常只有詩人、先知、祕士和薩滿才能進入的世界。文字掙扎著分辨信仰的種種模糊和衝突，但這些模糊和衝突卻在圖像之中獲得包容，或甚至得以化解。對大部分社會而言，諸神的起源的主要面向一直就是與那些帶著不同性質的真理與不同層次的現實的神像共處。

THE PROTECTORESSES

第十六章　女神像的保護力量

1568年，英國旅行者邁爾斯．菲立普（Miles Philips）在墨西哥殖民地旅行；他記錄了一個他認為既獨特又值得關注的行為：

> 這裡有一座用銀和鍍金打造的聖母瑪利亞雕像，高度差不多相當於一個身材高大的女人……不管任何時候，西班牙人只要經過這座教堂，儘管人騎在馬上，他們也會下來，走進教堂，跪在神像面前祈求聖母保佑他們，請聖母為他們阻擋所有的邪惡……西班牙語把這座神像叫作「Nuestra sennora de Guadalupe」，亦即「瓜達露佩聖母」（Our Lady of Guadalupe）。

根據傳聞，距離菲立普寫下這篇記事的三十多年前，當地有個土生土長、名叫若望．狄雅哥（Juan Diego）的墨西哥青年，有一天他到西班牙人在墨西哥新建首都城郊散步，突然看到一個奇異的年輕女子出現在他面前，並以當地的方言，亦即阿茲特克人的語言納瓦特爾語（Nahuatl）跟他說話。那位奇

1999年1月23日，教宗若望保祿二世在瓜達露佩聖母大教堂望彌撒。教宗背後的牆上掛著被封為「墨西哥女王」的聖母像，聖像的下方是一面很大的墨西哥國旗，上面繡著阿茲特克人的老鷹圖樣。

異的女子自稱是聖母瑪利亞；她對若望．狄雅哥提出一個要求，請他在那個地點，亦即瓜達露佩的泰匹雅山（Tepeyac）附近為她蓋一座教堂。

當地大主教不相信狄雅哥的話。於是狄雅哥就去找那名女子，請她提供一個徵兆來證明自己的身分。聖母於是要他到貧瘠的山邊去採集神奇開放的花朵（當時是 12 月 12 日），然後用他的提爾瑪（tilma），也就是當地人穿的一種披風或圍裙，把花朵收集起來帶去給大主教。當狄雅哥把那些不合時令的花朵帶到大主教面前，那件包著花朵的提爾瑪清楚出現聖母瑪利亞的聖像圖：她身穿金色長袍，披著星光閃閃的藍色披風，站在一輪由天使托著的彎月上。關於出現奇異神像的消息，還有聖母多次現身並對人說了許多鼓勵與安慰的話的消息很快就傳開了。一座聖殿很快在當地建立起來，狄雅哥那件出現奇蹟聖像的提爾瑪再也不是一件普通衣物，而是像聖壇的裝飾畫那樣被裝裱起來，張掛在教堂裡。

儘管墨西哥歷經了許多政治變遷，儘管反宗教的革命分子曾在 1920 年代施以炸彈攻擊，那張聖像圖始終高掛著。現代的信眾不再像菲立普筆下的朝聖者那樣騎著馬到訪，他們是搭著遊覽車，一大群一大群地從各地前來祈求聖母的保佑，請求聖母「為他們阻擋所有的邪惡」。不過，現在的朝聖者人數眾多，很難跪在聖母面前了，大家只能排著隊，緩緩地走在一條步道上，緩緩地從聖母像前面經過。

我們從朝聖者帶走的紀念品可以看到，雖然這尊神像就許多方面來看都很符合那段時期傳統天主教的塑像模式，不過這尊神像卻有一項奇異的特色。根據文化史學者瑪麗娜．華納（Marina Warner）的觀察：

> 這尊神像的重要特色就是聖母的膚色是深色的。歐洲從中世紀開始

就出現過黑色皮膚的聖母像，但那些神像的五官特徵並不像黑人，更別說像當地原住民了。但是瓜達露佩聖母不同，她看起來真的就像個土生土長的墨西哥婦女——若套用時下流行的語彙，就是像「印第安人」。所以這尊瑪利亞神像是個奇蹟，因為她的形象不是新殖民主的歐洲人，而是墨西哥當地人的形象。據傳她用當地的語言納瓦特爾語跟狄雅哥說話——這有一部分是在維護墨西哥境內教堂的「印第安特質」（Indian-ness）。這是天主教傳教的重要策略：擴大對所有人的包容。

作為包容其他種族這一面向的代表，瓜達露佩聖母一直深具影響力。全球各地天主教教堂裡的聖母像向來都塑成年輕高加索女子的形象，此地的聖母固然穿著西方人的服飾，但是她的容貌顯然是當地人的樣子。這個形象所傳達的訊息是：這是一座跨種族、主動接納所有墨西哥人的教堂——不管他們來自什麼背景。在公開的慶祝儀式上，許多跟家長來參加慶典的男孩都會穿上小小的狄雅哥提爾瑪（墨西哥兼印第安人的服飾），驕傲地扮演小狄雅哥，高高興興地拍照留念，即使歐洲人的後代也一樣。這是瓜達露佩這個地方的聖母，也是所有墨西哥人的聖母。為何會如此？瑪麗娜．華納解釋道：

她已經成為這個國家的化身，遠遠超越純粹的宗教層面。瓜達露佩聖母的信仰傳遍墨西哥各地，連住在美國的墨西哥人也是她的信徒。這是維護身分認同的一種方式，通常那些覺得自己被歧視的人會特別藉此方式來維護他們的身分認同。她帶給這些人安慰，給他們力量。

1966 年，加利福尼亞的墨西哥農場工人發動罷工，罷工隊伍帶的旗幟當中有瓜達露佩聖母像——她是世界各地貧窮墨西哥人的保護者。

就像瑪麗娜．華納提到的，這尊神像帶來的間接政治力量向來影響深遠——也難以預測。征服者西班牙人強制推行自身信仰的幾年後，有人看見了聖母顯靈，而這個靈相不久即成為第一個本土美洲天主教的象徵，在 19 世紀更成為墨西哥人的國家認同，藉以對抗西班牙人的政權。過去數百年來，一直都有世俗君主和宗教領袖刻意培養與發展聖母信仰這個「愛國的」層面。反抗西班牙國王的抗爭結束後，墨西哥在 1820 年左右崛起，成為一個獨立的共和國，這個新國家的第一任總統把他的名字從費利克斯（José Miguel Fernández y Félix）改為瓜達露佩．維多利亞（Guadalupe Victoria），藉此標記他的勝利，還有宣布他真正的效忠之心。

墨西哥獨立之後，陸續發生了好幾場戰爭。一開始是對抗美國人那些規模越來越大的入侵行動，接著是對抗法國人的侵略。這整段時期裡，那些打著爭取國家自由的戰鬥口號，不管政治傾向如何，全都祈求瓜達盧佩聖母的保佑。回顧 1870 年那段期間，墨西哥人剛剛成功地趕走了法國人，那位激進的參戰鬥士阿塔米拉諾（Ignacio Manuel Altamirano）乾脆如此宣稱道：

> 如果有一天這塊土地的人民不再仰慕泰匹雅（瓜達露佩）聖母，我們可以確定的是：這塊土地一定會消失，不只是墨西哥這個國家，還有今日所有住在墨西哥的人的記憶。

令人覺得驚異的是，人民信靠瓜達露佩聖母的習俗是如此強固，不管個人遇到危機，還是國家遭受侵略，他們都會去請求聖母保佑，即使是 1920 年代和 1930 年代那些強烈反宗教的政府都無法損壞這一信仰。1945 年，教宗庇護十二世（Pius XII）宣布瓜達露佩聖母為墨西哥女王（Queen of Mexico）和美洲之后（Empress of the Americas）。她那座可以容納一萬多人的教堂據說是全球最多信徒前往朝聖的羅馬天主教堂。住在美國的數百萬墨西哥人也常常定期前去祈求保佑。

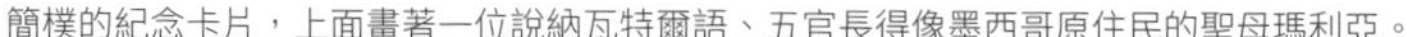

簡樸的紀念卡片，上面畫著一位說納瓦特爾語、五官長得像墨西哥原住民的聖母瑪利亞。

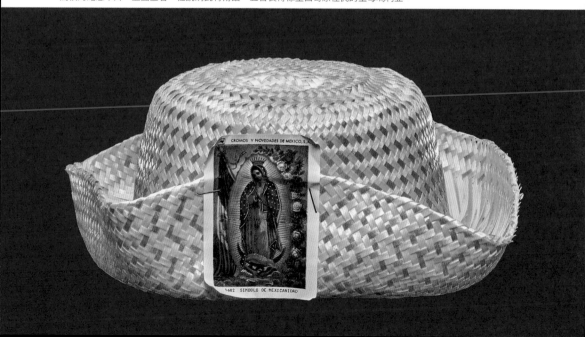

這段漫長的政治－宗教的發展過程也許可用一件簡單的墨西哥紀念品總結：一頂現藏於大英博物館的淺黃色女用草帽。就像中世紀朝聖者在帽子上別個徽章，這頂草帽的帽沿用釘書機釘著一張小小的、印刷粗糙的彩色卡片，卡片上很明顯印著瓜達露佩聖母像。聖母像的下方印著一行字，但並不是一般常見的祝福文字或宗教文本，而是寫著「墨西哥特質的象徵」（Simbola de Mexicanidad）。瓜達露佩聖母凝聚了她的子民的本質。

在現代世界裡，瓜達露佩聖母教堂據傳是羅馬天主教徒最崇高的朝聖之地；同樣地，古代偉大的商業城市以弗所（現代土耳其西部）的阿特蜜斯／黛安娜（Artemis/Diana）神殿，無疑也是古代地中海地區最著名的神殿。從考古證據來看，以弗所的女神信仰最早可追溯到銅器時代。第一座已知的阿特蜜斯神殿建於公元前 8 世紀。大約在公元前 6 世紀的某段時期，一座新的阿特蜜斯神殿建立起來，後來成為世界七大奇蹟之一——這是世界七大奇蹟唯一的一座神殿，且規模是帕德嫩神殿的三倍。史蒂芬妮．博汀（Stephanie Lynn Budin）曾對阿特蜜斯神殿做過一項特別的研究：

這枚羅馬銀幣大約製造於公元 50 年，我們可以看到阿特蜜斯站在祂的以弗所神殿前面。

那是一座巨大的、絕對會令人感到震撼的神殿。而且這座神殿非常富有，擁有許多贊助者，包括城市的和個人的贊助者，從普通老百姓到外國來的大使，大家紛紛帶著禮物和祭品來獻給女神。世界的財富全都集中在這裡。

阿特蜜斯從神殿俯瞰祂的城市，保護祂的城市還有城裡的居民。祂帶給信徒和平的祝福和繁殖力，賜給以弗所居民和所有信徒幸福平安。

就像顯現在狄雅哥提爾瑪上的瓜達露佩聖母神像，俯瞰著以弗所城的阿特蜜斯神像也是神聖的，而且祂的神聖性是內在的，因為據說這尊神像不是由任何人手打造，而是在宙斯（Zues）的命令下，直接從天堂掉入人間。另外，就像瓜達露佩聖母神像，以弗所的阿特蜜斯神像也是獨一無二的——她具有顯著的特徵，人們一眼即可認出，而且即使有許多複製品流傳世界各地，祂還是保有當地的特色。

據史蒂芬妮．博汀指出，阿特蜜斯這位自然與狩獵之神在以弗所當地還擁有另一個令人驚異的特徵：

一般來說，阿特蜜斯的左右各有一頭小鹿站在祂身邊，祂本身則戴著「帕洛斯頭冠」（polos），那是神的標記。但在這裡祂擁有另一個令人驚異的特徵：祂的上半身覆蓋著許多圓形的隆起物。關於這些圓形的隆起物有許多解釋，一度被解釋成重乳或公牛睪丸（大概是人類奉獻的祭品），甚至還有第三個可能的解釋：這些已經成為祂的標記

的隆起物有可能是袋子，因為我們有時會在安納托利亞（Anatolia，現代的土耳其）的神明身上看到這種袋子，這些袋子是特別設計的，裡面裝著預備送給人類的禮物，從食物飲品到財運子嗣皆有。

基於好幾世紀的海上貿易和殖民，以弗所的阿特蜜斯信仰向東傳入黑海，向西則傳入西班牙。這個特別的、奇異的女神版本在各地被抄襲和模仿，尤其是祂在羅馬的神殿。不論何時，如果你看到具有上述特徵的神像，必定就是以弗所的阿特蜜斯，當然還有與跟這個信仰有關的聯想：一個既富裕又重要的城市，守護著這個城市的阿特蜜斯——一個擁有權力，充滿威望的女神。

會觸發這些聯想的，不僅是古代世界那些矗立在各個神殿裡的宏偉雕像（這些雕像今日已經消失不見），那些小型的、可攜帶的以弗所阿特蜜斯雕像也是如此。小雕像通常是以陶瓷或金屬製成，有的是供奉在神殿上的禮物，有的是讓信徒可以買了隨身攜帶的紀念品。今日我們擁有大量這類小型雕像，全都特徵鮮明，可以立即指認。原本的大雕像據說是木頭打造的，可能在公元前356年的大火中燒掉了。留存至今的大量小雕像都是用相當便宜的材質製成，因為較為貴重的小雕像有可能已經在不同的歷史時期被熔化並重製成其他器物。我們從〈使徒行傳〉（Acts of the Apostles）得知，貴重的小雕像在當時是十分興旺的一門生意，因為有錢的朝聖者都會想帶個紀念品回家。

聖保羅（Saint Paul）一面旅行一面傳教，呼籲信徒不要相信異教的神祇，

古代世界各地的人都認得這位形象獨特、生有重乳的阿特蜜斯／黛安娜女神：祂是以弗所城與以弗所人的保護者。這座雕像顯示祂站在兩隻幼鹿的中間。

以不同的材質，為虔誠的朝聖者製作的小型瓜達露佩聖母像和阿特蜜斯女神像。

也不要涉足異教徒的神殿；可想而知，他在以弗所會給人們帶來什麼樣的恐慌，因為以弗所有一座當時最偉大的神殿。果然，他一到那裡就引起一場暴動。根據《聖經》記載，這場暴動是由一個名叫「底米丟（Demetrius）的銀匠帶領的，他是製造亞底米神（阿特蜜斯）銀龕的，（阿特蜜斯）使這樣（的）手藝人生意發達」。這位銀匠和他的同行眼光銳利，他們看得出新的基督教義會對以弗所產生什麼樣的影響：「不獨我們這行業被人藐視，就是大女神亞底米的神殿也要被人輕忽，連亞細亞整個地區和普天下所敬拜的大女神之威榮也要消滅了」。這個經濟上的理由很快就被政治上的因素淹沒，一群憤怒的群眾因此而聚集起來。

整整兩個小時，他們齊聲吶喊：「大哉，以弗所人的阿特蜜斯啊！」後來，城裡的書記勸服群眾，使他們安靜下來；他對群眾說：「以弗所人哪，誰會不知道以弗所人崇敬偉大的阿特蜜斯女神？還有那從天堂落入人間的神像？」

暴動的威脅平息了下來，阿特蜜斯的信仰和祂的神殿太有名、太龐大，沒有任何人敢想像他們有辦法關上女神神殿的大門。

這段《聖經》故事雖短，卻把以弗所市民的熱誠展露無疑。阿特蜜斯已經成為社群的化身，也是以弗所城民身分認同的標記。誰敢挑戰這一點，誰就會遭受抵抗。很清楚地，古代的以弗所人就像現代的墨西哥人，他們無法想像失去女神保護的生活——他們的女神在當地受到敬拜，在全世界受到尊敬。

以弗所的阿特蜜斯的神像據說是從天上掉下來的，而且是宙斯親自下令降下的神像。阿特蜜斯到底為祂的崇拜者做了什麼，讓崇拜者對祂如此虔誠？根據史蒂芬妮．博汀的解釋：

> 阿特蜜斯和她的哥哥阿波羅永遠不會長大。祂們永遠都是青少年。阿特蜜斯雖然發育成熟，卻永遠停留在性成熟的邊緣，因為祂從來不曾跨過青少年階段，進入成年人的門檻。祂從未使用內在的生育能力，這讓祂可以完全控制自己的身體。祂是野生動物的女神；在希臘神話裡，未婚女子也是充滿野性的——據說未婚女子的野性需要婚姻來加以馴服，不過野生動物的女神不可能被馴服。因此祂是個普世女神，既保護女人，也保護男人，祂尤其關注危險的過渡期，例如女人生小孩的時候，或從童年跨入成年的過渡階段等等。

根據瑪麗娜．華納的解釋，「童貞」是阿特蜜斯信仰的重要元素——雖然這裡的「童貞」不一定是指一般意義的童貞：

> 有趣的部分是：與「童貞」這個概念真正相關的，其實並不是性方

> 面的貞潔，而是這樣的狀況使祂保持單身、充滿力量——後面這點比較接近古典希臘或羅馬人的「精力」（virgo）的概念。事實上，這個字與拉丁文「vir」有關，意指男人，強壯的男人；也與「virtus」有關，即英文的「virtue」（德行）。

永遠保有力量的這個特質使直接來自天界的阿特蜜斯有能力保護祂的信徒，使信徒度過難關，克服最大的危險。瑪麗娜．華納認為這一點很清楚地顯現在阿特蜜斯的一尊銅製雕像上，而這個小小的銅像讓她想到義大利文藝復興時代的慈悲聖母像（Madonna della Misericordia）（頁 298）：

> 她（聖母）的雙臂呈現一個接納的、開放的姿勢。她的雙手張開，掌心也打開，她正要給信徒一個擁抱。同樣的，這位城市的保護女神也張開了雙臂，歡迎她的市民，歡迎人們來接受祂的保護。祂永遠伸出雙臂，保護祂的市民。

就很多方面而論，這個看法使人想到瓜達露佩聖母。聖母瑪利亞曾有一次顯靈，對心懷擔憂、信仰開始動搖的狄雅哥說了這樣的話：

> 你的聖母難道現在沒站在這裡？難道你沒得到我的庇祐和保護？難道我不是你的生命之泉？難道你沒置身在我的聖袍、置身在我的雙臂的保護之下？你還需要其他任何東西嗎？

可以確定的是，正是因為這個保護的承諾，今日瓜達露佩可以賣出大量紀念品，過去以弗所女神小雕像也才能大量流傳至今。來自特定的、神聖地點的聖像提供信徒一個不同尋常的管道，讓他們可以和神明保持親密的聯繫。就像我們在第十四章看到的朝聖者故事，小小的複製品是一個提醒，讓你記得你在聖地與神明建立的聯繫；而且這個紀念品可以隨身攜帶，不管你走到哪裡，都會在你的日常生活中扮演一個主宰的力量和給你安慰。

相信聖像具有保護力量的這種信仰還有一個特色：這種信仰深深地根植在民眾心裡，深受民眾喜愛。以弗所人為了捍衛阿特蜜斯，抵禦聖保羅的批評而

瓜達露佩聖母大教堂每一年都售出無數聖母像給來此地朝聖的信徒。瓜達露佩聖母大教堂是全世界基督徒朝聖者最常去朝聖的地方。

發起暴動。在那之後，祂的信仰在當地持續發展，繁盛了好幾百年。1990 年，教宗若望保祿二世（Pope John Paul II）決定為狄雅哥宣福。瓜達露佩的地方主教提出異議，理由是當地並沒有足夠的歷史證據可以證明狄雅哥的存在。當地民眾十分憤怒，主教最後只好退讓，辭去職位。狄雅哥的宣福儀式如期舉行。十二年後，即 2002 年，教宗宣布狄雅哥為聖；狄雅哥因此成為第一個被封聖的美洲原住民。

瑪麗娜．華納有個看法，她覺得近年教會不時傳出的虐童醜聞不僅引起全球關注，也多少削弱了人們對男性神職人員的信任，使人們轉而渴求獲得像聖

巴黎這座紀念黛安娜王妃的鍍金火焰銅雕複製了紐約自由女神像的火把。這張照片攝於 2017 年 8 月，黛妃逝世二十五週年紀念日。

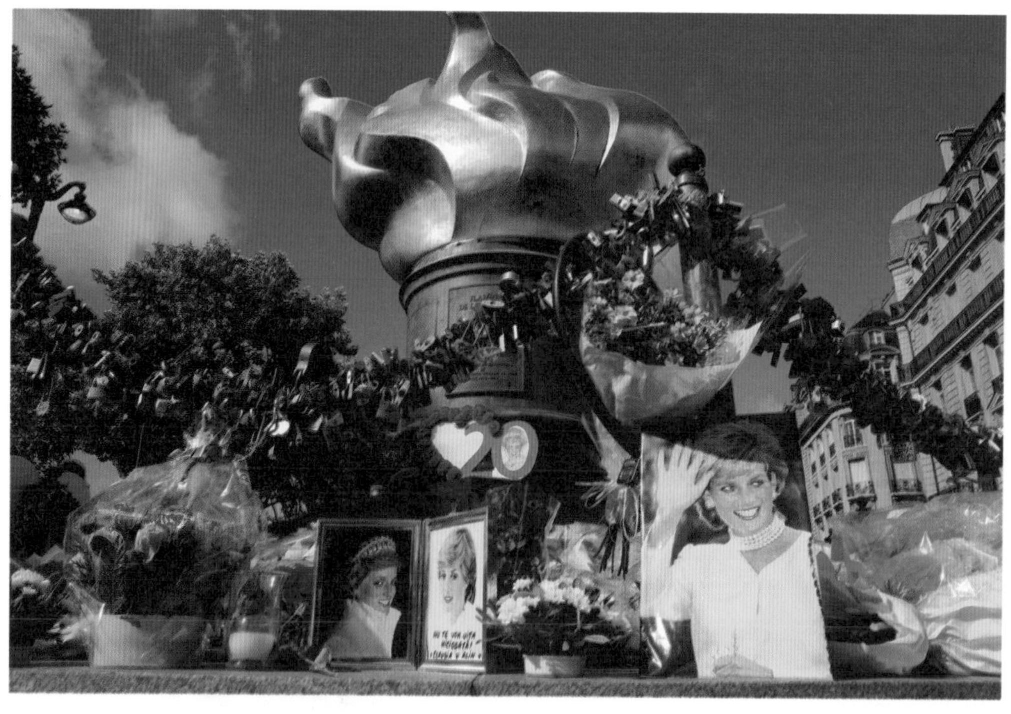

母瑪利亞一樣的神明的保護，而這多少促進了像瓜達盧佩聖母這樣特定信仰的普及興盛。在世俗世界，現代歐洲是否有任何一個人物可以為大眾提供類似的歸屬感和保護？

> 最接近的俗世人物是黛安娜王妃。她過世的時候，人們帶著悲傷的心情和鮮花從各地蜂擁而至。這是十分令人驚異的現象。她生前照顧愛滋病患和地雷傷患不遺餘力，可能由於這個緣故，對那些脆弱的人—尤其是年輕人—而言，她的角色已經轉化成那位特別的保護者與安慰者。

根據瑪麗娜．華納指出，你可以在巴黎一個離塞納河不遠的地方很清楚看到這一點，那裡是當年黛妃發生死亡車禍的地道上方。1989 年，人們在那裡建了一座紀念法國與美國友誼的紀念碑：一座 10 英呎高的鍍金銅像，銅像的火焰複製於自由女神手持的火把。1997 年，黛安娜王妃去世之後，大眾挪用了這座紀念碑，將之轉化成紀念黛妃的聖龕，完全無視該紀念碑的原始意義。

黛安娜王妃過世已經二十年了，那座銅火紀念碑的四周依然擺放著黛妃的照片，來自各地人們獻的花束，以及許多以各種語言手寫的卡片——有的表達謝意，有的祈求幫助。我認為那些定期來此獻花獻卡的人都可稱之為朝聖者。政府當局一再清除那些花束和卡片，但花束和卡片還是會再回來。這一事實傳達了一個清楚的訊息：人們是多麼希望有一個母親般的形象，一個來自另一個空間的存在，來鼓舞他們、引導他們、保護他們。

THE WORK OF ART IN TIMES OF SPIRITUAL REPRODUCTION

第十七章　宗教複製時代的藝術作品

直接從天而降的神像顯然有一種獨特的權威。據信這股形塑以弗所阿特蜜斯和瓜達露佩聖母的神聖力量不僅使祂們成為整個社會的焦點，實際上也讓祂們成為國家的理想領袖。雖然如此，那些顯然出自人手，經過多次複製再複製的神像也可以在現代國家扮演重要的角色，而且可被挪用來實現各種政治目的。在這一章，我們會看到人們為了把神聖性帶入日常生活而特別製作的聖像和雕像；這種人為的聖像與雕像也會強化深沉的社群感，超越社會的各種分歧，並且也會一代代地傳承下去。這類聖像與雕塑之所以具有這種力量，依賴的並不是製作方面的美學品質，而是特定的製作方法，以及製成之後人們如何使用與敬拜神像的方式。

對數百萬人來說，這類聖像畫相當重要，不過這類聖像畫的價值卻完全超出我們西方人熟悉的藝術分類或藝術史看重的範疇。各類藝術和藝術史所追求的主要是獨特的作品、偉大藝術家的創作、具有獨特視野和風格的作品。舉個例子，大部分人會到倫敦國家藝廊觀賞皮耶羅．德拉．弗朗切斯卡（Piero

喀山聖母像的其中一幅複製品，大約在 1850 年繪製於雅羅斯拉夫。站著的寶寶耶穌教了觀賞者一課：孩童式的謙遜。

della Francesca）的〈耶穌受洗〉（Baptism of Christ），但是相較於畫裡描繪的神學主題，人們比較感興趣的可能是這張畫能告訴我們多少皮耶羅擁有的特質。同樣的，每天有數千名遊客去米蘭的聖瑪利亞感恩聖母院（Santa Maria delle Grazie）看達文西的〈最後的晚餐〉，對大多數人來說，這張畫之所以重要，只不過因為那是達文西畫的。原創作品——即使毀損得很嚴重——給了我們一個機會，讓我們得以看到超級藝術家的洞見；至於畫的主題，人們通常會將之視為背景，一個讓我們得以進入藝術家的個人世界，讓我們欣賞他們表達感情、捕捉光線、掌控空間、描繪質感與深度的技法的背景而已。我們對藝術家的崇拜淹沒了創作作品原來的神聖目的。

毫無疑問地，大英博物館現藏的這兩張俄羅斯聖像畫，其繪製目的顯然不是為了彰顯畫家本身。我們通常會說，偉大的藝術作品是「超驗的」，或具有某種「挪移」我們的力量。但是如此定義的「藝術技藝」並不適合用在這兩個案例。此外，就狹義的美學意義來說，我們可以很安全地將這兩張聖像畫描述為平凡之作。這兩件作品很小，可能是用來掛在家裡祈禱用的。上色的技巧平平，沒有什麼可讓人注意之處，更別說有什麼可讓人欣賞的地方。藝術家的目的並不是要藉作品的畫面來展現他們對世界的觀點；相反地，他們希望藉由複製一幅信徒馬上就認得的圖像，為他們開啟一道通向神明的窗口。此外，這種畫像也必須畫得讓人覺得耳熟能詳，就像人們孩童時代學會的禱文或歌曲那樣。

在這兩幅聖像畫裡，我們看到瑪利亞左臂抱著小耶穌，頭微微低下，靠向

喀山聖母像，此版本繪於 17 世紀的莫斯科。

耶穌。耶穌穿著緊身短上衣，外罩金色長袍，嚴肅地舉起右手，做出一個兼具引導和祝福的手勢。畫中沒有任何自然光源，但是有天堂的光源：母子倆頭上各有一個光環，瑪利亞頭上的光環還超出畫面的內框。事實上，畫中沒有任何暗示空間深度的形狀或線條。你也找不到任何技巧可以改變這個觀點：這僅僅只是一幅把顏色塗在平面上的圖畫而已。其中有一幅塗上具有保護作用的瓷釉，如此若信徒親吻畫上的聖像也不會造成太大的損傷。（俄羅斯的聖像圖一直有個保存的危機，有些聖像會因為信徒的親吻而毀損，最後甚至整個消失不見。）

這兩幅聖像的繪製時間相隔大約兩百年，而且分別是在兩個不同的城市繪製而成——銀色鍍金的那幅繪製於 17 世紀的莫斯科，金色的那幅繪製於 19 世紀初期的雅羅斯拉夫（Yaroslavl）。雖然相隔兩百年，但這兩幅畫幾乎沒什麼改變——內外框的設計、人物表情、造型、姿態、動作、眼神和氣氛，基本上都是一樣的。之所以會如此，那是因為這兩幅畫都是複製品，而其繪製的本意就是要讓人馬上認出它們是複製品——俄羅斯史上最著名也最神聖的聖像：喀山聖母像（Our Lady of Kazan）的複製品。

這兩幅複製品的原作據說是在公元 1200 年之後不久，從君士坦丁堡移到窩瓦河（the Volga）河畔的喀山——距離莫斯科東部大約 500 英里的一座城堡。公元 15 世紀，韃靼人（Tartar）入侵並占領了喀山，聖像被人藏了起來，然後就不見了。到了 1552 年恐怖伊凡（Ivan the Terrible）趕走敵人之後，聖母瑪利亞即出現在一個年輕女子的夢裡，告知該女子聖像的位置。從那時起，信眾很快發現聖像會施展奇蹟。不過這個消息也讓俄羅斯從此必須不斷對抗外來的侵略者—— 17 世紀的波蘭人、18 世紀的瑞典人、19 世紀的法國人，只是每一次俄羅斯人都成功打敗侵略者。很快地，這幅聖母像就被敬奉為俄羅斯的神

喀山聖母拯救俄羅斯：在這幅繪製於 1880 年代的作品，可看到俄羅斯軍隊的指揮官庫圖佐夫（Kutuzov）正在跟他的幾位將軍開會，討論如何對抗拿破崙在 1812 年的入侵。畫面正中央的上方掛著一幅喀山聖母像。

聖保護者，並繪製了許多複製品，四處分發給信眾。喀山後來蓋了一座大教堂來安置這幅聖母像，莫斯科和聖彼得堡兩地隨後也以喀山聖母之名陸續蓋了兩座教堂——當然，掛在在這兩座教堂裡的聖像畫是複製品。1904 年，喀山聖母聖像的原作被人盜走。不少虔誠信徒都把後來發生在俄羅斯的許多災難，例如在日俄戰爭中被日本人打敗以及 1905 年的革命失敗，都歸咎於這一褻瀆行為。這幅聖像至今仍然下落不明。聖像的原作不論具有什麼美學特色，今日已經無從得知。不過，這幅聖像代表的神聖特質持續存留在無數的複製品裡。時至今日，每天仍有數百萬人向這幅聖像祈求保佑。這幅聖像的複製品極多，流傳極廣，大英博物館收藏的這兩幅只是大批複製品當中的一小部分而已。

這類大量複製的作品與我們熟悉的寫實主義表現成規相隔遙遠，或與我們觀念中的藝術創造方式迥然不同。既然如此，我們究竟能從這些複製品獲得什麼？觀畫者會如何使用這樣的複製畫？坎特伯里前大主教羅恩·威廉斯（Rowan Williams）為我們如此解釋：

> 聖像的主要重點在於，它是神聖存在及其作用的媒介。聖像之所以具有這樣的作用，那是因為畫家直接地描繪了神的作為。所以這整個概念是：當你站在一幅聖像面前祈禱，你在某種意義上是敞開心胸，迎向神對你的作用。在這個案例中，藉由喀山聖母的一幅聖像，你受邀觀看耶穌與聖母之間幾個特定的向度或層面的關係，由此而觀看耶穌及其信徒之間的關係。在這樣的觀看行為中，聖像中的聖母即代表了信徒。不同的聖像傳統會各別探索這種關係的不同層面。
>
> 舉個例子，弗拉迪米爾聖母（Our Lady of Vladimir）的傳統中，你會看到小耶穌的身體蜷了起來，向上貼近聖母的臉，一手環抱著聖母的脖子。這幅聖像通常被稱為「慈愛聖母像」（Virgin of Loving Kindness）。在喀山聖母像的傳統裡，你看到小耶穌以他的手勢暗示信徒，表示他要教導我們，而聖母是他這個行動的見證人。聖母的頭微微傾向耶穌，還有她的眼神也是。這兩者的描繪皆暗示信徒把目光移向前方的耶穌。
>
> 這裡還有一項相當出人意外的描繪，也就是耶穌事實上表現得像個大人，雖然在弗拉迪米爾聖母像裡，耶穌表現得像個小孩，緊緊依偎著母親。在「喀山」的聖母像裡，他的形象顯然是個伏筆，預示他長大之後會成為一位偉大的導師。雖然如此，這樣的他提醒了我們一件

事。即使還是個孩子，耶穌也教導了我們某些東西——幼兒耶穌的謙遜或脆弱是聖行的一部分。

如果對觀畫者而言，這就是這類聖像的目的，那麼聖像創作者的任務又是什麼？由於這類聖像畫描繪的是永久的關係，而非轉瞬即逝的表象，因此繪製

弗拉迪米爾聖母像，此複製品畫於 19 世紀的莫斯科。耶穌寶寶緊緊依偎著保護他的母親。

這種聖像需要特別的訓練和技巧，不僅只是會畫畫和使用材料而已。許多聖像繪製手冊都強調畫家要掌握與描繪的是那些久遠的、既成的規範。畫家的任務不是創造，而是「抄寫」教會制定的聖人形象——那些既成的、受人敬畏的形象。要做到這樣，畫家必須透過祈禱或禁食，在精神上讓自己準備好，讓他的手得到神的指引。

當然，有的聖像畫家會比其他聖像畫家更有才華，且會發展出某些風格，讓人一眼就馬上認出那是他的作品，安德烈・盧布列夫（Andrei Rublev）就是一個最重要的例子。不過，聖像畫家的主要目的是延續傳統，在時間的長河中傳達受人尊敬的形象，畫家在其中所要做的只是謹守自己的本分。在敬拜者與神這一個流傳數百年的關係裡，畫家個人的成就是次要的。羅恩・威廉斯解釋畫家這種抹除自我的觀點所帶來的力量：

> 這是東方基督教，東正教教會普遍的態度。他們認為你該看重的並非原創性。你要尋找的是可靠性，你要注重的是找到一種方法，讓你進入持續存在著的共同生命。

換句話說，這類聖像作品確認了一個信念：站在聖像前祈禱會使你成為巨大社群的一分子——不論是生的社群，還是死的社群。社群裡的其他人也曾站在一幅跟現在這幅看起來很像的聖像前祈禱，而這就是「持續存在著的共同生命」。一般說來，這類聖像畫通常是讓人在獨自沉思，或在家裡祈禱時所用。但對羅恩・威廉斯來說，這類聖像畫還另有一層意義，亦即創造社群感：

> 就我的記憶所及，幾十年來，我每天都會對著聖像祈禱。如果你想

靜靜坐著，如果你想在祈禱中得到感應，想對某些東西開放心胸，那麼聖像就是最理想的媒介。

但我們知道每一個聖像在教堂裡都有一個真正的家。在教堂裡，每一個聖像都是教堂裝飾系統的一部分；因此在教堂裡，你會被聖像和其他雕像圍繞著，每一個都以一種或另一種模式，表現或傳達不同層面的神聖力量。我有時會這麼說：當你在教堂裡，你會有一種置身於按摩浴缸的感覺，因為聖像的能量會從四面八方向你湧來——雖然這麼說多少有點不敬。即使你在家裡祈禱，當你獨自一人面對聖像的時候，也會察覺到聖像在教堂那個更寬廣的空間有一個自己的位置，就像你在更大的祈禱團體裡也有你自己的位置一樣。所以，聖像從來就不只是放在口袋裡的小小護身符而已，它代表教會那一整套祈禱的、沉思的、反省的事工。這是教會透過聖像，把上帝的能量和作用傳達給你，傳達給每一個人的一種方式。

* * *

不論在家裡還是在教堂，教徒們最常祈禱的對象是喀山聖母像，而且通常都是獨自一人祈禱。另一方面，難近母卻是大眾的女神，祂通常會歡樂地在民眾之間經過，主要是在加爾各答的民眾之間走過。根據研究現代印度的歷史學家蘇尼爾·基爾納尼（Sunil Khilnani）描述：

祂從神聖的天界來到人間，但是祂到人間之後並不會進駐廟宇：祂真的就來到了民眾的大街小巷，人們可以抬著祂、抱著祂、看到祂

——祂也因此可以看得到民眾。

以上所述，就是孟加拉一年一度最受人歡迎的難近母節的慶祝情形。

難近母是力量強大的降魔女神，是戰事與母性力量令人畏懼的綜合體。祂的存在只有一個重要的目的：毀滅邪惡。根據印度經典的描述，戰士馬希沙（Mahishasura）贏得多場英雄式的戰役之後，諸神給他一項恩賜：沒有人可以打敗他。這項恩賜使他如虎添翼，贏得更多勝仗。只是到了最後，他竟想利用他的力量，轉而對抗諸神。此時的諸神都是男神，他因此打算吸收諸神的力量，用在他個人邪惡的目的上。諸神感到事態嚴重，於是開了一個會議。作為男性神，祂們無法阻止馬希沙吸收祂們的力量，因此祂們把憤怒和挫折轉變成一團光和能量，

難近母節，信徒跪坐在華麗的女神神像前。照片攝於加爾各答，2013年。

最後這團光和能量轉變成一個女子：難近母。

每位男性諸神都給難近母一項武器，並且賜給祂一頭獅子當坐騎。如此裝備周全之後，祂就出發去與馬希沙展開大戰，後者有時會以水牛的形象現身。祂不屈不撓，努力奮戰，最後終於打敗馬希沙，割下他的頭，恢復了諸神的榮譽和世界的倫理秩序。這就是降魔女神難近母的故事。祂每年都會到人間一趟。蘇尼爾．基爾納尼描述祂來訪的場景：

> 時間通常是在9月底或10月初——端看月亮曆而定。諸神與女神都很忙碌。祂們得照料很多事務，所以祂們很久才會出現一次。為了迎接女神的到訪，事先有許多準備工作要做：粉刷房屋、製作糕點、購買新衣。女神的到來是最重要的時刻。不過人們首先得製作祂的聖像，讓祂在慶典舉行的時候，有個地方可以棲居其間。

在整個孟加拉地區，這種用黏土塑造的彩繪女神聖像並非由藝術家個別獨立製作，而是整個社群根據流傳已久的規範，集體塑造而成（如同第三章提到的帕西人之製作聖火）。女神神像用柳條做支架，身體的部分則是由黏土塑成。社群民眾會大費周章，到每一區收集一點泥土；因為難近母與恆河有很深的淵源，所以他們也一定會到恆河岸邊取得一點泥土。此外，祭司還必須到當地的妓院去要一把土，加入最後的混合物中。神像描繪的是難近母獲得勝利的那一刻：長長的手臂，巨大的雙手，拿著長矛徹底打敗馬希沙的那一刻——後者有時候被塑成男人，有時則被塑成一頭牛。女神神像的臉圓圓的，像檳榔葉那麼圓；祂的嘴小小的，不過大大的眼睛幾乎延伸到耳朵的位置。聖像製作的最後一個步驟是點睛。這個工作通常由祭司親自執行；若由畫家來點，畫家的手也必須有祭司的引導才行。點睛完畢，該聖像就可以迎接女神來棲居了。那雙巨大的眼睛是女神與信徒溝通的重要接觸點。祂的目光看起來似乎並未聚焦在任何一處，這使祂可以回應所有信徒的視線，不論信徒的方位在哪裡。這種眼神的交換，這種面對面、親眼看到女神的經驗，是信仰的重要層面。

因為製作神像的材料收集自各個區域，而後再加以組合完成，因此難近母在慶典期間棲居的神像，不論在物理上和精神上，其內在就已經包含了整個地區和一整個社群。根據蘇尼爾．基爾納尼的詮釋：

> 難近母神像令人印象深刻之處在於，整尊神像全都是用簡單的材料製成，其中沒有任何貴重的材質。沒有珠寶、金或銀等等你可能會在其他聖像看到的東西。全部的材料就只有黏土、木頭、稻草、油性顏料而已，而神像的力量有部分就來自這份平凡，來自於日常材料的這個事實。雖然如此，在神像製作完成的那段短暫的時間，當大家的注意力都集中在聖像的時候，即使是由平凡材料製作的聖像也被賦予一種特別的、超越的特質。
>
> 社群裡每一個人都對神像的製作有所貢獻——如果不能參與實際製作的過程或提供材料，他們也會捐一點錢來幫忙。每個社區都會製作自己的難近母神像，每個人都對自己的社區神像有一種強烈的忠誠，因為他們曾經親眼看到神像的製作，或他們曾經捐錢讓神像得以完成。

這種對社群忠誠的力量可從加爾各答各個不同社區的激烈競爭看出來：大家都卯盡全力，比賽看誰能搭出最華麗的班達爾（pandal），這是一種在節日期間供女神短暫棲居的棚子。有些班達爾十分巨大，真的十分壯觀華麗。人們從這個班達爾逛到另一個班達爾，互相比較，互相競爭。在舉辦慶典的那幾天，人們會帶著城裡的所有問題、世上的所有問題，到班達爾向難近母請示。比如中國在喜馬拉雅發動的戰爭、塔塔（Tata）汽車工廠的罷工、汙染的問題、洪水和海嘯的問題、《哈利波特》的情節，甚至黛安娜王妃之死——即使黛妃已經死去很多年；這些問題和憂慮都會被具體而微地呈現出來，並在女神的凝視之下，在班達爾找到自己的位置。

難近母節是社群身分認同的重點；宗教節慶具有政治層面也不是新鮮事了，根據蘇尼爾．基爾納尼的解釋：

> 當然，這種通俗的宗教慶典已經存在很久一段時間了。但你看得出來，自從19世紀晚期，這類慶典慢慢開始變得獨特且重要，因為這類慶典可以幫忙建立身分認同，以此抵抗英國的統治。孟買有個敬奉象神的慶典十分受到大眾歡迎，而且全部市民都會參加，但現在這個節日也變得很政治化了。當然，這個政治層面也表現在加爾各答的難近母節慶典。這些節日已經成為某種維護印度身分認同、抵抗大英帝國統治的方式。今日政治人物還是會參與這類慶典，例如在加爾各答，西孟買的總理瑪瑪塔．班納吉（Mamata Banerjee）即曾寫詩頌讚難近母女神節。

喀山聖母成為俄羅斯人抵抗外國侵略者的重點；同樣地，難近母也扮演了反抗英國統治的政治角色。祂是孟加拉身分認同的標記，自從獨立以來就一直扮演這個角色至今。

難近母神像在恆河中溶解，隨著河水漂向孟加拉灣。

大英博物館的館藏中，除了這兩幅喀山聖母像，還有許多聖像藏品。但館內卻沒有任何一件大型的難近母彩繪神像，即使數百年來不知道有幾千個難近母神像完成製作又被丟入海裡。理由很簡單，但也很令人感到意外。慶典的最高潮是護送難近母回返祂在喜瑪拉雅山的家，這時人們會把為了慶典而製作的班達爾全部拆掉，用黏土做的神像也不是被送到神廟裡好好收藏，而是被舞者抬到恆河邊，然後在敲鑼打鼓、號角齊鳴的樂聲中，把難近母的聖像放入河裡溶解，讓聖像隨著河水漂向孟加拉灣。據估計，在慶典結束當晚，光是加爾各答一地就有一千五百個神像沉入恆河——高峰期是每五分鐘沉入一尊神像。恆河裡的神像實在太多了，現在已經成為該區地方政府的環保問題。

此時神像已不再受到尊敬，因為已沒有女神棲居其中。神像已經完成了任務，再次回復其本色：泥土、稻草、顏料。雖然如此，就各個層面而言，拆解神像與製作神像是一樣重要的。根據蘇尼爾．基爾納尼的解釋：

> 這是個非常多人會來參與的重要時刻。慶典的尾聲，許多人——人越多越好——都會來參加這個儀式，因為神像沉入水中的那一刻，就是難近母真正離開的時候。把彩繪的泥製神像沉入水裡，神像就恢復原來的組成元素——大地元素。大家齊聚在一起，見證神像慢慢沉入水裡、慢慢漂走。直到第二年祂的再訪，大家才又會齊聚一堂。

＊　＊　＊

在象徵的意義上，所有社群成員都會一起參與難近母神像的製作與溶解。透過各種既強力且普遍的儀式，可知難近母是屬於社會的女神，不是個人的女神。喀山聖母的聖像也是一樣。一再複製這些聖像是為了提醒觀者，當他們看著眼前的聖母和耶穌時，他們並不孤單，因為還有其他數百萬人也是這樣祈禱著，也是這樣站在一幅看起來幾乎一模一樣的聖像之前。就這兩個案例而言，聖像本身沒有任何內在的價值。它們被製作再製作，但是那個持續重製的過程卻提供了一個讓所有人都可立足於此的模式，一個人神長久關聯的模式；過去數百年來，這個模式不斷形塑與維繫一個社會的凝聚力。

THE ACCRETION OF MEANING

第十八章　意義的增生

倫敦的英國國家美術館賣得最好的聖誕卡中，有一張是〈耶穌誕生圖〉（Nativity），那是尼德蘭畫家海特亨．托特．信．揚斯（Geertgen tot Sint Jans）在 1490 年左右的作品。在陰暗的馬廄裡，聖母瑪利亞和幾位天使一起敬拜新生兒耶穌。耶穌身上散發著光芒，照亮了馬廄。飼料槽後面，公牛和驢子凝神望著。遠方有一位天使把剛剛發生在馬廄裡的事告訴牧羊人。

對我們多數人來說，這個場景實在太熟悉了，以至於我們很容易忽視其複雜的層面。在這本書裡，我們已經不只一次看到天堂與人間的界限奇蹟般地消失。在這張畫裡，天使似乎很容易就從天界來到了人間。如果有人問起，大部分人會說畫家描繪的是福音書提到的場景。不過，畫家所畫的，其實遠遠超過福音書所寫的。這幅〈耶穌誕生圖〉結合了三種非常不同的敘事，融合成一幅出色的聖像圖；這三種敘事是：歷史、預言，以及神祕主義者的敘事。

聖路加（Saint Luke）對耶穌出生的描述，讀起來很像歷史事件——發生在奧古斯都大帝下令舉辦人口普查的事件，雖然福音書並未提到公牛，也沒提到驢子。不過，距離聖路加撰寫福音書的數百年前，希伯來先知以賽亞（Isaiah）倒是曾預言有一天動物們會認出以色列未來的主人彌賽亞（Messiah）。由此

海特亨．托特．信．揚斯的〈耶穌誕生圖〉，大約繪製於 1490 年，主題是聖畢哲在靈視之中看到的耶穌出生場景。

說來，畫中的動物是從《舊約》被帶到《新約》，進入伯利恆（Bethlehem）的馬廄，見證耶穌的誕生。先知語焉不詳的預言在這張畫裡轉化成現代西方每個孩童都認得的動物。這個細節之添增，讓聖路加的故事更受人喜愛，但也添增了不少誤解。

同樣地，新生兒明亮的身體散發著宛如太陽一樣的光芒，這個情節也並未出現在福音書，這個細節其實來自瑞典的聖畢哲（Saint Bridget of Sweden）。聖畢哲是 14 世紀神祕教派的信徒，她聲稱她在靈視之中來到耶穌降生的現場，並且發表了「目擊者」記事，描述她在馬廄裡的所見所聞：馬廄的空間因為嬰兒身上散發的光芒而變暗、瑪利亞正在敬拜耶穌、四周的天使正在歌唱。公元 1500 年左右，聖畢哲的這份記事在北歐非常流行。這幅畫裡所描繪的場景，就是她在夢中見到的情景。我們透過畫家的畫，分享了聖畢哲那趟神祕的，回到過去的時間之旅，看見了她所看見的；與此同時，我們也分享了先知以賽亞那份期待彌賽亞到來的渴望。福音書寫於公元 1 世紀，語調簡明輕快地描述了耶穌誕生的情景：「她把他放在飼料槽裡，因為旅店已經客滿。」這段話與夢境和靈視的描述融合，在這張畫中並置呈現，而兩者的書寫時間其實相隔近乎兩千年。時至今日，我們可能又會在這張畫裡疊上我們自己的童年記憶與〈平安夜〉的旋律。就像大部分宗教畫一樣，這張畫告訴我們的不是一個故事，而是好幾個故事，而且也容許我們在畫裡自行增添我們自己的故事。

人類試圖傳達屬靈經驗時，就會利用聖像的這種能力——把人之所見與人之所想，毫無縫隙地結合在一起的能力。在整個非洲南部，我們發現了許多在時間幅度上橫跨了好幾個世紀的藝術作品，這些藝術作品就畫在岩石上，保存在數以千計的山洞和庇護所裡。長久以來，這些洞穴畫的藝術家被歐洲人錯誤地描述為「布希曼人」（Bushmen）。這個地區有許多說著不同

南非德拉肯斯堡（Drakensberg）的狩獵者庇護所（Game Pass shelter）。這裡是薩恩｜布希曼人岩石藝術最著名的例子之一。

語言的族群，到目前為止還沒有一個大家公認的名稱，不過現在最常見的名字是「薩恩｜布希曼人」（San|Bushmen）。一般認為他們是當地的土著；換句話說，他們現在仍然住在七萬年前祖先居住的同一個地區——他們的祖先在這個地區演化成現代人類（就像我們所有人的祖先那樣）。直到相當晚近的時期，他們基本上仍以採獵維生（到現在多少也還是如此），他們的獵人仍在追捕非洲旋角大羚羊。長久以來，外人對他們深具特色的語言充滿好奇，因為那是一套發出咔嗒聲的系統，外人不易分辨各音的差別，十分難以模仿，加上子音即組成一套非常獨特、跟任何已知語言都迥然有別的語音系統，讓人十分困惑。

他們畫在岩石上的藝術作品也同樣令人感到好奇。畫中的人物通常很高很瘦，有的還長著動物的頭；從姿態來看，他們似乎正在走向某處。許多人的手裡似乎拿著某種器具——也許是工具或武器。其他人則看似正在飛行，或正在跳躍。還有某些看不清是人或動物的形象似乎也正在飛行或跳躍。

對於沒受過訓練的門外漢來說，這些岩畫帶來的挫折幾乎和驚訝相等。我們知道這些畫是人類的作品，他們擁有跟我們一樣的大腦。我們也知道畫裡一定隱藏著意義，如果找到解碼的關鍵，我們應該可以理解其中的意義。不過，要找回這類圖像的意義，有點像試圖破解某種佚失的語言，或像在不了解板球規則的情況下，試圖看懂球場裡發生的事。一旦強烈意識到我們是無知的闖入者，正在試圖闖入他人的思想世界，那種想要探索意義、找出圖像連貫性的誘惑才會和緩下來。

大衛．路易斯－威廉斯（David Lewis-Williams）是南非約翰尼斯堡金山大學（University of Witwatersrand）的考古學教授。他深知薩恩人的藝術帶來的挫折，也很了解人們長期研究該藝術圖像和思想所累積的各種成果：

> 這世界上有許多形式不同的岩石藝術作品，但卻沒有相應的文字紀錄可以告訴我們創作這些作品的民族，他們的信仰和習俗。不過關於薩恩人的藝術，我們是有這樣的文字紀錄可用。過去許多年來，我們只能靠凝視和猜測來了解這些作品，彷彿你凝視得夠久，你的猜測就有可能逼近真相。不過要了解這些畫的意義，光這樣恐怕不行。我們需要多一點憑據。很幸運地，我們現在找到了這樣的憑據。大約在1870年代，也就是最後一批岩畫繪製的期間，有一位德國語言學家來到南非，他的名字是威廉．布勒克（Wilhelm Bleek）；他會說一種現在已經失傳的薩恩語，於是就到處去和薩恩人交談。他製作了一張語音表，然後根據這張語音表寫下薩恩人跟他說的每一件事。後來他妻子的姊妹露西．洛伊德（Lucy Lloyd）整理他記錄下來的語料，編成一部龐大的選集，收入許多傳記，還有許多關於宗教儀式與神話的紀錄。

這份19世紀留下來的田野考察成果提供了適時的幫助，讓我們可以把我們對薩恩思想世界所了解的一切，跟我們在岩畫上看到的景象搭配起來，幾乎就像我們理解歐洲藝術作品的方式一樣。就像大衛．路易斯－威廉斯所說的，

在南非自由邦省（Free State Province）的這幅薩恩｜布希曼人的岩畫中，我們可以看到羚羊和薩滿正在岩石的表面旅行，一起走向神靈的世界。

如果你看到一幅文藝復興時期的繪畫，畫裡有一個男人，另有一人正在往他頭上倒水，畫面上方還有一隻鴿子。我們會知道這張畫並不是記錄某個男人有天正在沖澡時，看到一隻鳥飛過而已。我們知道在文藝復興繪畫的傳統裡，鴿子代表聖靈，水是儀式性的淨化工具，兩者結合起來，表示這個場景一定是在描寫耶穌受洗。同理，我們現在也可以用這方法來了解薩恩岩石藝術豐富的象徵語言：

> 這幅畫有幾個重要的細節（頁 327），一旦你了解其意義，這幅畫馬上就轉變成靈性世界之旅，而非某種世俗之旅的描繪。畫裡的人手握趕蒼蠅的撣帚。撣帚被畫成一條直線，末端垂著一束看起來比較粗的東西——那是羚羊的尾巴。這個組合代表這個人物是一位薩滿，一個巫醫。薩恩人有個習俗，即只有在儀式舞蹈中才會用到撣帚，日常生活中他們是不會用撣帚來做比如趕蒼蠅之類的事的。我們從這份田野紀錄得知，人們一旦進入出神的狀態，一旦進入神靈的世界，他們就會流鼻血。那時他們就會把這血抹在族人身上，因為他們相信血的力量和血的味道——味道和力量幾乎是一樣的東西——會趕走邪靈。所以我們有很多理由把這幅畫解讀成薩滿在眾人的圍觀下，進入神靈世界的經驗描寫。

畫的左邊有個人物，他的姿勢確認了前面的假設。他的雙臂往肩膀後面伸直，這是一個所有南非岩畫都可看到的姿勢；對此，我們感到十分困惑，困惑了很久。很多年前，我在喀拉哈里（Kalahari）跟幾個巫醫談話；他們從來沒看過這些石頭彩繪圖片。在談話的間歇，其中一個巫醫站了起來，舉起手臂往身後伸展，就像岩畫上的人物那樣。他說某些巫醫會在跳舞時做出這個動作，那是在請求神靈賜給他們更多精力，讓他們可以進入神靈世界，醫治病人。疑惑了數十年，我們終於找到了答案。我問他們：「你們之前怎麼都沒告訴我們這個？」他們的回答是：「你們之前從來沒問啊！」

一點一滴地，我們開始看到畫中不同層次的意義。一場看似簡單的狩獵情景，現在變成了一趟心靈之旅，一份進入另一個經驗範疇的紀錄。畫裡那些半人半獸的人物是出神狀態的薩滿，他們吸取了動物的力量來幫助他們找到入口，進入靈界。當他們從靈界回來之後，他們可能會創造類似這樣的畫，藉此向族人解釋他們的靈界之旅去了哪裡，看到了什麼以及做了什麼。大衛．路易斯－威廉斯進一步解釋道：當薩滿進入意識已經改變的狀態後，像這樣的壁畫可以讓族群裡其他沒能進入出神狀態的人共享薩滿強烈的靈界經驗；在某個程度上，這是讓族人陪伴他們走入另一個世界的方式：

這個方式有點像唱詩班唱起泰利斯（Tallis）的聖歌時，坐在大教堂裡的信眾可能會經驗的感覺，一種被提升、被傳送到另一個境界的感覺。我認為這些繪畫是在傳播神靈世界的經驗，使普通人可以間接地分享薩滿的經驗。

如果是這樣，那麼就功能而言，薩恩人的岩畫與英國國家美術館裡的〈耶穌誕生圖〉並沒有什麼不同。〈耶穌誕生圖〉這張油畫也讓普通觀者共享了聖畢哲在靈視之中拜訪伯利恆馬廄的那趟神祕之旅。

薩恩 | 布希曼人的岩畫（頁 325）細節，從中可看到幾個手臂向身後伸展的人物。

藝術家格雷森．佩里（Grayson Perry）時常從敘事作品中取材，更常描繪他個人的想像經驗——這類作品有賴觀眾自己去破解其意義。他本人不曾接觸過薩恩 | 布希曼人的岩畫，也不了解他們的信仰和習俗。不過，我們請他對那些岩畫提出評論時，他竟然能靠直覺破譯許多畫面上的訊息，讓人印象深刻。不出我們所料，他首先點出那是某種狩獵的場景。接著他注意到畫中的動物和人類形象漸漸混合，還注意到那個有人手臂向後伸的場景帶著某種儀式性舞蹈的狂熱氣息。據此，他猜測繪製那些畫的目的：

> 我想這個族群的生活一定很艱苦。動物不只是他們主要的食物來源，也可能是他們生存的威脅，因為他們有可能會被這些野生動物吃掉。讓我很好奇的是，我覺得這個族群幾乎想要進入動物的腦子裡，這樣他們就可以更了解這些動物，這樣他們就知道如何殺死這些動物或不被這些動物殺死。兩隻手臂向身後伸展的這個姿勢會讓你變得脆弱：你正在用你的頭和臉進入一個空間。你沒有雙手可以保護你。這個情

況意味著你正準備接受即將降臨到你身上的事，任何事。

格雷森這幾個洞見展現了極為罕見的敏銳和想像力——或許這就是一位學有所成的藝術家的標記，畢竟他過去就常邀請觀者進入他自己的想像世界。不令人意外地，他發現宗教經驗通常會與藝術作品形成密切的聯繫：

> 藝術中的意義和美是一致的。人們以我的作品——或任何一件其他的作品——為依據，來建構自己的敘事；他們投入的是他們自己真正的敘事。首先，宗教是與社會的種種情感需要綁在一起的，藝術則是把情感投注在事物本身，而不管那些可能會或不會圍繞該事物的各種事實。所有人都帶著我們自己的生命故事和經驗，來觀想我們看到的每一幅聖像。所以宗教和藝術都是某種協議。有人想確切知道自己該如何去感受宗教和藝術，他們希望有一個可以遵循的敘事，如此他們的情感就有個故事作為依據，他們就會覺得自己的感受是對的。其他人則樂於接受一個即興的、沒有固定模式的、完全訴諸感官的反應。對我來說，藝術是關於製造意義。在生命的混亂之中，藝術努力在當下提供某種脆弱的立足點。

* * *

在生命的那一團混亂之中，圖像允許人們去創造，去表現複雜的意義——那種近乎無限的、流動的、很難用文字傳達的複雜性。薩恩｜布希曼人的岩畫描繪的似乎是採獵者社群一起上路，進入神靈世界的旅程。我們在一個 19 世紀的日本神龕卻看到另一條相反的道路。在這座小小的神龕上，我們看到神靈降臨人間，進入一個長期穩定的農業社會（頁 331）。這座神龕是木製的，大約 1 英尺高，打開兩扇有點弧度的門，即可看到裡面那個閃閃發亮的木雕世界。這組木雕的底座裝飾精美，刻了三隻狐狸，彼此構成一個對稱的群體。左右兩邊各坐著一隻狐狸，驕傲地高舉著尾巴，臉朝外面向著我們，就像一般刻在徽章上的動物。其中一隻叼著一把鑰匙。第三隻狐狸坐在中間稍高一點的位置，背上跨坐著一位豐滿碩大的女性神像。這位女神一手拿劍，一手托著一顆心臟，穿著繪有鮮紅色條紋的服飾。在這座金光閃閃的神龕中，紅是唯一的顏色。

格雷森從來沒見過這樣的物件，但是我們請他評論這件木雕時，他也很快地建構了一段敘事來解釋這座神龕的意義：

> 這組形象刻畫的是關於生存、安慰、美好的事物、健康快樂又長久的生命。不過，這裡有劍，還有心臟，這表示死亡就在近處盤旋。死亡總是在我們近處盤旋，不是嗎？即使我們擁有豐饒的大地和大自然。如果沒有那位女神的憤怒，我們搞不好還會有一點自豪。

這段話當然是一個見證，證明我們人類有能力去了解並運用其他民族的故事。這位藝術家雖然不熟悉前述圖像及其傳統，但他從三隻狐狸、一位女士、一把劍的組合，即有辦法解讀並建構一個首尾一貫的敘事，其中有死亡、生命、豐饒與暴力；或者套用他自己的話——我們有能力在生命的混亂中創造意義。

事實上，大部分日本人都能馬上解讀這座神龕的意義，雖然各自解讀的意義不見得會一致。看到左邊那隻叼著鑰匙的狐狸，日本觀者馬上知道中間那位女子一定就是日本神道教重要的神明：稻荷大神（Inari）。稻荷大神在這座神龕像中扮演的是祂早期農業保護者的角色，尤其是稻米收成的保護者，狐狸嘴裡的鑰匙即是米倉的鑰匙。「稻荷大神」這個名字的來源很多，其中一個可能是日語的「ine-nari」，意思是「稻米正在成長」。在神話故事裡，稻荷大神通常乘坐著狐狸，從天界來到人間。有人認為這是因為狐狸的尾巴看起來很像一把稻禾，也有人認為是因為稻田間常會有狐狸出沒，大概是來獵捕啄食稻米的鳥類或小動物。無論如何，日本今天總共有三萬多間神社，其中就有三分之一是供奉稻荷大神。位於鄉間的神龕常有人定期奉上給狐狸的食物——傳統上主要供奉的食物是豆皮。所以到目前為止，事情看來很單純：日本人很容易就可解讀這座小雕像，就像歐洲人能輕易解讀〈耶穌誕生圖〉一樣。

後來事情變得越來越複雜。稻荷大神除了保護稻米，祂還得關照一系列其他事物，包括茶葉、清酒、人類的生育力、工業和商業上的獲利與成就等。很明顯地，稻荷大神擁有一個範圍廣泛，而且還會持續擴大的業務，我們幾乎隨處都可看到她的身影，從古代的故事一直到當代的漫畫和動畫都可看到祂，例如在東京，資生堂化妝品公司總部的屋頂上就有一座著名的神龕供奉稻荷大神，因為稻荷大神除了保護稻米收成，也保護商業的收益。更令人困惑的是：稻荷大神不一定永遠是以女身出現，有時也會化身為揹著一把稻米的老人。由於稻荷大神十分受到民眾歡迎，因此產生了許多增生的意義——這些既互補又矛盾的意義最後會全部結合起來，呈現在像這樣的神像上。不同的觀者，就會在這座雕像上看到不同的意義。

狐狸與鑰匙：在這個日本家庭神龕中，稻荷大神的狐狸叼著開啟米倉的鑰匙。中間出現的空行母顯現了不同宗教敘事的複雜融合。

93
11-1
22

有人會把三隻狐狸看成信使，有人則把狐狸也視為神明。還有一些人可能會把中間的女神看成另一位不同的神祇。大概從公元前 6 世紀開始，佛教從亞洲大陸逐漸傳入日本，許多外來的神祇也隨著傳入的宗教慢慢被帶進日本文化，而且會刻意與日本當地的神道傳統結合。這是一項十分引人注目的同化事件，在某些方面，這與希臘羅馬神祇的結合頗為類似。信仰的各種新模式疊印在舊的傳統上，補充、但不取代或壓制舊的傳統。在這個過程中，佛教神祇空行母（Dakini）慢慢就與神道教的稻荷大神結合在一起，且同時並存。空行母源自印度神話，是一個既保護人類又毀滅人類的女神，有時祂很珍惜人類的心，但有時祂會把人類的心吃掉。我們在這座雕像看到的，就是這樣一個合併後的壯觀畫面：位於神龕中央的女神一手拿劍，一手托心——這是空行母的標記。空行母竟然出現在稻荷大神的故事裡，這太令人意外了。不過，這種結合事實上也重塑了稻荷大神的故事。我們或許可以把空行母出現在稻荷大神的故事和聖誕老公公的故事做一個比較：聖誕老公公原本是土耳其南部的主教聖尼古拉斯，然後轉化成北極馴鹿車駕駛，最後進入與聖誕節相關的聖經故事裡（第十五章）。某種同樣類型的故事也發生在稻荷大神逐漸擴大的故事裡。

這座既是稻荷大神也是空行母的神龕顯示了聖像具有無與倫比的力量，可以結合許多表面上看似不相容的敘事。與此同時，這神龕也顯示日本宗教文化吸收新元素的能力，尤其擅長吸收傳入日本的佛教信仰和實踐。只有在面對一個拒絕所有協調的宗教——基督教——的時候，日本的這種容受精神才會緊繃起來，一如我們將在第二十八章所看到的。在日本文化的傳統裡，總有空間容納各種不同的真實，這些不同的真實也許不協調，但可以並存。稻荷大神的神龕顯示的是，如果我們允許信仰的故事在複雜的現實中發展，故事裡的形象即會為了符合新的了解而隨之改變。誠如哲學家約翰．格雷（John

Gray）所寫的：「宗教世界看似豐富與長久，那是因為宗教總是處於不知不覺的改變之中。」

南非現在的國徽是在 2000 年設計完成。徽章上有個站立的男人是取自薩恩岩畫上的圖像，還有一句用薩恩 | 布希曼語寫的座右銘，大意是「在多元中合一」。這句座右銘是以 1870 年代布勒克記錄的語言寫成，但目前這種語言已經佚失。這個圖像和語言都距離現代南非人的生活十分遙遠，但卻能帶領他們一起旅行，進入一個和諧團結的世界——這是薩恩人薩滿式旅程的轉化，政治的、世俗的轉化。

南非岩畫和日本神龕都顯示聖像可以把信眾帶入意義的多重區塊，而這些區塊超越了語言的範圍，很明顯也超越了人的理性。在這個強力但不穩定的融合過程中，沒人能確知哪個意義會被拿掉。從這個角度來看，許多宗教數千年來對聖像又愛又恨，既採用聖像來導引民眾，但又排斥聖像的這種矛盾就一點也不奇怪了。對聖像的愛與憎是我們在接下來兩章將要探討的主題。

現代南非的國徽。徽章上的人物意象取自薩恩 | 布希曼人的岩畫，配上用考山語（Khosan）寫成的座右銘「在多元中合一」。考山語是一種薩恩 | 布希曼語，今日已經佚失。

CHANGE YOUR LIFE

第十九章　改變你的生命

1908 年，德國詩人里爾克（Rainer Maria Rilke）發表了一首十四行詩，描寫他在觀看阿波羅雕像之後，心中感受到的巨大震撼。這尊古代希臘雕像其實只剩下軀幹而已，即便是如此：

他的身體依舊
發光，像許多蠟燭點亮；
藏在其中的他的目光雖已黯淡，
仍然還凝視著，仍然閃耀。

阿波羅這座石雕全身像雖然已經沒有了頭部，但身軀之中依然充滿了自信和歡樂的能量，以至於里爾克覺得雕像與觀者的角色似乎產生了逆轉。與其說是身為觀者的他正在觀看雕像，不如說雕像正在凝視著他，而且雕像的每一個部位似乎都在看著他，並且給了他一個清楚的、令人覺得精神一振但又讓人不安的指示：「Du musst dein Leben ändern.」（你必須改變你的生命）

事實上，這就是許多宗教圖像的重要目的。宗教圖像的設計本來就是為了

詩人里爾克充滿挑戰的凝視，攝於 1902 年。

感動我們，讓我們著迷，使我們不安，以至於到了某個階段，我們就會想要改變我們的生命。假如這些宗教圖像發揮了既定的作用，那麼我們在看了這些圖像之後就會覺得自己煥然一新，覺得從此與過去的自己截然不同，永遠不同。

* * *

喔，我的子民，我對你們做了什麼？
我曾經如何冒犯過你？回答我！
我帶領你們離開埃及，
讓你們脫離奴隸生活，獲得自由，
但是你們卻把救世主送上了十字架。
喔，我的子民，我對你們做了什麼？
我曾經如何冒犯過你們？回答我！
我還能為你們做些什麼嗎？
我栽培你們，猶如最美麗的葡萄樹，
但是你們的產出卻只有苦澀：
當我口渴時，你們端給我喝的是醋，
而且你們用柳葉刀刺穿了救世主的身體。

這是《哀斥詞》（*Improperia*，或 *Reproaches*），耶穌受難日當天，天主教會使用的部分宗教儀式。在這首曲子裡，上帝指責祂的子民竟然一代又一代忽視祂慈愛的引導。歌詞同時也提醒了我們西方基督宗教有個獨一無二、充滿了多重意義的圖像：基督被釘在十字架上，看來瀕臨死亡或已經死亡的圖像。

聖畢哲在靈視中看到的耶穌受難情景。在這幅創作於 16 世紀尼德蘭的木刻版畫中，她就跪在受難的基督面前。

此外，這段歌詞還提醒了我們一個概念：我們這些充滿罪惡的人要對基督承受的痛苦負責。耶穌受難日的《哀斥詞》告訴我們：基督之所以要忍受那些痛苦，全都是我們的行為造成的。

大英博物館有一小幅彩色木刻版畫，大約是在 1500 年繪製於尼德蘭；這幅版畫描述了前述概念，而且把基督的受難描繪得十分可怕。畫裡的地點是耶路撒冷郊外，一個叫作各各他（Golgotha），或稱作「骷髏之地」的地方——你可以看到骷髏和骨頭就散落在十字架下。根據福音書，耶穌基督就是在這裡被釘上十字架。在這張版畫裡，鮮血正從耶穌基督的軀幹、頭部、雙腳和張開的雙臂傾瀉而出。這不是寫實主義式的、仔細安排的小血滴之滴落，而是一堆垂直落下的紅色線條，線條間距安排得又緊密又平均，幾乎就像小孩筆下的雨天，但這裡描繪的顯然是一種難以忍受的痛苦。畫裡呈現的情感十分強烈，畫的背景有兩扇血紅色的城門。不過令人覺得突兀的是，在畫的外沿，即四周的畫框上，我們看到了意想不到的東西。那圈色彩鮮豔，幾乎有點古怪的畫框，竟然畫著春天或初夏的景色，畫框中的玫瑰、草莓、石竹花等，清楚可辨。一幅描繪受苦的圖像竟被框上充滿了花朵、充滿了愉悅的畫框。到底是怎麼回事？畫裡的訊息似乎很清楚：你和我，我們犯下的罪害耶穌基督被釘上了十字架。據耶穌受難日《哀斥詞》的說法：「你們把救世主送上了十字架。」我們究竟應該如何使用像這樣的圖像，使用像這樣一幅不會太貴、因此大部分家庭都買得起的聖像畫？還有，圍繞在聖像四周、那些畫在畫框上的花朵，對我們而言究竟意味著什麼？

凱倫．阿姆斯壯（Karen Armstrong）曾在羅馬天主教教會當了好幾年的修女，但她現在是一位宗教史學者。她覺得這幅圖像十分難以使用，不會給任何人帶來有益的成效：

> 公元12世紀的哲學家阿伯拉（Abelard）曾說，當我們看著耶穌受難像的時候，我們的心裡必須充滿憐憫，因為能拯救我們的正是這種憐憫，正是這種一面看著聖像，一面覺得心碎的感覺。但對我來說，這張聖像實在太可怕了，甚至連產生憐憫之心都有點困難。這聖像讓人覺得神似乎就隱身這可怕的暴力和折磨之後，覺得神似乎為了不讓基督拯救世界，而容忍了這種事發生。對我來說，這張圖似乎歪曲了基督教的訊息。

不僅凱倫．阿姆斯壯有這種感覺，第一批在公元400年左右繪製耶穌受難圖的藝術家們也看不懂這張聖像畫。他們必定會感到困惑，不知道這張畫究竟要如何表現基督戰勝死亡的那一幕，因為十字架理應是用來代表耶穌的復活。

東正教的傳統強調的不是基督的受難，而是他的勝利和轉變成神。在這張 15 世紀的俄羅斯聖像畫裡，他穿著閃閃發亮的白袍，站在摩西和以利亞（Elijah）之間。

神聖的力量到底去了哪裡？愛的概念去了哪裡？早期的耶穌受難圖會把這一切表現得清清楚楚，藝術家在描繪耶穌得到最大的勝利——也是我們的勝利——的那一刻，會讓耶穌高高地、驕傲地站在十字架的頂端。但在這張畫裡，耶穌卻無力地掛在十字架上，整個人有一半淹沒在漫天出現的血雨裡。凱倫·阿姆斯壯指出，大部分基督教傳統都繼續維持這種早期的觀點來繪製受難圖，不過西方的天主教傳統卻走上自己的道路：

你不會在希臘東正教會或俄羅斯東正教會看到這種基督被釘在十字架上，而且還血流成河的畫面。對他們而言，聖像最重要的不是描繪基督在十字架上受苦，而是描繪基督的轉變，還有人隨著基督的轉變

> 而轉變。東正教特別重視耶穌跟門徒一起走上山巔的那段經文，在那段經文中，他的人性在門徒面前得到聖化、他的臉閃閃發光、他的袍子閃閃發亮，你得以一窺人類究竟可以達致何等的成就。他們說我們所有人都可以像耶穌一樣——甚至就在此生，我們都可以成就耶穌所成就的，如果我們願意放棄追尋自我的利益，放棄暴力、仇恨等習氣，那些會破壞人性的習氣。
>
> 與此相反，西方教會重視耶穌的受難，好幾百年來不斷塞給我們一些可怕的、無止無盡的罪惡感，讓我們不斷試圖超越自我的困境和種種的不完美。我們老是感到心情沉重。有時候我們甚至相信我們得折磨一下自己的身體，如此才能跟上基督的腳步。

凱倫・阿姆斯壯不喜歡這張畫像，今日許多人也跟她有相同的感覺。只要展示一張類似這樣的圖像，他們的行動——如果他們採取行動的話——通常就是轉身走開或轉念去想別的事情。當然，這並不是這類畫像創作者想看到的反應，對那些當初使用此類圖像從事私人禱告的人而言，這也不是這類圖像產生影響的方式。

如何使用這張圖像？線索就畫在或跪在這張版畫的左下角。這裡有個修女打扮、頭上標記著光環的女人跪在地上，虔誠地凝視著十字架上的耶穌。她是 14 世紀瑞典的聖畢哲。在前一章，我們提到聖畢哲的靈視如何改變了耶穌誕生圖的表現方式。據說向十字架上的耶穌祈禱也是由聖畢哲開始的，而且在北歐十分著名；同樣地，她的這個行動也改變了許多人觀看耶穌死亡的方式。在〈耶穌誕生圖〉中，我們看到的是她在夢境中的靈視，但在這張版畫裡，我們看到的是她本人。這意味著我們不該用自己的視角來觀看這張聖像；相反地，我們應該加入聖畢哲的視域，並且以她的視角跟著她一起祈禱。她雖然以祈禱之姿出現在畫像裡，但是她並非以調解人的身分在為我們祈禱，而是來引導我們，讓我們理解眼前景象的真正意義。如果我們用她的眼睛觀看，以她的理解祈禱，那麼我們就會了解我們對這無可忍受的痛苦的責任，同時也理解這個事件帶給我們的祝福：因為這個場景不是關於一個男子遭受刑求，而是關於人類的救贖。

如果我們可以找回這個原初的意義，那麼或許就可以克服看到畫家以如此殘酷的方式描繪苦難時，我們本能上的厭惡。對埃蒙．達菲而言，這是一個與其時代緊密相關的圖像，因此必須放在那個時代的架構下來理解：

> 歐洲在 13 到 14 世紀出現了一種新的精神上的內省，不只宗教上如此，情詩寫作也出現這種現象。人們對我們現在可能會稱為人類心理學的東西越來越感興趣。在這股風氣的影響之下，人們會把宗教上的重點放在感情的元素。這主要是由方濟會（Franciscan）修士開始建立的風氣，但他們也參考了其他學說，例如聖安賽姆（Saint Anselm）和熙篤會（Cistercians）的看法。這種信仰取向後來外溢到世俗世界，人們開始在自己的宗教經驗中探索各種情感較為廣布的範疇。這是聖誕頌歌時代的開端，例如你會溫柔地想起躺在搖籃裡的嬰兒耶穌（在第一個一千年裡，不會有這種想法）。同樣地，在 13 到 14 世紀，你會帶著憂傷的心，想著那位釘在十字架上的男子，那位神一般的男子。
>
> 這樣的聖像圖於是成為一種宗教工具，幫助人們了解生命的目的。強烈的情感，不管是甜蜜的、溫柔的，還是像基督所面對的殘暴之情，全都有助於我們的甦醒。例如有一首叫〈聖母悼歌〉（Stabat Mater）

的頌歌，寫的就是瑪利亞站在十字架旁分享她兒子的苦難。創作這首頌歌的人，目的是讓那些唱歌的人可以借用聖母的某些情感，來適當地回應當下發生的一切。

瑞典的聖畢哲是那個時代的神祕主義者之一，她的靈視和著作對歐洲這波宗教風潮貢獻極大。因為她是宮廷伺臣，也是個母親，她在這世間扮演著主動積極的角色，因此她的影響力遠遠超過那些住在修道院裡的修士修女。她向十字架上的基督禱告的方式，也因此廣泛被一般民眾採用。埃蒙．達菲進一步解釋這個主題：

中世紀快進入尾聲的時候，歐洲有一表現基督教虔誠的流行形式，亦即崇拜耶穌受難的各種細節，包括耶穌的傷口和耶穌流下的血滴。當時出現大量耶穌聖像，畫裡的耶穌一概全身浴血，而且流血的不只那五個主要的傷口——雙手雙腳上的指甲和被柳葉刀刺穿的腰際，其他的傷口也在流血，包括戴著荊棘頭冠的頭，還有遭受鞭笞而出現在全身的傷痕。

中世紀晚期的許多基督教神祕主義者——尤其瑞典的聖畢哲——會逐一列舉耶穌身上流血的傷口，並且思考這些傷口與流血的意義。英語書寫當中最好的例子是諾里奇的朱利安（Julian of Norwich），她曾在 1370 年代經歷一系列的靈視，並寫下相關的各種啟示。

朱利安並未把她在靈視看到的耶穌受難視為恐怖的經驗。對她來說，那是一個既可怕又美麗的經驗。她意識到釘在十字架上的是一個正在流血而死的人，但她也在這個意象背後看到上帝的愛正在流溢，就像

> 大河或大海那樣地流溢。她看到基督受傷的頭正在流血，而她把這一景象比喻為暴風雨中的屋子，基督流下的血就像屋簷下滴落的雨。對她而言，這樣的聖像所表現的，正是上帝巨大的愛和慈悲。

如果在一千五百年前觀看我們這張木刻版畫的大部分人都把基督流出的血視為恩典而不是血，那麼用初夏的花朵來裝飾這張畫就十分恰當了。不管我們覺得多麼訝異，這張版畫是在讚頌上帝的愛，而讚頌上帝之愛這件事具有改變我們生命的力量。我們受邀加入聖畢哲的行列，跟她一起透過耶穌的傷口，向耶穌禱告。理想上，我們最好能使用她那些廣泛流傳的祈禱文。以那些祈禱文，我們感謝耶穌的愛，感謝他願意承受這些傷口，並且直接祈求耶穌：「願懺悔的淚和愛成為我日夜的食糧：改變我，使我完全信服你，使我的心永遠成為你的居所，願我的行為永遠讓你喜悅，永遠合你的意。」觀想耶穌受難的痛苦，將會引導信徒獲得一個新的、充滿喜悅的生命。

這個反應有可能會因為信徒腦海中的許多其他圖像而獲得強化，因為每一幅圖像都會彼此互補、彼此強化。這個現象如何運作？埃蒙·達菲的描述如下：

> 中世紀的教會堆滿了聖像，最重要的是耶穌受難圖。但是除了受難圖，通常還有多達三到四種構圖不同的聖母瑪利亞像，最常見的就是展現溫柔風範的瑪利亞與嬰兒耶穌像，但是她和在十字架下死去的耶穌圖像也不少。除此之外，教堂裡還有許多看來很歡樂的聖人圖像。所以我們必須把這些看起來相當可怕的圖像放在一個較為廣闊的視覺世界，並列而觀。
>
> 在那樣的脈絡之下，受難圖鮮明的視覺召喚會讓你意識到：上帝之

子自願為你承受的苦難究竟有多大。但最重要的是，這是關於被原諒的罪惡感——這與純粹讓人覺得自己不好是兩回事。這並不是毫無目的，隨意地誘發人的罪惡感。基督在這裡所流的血並不要求報復，相反地，這血帶來的是原諒。換言之，這裡的訊息是：你的罪很深，但是上帝的愛更深。

凱倫・阿姆斯壯和埃蒙・達菲兩人都受過天主教神學的訓練，都曾對基督教的歷史做過縝密的思考。兩人都同意這樣的圖像具有力量，但是對這股力量究竟會帶領我們到哪裡的看法卻極為不同。

＊　＊　＊

你看佛陀盤腿打坐，臉上的表情祥和平靜——這是人類所可能修得的境界。西方的基督教一般傾向輕視身體，但佛教不一樣。早期佛教文本甚至會盛讚佛陀的身體。早期人們會改信佛教，部分原因可能是因為他們看到佛教徒在言行舉止展現的美和優雅——當然那是一群已經學會掌控自我的佛教徒。

這尊以灰色片岩雕刻的佛陀坐像（頁 347）來自印度的犍陀羅國（Gandhara，現在巴基斯坦的西北部），大約刻於公元 3 世紀。我想大部分人都會同意凱倫・阿姆斯壯的觀點：比起基督那受苦的、令人不安的圖像，這座佛像顯得和藹可親，令人覺得寬慰多了。雖然如此，雕製這尊佛像的目的基本上與耶穌受難圖相同。同樣地，如果這尊佛像要達成其預設的目的，觀者也必須具有相當的知識和想像力。

在這尊雕像中，佛陀穿著垂有縐褶的袍子——顯然這是受到希臘羅馬雕塑藝術的影響；此時佛陀正處於事業的中期，頭上的光環表示他已經悟道，頭巾冠是一個標記，代表他的智慧和慷慨。他盤腿坐在墊子上，左腳大拇指微微露出；雙眼微閉，平靜地看著遠方。他的耳垂很長，那是因為他以前當太子的時代，雙耳曾經戴著沉重金飾的緣故，不過此時他已不再佩戴金飾；他曾經是個太子，不過此時他已經宣布放棄財富。他左手拇指和食指互扣，輕輕放在右手小指之下。他袍子上的衣摺簡單而寬闊，幾近對稱；袍子的下襬垂落，稍微覆蓋著坐墊下面雕刻的場景。坐墊下的這個迷你場景有另一個盤腿而坐的人物，身邊陪伴著兩個男人和兩個女人。兩者加起來，整座雕像總共大約有 1 公尺高。

人們走進佛寺，看到這尊本來應該安放在佛寺裡的雕像，他們會有什麼樣的反應？莎拉．蕭爾（Sarah Shaw）是牛津大學佛教研究中心的榮譽研究員，根據她的解釋：

> 他們可能會給佛像供奉鮮花、香或酥油燈，以此表示他們的敬意和尊重。他們可能會合掌問訊，或許還會誦唸佛號或跪下去頂禮膜拜。他們看見佛陀挺直的背，因此記得自己也該挺直背脊。他們會試圖尋找自己是否擁有那些他們在佛陀身上看到的品質，並且試圖喚醒自己內在的那些品質，以此作為敬拜的一部分。
>
> 但是他們不會太勉強自己。佛教有一種境界，據說只有那些覺悟的人才可能體驗得到。進入那種境界的人，臉上會產生那種你在這尊佛像看到的微笑。只要坐在這尊微笑著的佛像面前，任何人都會體驗到

這一點。這是一種保證，提供信眾一個安定的、教導的、有助於冥想的典範。

我們多少可以在這尊坐像看到上述這一點。在佛陀的坐墊下，我們看到一群刻得很小的人物。中間的人物坐著，頭上有光環和髮髻，他是一位菩薩；菩薩意指一個已經悟道，但延遲進入涅槃（空性的最高境界）的凡人，因為他想繼續留在人間教導其他人、鼓勵其他人也獲得覺悟。菩薩身旁的四個人可能是捐款雕刻這尊坐像和建造聖祠的贊助者，猶如基督傳統後期那些捐款讓藝術家專心創作的贊助人。就像聖畢哲引導耶穌受難圖的觀者如何思考該圖的真正意義，同樣地，菩薩也在這裡教導那四位贊助者——還有我們——成佛之道。畢竟雕像的目的就是關於教導，或關於追隨一位導師。莎拉．蕭爾解釋為何這是合適的解讀方式：

> 佛陀所結的手印叫釋法印，這種手勢暗示法輪的轉動。這個手印指向佛陀生命中的一段特定時間，那時他已經放棄了苦行的修行道路，轉而透過打坐，修習不落入自我沉溺也不落入自我懲罰的中道，因而找到解除痛苦，精神解脫的方法。他第一次講說中道，聽眾就是五個修極度苦行的人。佛陀的容光和美感動了他們；他們意識到某種極為特殊的事情已經發生：佛陀已經覺悟得道。所以他們跟著佛陀學習，拜他為師。

這尊坐佛描寫佛陀在鹿野苑的初次說法。他的袍子下襬飄落座下，亦即他的教法被宣揚和教導之處。這座佛像來自位於現代巴基斯坦的犍陀羅國，大約製作於公元 2 到 3 世紀。

我們在這尊坐像看到的，就是佛陀覺悟的那一刻。根據傳統說法，佛陀第一次演說教法的地點是靠近恆河瓦拉納西的鹿野苑。現在鹿野苑蓋了一座巨大的浮屠塔，已經成為全球佛教徒最喜愛的朝聖之地（見第十四章）。佛陀首次說法是世界宗教史上最重要的時刻之一，因為在這一刻，作為一套教義和實踐的佛教開始成形。轉動法輪所代表的其中一個意義是：那些決定追隨佛陀教法的人，其靈性亦會隨之快速轉變。佛陀的教法改變了那五位苦行僧，他們後來加入佛陀的隊伍，而這支隊伍後來又吸引了更多人加入。這尊佛像挑戰我們這群觀者，鼓勵我們跟隨那五位苦行僧的腳步——還有跟隨底座上那幾個迷你人物的腳步，開始遵守修行中道的嚴格紀律。佛陀垂落的下襬是個鼓舞人心的設計，顯示我們這個勞苦的世界永遠與佛陀開悟的境界連結在一起。比起那幅彩色木刻耶穌受難圖，這尊佛像傳達訊息的語調較不刺耳，情感的音高較不激揚，而且這裡也未曾暗示受苦具有怎樣的價值。雖然如此，這兩個聖像的目的是一樣的，亦即讓我們想要有所改變，讓我們想成為更好的人，過上一個更有智慧、更美好的生活。

圖像挑戰我們，要我們改變行為——這件事現在仍留在我們的生活裡。在歐洲或美國的俗世社會，慈善募款至今依然維持著方濟會那種強調激烈情感的傳統。尤其在為飢荒或戰爭受害者募款的場合，他們會展出各種關於人類受苦、幾乎讓人無法正視的圖像，為的是激起人們的同情心和慷慨之情。這個手法通常也十分有效，就像聖畢哲跪著向基督的傷口禱告的那張圖像一樣。在這個後－基督教的西方世界，神聖救贖的概念或許已經大部分失傳，但我們看到人類受苦的圖像，仍然會被感動，仍會有所行動。

就像薩恩｜布希曼人的岩石藝術、稻荷大神的神龕，我們在這一章看到的

現代世界的受苦圖像，目的在於震驚觀者，使其改變行為。這是 1970 年代一份救濟飢荒的報紙廣告。

兩種聖像都來自一個我們幾乎無從了解、距離我們十分遙遠的文化世界。如果讓我們自己摸索，很少有人會猜到外表平靜的佛陀，他所結的手印是在召喚我們，是在宣揚放棄和捨離的教法；能解讀耶穌受難的木刻版畫是一個祈求聖愛的禱告的人就更少了。不過，這類物件有另一個更嚴肅的問題：我們可以用各種不同的方式解讀，而且這類聖像所激發的情感往往十分激烈，可能會引導觀者走向宗教權威無從預測或無法控制的方向。改變生命的聖像是一枚沒有方向的砲彈。這也是大部分清教改革者極度仇視圖像的部分理由。就像許多宗教運動者，他們相信傳達宗教真理唯一可靠的方式是透過文字；對真正的信仰而言，圖像十分危險，因此最好把圖像全都摧毀。

REJECTING THE IMAGE, REVERING THE WORD

第二十章　棄絕圖像，尊崇文字

2001 年 3 月，阿富汗的伊斯蘭基本教義派塔利班政府炸毀了兩尊巴米揚大佛（the Bamiyan Buddhas）。這兩尊大佛像建於 6 世紀，一尊高約 53 公尺，另一尊高約 35 公尺，是世界上最大的立佛。在塔利班政府有計畫有步驟的操作下，這兩尊立佛被炸成了碎片。炸毀大佛是刻意設計的行動，主要的目的是表明一個宗教純粹的特定概念、引起世人對阿富汗的注意、挑戰阿富汗的政治敵人。就每一個目的而言，這都是一個成功的行動。空蕩蕩的佛龕照片被一再複製，流傳全球，引發一波波激烈的譴責之詞。毀壞聖像這個話題也再度回到全球的政治圈。即使到了現在，話題熱度仍未減弱。2001 年之後，其他地方如敘利亞、伊朗等所謂的伊斯蘭國家，許多在前伊斯蘭時代建立的聖像全部遭遇相似的命運。在所有這些案例中，宗教和政治無可避免地混合在一起，而這些可能是最具暴力的示範顯示，這世上一直有一群人認為聖像的存在就等於偶像崇拜，必須加以遏止，因為只有文字能帶領人走向神。

當然，你不需要去看伊斯蘭世界，也不用去阿富汗，就能見識宗教雕像遭受摧毀的現象。從兩個在格羅斯特郡（Gloucestershire）出土的斷頭雕像，我

空蕩蕩的佛龕：巴米揚大佛被炸毀之後，當地只剩下碎石。攝於阿富汗，2001 年 3 月。

墨丘利（左）和基督（右）兩位神祇的頭，發現於格羅斯特郡，兩者相距約一千年。

們可以發現，即使在科茲窩（Cotswolds）也有這方面的受害者。第一個斷頭雕像是墨丘利（Mercury）神像，用科茲窩當地的粗石灰岩雕成，雕工精美，大約刻於公元 2 世紀。這位管轄商業與溝通的羅馬神祇幾近真人大小，留著一頭卷髮，看來精神飽滿，充滿朝氣。這座立像原本安置在烏雷（Uley）一間羅馬神殿裡，但在公元 400 年左右遭人摧毀。我們幾乎可以肯定下手的一定是早期的基督徒，就像伊斯蘭基本教義派，他們亦決定摧毀所有異教徒的偶像。不過墨丘利的頭像倖存下來，因為有人帶著敬意、小心翼翼地把它埋起來。原因不明，也許是因為有些人對他們熟悉的、帥氣的墨丘利還存有一份忠誠，也許是因為有人擔心這位遭受冒犯的神祇可能還有某種力量存在。

差不多過了一千年，另一個極為相似的毀滅——與保存——的故事再度重演。這一次是基督徒的某個宗派對抗其他宗派的基督徒，而且跟先前那起事件的發生地點只相距幾英里而已。第二個斷頭比墨丘利的頭像小很多，曾經是彩繪耶穌受難雕像的一部分，大約創作於公元 1100 年，一度陳列在南塞爾尼（South Cerney）的諸聖教堂。這個耶穌斷頭是平靜忍受苦難的化身：頭髮和鬍子梳理得十分整齊，長長的臉看來既瘦削又憔悴；雙眼緊閉，也許正在忍受痛苦，也許已經死亡。16、17 世紀，新教教徒發動改革，試圖恢復早期基督教的「純粹」（purity），因而摧毀了許多類似這樣的雕像。因為對他們來說，這類雕像就像羅馬異教的神像，也是一種偶像崇拜。整個歐陸北部的宗教畫、彩繪玻璃和雕像全數遭到銷毀。不過在南塞爾尼，有人把這座小小的雕像藏在教堂牆壁的凹洞裡，因而逃過銷毀的行動，保存了下來。這一感人之舉重演了墨丘利斷頭的保存事件，可能有某些守著舊傳統的教區居民，過去曾在這個雕像前面禱告，因而想要保護它，使它免於遭受褻瀆，或他們曾暗中希望有一天可以把雕像放回原來的地方。不過，由於教堂的牆壁內部十分潮溼，大部分雕像慢慢腐爛了，只有這個斷頭和少數斷片倖存下來。

這兩個來自英國同郡的斷頭說明了一個普遍的現象。它們是令人心酸的證據，既證實了圖像可以激起虔誠之心，產生影響力，也證實那些已經習慣在聖像之前禱告的人是如何難以割捨。這是個問題。拜占庭東正教會因而發生關於偶像崇拜的分歧和論爭長達一百年。在〈出埃及記〉中，上帝給摩西的誡令第二條明白指示信徒不能使用圖像來崇拜神：「不可為自己雕刻偶像，也不可做什麼形像彷彿上天、下地，和地底下、水中的百物。」這個指示雖然十分清楚，但大部分基督教宗派還是會在崇拜或禱告時大量使用圖像。另外兩支亞伯拉罕信仰就幾乎不曾動搖。希伯來聖經對崇拜偶像的人多次提出譴責。穆罕默德據傳曾親自移除麥加大教堂裡的所有偶像。猶太教和伊斯蘭教十分推崇文字，認為通往神的唯一道路就只有文字。這種推崇文字之心在伊斯蘭世界產生了許多卓越的藝術作品，同時對這兩個信仰也產生了深刻的社會影響。

大英博物館收藏的猶太文物很少，因為許多書籍和手稿現在都存放在大英圖書館。不過大英博物館倒是藏有一隻小小的手——右手，食指伸出來的右手，鑲嵌在一枝長約 30 公分的圓形銀棒上。這是一枝指經標（yad，在希伯來文中是「手」的意思）。這枝指經標雖然很小，但在猶太人的宗教生活中卻扮演很重要的角色。在猶太會堂閱讀經文時，你需要用指經標來幫助定位。

根據茱麗雅．紐伯格拉比（Rabbi Julia Neuberger）的解釋，耶路撒冷教堂在公元 70 年被摧毀了之後（參考第二十七章），猶太人在宗教上的敬拜和實踐就不再看重儀式和祭祀活動，轉而注重拉比傳統的經文閱讀與聆聽，還有注重思考和詮釋猶太法典的意義：

> 在耶路撒冷教堂遭受摧毀之前，其實我們已經有許多不同的敬拜方式，因為猶太教早已經是一個全球性的宗教——或至少是遍布整個羅馬帝國的宗教。在好幾個不同的時期，羅馬帝國有百分之十的人口是猶太人。但隨著我們的教堂的摧毀，原本聚焦在耶路撒冷教堂的特定儀式就結束了，人們於是改到猶太會堂（synagogue）做禮拜，或到教友家裡一起研讀聖經。猶太會堂「synagogue」這個字的希臘文原意就是「聚在一起」。由於年代久遠，我們現在很難知道當時人們聚在一起崇拜和研讀的狀況如何。但可以確定的是，人們會在一起閱讀《妥拉》，亦即希伯來聖經的前五書，也就是基督徒稱之為《舊約》的五書；我們同時也會閱讀《妥拉》的註解。
>
> 據說這是很多猶太人去當律師的原因，因為他們很擅長討論文本。我們有個古老的笑話提到兩個猶太人就會產生三個意見，不過這一點都不是笑話。這跟我們習慣推敲文字，討論文本意義的傳統有密切的關係。我們把重心放在文字上，因為我們不能使用圖像。我們藉由文字向神靠近。

> 當然，我們最擔心的是人們去崇拜偶像，而不是敬拜唯一的真神。在我出生的家庭，其中有一方是很正統的猶太教家庭。有一次，我的祖父還是曾祖父收到一個作曲家羅西尼（Rossini）的半身塑像。那是別人送給他的禮物。出於一種不保存圖像的正統猶太教精神，他把那個頭像的鼻子打掉了。我不知道這是否算是破壞聖像。

普利茅斯的猶太會堂建於1760年代。這座會堂給人一種強烈印象：這是一個重視文字勝於圖像的宗教團體所創造的神聖空間。猶太人在13世紀末遭到迫害與驅逐，之後差不多是在1760年代之前的一百年才得到允許，重新回到英國。就像天主教徒，他們之所以能回到英國是基於人們的寬容，而非受到歡迎，因此他們新蓋的會堂，設計就偏向低調與簡樸。基本上，那是一座簡單的長方形建築物，外觀看起來像一座非英國國教者建立的教堂，或像貴格會教徒的聚會所。據說這是英語國家之中最古老，而且現在還在使用的德系猶太會堂（Ashkenazi synagogue）。不過，一旦你走進這座會堂，必定會感到驚訝。首先你會看到東側窗下立著一個雄偉的雙層結構，上面有雕花的古典柱子、華麗的甕和鍍金的柱頂。任何一個多少了解基督教傳統的人一看到這個結構，可能會認為那是一個巴洛克風格的祭壇，從歐洲大陸的某間天主教教堂漂流到德文郡；只不過你原本預期看到聖人雕像的地方，現在卻垂下一面紅色布幔，另外就是該結構的表面覆蓋著用希伯來文寫的文字。這個結構是在荷蘭打造的——過去許多德系猶太人都是從德國、東歐，然後路經荷蘭來到英國。若用一個時代錯誤的語彙來說：這個結構的零件是從歐洲船運到普利茅斯，然後才一個零件一個零件地組裝起來。這個結構跟會堂的外表形成強烈對比，因為這個新結構一點也不簡樸。不過話說回來，這個結構本來就應該蓋成這樣子，因為那是存放猶太經典《妥拉》的地方，亦即所謂的約櫃。根據茱麗雅．紐伯格拉比的解釋，約櫃的意義如下：

> 約櫃的意思就是「神聖的櫃子」（Aron Kodesh/holy cupboard），也就是存放法典經卷的櫃子。所有約櫃都會以這樣的方式來設置，意即當你面對約櫃的時候，你同時也會面對耶路撒冷。通常約櫃本身，或約櫃四周都會寫上十誡的經文，或者就像普利茅斯這裡，我們把經文寫在約櫃上方。有趣的是，普利茅斯的這個約櫃很有可能是荷蘭的基督徒打造的，這就是為什麼它看起來非常像一座很高的祭壇。

普利茅斯猶太會堂裡的巴洛克風華：面向耶路撒冷的兩扇窗戶之間，放著收藏《妥拉》經卷的約櫃；這座鍍金的約櫃製造於荷蘭。

天主教教堂的重點是讓信徒看到祭壇上望彌撒的儀式，但是猶太會堂不同，這裡最重要的活動是讓信徒聆聽經文和經文的詮釋（見第二十八章），就像所有的新教教堂那樣。一如其他猶太會堂，在信徒聽聞經文的誦唸與講解之前，會堂會先舉行一個繁複的儀式把經卷從約櫃裡取出來。根據茱麗雅·紐伯格拉比的解釋：

> 我們教會只有在安息日的早晨讀誦《妥拉》，這是崇拜儀式的重要部分。首先，《妥拉》會在會堂內巡迴一遍，好讓信徒有機會用他們的祈禱書，輕輕碰觸《妥拉》的天鵝絨壁架。然後由幾個小孩或任何獲得這個榮譽的人「脫下」包裹著《妥拉》的布，取下鈴鐺和護套，解開綁著經卷的絲帶，接著再把經卷展開，攤放在閱讀桌上。最後就是點名叫人上去誦唸經文。通常是由其中一位拉比來唸，但已經成年的少年少女也會被叫上去誦唸經文；或有時我們會請某一位教友上來唸一段經文。

這時就是指經標出場的時機：

> 在誦唸《妥拉》經卷時，我們不會用手去碰觸經卷。有人認為那是因為經卷是神聖的，但事實上，這是為了不要損傷經卷。經卷通常是寫在羊皮紙，即動物皮上。接著再塗上或撒上粉末狀的保護層，然後再以墨汁在上面書寫，所以經卷非常脆弱。讓希伯來文經卷特別不易閱讀的狀況還有一個：希伯來文經卷都是由抄經人用十分漂亮的書法寫下，但他們通常沒寫母音，所以你必須對希伯來文這個語言有相當的了解，才有可能大聲唸出來。這樣一支食指往前伸的銀色小手可以幫你找到你正在唸的文字。如果沒有指經標，我可能會唸得非常辛苦。

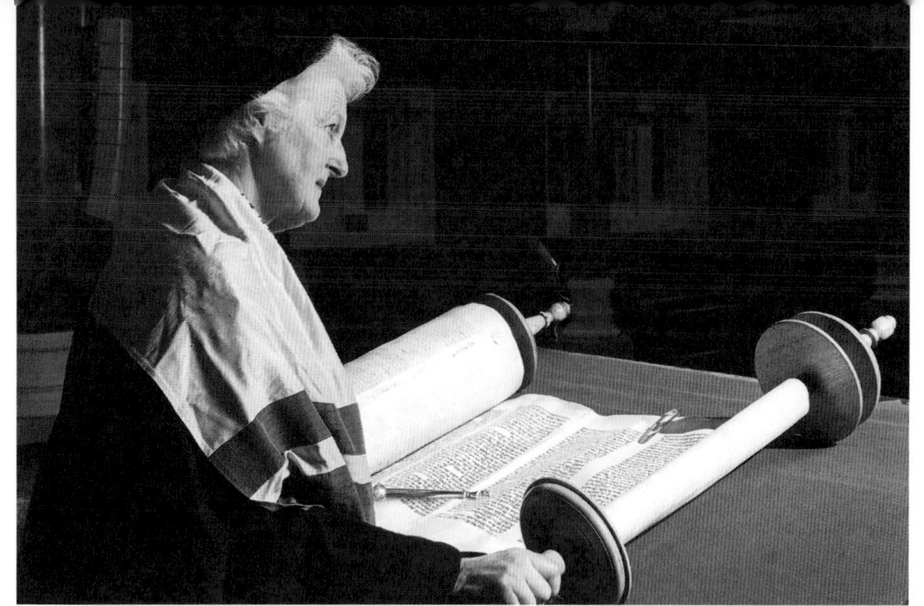

約瑟．雅庫夫於 1745 年送給普利茅斯猶太會堂的指經標（右頁）；茱麗雅．紐伯格拉比拿著她的指經標，正在誦讀《妥拉》（上圖）。

這就是指經標會被稱為「誡命的襯托物」（*hidur mitzvah*）的原因，因為唸誦《妥拉》時，你得要有一把指經標才行。由於這件器物是猶太人生活中的重要物件，所以每個人都有自己的指經標。大英博物館館藏的這支指經標來自普利茅斯早期的猶太社區，它的把手是正方形的，附著一條銀鍊，把手上刻了一行字：「這把指經標屬於來自謝姆貝克（Schermbeck）的雅庫夫（Yahuda Yakov）之子約瑟，刻於普利茅斯，1745 年。」謝姆貝克是西德一座小鎮，離杜塞道夫（Düsseldorf）北部不遠，在這座猶太會堂建成之前，雅庫夫一家顯然已在普利茅斯住了超過十五年。大英博物館還另外藏有一把指經標，這是一份禮物：八角形的把手，上面刻著八位會堂建立者的名字，有的是德文，有的是波蘭文。這枝指經標的意義很明顯，意即在新的國家裡，他們也要像在舊的國家那樣，繼續從事世界各地猶太人都會做的事：誦唸與敬拜經文。耶路撒冷已經不可企及，神殿也已經摧毀，但是《妥拉》還在，而且就在普利茅斯。

根據茱麗雅．紐伯格拉比的解釋，在所有猶太會堂裡，站在約櫃前面的意義重大：

你會感受到永恆的光；因為有一盞燈隨時亮著，通常是一盞油燈。這燈是用來提醒你：永恆的上帝就在你裡面，就在你身邊。我們把那盞燈放在約櫃的前面，因為以《妥拉》為形式呈現的神的話語就是那個永恆的存在。

* * *

伊斯蘭教徒以《古蘭經》經文來裝飾他們的燈，背後的概念正好也是如此。伊斯蘭教的燈吊在清真寺的會堂中央，用意在提醒信眾：神就在他們身邊，不用透過圖像的媒介，神就像文字和燈光一樣，可以接近，可以看見。

大英博物館藏有其中一盞最漂亮的清真寺燈，其年代可追溯到 1570 到 1575 年，亦即鄂圖曼帝國蘇丹蘇里曼一世（Suleiman the Magnificent）在位期間。這盞燈製造於伊斯坦堡附近，是一盞有腰身的陶瓷燈，燈體通身漆上鮮豔的鈷藍，間中隨意點染著青綠與鮮紅，使色彩顯得活潑有生氣。三個環形手把充當吊環，使之懸掛在天花板上。每個走進清真寺的人都看得到燈體上的文字，因為文字是以白色的粗線條寫成，襯著深藍的底色，十分醒目。很多人甚至讀得懂上面的文字。燈體的下方是一句摘自《古蘭經》的詩行：「一切讚頌，全歸真主；全世界的主。」燈的頸部圍繞著一句清真言（Shahada），即穆斯林的信仰宣言：「萬物非主，唯有真主；穆罕默德是真主的使者。」

對猶太人而言，能閱讀希伯來文是一項重要的能力，因為唯有這樣才能徹底了解猶太法典。伊斯蘭教徒亦認為用阿拉伯文閱讀《古蘭經》能拉近——盡可能地拉近自己與神的距離：你正在聆聽的是阿拉透過天使吉卜利勒（Gabriel）說給先知穆罕默德聽的話。先知接著把他聽到的話背誦給他的追隨者聽，之後這些話才被寫下來，集結成《古蘭經》。從先知聽到神的話，到這些話被書寫成文，集結成書，中間隔了超過二十年。《古蘭經》的Qur'an'——這個字本身的翻譯就是「閱讀」或「背誦」；因此《古蘭經》很清楚強調文字之記錄與背誦的重要性：「你應當奉你的創造主的名義而宣讀，他曾用血塊創造人。……他曾教人用筆寫字，他曾教人知道自己所不知道的東西。」（《古蘭經》，96章，1-5節）。這種強調一點都不讓人覺得訝異。經中的文字，不管是寫下來的，還是講說出來的，全都是神的話語，也是伊斯蘭教的核心。

基本上，這個特色讓《古蘭經》有別於基督教的經典文本。流傳至今的幾部福音書，最初是以通俗的古希臘文記錄耶穌在一個世代之前用阿拉姆語說過的話，因此福音書是回憶的翻譯。大部分人現在所讀的《聖經》則翻譯自希臘文，因此與耶穌最初說的話離得更遠。當然，基督徒的確十分敬重《聖經》。

神的話語照亮了世界。16世紀清真寺燈，來自伊茲尼克（Iznik）。

但由於猶太人和穆斯林相信他們聖典的文字是直接來自於神，因此他們在對待《妥拉》和《古蘭經》的文本時，態度是極度的敬慎尊重。就像我們剛剛看到的，猶太人選擇安置《妥拉》的地方、取出《妥拉》的程序、誦唸《妥拉》的態度都十分細心慎重。至於穆斯林對待《古蘭經》的態度如何？根據牛津大學伊斯蘭研究中心亞菲菲・艾奇迪博士（Dr Afifi al-Akiti）的解釋：

> 對非伊斯蘭世界的人而言，他們最感驚訝的是伊斯蘭世界極為重視神的話語，還有重視印刷成文的《古蘭經》本身。這種尊重是如此根深蒂固，以至於有時候有人如果被認為對《古蘭經》不敬，就會遭到攻擊。這裡存在一個反諷。因為根據穆斯林傳統的法律，例如某一部《古蘭經》損壞了，其中一項處理的方法就是燒掉那部經典。當然，如果有人帶著其他目的焚燒《古蘭經》，穆斯林就會覺得受到輕視，就像對十字架有一份崇敬之心的基督徒，如果看到十字架被人踩在腳下，也許也會有這種感覺。

如果我們考慮到 17 世紀日本政府強迫有信奉基督教嫌疑的人民以踩踏十字架來證明他們已經放棄信仰（見第二十八章），這個比較就顯得更有力道。這也解釋了為何穆斯林總是小心翼翼，而且期待其他人也小心翼翼地確保《古蘭經》永遠不要放在地板上，因為這樣可能會導致經典遭受不敬。在家裡，《古蘭經》必須被視為上賓；有些穆斯林甚至從來不會背對著《古蘭經》而坐。

從我們館藏的燈，可看到伊斯蘭世界有一個獨特的、絕無僅有的方式來禮敬文本：書法。燈體上那些文字的形塑和安排不只是為了完全覆蓋所有的空間——猶如神的話語充滿了祂所創造的世界，而是為了讓文字能以愉悅的、有節奏的方式舞動在圓形的燈體上。據載先知穆罕默德曾說過這樣的話：「良好的書寫使真理突顯出來。」這就是為什麼書法會逐漸成為伊斯蘭世界最重要的視覺表達方式：那是一種神聖的藝術，美的創造，而且隨著時間的過去，最後終於成為伊斯蘭文明最關鍵的視覺語言。亞菲菲．艾奇迪博士描述這種藝術的發展情形：

> 差不多在公元第8和第9世紀（伊斯蘭曆的第2世紀），書法傳統在伊斯蘭世界如花綻放般地興盛起來；起初是在清真寺裡，但慢慢地蔓延到寺外——你會在各種家庭用品上看到書法的痕跡。起初書法被拿來反映神聖性，後來很自然地，也很人性地，人們嘗試把書法寫在某些眼睛看了會覺得愉悅的器物上，以此反映神聖性。這不是某種事先規畫的發展。這是自然而然形成的，是神聖與有限交會之後自然而然產生的結果。

不過，就像常言說的——美是要付出代價的：

> 書法寫得很美的經文通常很難閱讀。我年輕的時候，曾幫忙牛津大學的波德利圖書館（Bodleian Library）將某些阿拉伯文手稿建檔。我花了許多時間才學會這門藝術的竅門，也曾花了不少時間到摩洛哥跟不同的大師學習閱讀不同的手跡。直到今日，還有許多阿拉伯文的手抄本無法解讀，除非你找到一個懂得閱讀該手跡筆法的大師。

在許多清真寺裡，書法的使用遠超乎裝飾，例如我們館藏的燈、木頭、金屬或瓷磚等物件。伊斯法罕（Isfahan）的希克斯羅圖福拉清真寺（Sheikh Lutfallah mosque）裡，書法被用來裝飾柱子、牆壁和圓頂，以至於整棟清真寺寫滿了摘自《古蘭經》和其他神聖文本的字句，充滿活力。即使不會讀不會寫，當你身在這樣的清真寺裡祈禱，你還是可以感覺到自己正被神的在場圍繞、沉浸與擁抱——因為透過字詞，神同時在你的耳裡和眼裡顯現。這種沉浸於字詞的方式，與羅恩．威廉斯提到在東正教教堂中沉浸於聖像的現象其實並沒有什麼差別（第十七章）。

如此重視文字的兩大宗教，必定會鼓勵教友增進自己的學習與讀寫能力，根據茱麗雅．紐伯格拉比的解釋：

> 猶太女子的讀寫能力發展得相當早。小孩子，尤其男孩子在年紀很小的時候就有人教他們讀寫——通常是教他們閱讀聖典。有幾個很棒的故事提到一群小孩圍著《妥拉》經卷學習閱讀，但因為經卷不夠，所以有些小孩從小就學會了倒著閱讀文本。

亞菲菲．艾奇迪博士提到伊斯蘭世界部分地區也有這種相似的、學習讀寫能力的渴望：

> 在前現代時期，我們發現有些農人竟然有讀寫能力；如果處在不同的文化場景，他們應該是不可能擁有閱讀能力的。他們會買書和手抄本，從《古蘭經》開始誦讀，然後再進展到其他宗教文本。

在一個沒有印刷書的世界，手抄本極其罕見和珍貴，因而對許多社群來說，只有一個方法可以分享和學習聖典。根據亞菲菲．艾奇迪博士的解釋：

> 這就是為什麼我們有記憶和背誦《古蘭經》的悠久傳統。在典型的伊斯蘭學校，你差不多要花六到九年的時間才能完成《古蘭經》的學習，不過有些人真的在很小的時候就把整部經背起來，有的人才三歲就會背了。即使在今日，印刷書很便宜，但還是有許多人可以背誦整部《古蘭經》。
>
> 對穆斯林來說，齋戒月（Ramadan）的第十七天很特別，因為那是《古蘭經》首次揭露給先知穆罕默德的日子。所以在齋戒月，全球的穆斯林都會嘗試背誦整部《古蘭經》，如果可以的話，他們希望在第十七天完成。許多穆斯林神學院和伊斯蘭學校，例如在馬來西亞和新加坡，他們會舉行背誦《古蘭經》的比賽。而且還有國際性的比賽活動——那是背誦《古蘭經》的世界盃決賽。

但是把聖典背下來，成為個人所有，這種對聖典之深刻挪用也會帶來許多挑戰。就像用古希伯來文寫成的《妥拉》有許多詮釋，出自 7 世紀的阿拉伯文《古蘭經》也出現許多不同的詮釋，根據亞菲菲．艾奇迪博士的說明：

> 在基督教的傳統裡，神的話以基督的肉身顯現。對穆斯林而言，神以文字的形式來到世間。就像基督徒必須努力面對「體現」的問題，

（次頁）伊朗伊斯法罕的希克斯羅圖福拉清真寺，約建於公元 1610 年。阿拉的話圍繞著信徒，既支撐著信徒，也支撐著整棟建築物。

一群男孩正在比賽學習與背誦《古蘭經》，攝於馬來西亞一所伊斯蘭學校（madrasa）。

穆斯林必須面對「字傳」（inverbation）——即「神化身為文字」——的問題。這是極其困難的，因為穆斯林雖然相信《古蘭經》是神最終極直接的話語，但這並不意味著他們可以直接按照字面的意思來解讀聖典。這是兩件不同的事。你需要有足夠的學識和正確的引導來確定你沒有誤解《古蘭經》的意思。你需要學者、法學家、神學家、蘇非行者（Sufi）這樣的人，來詮釋神終極神聖的話語，讓我們俗世之人可以正確理解。

但即使穆斯林學者也得承認：沒有人可以完全理解神的話。我們必須保持謙遜，我們必須承認我們容易犯錯。沒有人可以完全壟斷這方面的理解；當然，先知例外，至少大部分穆斯林是這麼想的。這就是我們今日面對的挑戰，年輕的穆斯林在成長的過程中沒有意識到這一點，因而他們在接近神的話語時，沒有經過有見識的論辯的過濾。如果我們不小心，這樣去接近聖典是很危險的。

歐洲宗教改革時期遭受破壞的聖像：聖母瑪利亞和嬰兒耶穌的臉被人刮掉；攝於諾福克郡（Norfolk）的大斯諾靈（Great Snoring）。

當然，亞菲菲．艾奇迪博士指的是發生在現代伊斯蘭世界，關於如何正確詮釋神聖文本的激烈討論，尤其那些涉及圖像的討論——這裡我們又回到了巴米揚佛像的討論，還有那些替極端伊斯蘭運動的暴行所做的種種辯解。猶太教也分裂成好幾派，而各派對《妥拉》各有不同的詮釋，有些詮釋甚至對中東地區的政治產生了間接的影響。至此，我們可以清楚看到這兩個宗教信仰在面對神聖文本為何總是那樣細心，總是那麼戒慎恐懼。對 16 世紀的宗教改革者而言，這裡出現一個最讓人傷心的反諷：他們聲稱文字具有無上的權威，結果文字的模糊性和歧異性與他們所摧毀的聖畫圖像幾乎沒什麼差別。基督教文本的適當詮釋向來就不是和平的，當中若有異議出現，其論辯之激烈與血腥之程度，至少與出現在伊斯蘭教和猶太教裡的異議不相上下。

One God or Many

PART FIVE

第五部

一神還是多神

有些社會只承認一神，有些社會則怡然自得地與多神共處，另有一些社會則覺得連把「神」（god）這個字想成複數形的「諸神」（gods）都是一種不敬。對大多數歐洲人而言，多神這個概念會使他們想到希臘羅馬神話，還有神話故事裡那群各有職司、角色定義清楚的男神和女神。不過，不論是在古代或是現代，世上有許多社群並不是以這種方式思考的。他們與地方神靈（local spirits），還有與棲居在當地且會改變形體的超自然存在共享周遭的自然世界——當然，這樣的神靈或超自然存在與古典地中海式的神祇迥然不同。不過，不論是一神信仰或多神信仰的社會，政治的影響都很深遠，尤其在涉及這個重要問題的時候：你不只要知道如何與自己的諸神相處，也要知道如何與他人的神明共存，就像在現代的印度或古代的羅馬那樣。

THE BLESSINGS OF MANY GODS

第二十一章　多神的福氣

1844 年，考古學家在諾福克郡一座靠近菲爾明罕莊園（Felmingham Hall）的沙丘挖出了一個羅馬時代的陶罐。這個看來像小圓鍋的罐子是用紅棕色的陶土燒製而成，附有兩個作為把手的圓環。這是一個看起來很普通、但還算美觀實用的陶製容器，若往裡看，你可能預期會看到一鍋湯或燉肉。不過，1840 年代那群找到這個陶罐的挖掘者卻在裡頭看到一個信仰系統——或好幾個混合在一起的信仰系統。原來，罐子裡除了一堆小小的銅製羅馬神像之外，還有許多其他來自不同傳統的神像。這批小雕像讓我們了解羅馬帝國的居民——至少諾福克郡北部的居民——在公元 250 年左右，是如何與許多神明共同生活在一起。

這群菲爾明罕諸神像現在移居到大英博物館，並排坐在一個展示櫃子裡。裡頭有三個銅製頭像當初有可能是打造來安置在木製的身體上。其中最大且最壯觀的頭像是朱庇特的頭像——這很切合祂的身分，因為祂是天空與閃電之神，也是羅馬諸神的領袖。祂的頭髮和鬍子的造型華麗精緻，梳理整齊。由於祂的眼睛是挖空的，這使祂在威嚴當中略微帶一點鬼氣。祂咽喉上有個小孔，這表示祂的頭像曾被安裝在一個身體上。在祂近旁的是個稍微小一點的女子頭像，女子的嘴唇緊緊噘著，頭戴一頂華麗的羽飾頭盔：祂是朱庇特的女兒米娜娃（Minerva），也是智慧與軍事策略女神。兩位羅馬神祇中間有一位比較年輕、長得很帥氣的神索爾（Sol），或又稱赫利歐斯（Helios）。祂戴著一頂由彎月與太陽光芒構成的帽子，代表祂是太陽神。到目前為止，這幾位都是人們習知的羅馬神祇，不過接下來我們看到的諸神就有點複雜。劍橋大學古典學教授瑪麗．畢爾德（Mary Beard）解釋道：

> 這批藏品當中，有幾個物件在我看來是傳統羅馬宗教神像無疑。這裡有個拉爾神（Lar）的可愛小雕像，亦即所謂的家神，負責保護你的家。祂穿著短靴和小小的短裙，手上托著一碟祭品。羅馬人不論去哪裡都會帶著這樣的一尊雕像。
>
> 然後就是美麗的米娜娃。不管任何時候，你若看見戴著頭盔的女子，就表示祂一定是個女神。如果你是羅馬人，你會稱祂為米娜娃；如果你是希臘人，你會叫祂雅典娜。所以菲爾明罕這裡擁有整個羅馬世界都認得的男神和女神——只是名稱不同，被賦予的角色也有點不同而已。不過這裡很有趣的地方是：祂們竟然與一些肯定是來自前羅馬時期的器物混在一起。這些東西並不必然屬於凱爾特人，而是來源分散的宗教器物。這裡有一個很小的銅輪模型，這個物件通常與英國本土某一個前羅馬時期的部族有關。這批混合藏品真是有趣。

羅馬家神前方立著兩隻縮小版的銅鳥——可能是渡鴉或鴿子，各自叼著一塊看起來像是小圓石的東西。我們可以在愛爾蘭到中歐的許多聚落找到像這

（次頁）菲爾明罕藏品中的宗教器物。公元 260 年左右，這批器物被放入圖中的陶鍋，然後埋在諾福克郡。

樣的鳥，這是涵蓋大部分歐洲大陸早期傳統的一部分，而且早在羅馬人到來之前，這個傳統就已經存在英國很久了。很明顯地，這兩隻鳥必定有其象徵或儀式上的重要意義，但究竟是什麼意義我們現在只能靠猜的了。再來，這裡有一個直徑大約 6 公分的小輪子，像這樣的輪輻與一位重要的凱爾特神祇塔拉尼斯（Taranis/Taranus）有關。在威爾斯語裡，這位神祇的名字意思是「霹靂聲」。直到這批藏品被埋入地下的那段時期，塔拉尼斯這位凱爾特神早已和羅馬的朱庇特連結（事實上是合併）在一起了；兩位雷電之神幾乎成為一位複合神，以兩種形象被人們敬拜。這或許是祂們同時出現在這批藏品中的原因（我們在第十八章看到日本也有一個很相似的合併案例）。這個菲爾明

（左圖）靠近切斯特出土的神壇，神壇上刻著獻給「最理想最偉大的朱庇特塔拉尼斯」的字樣，建造時間大約與菲爾明罕陶鍋埋入地下同一時期。這個神壇顯示羅馬帝國和英國當地宗教信仰已經融為一體。（右圖）圓錐形的石頭是黎凡特神明巴力的標記，從這枚鑄造於公元 218 年到公元 219 年間的金幣，可看到祂在勝利凱旋遊行隊伍中被帶進羅馬。在羅馬，祂是以埃拉伽巴路斯（Elagabalus）之名受人敬拜。

罕陶鍋大約是在公元250年被埋入地下，大約在那段時期，人們在靠近切斯特（Chester）這裡建立了一座神殿，奉獻給「最理想最偉大的朱庇特塔拉尼斯」（Jupiter Optimus Maximus Tanarus）。這是羅馬人典型的行事風格，整個帝國皆是如此：兩位神，一位是戰勝者的神，一位是戰敗者的神，但兩神具有共通點，因此可以比鄰而居，不僅可以並存，還可以合為一體。

我們不知道這個菲爾明罕陶鍋被埋起來的原因，但從種種跡象看來，這批器物是被人極小心慎重埋起來的。或許當時社會出現小小的動亂，有人擔心這些器物會被搶走。或許當時供奉朱庇特／塔拉尼斯的神殿關了。或許這在當時是一個更為永久的手段，即把這些器物永遠埋在一個神聖的地點，作為祭物獻給當地人敬拜的神明。但不管原因為何，這整批器物告訴我們一個關於羅馬人的故事，一個世界上偉大的多神社會的故事。

隨著帝國擴大，羅馬諸神也出口到各個新的行省，許多神殿也在各行省興建起來，方便信徒在當地為諸神舉行獻祭。但羅馬諸神並不是一群忌妒的神，祂們出口到各地也不是為了改變異教徒的信仰。戰敗地當地的神祇並沒有被羅馬諸神取代，而是繼續留在當地，讓當地人民自由敬拜。有時候，當地神明亦有可能得到「邀請」，得以進駐羅馬萬神殿，有些神祇甚至還擁有羅馬人特地專為祂們蓋的神殿，例如常常出現在希伯來聖經裡的黎凡特（Levantine）神明巴力（Baal），還有來自安納托利亞的女神西比莉（Cybele）。其實羅馬人這麼做已經很久了。一開始擴張領土的時候，羅馬人也同時接手鄰近城鎮的神明，使之加入羅馬諸神的行列。在北方，羅馬人接納戰敗國伊特拉斯坎人（Etruscans）的神明，在南部則接收義大利南部希臘各聚落的神祇。早在雷電之神朱庇特遇見英國塔拉尼斯神的數百年前，祂已經和希臘的閃電之神宙斯合為一體，就像米娜娃在這之前也已經和希臘的智慧女神雅典娜合而為一。

當兩位神祇來到英國的菲爾明罕時，祂們早就已經擁有雙重國籍。羅馬人征服埃及之後，許多當地的主要神明——包括伊西絲和歐西里斯——也在羅馬建立了神殿。這是羅馬人吸收與整合他們日漸擴大的領土、人民和各種風俗習慣的方法。這種方法讓他們在地理和文化上都可以持續地重新調整自己，並在精神上與羅馬帝國境內幾乎所有地區保有聯繫。一旦完成征服行動，政治和宗教這兩種事實上難以切割的元素隨即開始邁步前進，而且通常是一種寬容的、全部接納的邁進——唯一的例外是主張一神論的猶太人（我們即將在第二十七章看到這個例子）。根據瑪麗・畢爾德的解釋，羅馬人不僅把公民權賜給戰敗國的人民，也把公民權給了戰敗國的神明：

> 羅馬對待戰敗國的神明，一如他們對待戰敗國的人民。當他們征服一個地方，他們會賜給該地人民某種形式的公民權——他們接納戰敗國的人民，使之成為羅馬公民。當然這有一部分是在展示羅馬人的力量，但這也顯示羅馬人在思想上的流動性：他們覺得大家都有資格成為羅馬的一分子。在很多方面，他們也是這樣看待神明；他們對待戰敗國神明的方式有一點像他們對待戰敗國的人民。他們張開雙臂歡迎戰敗者的神明。不過，關於誰是老大這一點，永遠沒有質疑的空間。
>
> 羅馬諸神非常好客。我想像朱庇特和米娜娃舒舒服服地坐在羅馬卡庇多丘（Capitoline Hill）的仙家時，心裡肯定十分清楚知道自己是羅馬真正的統治者。新近搬來的神明看來有點奇怪，但沒有關係；在羅馬為新來的神明建造神殿，其中的部分重點就是磨去祂們的怪異之處。這是讓祂們成為你們這個過程之中的一個步驟。

「讓他們成為你們」：這是一種思考方式，或更是一種習慣，而非策略。這種思考習慣讓羅馬成為一個極為出色、成功，而且也維持得極為長久的帝國——多種族與多信仰的帝國。如果你尊敬其他民族的神明，承認祂們並接納崇拜祂們的人民，使之成為你的社群合法的一部分，如此一來，他們和他們的神明就會變得比較不那麼奇怪。在這個接納的過程裡，你和他們都會產生改變。羅馬人是在最高的政治層面支持這個做法：元老院在公元前 173 年發布一道法令，明白規定：「不朽的神明，不論在那裡都是一樣的（*iidem ubique di immortales*）」。你無法想像後來歐洲任何一個殖民帝國會頒布這樣的法令。

今日，「多神論」（polytheism）在很多方面已多少成為一個貶抑詞，與諸如「異教徒」（pagans）、「未開化之人」（heathens）、「偶像崇拜」（idolatry）等貶抑詞同陳並列。一直以來，歐洲啟蒙主義者的言論明顯對崇拜多神的社會抱持一種不屑的態度，加上現代一神論者在經濟和文化上所掌握的權力，更增添了啟蒙主義者的氣燄。再者，三個亞伯拉罕信仰各自深信他們受到那唯一的神的眷顧，也深信他們獨具特色的聖典擁有唯一崇高的真理。上述這些因素讓諸神共存難以實現，也讓共存成為不可能。瑪麗·畢爾德總結道：

> 在許多方面，羅馬真的是一個典型的多神社會；我覺得擁有很多神其中一個最大的好處就是：你可以自行決定要接納較多還是較少神祇。所以，一神文化彼此相遇時那種硬碰硬的衝突不會發生在羅馬。

與許多不同的神共同生活，這讓羅馬人有辦法和許多不同的民族和平共處。

如果把時間往前拉到羅馬帝國之前的一千五百年，然後再稍稍往東邊走一點，我們就會看到古代的美索不達米亞，還會看到擁有多神信仰的其他好處，尤其在諸神彼此鬧意見時，人類可以從中獲得多少好處。

有個男人獲得神的命令：他必須造一條船。他的神給了他精確的規格，詳細到規定他得用瀝青把船的縫隙密封起來。這條船必須夠大——事實上，他要建造的是一艘方舟。可以登上這艘方舟的有這個人和他的家人，還有許多動物；一旦登上方舟，他們就得以安全度過一場暴風雨和洪水，其他人則會在這場洪水中喪生。這故事聽來很熟悉，但這並不是《聖經．創世紀》記載的諾亞的故事（第五章）。這是一個名叫烏特納匹什提姆（Utnapishtim）的男人的故事，這男人是美索不達米亞史詩《吉爾伽美什史詩》（*Epic of Gilgamesh*）——已知世上最古老的詩歌的主角。這段跟洪水和方舟有關的故事刻在一塊碎黏土片上，然後放在西元前 7 世紀亞述（現在的伊拉克）的太陽下曬乾，現在則收藏在大英博物館。

這塊「大洪水記錄板」（the Flood Tablet）長約 15 公分，寬約 13 公分，是世界上極度著名的楔形文字文本之一。板子上縱刻著兩列密密麻麻的楔形文字——那是趁黏土還沒乾之前，用蘆葦筆刻寫上去的。上面記載的故事雖然與諾亞的故事非常相似，但兩者也有很多重要的差異。兩則故事都提到是神下令降下大雨，形成洪水，也提到有一個被揀選的家庭得以逃過洪水之難。但這兩則故事裡，神所扮演的角色極為不同。在希伯來文的《聖經》之中，下令諾亞建造方舟的是那位唯一的神，那位創造萬物的神，而這位神現在即將降

公元前 7 世紀的黏土板，上面刻有《吉爾伽美什史詩》，記載著巴比倫版本的洪水神話。創作時間比文本早約一千年左右。

下洪水淹沒世界，摧毀所有令人失望的、犯了罪的人類。但對烏特納匹什提姆說話的，僅是諸神當中的一位而已。

《吉爾伽美什史詩》大約創作於公元前兩千多年，起初在美索不達米亞諸城市之間傳誦，很晚之後才書寫成文。有趣的是，這首詩含有一段首次出現在文學史上的描述：諸神的會議。美索不達米亞有很多神明，每位神都和一座特定的城市密切相關（第十一章）；在自己特定的城市裡，神的身分實際上就像當地的地主或女地主，祂們的神殿就靠當地的農作盈餘維持。雖然每位神明各有各的城市，但祂們彼此之間也有親屬關係，所以有時候祂們會聯手管理一個範圍比較廣的區域，有點像某種聯邦之類的設計。沒有一個城市可以掌握大權，或可以處於支配的地位——所以也沒有哪一位神明可以這麼做。祂們總會展開許多討論，也無可避免地總會發生許多爭議。討論的過程難免會產生混亂，但美索不達米亞人似乎比較喜歡這樣，而不喜歡有一個權威的、中央集權的、什麼都替你決定好的神祇。

安德魯．喬治（Andrew George）在東方與非洲研究所專門研究巴比倫文化，他談到諸神在會議之中主要討論的政治議題：

> 諸神開了個會，祂們決定要降下洪水消滅所有人類。理由為何？《吉爾伽美什史詩》並未說明，但我們從其他敘事詩得知諸神要降下洪水的原因：人類太多了——在這個階段的人類是不會死的，而且還能持續生育繁衍；人類製造太多噪音，令眾神感到非常困擾，尤其被吵得難以成眠，其中尤以主神恩利爾（Enlil）最為嚴重，因為祂根本沒辦法睡覺。祂說：「這樣下去不行，我們得除掉這些討厭的東西，這樣才有可能再度恢復安寧。」

> 祂試著降下瘟疫，不過效用顯然不大。所以諸神再度聚在一起開會。這次祂們全都附和恩利爾降下洪水的意見，彷彿祂是個獨裁者。不過到了詩歌的末尾，經過洪水之患之後，恩利爾被批評濫用權力。我認為巴比倫詩人意識到把如此巨大的權力放在單一個體的手中是危險的，而且很有可能會導致種種問題的產生：獨裁者會把國家帶向各種可怕的境地，帶來各種災難。就像美國憲法，巴比倫人也看到他們有必要運用制衡法則來限制權力的運用。我想這個洪水的故事是用來作為一個例子，說明如果有人掌握了絕對的權力，人民會得到什麼樣的後果。

但是恩利爾的弟弟對這個專制決定有意見。祂認為，假如人類全數被殲滅，誰來給神獻祭？誰來種植稻穀供養神殿？所以祂決定當個告密者，顛覆那群被誤導的神所做的決定，因為祂認為祂們的決定是錯的。祂找到一個方法警告一個人，即大洪水記錄板上的主角烏特納匹什提姆，並告訴他如何建造方舟來拯救他的家人和動物。

一般認為，《吉爾伽美什史詩》和之後出現的諾亞故事可能有一個共同的來源：最後一次冰河時期晚期，海平面上升，造成一場曾重創現代中東大部分地區的大洪水。洪水退去後，人們開始產生疑問：為什麼會發生大洪水？為什麼某些人——而且只有某些人和動物會存活下來？他們的答案是，這其中一定涉及神的意旨。在〈創世紀〉的故事裡，下此意旨的是一位獨特的、智慧的神，是祂決定降下洪水，除去所有有罪的人，只留下一個義人和他的家人。在《吉爾伽美什史詩》當中，決定降下洪水的是一群失衡的失眠患者，但是祂們當中出現一位異議者，而這位異議者救了一個他能救的人。據安德魯．喬治指出，美索不達米亞社會裡的宗教和政治有個特色，那就是他們深深懷疑統治者的智慧，不論這統治者是天上的神，還是地上的人：

> 諸神會議有個問題：祂們通常都有美酒可喝，所以祂們所做的決定並不總是適當的。祂們會犯錯。祂們所犯下的錯誤當中，有一個就是創造了永生不死的人類，而且這群不死的人類還可以繁衍下一代，沒有任何限制。

最後，美索不達米亞的諸神意識到洪水並不是解決失眠問題或所有其他問題的方法，因為人類一直大量增加，聲音因而不斷增大。最後，他們創造了死亡，以此限制未來人口的增長，他們也因此終於可以好好地睡覺。他們還發現降下洪水是個錯誤的決定，幸好有個異議者改變了情況，容許他們修正他們的想法。這個管理模式只有在擁有多位神祇的情況才有可能產生，也只有在神祇們會犯錯，而且也了解祂們有可能會犯錯的情況才有可能產生。

把希伯來和巴比倫這兩個故事擺在一起，我們會發現兩者都提出了一個關於自然災害的根本問題，但卻對同一個問題提出不同的敘事與道德寓意。對巴比倫人而言，致命的洪水可以是一群喝醉酒、被誤導的神所造成的結果。不過這個答案不太可能會被猶太人或基督徒接受，因為他們信奉的是一神教；在一神教的架構下，神是唯一全能而且永遠是正義公平的。根據安德魯·喬治的解釋：

> 巴比倫人意識到世界上有一種隨機的惡，這種隨機的惡有時會因為諸神的行動而產生，一旦產生這種惡，通常得由諸神自己收回，並由

諸神自己銷毀。如果你只有一位神，那麼你當然得想出不同的理由來解釋這位神為何決定傷害人類。這是一個問題，而且你會發現《舊約》一直在陳說的都是這個故事：為何我們的神要傷害我們，毀滅我們？當然，這個問題的答案很簡單：因為我們有罪。

在〈創世紀〉的故事裡，諾亞獲救是因為只有他一個人是正直的，其他被淹死的人都是有罪的：受害者之所以會受苦，這要怪他們自己。在《吉爾伽美什史詩》裡，你也許可以這麼說——借用一句通常用來描述美索不達米亞／伊拉克發生自然災難時所用的現代語言：人們會死，那是因為「天有不測的風雲」；所謂「不知者不知」（unknown unknowns）這句話早在三千年前就已經存在。唐納．倫斯斐（Donald Rumsfeld）在 2003 年說出後面這句話時，不曉得他是否知道自己正立足於美索不達米亞豐富的神學傳統之中呢？

奧林帕斯眾神那場激發並延長特洛伊戰爭的爭吵，與《吉爾伽美什史詩》裡的爭議並不只是大致相似而已。多神信仰也許欠缺我們所想到的知識上的連貫性或道德上的明確性，但這兩者可能並不是信仰系統當中最崇高的價值，當然也不是唯一的優點。與許多神明共同生活允許羅馬人吸納新的人民，擴展範圍驚人的族群（從埃及到諾福克郡），從而建立一個非常成功的帝國，而且帝國境內的人民皆可成為公民；多神信仰也提供了美索不達米亞人一個世界觀：在一個地震與洪水容易發生的地帶，自然災害是常有的事，但自然災害並不是受害者造成的，並不是受害者的錯。

當然，滲透力、適應力和容受力都很強的多神信仰並不只存在於古代世界。今日印度路邊常見的景色就是許多販賣宗教圖像的小攤子。在這些小攤子上，有佛陀綻開笑臉露出雙下巴的小雕像、濕婆的全身像、各式各樣的印度教

印度憲法的作者安貝德卡博士置身於印度萬神殿。攝於北方邦（Uttar Pradesh）的路邊小攤，2017 年。

神像在等著人們上門買回家。有些小攤子還可以找到新近加入這一壯觀神界的成員，比如在這裡，我們看到在象神、猴神哈努曼（Hanuman）和有許多手臂的難近母（第十七章）等神像之間，有一個穿西裝戴眼鏡的現代男人。他是安貝德卡博士（Dr Ambedkar），印度憲法主要的作者之一，也是印度獨立運動中的一位主要領導人，更是印度種姓制度最低的賤民階級「達利特」（dalits）的英雄人物。安貝德卡博士本人出身於達利特階級，在倫敦經濟學院（London School of Economics）求學，後來成為一位律師（他總是穿著西裝，那是他的律師標記）。他曾與甘地和尼赫魯一起為印度的獨立奮鬥，並不屈不撓地鼓吹廢除種姓制度。他後來看到國會無法推行他的建議，失望之餘，在 1950 年代帶領追隨者集體改宗，信奉佛教，以此方式逃脫種姓制度的種種限制。這批新佛教徒（Neo-Buddhists）在今日印度是一股強而有力的政治力量；而且，安貝德卡博士的「信徒」——沒錯，就是這兩個字的字面意義——開始崇拜他（安貝德卡博士本人想必不會喜歡人們如此看待他）；他們不僅把他看作一位政治家，還幾乎把他當成神一樣地崇拜，視他為開悟的存在（就像其他神明那樣），有能力幫助他們度過人生的難關。就這樣，他的塑像出現在攤子上，跟其他傳統的神明放在一起。沒有文本，沒有祭司，當然也沒有中央政府的幫助，人們自己把安貝德卡博士加入了他們的萬神殿。

在多神社會，信仰的政治必然是多元的，今日如此，古代世界亦然。長久以來，多神信仰一直被認為是比較原始的宗教體系，事實並不是這樣。多神信仰也可以是高雅的、熱情的，而且令人敬佩地充滿同情心。但就像我們在第二十五章將會看到的，在現代世界，多神信仰也可以是排斥異己、推行政治不寬容的一種手段。就這一點而論，多神信仰與一神信仰可謂不相上下。

THE POWER OF ONE

第二十二章　一神的力量

在上一章，我們透過大洪水記錄板看到一個複雜的多神信仰的運作方式。但在另一片美索不達米亞泥板上，我們看到的有可能是一神信仰的開端，因為這片小小的、大約可放在掌心的泥板刻有下列文字：

犁具之神尼努爾塔（Ninurta）是馬爾杜克（Marduk）
戰爭之神內爾伽勒（Nergal）是馬爾杜克
會計之神納布（Nabu）是馬爾杜克
夜晚的亮光神辛恩（Sin）是馬爾杜克
正義之神沙馬什（Shamash）是馬爾杜克
雨神阿達德（Adad）是馬爾杜克
部隊之神提斯帕克（Tishpak）是馬爾杜克
萬物之神（——）是馬爾杜克

這片小泥板上記錄的，有可能是一場革命。從其敘述看來，許多神明正逐

美索不達米亞馬爾杜克泥板，約刻於公元前 580 年：左邊那一欄是十四位主要男性神祇的名字，右邊的每一行都重複刻著馬爾杜克的名字。

漸合而為一。這塊兩千五百多年前放在巴比倫太陽下曬乾的小泥板，似乎記錄了一個思想上的實驗，充滿了罕見的即時性。從那些小小的、密密麻麻的字體，我們看到在尼布甲尼撒（Nebuchadnezzar）在位其間，亦即大約公元前580年，巴比倫有一位祭司或學者草草地記下一個想法——就像一張用楔形文字寫的便利貼。他正在思考一個問題：美索不達米亞的眾多神明是否有可能只是一位神的所有面向？而這位神就是巴比倫的保護神馬爾杜克？他一面思考，一面記下祂們的名字，還有祂們管理的各個生活面向——農業、天氣、戰爭等。令人苦惱的是，最後一行那位神的名字已經不可辨認——祂或許早已經擁有一個統御眾神的角色。

19世紀末期，大英博物館這塊小泥板在一場激烈的國際辯論中扮演了一個重要的角色：一神信仰始於何處？宇宙之間只有一位神的這個想法，是誰最先想到的？是埃及人、巴比倫人，還是猶太人？這場辯論是另一場範圍更廣的論辯的一部分，即希伯來《聖經》的獨特性及其歷史可靠性的爭議（大洪水記錄板在這場爭議中也扮演著重要的角色）。上述問題的答案並不讓人意外：古代中東地區各民族之間聯繫密切，所以大家似乎是在差不多同一段時期產生這樣的提問。

強納森·史都克（Jonathan Stökl）是倫敦國王學院神學系教授；他認為這塊泥板的作者並未清楚宣稱一神信仰，雖然19世紀許多提倡者都持有這樣的想法。他覺得這塊泥板比較像巴比倫的學者在腦力激盪之後留下的一份會議紀錄。根據他的說法：

> 看來這位神學作者似乎是在試探這些概念。「萬一管理月亮的神辛恩，實際上並不是一位獨立的神，而是我們的主神馬爾杜克發著光，

為我們照亮夜晚呢？」這位作者只是在提問，然後以肯定句回答問題，但並未進一步說明如果真是如此，將會發生什麼事。這是一群受過嚴格思考訓練的學者；他們正在試圖了解他們的世界是如何運作的。也許有一位神，其地位高於任何一位個別的神——這個想法必定讓他們十分興奮。

這塊小泥板提供一個新答案，回應了人類永不停息的追尋，亦即本書一開始就提到的追尋：了解我們在這宇宙間的位置。就像在古代巴比倫，這個問題在今日也引起了許多爭論。我們的世界如此複雜是因為許多不同力量產生衝突之後造成的結果嗎？或許有一個單一的、控制萬有的力量存在？如果有這麼一個力量存在，我們人類該如何與之共處？如果有這麼一個存在，這個存在是男性、女性，還是兩者皆是或兩者皆非？那是一種道德力量嗎？或這種有個單一神祇指揮一切的想法，其實是某種政治操作的一部分，目的是為了合理化某個專制的統治力量？

在第十一章，我們看到美索不達米亞的主要城市都有一位保護神，每位保護神在該城市都有自己的神殿，但每位保護神同時也受到其他城市人民的敬拜。在很大程度上，神殿——諸神的議會——的結構反映了各城市之間政治與經濟力量的平衡。在寫下這塊泥板的期間——大約在公元前 580 年，這個平衡已經出現了變化。這時的巴比倫比鄰近城市擁有更多人口。巴比倫國王尼布甲尼撒當時征服了耶路撒冷，使猶太人變成他的階下囚（第二十七章），這樣的軍事成就與他在家鄉附近獲得的勝利聲名，可謂不相上下，同樣引人注目。強納森．史都克解釋道：

> 神學大部分是政治的；在古代世界，大部分政治的本質是宗教的。政治和宗教的涇渭分明是我們西方在後啟蒙時代抱持的觀點。在古代的美索不達米亞，宗教和政治顯然不能清楚切割。
>
> 經過了很長的一段時間，尼布甲尼撒（Nebuchadnezzar）首次讓巴比倫這個城市再度成為文化中心，而且還成為該地區主要的政治力量。現在，巴比倫已經是所有政治力量和宗教力量的中心，所以我們的抄寫員建議把所有神結合起來，納入巴比倫保護神馬爾杜克一神的力量之內。這個建議或許並不令人驚訝。

事實上，這塊泥板顯示的訊息比較不像思考中的學者大膽提出的一神論假說，也許比較像個受到政治驅策的建議：巴比倫已經在這世間獲得新的支配地位，或許這也應該要反映在神界的秩序上。就此意義而言，這有點像 19 世紀的一個概念：美國天命論（United States' Manifest Destiny），一個設計用來肯定政治野心的神學建構。當然，巴比倫鄰近的其他城市一定會強烈抵抗這個概念。那些城市都各有自己的神殿與保護神，可想而知，各神殿的祭司必定會反對與馬爾杜克合併，或與馬爾杜克合而為一。無論如何，從現在往回看，當年似乎什麼事也沒發生。不管泥板上的思想有多麼激進，這些想法就只是幾個想法——僅僅只是寫在泥板上的想法而已。名單上的所有神祇依然持續獲得人們的敬拜，沒有任何改變，侍奉祂們的祭司和神殿的既得利益也未曾減少。對神學問題不感興趣的老百姓依然對他們傳統的神祇忠心耿耿。

不過，強納森．史都克在這塊泥板看到另一個概念的雛形——當然，他這個看法也是毀譽參半，引人爭議：

或許這是一個很明顯的暗示：這塊泥板只提到男性神祇的名字，沒提到任何一位女性神祇的名字，而這個地區其實有數百位女性神祇。有人因此認為這塊泥板是為了配對某男神女神的一種準備程序。我認為這把事情看得太簡化了，雖然泥板上的文本本身確實可以讓人提出這樣的詮釋，因為如果是這樣，你當然會把所有女神的名字寫在一塊泥板上，然後把所有男神的名字寫在另一塊泥板上。

是否有這麼一塊列舉所有女神名字及其職司的泥板，並暗示祂們基本上只是一位女神的分身而已呢？如果有，目前我們還沒找到。但這個想法無可避免引導我們來到一個問題——而且是一個對很多人而言不太愉快的問題：那位單一神祇的性別。

大約距離巴比倫這塊泥板寫成的八百年前，埃及有個法老王早已經透過政治力量，大力實行一神信仰。他決定放棄埃及傳統的多神信仰，包括放棄對歐西里斯（第五章）和阿蒙（Amun）等主神的崇拜，轉而崇拜一個至高無上的神。他要求人民要對這位至高無上的神不斷地頌唱讚美的歌：

祢的事功如此多，即使我們不曾看見。
獨特的神，祢的身邊沒有他人陪伴。
祢，只有祢和祢自己，祢隨祢的意
打造了世界、人類、畜牲與獸群；
還有所有在地上用腳走路的生物，
以及所有在天空用翅膀高飛的生物。

這些文字譯自一份大約寫於公元前1340年的文本，作者是法老王阿肯那頓（Akhenaten）。這首頌詩很長，這只是其中一部分而已；頌詩的內容是讚美太陽神阿頓（Aten），因為法老王認為太陽神獨自創造了世界，並提供生存的能量給這個世界所有的生靈。「祢是獨一無二的神，祢是唯一的主神。」這些來自頌詩的語詞，還有這些語詞背後隱含的概念，與幾百年之後寫成的希伯來文讚美詩極其相像，尤其是〈詩篇〉第104篇：

> 耶和華啊，你所造的何其多！都是你用智慧造成的；遍地滿了你的豐富。

這首讚美阿頓的頌歌也為19世紀那場關於一神信仰起源的辯論提供了另一份素材。就像在巴比倫那樣，這首頌詩寫作的時機也碰巧遇到政治力量的轉移。在這個例子裡，埃及的政治出現了改革之聲，法老王推崇新的一神信仰作為國教。

這首頌詩的文字是刻在一塊小小的白色石灰岩厚板上，厚板上的圖畫與文字皆以淺浮雕雕成。這塊厚板目前存放在大英博物館——至少是右半塊，因為左半塊已經佚失了。在這塊厚石板上，阿肯那頓坐在一張有墊子的王座上，眼睛看著他的左邊。可以確定的是，左邊坐著的必然是他的妻子娜芙蒂蒂（Nefertiti）——石板上以象形文字刻著兩人的名字。阿肯納頓的手臂和上半身是赤裸的，頭上戴著一頂藍色王冠，下半身穿著專屬法老王的白色亞麻祭祀長裙。他正沐浴在太陽光下，而每一道陽光都清楚明顯地刻在石板上。那是來自太陽神阿頓的陽光，充滿保護意味地照著法老王。本來描繪這個場景用的色彩是十分鮮豔的，但經過了三千五百年，如今多少已經有點褪色。尼爾・史賓瑟（Neal Spencer）負責保管大英博物館古埃及與蘇丹文物，根據他的解釋，現存的斷片具有十分重要的意義，因為這個畫面似乎記錄了一個激進的想法，其中涉及法老王、埃及人民與神的關係的重新想像：

> 埃及的傳統宗教裡，國王是人民與諸神之間的中介。法老王保護埃及人民，擴展埃及的國土，諸神回報給他永生和繁榮的統治。但我們在這裡看到的是：太陽神阿頓和法老王阿肯那頓之間似乎有個更為親密的關係。關於這一點，阿肯那頓的頌詩有一個地方提到：「祢在我的心裡，我是祢的兒子；沒有人比我更了解祢。祢以祢的計畫和祢的力量指導祢的兒子。」

這段頌詩清楚地聲明天地之間的權力連結：只有一個天神阿頓和祂的兒子阿肯那頓，而且只有阿肯那頓真正了解天神阿頓。在這塊淺浮雕厚板上，我們看到太陽的光與頌詩語詞之間流露的溫柔配合無間：陽光從天上照下來，每一道光的末端都是一隻小手，彷彿正在撫摸坐在王座上的法老王，或是來拍拍他的頭，像拍一個親愛的孩子。

強納森・史都克解釋何以會發生上述的情況：

> 早在阿肯那頓的父親執政時，太陽神的角色就已經有越來越受重視的趨勢。但是阿肯那頓是個叛逆的人，他接受了這個想法，而且更徹底地推行這個想法：他與傳統的埃及宗教徹底決裂。他不僅要為太陽神建立許多新的神殿，還要建立一座全新的城市，打造一個更適合的環境來供奉太陽神，以此鞏固他對阿頓的信仰。他建立的新城市稱為

阿瑪納（Amarna）。

這位年輕的法老王在登上王位數年後，就改了名字，藉此宣布他的新信仰。他本來的名字叫作阿蒙霍特普（Amenhotep），即「阿蒙滿意的人」，為了表示與過去決裂，他決定把名字改為阿肯那頓，即「阿頓的僕人」。他熱烈地深信只有一個單一的神，因此決定離開所有廟宇，棄絕他的前人在過去好幾百年裡建立與贊助的儀式。位於底比斯（Thebes）和卡奈克（Karnak）的兩個古老宗教中心和相關的祭司人員全部遭到忽視。埃及境內若有涉及複數神的銘文，全數改為單數神。所有的資源和力量全部集中於正在興建中的城市阿瑪納。埃及即將出現一個新的宗教體制。

但這個一神信仰的實驗並未持續很久。阿肯那頓沒留下真正的信徒來維繫他開創的體制。就像後來的美索不達米亞，人們比較喜歡他們熟悉的諸神，比較喜歡他們熟悉的神殿，而且原來伺奉諸神的祭司對新的體制也未曾有過好感。因此阿肯那頓死後，埃及的菁英階級很快就恢復了原來的宗教體制。古老的神殿再次啟用，熟悉的信仰再次被建立起來。阿肯那頓的雕像則全數遭到破壞，他的陵墓被嚴重摧毀，連他的名字也被人從銘文中刮除。多神信仰的力量再次占了上風。阿肯那頓這位埃及歷史上唯一信仰一神的法老王，他的名字被人從埃及的正史裡抹除。直到阿瑪納在 19 世紀中被挖掘出土，世人才知道他的存在，才知道他的名字，不然基本上他是完全消失於歷史之中的。

阿肯那頓替他的兒子取名為圖坦卡頓（Tutankhaten），即「阿頓在世間的

法老王阿肯那頓坐在王座上，他的父親太陽神阿頓散發著光芒輕觸著他；此浮雕泥板大約刻於公元前 1350 年。

24431

形象」。圖坦卡頓登上王位一年，即改信傳統神祇之中的主神阿蒙，因此他也像他父親那樣，替自己改了個名字。所以我們稱他為圖坦卡門，他的陵墓在1922年被發現，那是當年引人注目的大事。

細看這塊淺浮雕，我們發現當時也許還發生了其他事情，而這件事情的革命意義與獨特性，一點也不遜於阿肯那頓與他的天父保持親密關係。這塊浮雕帶領我們回到馬爾杜克泥板引發的一個問題：單一的創造神的性別可能為何？就像阿肯那頓傳世的其他圖像，他在這幅浮雕裡所呈現的法老王形象是史上前所未見的——不論是雕刻還是圖像皆然。不同於法老王常見的強壯形象，他被描繪得十分瘦弱：瘦削的上半身、纖細的四肢、圓圓的女性化胸部。這是一個驚人的雌雄同體形象。某些學者在這裡看到一個雌雄同體的法老王，並將之稱為肖像學的先鋒之作；太陽神阿頓身為「所有人類的母親和父親」，其普遍性和二元性在祂的人類兒子身上得到了體現。這位單一的創造神不能只擁有一種性別。

法老王阿肯那頓的雙唇。這塊斷片來自阿瑪納阿頓神殿的庇護所，約建於公元前1353年到公元前1336年。

這兩件早期器物顯示

一神信仰這個觀念有許多內在的困難。但這個概念，即有個唯一的、全能的神的這個概念本身具有強大的知性與感性的吸引力。假如有一個單一的意志、單一的思惟創造並護持著這個世界，那麼這世上所有事物的安排必然有個條理分明且可以理解的原則。這種想法帶來安全感，而且充滿力量，因為這樣一來，世上所有隨機發生的事件——更別說那些持續存在的邪惡和苦難——就不僅僅只是隨機發生的事件（例如在上一章，那個多神世界裡發生的不測風雲），而必定是某個神聖計畫的一部分。

現代科學的開端，其背後隱藏的就是這個概念，而這樣的概念顯然是哥白尼、伽利略、牛頓的學說特色。不管是天生的，還是受到長期後天訓練的結果，在一神信仰薰陶下長大的小孩都有一個強烈的信念——他們相信在任何追尋解釋的過程中，那個終極的、唯一令人覺得滿意的終點就是統一性；而且在原則上，只要有決心尋找，就可以找到這種統一性。羅雲．威廉斯（Rowan Williams）是坎特伯里前任的大主教，他認為這個概念是一神論最吸引人的地方，也是一神論的成功之處：

> 一神論保證我們居住的世界有一個連貫性和穩定性，保證我們所了解的人類的幸福。你不用去求屬於這個群體或那個群體的神，也不必擔心這幾位神可能彼此和好或彼此看不對眼。你不需要有一個神照料宇宙的這一部分，另一個神負責宇宙的另一部分，你也不用擔心祂們會不會彼此合作，或會不會互相敵對。你有個單一的目標：永恆一貫的存在。透過不完美和有限的媒介，這個永恆一貫的存在總會自己把一切料理好；因為媒介是不完美的，所以我們的宇宙也是不完美的，可是我們這個世界還是必須依賴祂，才得以持續發展與成長。一神信

仰其中一個最重要的特色，正是這種深沉的、終極的連貫性。

不論在道德上和知性上，相信有一個終極的、包容萬有的和諧，是一個誘人的夢想。這種夢想給了約瑟夫．艾迪生（Joseph Addison）靈感，讓他寫下一首頌詩，讚美宇宙偉大的模式。牛頓最近替艾迪生發表了這首頌詩。在這首詩裡，太陽、月亮、行星與星體都根據一個萬有引力的普遍法則，繞著軌道運行：

當星體閃耀在天空的時候，
理性的耳朵聽見所有星體
歡欣且大聲且永遠地唱著：
「創造我們的手是神聖的。」

一神的力量：威廉．布萊克（William Blake）在其作品〈古代的日子〉（Ancient of Days）中，描繪唯一的神用數學的方式計量，用一對像量角器的光線創造了一個秩序井然的宇宙。

SPIRITS OF PLACE

第二十三章　地方的神靈

小精靈或矮精靈、地底精靈、小妖怪或小仙子，這些都是體型小，行動敏捷的存有，他們不時在你周遭衝來撞去，但從來不會被你逮到，也從來沒人能把祂們看個清楚；他們平時做的都是些令人不悅的事，而且通常就出現在某個特定的、人人皆知的地點。在莎士比亞的《溫莎的風流婦人》（*Merry Wives of Windsor*）裡，那個地點稱為「賀恩的橡樹」（Herne's Oak）：

有個古老的故事提到獵人賀恩，
有一段時間他在溫莎森林當守林人。
每到冬天的季節，每到沉靜的午夜，
長著尖角的精靈就到那棵橡樹繞圈圈，
用力敲打著樹幹，還把牛隻帶走，
害乳牛的奶變成了血；他手拿著
一條鐵鍊搖著，搖出可怕的巨響。
這個精靈的故事，你應該聽過……

溫莎森林中的賀恩橡樹，法斯塔夫（Falstaff）就是在這裡被獵人賀恩和他的仙子夥伴作弄。喬治．克魯克香克（George Cruikshank）的作品，約繪製於公元 1857 年。

關於這類精靈的故事很多，大都靠口耳相傳，代代流傳至今。從流行歌曲中，我們知道小仙子的國度是在花園底下；他們十分淘氣、狡猾、危險，而且通常就在「不遠，不怎麼遠」的地方，就在我們剛好看不到的地方而已。他們的身影從來不曾從英國民間故事與文學作品裡消失；從喬叟到托爾金（Tolkien），他們一直都在我們身邊徘徊，一直都靠得很近。到了相當晚近的時候，他們與他們那些矮精靈（leprechauns）和山怪（trolls）之類的堂表親，依然在歐洲的鄉間四處漫遊，從愛爾蘭到西伯利亞都可見到祂們的身影。古人相信山林地景是有靈之物，而且有其他生靈居住其間——小精靈就是這種古代信仰留下的遺跡。幾百年來，他們稜角分明地與正統的基督教思想密切共存——可想而知，他們通常不受教會歡迎。他們並沒有在 19 世紀跟著我們一起搬進大都市，對今日大部分歐洲人而言，這些來自古老信仰的產物，他們閃爍的身影有趣地置身於迷信、古怪與中土世界（Middle Earth）之間。

但全球仍有數百萬人，尤其對那些大半輩子都住在他們熟悉的山林地景裡的人而言，他們仍然相信世間有各種自然力量和其他生靈的存在。這些自然力量與生靈跟我們一起生活，跟我們互動，有時我們甚至看得到他們。現在全球只有居住在特定地區的一小群人仍然保有此種直觀信仰。就像在過去的歐洲，這種地方精靈的故事也是在家庭裡、社群中，一代一代口耳相傳，鮮少會被書寫下來。人們通常會以嚴肅的態度看待他們——他們是地方的神靈。

更確切地說，這些看不見的精靈究竟住在哪裡？要回答這個問題，當然要看你——還有他們——是住在哪個國家、處於哪個文化而定。大英博物館藏有一間小小的木造房子——那是來自泰國，蓋給地方神靈住的土地神屋。這些神靈是沒有形體的存在，他們有些是村莊的保護者，有些則會帶來疾病；有

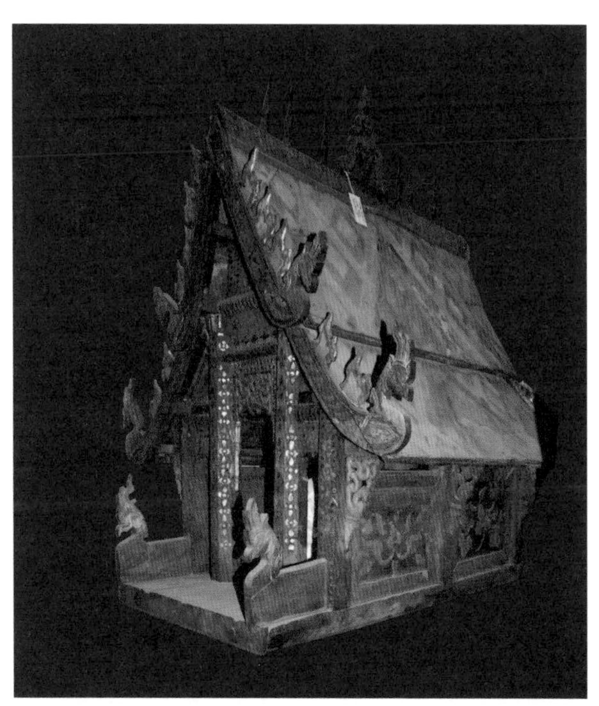
19 世紀泰國的土地神屋，外型有如迷你佛寺。

些可能是居住在家中的家神，有些可能是橫死或冤死的男人或女人。建造這種土地神屋的用意是撫慰那些心懷怨氣的神靈，或鼓勵某位保護神在當地安住；或有可能兩者皆是。土地神屋同時也提供一個空間，讓人們來此奉獻祭品。我們現藏的這個木屋曾經是一個很好的土地神屋。乍看之下，這個木屋有點像一間迷你的泰北佛寺，屋身由木頭雕刻而成，鑲嵌著玻璃，點綴著紅色的漆和少許金色的裝飾物。木屋的高度有 1 公尺多，屋內有個中央大廳，屋頂高而陡，畫著代表佛教宇宙中心的符號和神話中的大蛇——大蛇是水與興旺的保護者，連接人間與神靈世界的中介。這個土地神屋本來會用柱子墊高，人們會在四周擺上鮮花、食物、飲料等物品來供奉精靈，或在屋前焚香祭祀精靈。儘管今日泰國正快速走向都市化，但像這樣的土地神屋還是很常見：你會在機場、購物中心、學校和高速公路容易出事的路段看到這樣的土地神屋。這些住在泰國的精靈跟我們在這本書裡看到的超自然存在迴然不同；不論就任何層面看，他們從來都不是「神」，他們是另外一種存在。更重要的是，他們並不是從某個地方來到這裡——他們不是從他界來到人類世界旅行的旅客。這裡就是他們的家。這裡就是他們居住的地方——跟我們住在一起，住在同一個世界，與我們共存。

土地神屋是泰國現代景觀非常重要的一部分，通常在許多公共空間都可見到。

我們通常找不到正確的英文單字來描述這樣的信仰形式和實踐。我們的語言和思想一直深受基督教和希臘羅馬古典世界的影響，我們必須非常掙扎，才能勉強找到適當的語彙來充分討論這樣的存在——這些精確來說與嚴格來說都不是神也不是魔的存在。幾乎所有我們可以使用的語彙，只要一提到「有靈的山林地景」就會讓人產生種種帶有貶義的聯想，例如幼稚的幻想、傳教人員的貶抑之詞，或裝神弄鬼的詭計之類的。

然而對大部分人而言，他們都擁有幾個充滿集體或個人記憶的地點，有些還飽含十分強烈的記憶，雖然對那些住在巨大且流動的現代社群的人而言，這些地點只是一個關於山林地景的遙遠記憶，關於你和你所有家人世世代代居住在某一地區的回憶而已。在這種社會裡——包含至少直到 18 世紀之前的大部分歐洲社會，幾乎每一件在生活中有意義的事都會連結到土地，以及居住在這塊土地上的所有存在——活著的、死去的，或者非人類的存在。

在今日的太平洋島嶼社群，土地仍然主宰著當地人思考這個世界的方式，同時也界定了他們用以描述這世界的語言。大英博物館負責太平洋館藏的利桑．波頓（Lissant Bolton）曾在太平洋島嶼國家萬那杜工作很多年。根據他的解釋：

> 萬那杜北部的所有語言都屬於太平洋南島語系（Austronesian language family）。你一旦開口說話，一定會跟這裡的土地扯上關係。所以你不會說：「這個玻璃杯是在這個杯子的前面。」相反地，你會說：「這個玻璃杯是在這個杯子的大海方向」，或者「這個杯子比這個玻璃杯離海更遠」，因為你所有關於位置的判斷都是以大海的方位來決定的。你講話的方式跟這個島的土地息息相關。你的生命跟這塊土地緊緊綁在一起，你很難跟這塊土地切斷聯繫。

在這樣的山林地景走上一趟，等於是在你繼承的共享故事網絡中走了一回。誠如利桑．波頓指出的，我們不應該覺得這是一個非常陌生的概念：

> 如果你一生都住在同一塊土地上，你不但擁有你在這塊土地上的生活經驗，同時也擁有族人告訴你、傳承給你的那些故事。你知道這裡是某個特定角色走進去，然後就永遠躲在裡頭的山洞，或這裡是另一個角色爬上火山所走的小路。這塊山林地景是由你自己的生命史，還有在你之前生活在這塊土地上的族人的生命故事，所共同建立起來的。

在萬那杜，人們通常是不敬拜諸神的。但他們一直都知道他們不是那塊土地上唯一的居住者，他們知道有其他生靈跟他們一起住在那裡。萬那杜北部有個奧巴島（Ambae），那裡的人知道嗎外（mwai）和哇威（vavi）跟他們生活在一起。他們知道嗎外和哇威的村子在哪裡，也知道他們跳舞取樂的地方，他們還會和嗎外和哇威互動。萬那杜北部的聖靈島（Pentecost）也住有類似的生靈。這些生靈住得很近，如此地近，以至於當地人說他們就住在「葉子的另一面」。這些生靈有的是必須要避開的，就像你會避開某個有點瘋瘋癲癲的鄰居——他們就像那種有點危險，會給人帶來傷害的鄰居，你不會想在夜晚的街上遇見他們，因為他們有可能會做出這樣那樣的壞事。

如果你去一個你知道有其他生靈或非人類居住的地方，你可能要停下來，花一點時間跟他們打個招呼，並且告訴他們：「我只是來摘這幾棵樹上的芒果，這是我來這裡的目的。摘完芒果我就會離開了。」一切就是這麼簡單。

在泰國，地方神靈是住在那些特地為他們打造的土地神屋裡；他們被安置在人類生活環境的附近，如此一來，這些神靈才能保護那個地區，人們也才比較容易供奉他們或安撫他們。但在萬那杜，人類與社區中的非人類存在的關係較為緊密，就像我們剛剛看到的，他們與人類分享同一塊土地，不時還會有直接的互動。那些生靈跟人類住得很近，若套用前述那句令人難忘的片語：他們就住在「葉子的另一面」。

在許多澳洲原住民的社會裡，地方生靈與社群成員——包括生者與死者——的關係，連結得比前述兩者更為親密。在這裡，山林地景不只是祖先曾經行走其上的土地，也不只是祖先的靈魂仍然棲居其間的地方，在這裡，土地是由祖先創造，也是從祖先而來的。原初的祖靈創造了土地，並賜予土地力量；對於那些了解這一點的人，他們可以在那片土地的每一個細節看到並且解讀祖靈的這些事蹟；這些細節包括河流和山丘、樹木和植物、河中鵝卵石的尖突、風的吹拂等等。社群中如果有人死了，他們就會回歸土地——他們稱之為「家鄉」，然後以物質的形式，化成土地的一部分。就我們目前所知，打從智人首次抵達澳洲，這種人類與土地的相處模式至今已經維持了六萬年。就我們所知，世界另一端那些抱著獅人雕像舉行祭祀的男男女女很有可能也有類似的信仰模式。

人類、家鄉和祖先的這種互惠關係打從一出生就開始建立，然後在一生之中不斷強化，一直維繫到死後。人們在他的家鄉出生之後，他會獲得一個名字，而這個名字與特定的地方有關，比如他們尚未出生的靈魂首次向他們的人間父母介紹自己的那個地點。一生之中，他們會獲得一個逐漸成長的精神身分，而此身分會持續把他們連接到其他地點。在他們死後，他們的靈魂就會回到氏族的領地。到那時候，關於他們的記憶就成為那個地方永遠的共鳴。

我們可在澳洲北部阿納姆地（Arnhem Land）雍古族（Yolngu people）的殯葬儀式清楚地看到上述這一點。一旦族人死了，他的遺體會被放入一個稱為「拉臘基」（larrakitj）的長圓形樹筒。那是一種特殊的、被稱為「黏皮」（stringbark）的尤加利樹幹，已經被白蟻啃咬，再經由火燒而變成空心。樹幹砍下之後，他們會先剝去樹皮，露出邊材，接著用沙子打磨，最後再畫上代表死者家族的圖案作為裝飾。

死去族人的遺體首先會放在一個較高的平台上，經過一陣子的風吹雨打後，直到只剩下白骨。接著，死者的遺骨會被放入拉臘基之中，與其他拉臘基

舉辦拉臘基儀式的各種準備工作；照片攝於北領地的尤卡拉（Yirrkala），1946 年。

一起豎立在一個神聖的地點。這時，族人會為死者舉行第三次——也是最後一次的葬儀儀式。結合了儀式、音樂和舞蹈，拉臘基上的家族圖案會一起協助導引死者的靈魂，使之重新融入那些住在聖泉或河流中的家族靈魂，加入族魂的行列。

鄔焜・瓦納比（Wukun Wanambi）是一位雍古族藝術家。根據他的說法：

> 雍古人認為靈魂的生命是一個循環。我們相信靈魂會在水中旅行並回到源頭，然後重新出生在這世上。人死後，身體會腐化消失，骨頭會隨著拉臘基的腐朽慢慢回歸土地。

大英博物館收藏的幾個拉臘基是鄢焜．瓦納比創作的藝術品。與大部分傳統的拉臘基不同，鄢焜．瓦納比用的木頭並不是完美的圓柱體，而是多少有點粗糙的木頭，因為他留下了樹幹上的裂痕和破洞，用來呼應土地的崎嶇不平與地景的複雜斑駁。右圖中的這件作品，所繪的圖案代表巴姆魯努（Bamurrunu）這個特定的地點，亦即矗立在審判灣（Trial Bay）那座神聖而孤立的岩石。

整個樹幹表面都畫滿了密密麻麻的網狀線條——白的、紅的和黑的線條。從遠處看，你會以為那是一張孔洞很密的網緊緊地包著樹幹。當你走近一點，你會看到那其實是畫在樹幹上的魚，無數條正在游著的小魚；小魚們圍繞著樹身的大小樹瘤，一群群游向不同的方

拉臘基紀念樹筒；這是藝術家鄢焜．瓦納比創作於 2014 年的作品。

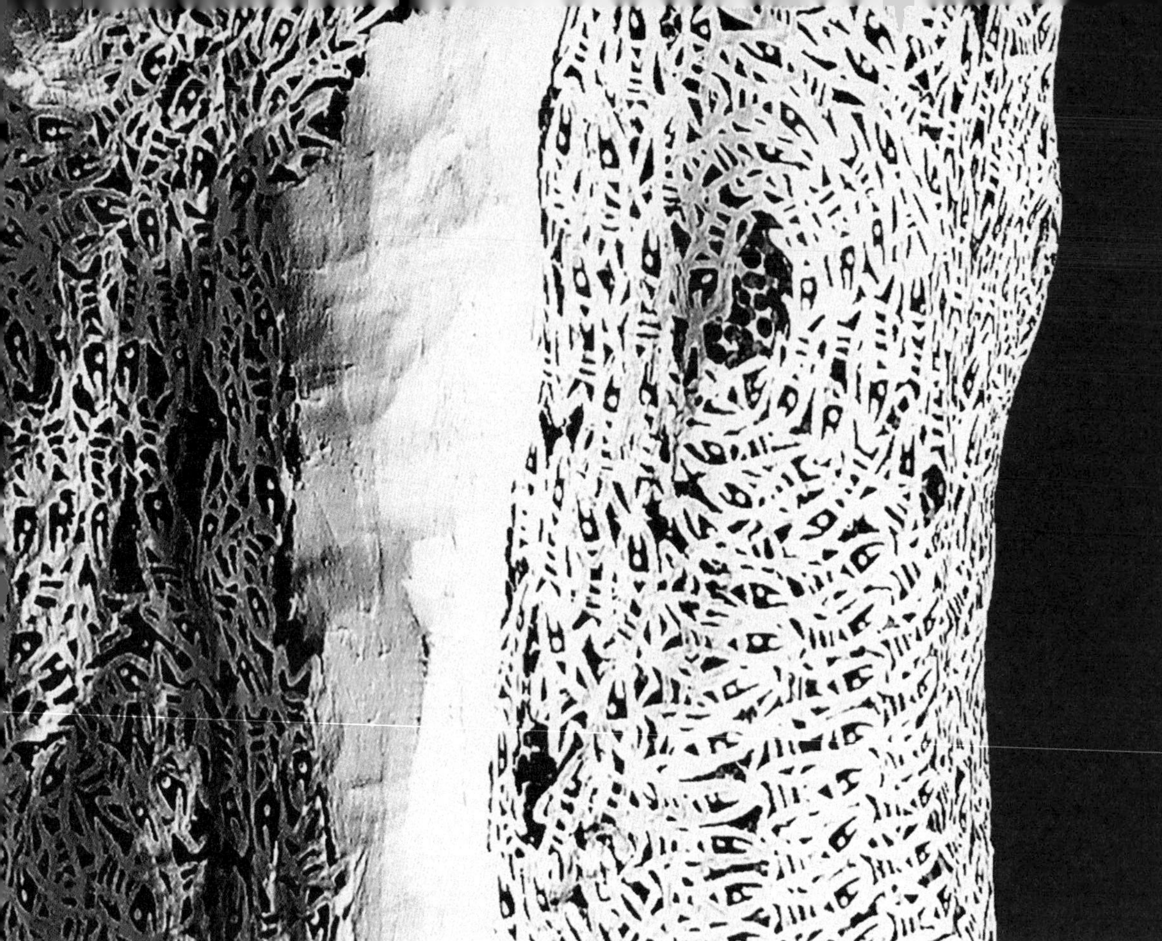

這是藝術家鄔焜·瓦納比創作於 2014 年的作品，拉臘基的圖案細節。畫面上的圖案是由無數游動的小魚構成，直接畫在尤加利樹樹幹上。

向。圖案中的這些小魚代表審判灣一個神聖地方：一塊由鄔焜的祖先們創製的土地。拉臘基上面那些充滿生機、不停游動的小魚傳達了藝術家的感受：海灣的水底流動著祖先的力量。

聽了鄔焜·瓦納比的解釋，我們更清楚了解對藝術家本人和對雍古族來說，「祖先」不只是一張上面列著所有構成家族樹成員名字的名單。他們的祖先會向外面的世界延伸，一再延伸，直到他們抵達一個點，然後在這個點上，每個人與山林地景中那些會動的與不會動的生靈產生連結，一起化入無處不在的生命力量之中。

這個存在一貫的觀點十分獨特；在此觀點之下，每一個人的生命都在時間與空間長久的架構中有個位置。在第五章，我們看到阿拉斯加的尤皮克族是如何肯定他們與維繫其生命的動植物的關係；在第六章，我們看到秘魯人和中國人如何想方設法與祖先保持對話，一代又一代。雍古族則找到一個方式來做到這兩點，而且做得更為徹底。他們已經發展出一個我們或許可以稱之為「地方神學」的系統。這個系統包含整個社會，將之統攝在一個印刻和展現在他們的土地上的世界觀裡；他們——包括未出生的、活著的，和死去的所有族人——永遠居住在這塊土地上。社群和地方如果不是完全等同，也是完全分不開的。對這樣的社會而言，謀求利益的礦工、農夫或伐木工人的到來，不僅意味著社會和經濟上的擾亂，更代表他們的世界的各個面向都遭受撕裂。他們與土地的那種直接的、神聖的、生動的連結，全都被無可挽回地切斷了。

今日全球人口當中只有百分之四過著這樣的生活。他們的信仰系統無法跟隨他們遷移到鄰近的城市而不遭到擾亂與中斷。他們的未來會如何，現在真的很難以預料。

IF GOD BE WITH US

第二十四章　如果神站在我們這邊

我看見你們站在起點上，就像靈緹犬
準備竭力撲向獵物。戰爭已經開始，
鼓起你的精神，迎向這戰事；大家一起
高呼：「願神保護亨利、英國和聖喬治！」

這是莎士比亞筆下的亨利五世（Henry V），他帶著軍隊，一面攻入阿夫勒（Harfleur），一面吐出如此振奮人心的辭令。聖喬治贏得這場戰事，英國人趁勢前進，在亞金科特（Agincourt）打敗了法國人。莎士比亞筆下的亨利五世和他的士兵——所謂的「幸運的少數」，自此成為英國國民身分認同的重要元素，不但在不列顛戰役（the Battle of Britain）一再被提出來召喚愛國意識，亦被勞倫斯·奧立佛（Laurence Olivier）在 1944 年的電影予以頌揚。

當年莎士比亞描寫小小的英國雖然捲入戰爭，掙扎著面對龐大的困境，但心裡卻很篤定，因為知道神站在他們那一邊——當莎士比亞下筆為觀眾呈現這幕激動人心的場景時，他顯然很清楚知道他在做什麼。這個場景跟亨利五

1944 年，勞倫斯·奧立佛演出亨利五世；劇中的他高呼：「願神保護亨利、英國和聖喬治！」

世真正的歷史毫無關係，這裡的每一件事都與1590年代，伊莉莎白時代流行的英國新自我形象有關。當時英國最重要的標記：一個新教國家勇敢地與天主教國家西班牙——或數百年後與信奉天主教的法國——的強大力量對峙，並深信神會保護英國，就像祂在1588年降下大風，驅散西班牙的無敵艦隊那樣。宗教差異在此成為界定國家的基準。宗教差異是建立國家一統的強大力量——過去如此，今日也依然如是。差不多就在英國成為新教國家之後的那段期間，伊朗成為什葉派國家，因而與周遭其他遜尼派國家有所區隔，並確立了身為波斯人該當如何的新意義。就像英國獨特的新教教義，伊朗新建立的身分也形塑了伊朗的歷史長達數百年之久。當你與你的神同在，而且這位神不是你鄰居的神，而且你的神剛好又是戰爭之神的時候，神奇的事就會一一發生。

聖喬治參與的軍事戰役並不只有1415年在阿夫勒和亞金科特兩役而已。1896年3月2號，聖喬治再度出現在戰場上，但這次他不是為英國人出戰，而是為衣索匹亞這個孤立且陷入困境的民族而戰。聖喬治也是衣索匹亞的守護聖人，因而幫忙衣索匹亞人出戰，在阿杜瓦戰役（Battle of Adwa）中成功地幫忙衣索匹亞人擊退了義大利人的入侵。

從次頁這張大英博物館收藏的畫裡，你可以看到天上的聖喬治騎著白馬，高舉著矛，但他瞄準的不是惡龍，而是來自義大利的殖民入侵者。這是一張清楚明白、沒有任何可能會產生誤解的戰爭畫。在畫面兩側，在黃色沙漠上排成一行行隊伍的是拿著野戰炮或來福槍的士兵——右側的是義大利士兵，左側的是衣索匹亞士兵。兩軍中間留有一塊空地，在這中間地帶有幾個面對面、徒手交戰的士兵，還有幾具屍體。義大利士兵穿著卡其色服裝，全以側面形象呈現——這是衣索比亞繪畫用來表示壞人的傳統手法。好人的臉永遠會被畫成正面，因此所有穿著彩色條紋服裝的衣索匹亞士兵全都以正臉示人，即使他們正拿著來福槍瞄準敵軍，他們的臉也還是被畫成正面的，一起看著畫面之外的我們。唯一被畫成正面的義大利士兵，亦即好的士兵，是那些躺在中間地帶死去的士兵。不用多說，這張畫一定是出自衣索匹亞畫家的手筆。

在戰場後方，曼涅里克皇帝（Menelik）頭戴皇冠，穿著天鵝絨披風，站在皇家大傘下觀望戰事。但是他的妻子泰圖王后（Empress Taytu）卻位於畫面前方；只見她側坐在馬上，正臉看著我們，手裡拿著一把巨大的左輪手槍指著義大利人。這張畫的訊息非常清楚：「願神保佑曼涅里克皇帝、衣索匹亞和聖喬治！」

衣索匹亞人打了一場漂亮的勝仗，贏得阿杜瓦戰役。國內的內鬨暫時放一邊，女人陪著男人上戰場，不同的部落也團結起來對抗敵人（畫面中出現了各種膚色的士兵，其顏色之多，引人注目）。直到現在，3 月 2 日仍是衣索匹亞人會慶祝的國定假日。義大利軍隊損失了好幾千人，幾乎所有的武器都被沒收，而且還很丟臉地被迫退回厄利垂亞（Eritrea）。一個非洲人統治的非洲國家，竟然徹底擊敗歐洲軍隊——這讓全世界都嚇壞了。非洲頓時活躍了起來。九年後，日本打敗了俄國海軍這件事也在亞洲產生了同樣的效果，不過衣索匹亞在 1896 年的勝利顯示：歐洲人並不總是贏的那方，好幾百年第一次，歐洲人發現自己是有可能被其他民族趕出去的。下一個世紀的一整段時期，整個非洲大陸都在掙扎著脫離殖民統治，爭取獨立。衣索匹亞是他們的典範和靈感。

（次頁）發生在 1896 年 3 月 2 日的阿杜瓦戰役，衣索匹亞人在這場戰役擊敗了入侵的義大利人。這張作品畫於 1940 年代，當時衣索匹亞正在對抗的是墨索里尼統治下的義大利。

እቴጌ፡ጣይቱ

我們永遠也無法得知聖喬治在這場戰爭當中到底貢獻了什麼。但我們或許可以這麼說，衣索匹亞獲得勝利的其中一個理由是他們的基督教信仰；精確地說是一種獨特的、非洲版本的基督教信仰。這種信仰不僅使他們與鄰近大部分穆斯林國家有所區隔，也使他們跟其他所有基督教傳統有別。儘管衣索匹亞人有強大且相當歧異的部族忠誠，但衣索匹亞教會在過去幾世紀以來已經幫助他們建立一個充滿自信的國家認同。阿杜瓦戰役發生之際，衣索匹亞即使不是典型的基督教國家，但這個國家也已經信奉基督教超過一千五百年的歷史。

迪爾梅德．麥克庫洛赫（Diarmaid MacCulloch）是牛津大學歷史教授，專精教會歷史。根據他的解釋：

> 基督教很早就傳進衣索匹亞，就像早期基督教常見的傳播方式，當年也是透過商業的管道傳入。儘管現在的衣索匹亞教會充滿非洲色彩，它的源頭其實是敘利亞，因為當年主要的商業路線並不是沿著尼羅河發展，而是經由衣索匹亞往東方走，朝肥沃月灣（Fertile Crescent）前進，然後再往上進入中東地區。那是一種源自中東的東方基督教派，約在公元 4 世紀傳入衣索匹亞。

大約在公元 330 年左右，基督教成為衣索匹亞的國教，時間只差不多比羅馬帝國改信基督教稍晚一點。從那時起，由於衣索匹亞位處偏遠，未受到羅馬和君士坦丁堡帝國教會的影響，因而得以獨立發展，保持猶太中東的古老根源。希伯來《聖經》曾提到示巴女王（Queen of Sheba）從南方前往耶路撒冷拜見所羅門王。雖然如此，卻有一則傳說提到她事實上是衣索匹亞人。根據這則傳說，示巴女王不僅拜訪了所羅門王，還跟他生了一個兒子。所以後世所

所羅門王迎接來訪的示巴女王。兩人所生的兒子將會成為衣索匹亞的國王。在這幅畫於 2008 年的畫作中，奠定衣索匹亞人身分認同的建國神話依舊鮮活。

有衣索匹亞國王都聲稱他們是所羅門王和示巴女王的兒子的後代。也許因為這樣，這裡的教會是最具有猶太特色的基督教會——他們使用《舊約》的時間幾乎和使用《新約》的時間一樣多；在星期六慶祝安息日，在星期天休息；

禁食豬肉；總是戴著披巾參加敬神活動；他們的國王擁有「猶大之獅」（Lion of Judah）的稱號；他們的國家以聖經中的猶太國度耶路撒冷——錫安山——為其主要都市。由於國王的祖先是所羅門王，因此衣索匹亞的國王就像耶穌本人那樣，也是大衛王的後裔。

不過，根據迪爾梅德．麥克庫洛赫指出，這個「猶太式的」基督教會也一直受到當地境況的影響與牽制：

> 信徒大部分的時間是在戶外空間敬拜神，這意味著你可能需要移動，比如跳舞，比如列隊前進。幾個世紀以來，衣索匹亞教會通常把精力放在努力求生、對抗外來的敵人，尤其是穆斯林敵人。所以這裡的教

衣索匹亞的基督徒披著猶太傳統的敬拜披巾，正在慶祝復活節。照片攝於阿迪斯阿貝巴，2015 年。

會從來不是一個傳道式的信仰。它只是剛好在那裡，於是就變成衣索匹亞人的信仰，變成衣索匹亞的一種慶祝活動。

教會把國家團結起來，抵抗鄰國的穆斯林，而教會扮演的這個角色給了衣索匹亞一個獨特的國家認同。不過有點自相矛盾的是，這個角色到了 19 世紀中期變得更為重要，因為此時衣索匹亞得面對一個事實：他們的敵人不再是穆斯林，而是其他好侵略的基督徒，亦即掠奪成性的歐洲殖民力量。首先到來的是信仰新教的大不列顛，他們在 1868 年對衣索匹亞實施懲罰性的突襲。接著在 1895 年，信奉天主教的義大利人來犯，意圖永久占領衣索匹亞。我們館藏的這張阿杜瓦戰爭圖繪製於第二次世界大戰期間（勞倫斯·奧立佛的《亨利五世》也在這段時期拍攝），這是衣索匹亞人第二次面對義大利人的入侵。這張畫提醒他們記得輝煌的過去，並且向他們保證，神會站在他們那一邊：聖喬治和他的白馬籠罩在一大圈綠色、金色和紅色的光暈之中，那是衣索匹亞國旗的顏色。迪爾梅德·麥克庫洛赫進一步評論道：

> 衣索匹亞的基督教是個充滿非洲色彩的教會，而且長久以來一直都是非洲式的宗教。所以對那些從歐洲傳進的宗教教派——不管是天主教，還是其他各種各樣不同的新教教派——來說，這都是一種表達基督徒身分的另類方式。這裡的基督教既是某種基督教，也是某種非洲信仰的混合體。

這個非洲基督教傳統深具猶太遺風，因此任何熟悉天主教聖壇畫或東正教聖像的人都會覺得這個世界看起來十分奇異——這一點從大英博物館另一幅藏畫可以看得更清楚。那是1930年，海爾．塞拉西皇帝（Emperor Haile Selassie）在阿迪斯阿貝巴（Addis Ababa）的加冕慶祝活動；在典禮中，他在全球貴賓的見證下，被授與基督教國家王者持有的球與權杖。但這些並不是我們這幅館藏要表現的重點。相反地，我們這幅畫看起來就像「最後的晚餐」：所有參與者圍著圓桌而坐。在畫面中間主持這場餐會的不是耶穌，而是一頭獅子。圍坐的也不是使徒，而是非洲動物——大象和長頸鹿、犀牛和花豹、瞪羚和斑馬，而且每隻動物都拿著高腳杯，彼此友善地談話和喝酒。鳥類和其他體型比較小的動物則啜飲著他們杯中的酒，老鼠在旁準備享用剩下的餐點。不過，這裡畫的並不是動物園裡的快樂時光，也不是動物們的嘉年華會。這是一幅詮釋聖經的畫作，而且是一幅非常嚴肅、充滿政治意味的詮釋圖。一隻高高的黑白猴站在誦經台前誦讀聖經。畫面的前方躺著魔鬼，手裡還捉著一條斷頭蛇——蛇頭已經被神的話語擊敗並切成兩段。

這是一幅只有衣索匹亞教會才可能畫得出來的圖畫。藝術家擷取了希伯來先知以賽亞的預言：大衛王的家族將會產生一位統治者，在他的統治下，神的和平國度將會到來，衝突紛爭將會停止，所有動物將會和平共處。接著，他又將這個預言和基督教「最後的晚餐」融合在一起，因為「最後的晚餐」是個承諾，代表苦難不會白受，救贖與和平終將到來。這幅作品以一種獨特的非洲方式，結合了新約和舊約。作品兩側有許多較小的畫面，畫著圓桌上的動物在野外自然環境下互相攻擊廝殺的場景。主持餐會的獅子頭上，可看到象徵聖靈的鴿子散發的光芒籠罩著整幅畫面。當然啦，這頭獅子就是「猶大之獅」，也就是新任皇帝海爾．塞拉西。此刻他端坐在耶穌的位子上，接受神的祝福與引導。他將會把和平帶給他的王國，帶給交戰不休的動物，也會把和平帶給全世界。

然而事情的發展並不是如此。登基五年之後，亦即 1935 年，衣索匹亞再度遭受義大利軍隊的攻擊。這次來犯的是墨索里尼的法西斯政權。衣索匹亞這次打不過義大利人，國土遭到占領，文化遭到壓制。當地的地方教堂被摧毀，重建了許多新的天主教教堂。海爾．塞拉西不得不流亡海外。身為猶大之獅，他很自然地——而且充滿象徵意義地——先回到耶路撒冷這個古老的城市，然後再轉道繼續前往歐洲。迪爾梅德．麥克庫洛赫描述為何會有這樣的行程：

1930 年 11 月 2 日，海爾．塞拉西皇帝的加冕典禮。這一天，全球的海外非洲人都感到相當驕傲。

> 這件事很有名，他在國際聯盟（League of Nations）提出申訴，當場讓全世界相當不舒服。許多非洲基督教國家尤其非常生氣，例如有一份奈及利亞基督教報紙即攻擊教宗，指責教宗竟對墨索里尼的行為保持沉默，責問教宗為何不採取道德立場譴責另一個義大利人的不當行為。

（次頁）猶大之獅為非洲帶來和平，基督教的真理打敗邪惡：1930 年衣索匹亞人繪製的海爾．塞拉西皇帝加冕典禮。

海爾·塞拉西雖然被打敗並流亡海外，但他的道德威望維持不變，他在沉默的威嚴中默默忍受他所遭受的屈辱。歐洲的基督教團體對非洲人的苦難似乎不怎麼在意，也沒做什麼事來幫助衣索匹亞擺脫困境。這種情況一直持續到第二次世界大戰，東非陷入一場範圍更大的衝突為止。1941 年，一支由衣索匹亞和大英帝國——多數是非洲人——組合的聯軍，聯手把義大利人趕出非洲。海爾·塞拉西得以勝利地回到首都阿迪斯阿貝巴。就像阿杜瓦戰役之勝利，這場戰役也在整個非洲大陸廣為傳誦，不過這次添加了一份宗教的色彩。根據迪爾梅德·麥克庫洛赫的分析，虔誠的衣索匹亞人贏得這場勝利靠的不僅是神的支持，也不僅是因為神站在正義的一方：

> 充滿威嚴和魅力的海爾·塞拉西成為基督徒受苦受難的象徵。這位受苦的救世主——你幾乎想要這麼稱呼他——重新回到衣索匹亞，登上王位。對非洲人而言，這是一個極其重要的時刻，這也是一個對海外許多國家產生衝擊的時刻。你可以說衣索匹亞現在已經打敗了歐洲人兩次。所以對 1950 年代和 1960 年代的非洲人——還有全球各地的殖民地人民——來說，這已經成為他們想做的事的模範。
>
> 在登基成為皇帝之前，海爾·塞拉西的名字是塔法里（Tafari）或拉斯塔法里（Ras Tafari），意即塔法里王子；拉斯塔法里後來成為一個很重要的名字，甚至傳到了像牙買加這麼遙遠的地方。拉斯塔法里運動（Rastafarian movement）非常仰賴非洲基督教會的尊嚴——體現在衣索匹亞的尊嚴。牙買加是個殖民地和前奴隸國家。許多牙買加人都在尋求一個另類的、非殖民地基督徒的身分。還有誰的故事會比塔法里王子，即海爾·塞拉西皇帝的故事更有說服力——他既是個基督徒，

而且還是個非洲人？

拉斯塔法里運動是 1930 年代在牙買加開始成形的社會運動，當時海爾．塞拉西才剛剛登基不久。拉斯塔法里運動人士把衣索匹亞看成所有非洲黑人無可匹敵的家園，把海爾．塞拉西視為他們的統治者和救世主。根據西倫敦大學的威廉．亨利博士（Dr William Henry）——他本身是牙買加人的後代——的解釋，我們在加冕圖上已經可以清楚看到這兩個發展跡象：

> 海爾．塞拉西皇帝被描繪成獅子，因為他被視為猶太部落的勝利雄獅，他是神的選民，地球上合法的統治者。這是拉斯塔法里運動者對他的描述。地球上所有其他國家的國王可以同桌共食，但是那至高無上的統治者，那王中之王必定是海爾．塞拉西皇帝。他的家族系譜遠比其他目前在位的國王都來得長——而且他是個非洲黑人。突然間，所有身為非洲黑人的種種不好，所有你曾經想過的那些不好，全部飛出窗外，因為這裡就有一個活生生的國王，他的家族系譜遠比歐洲任何王室都來得古老。

衣索匹亞的猶太式非洲基督教會在牙買加產生了新的轉向。衣索匹亞這個國家教會的各種傳統此時開始被數千英里外的牙買加人予以挪用，而且在這之前，這些人與衣索匹亞完全沒有任何關聯。衣索匹亞這個從歐洲強權手中神聖地掙脫的國家漸漸被視為黑人的錫安山（第二十八章）。非洲大陸各地的人民都曾經被帶走，遭受奴役或囚禁，猶如猶太人曾經被流放到巴比倫。就像猶太人之離開巴比倫，他們有一天也會離開異鄉，回到非洲，回到衣索匹亞的錫安山。猶大之獅本身，即海爾・塞拉西皇帝不也曾經流放海外，最終回歸故里了嗎？所有非洲人都會追隨他的腳步，回返非洲。根據威廉・亨利博士的說法：

> 人們向來有個想法，即非洲有一個地方從來不曾被歐洲殖民者染指，或被歐洲人全權統治。對拉斯塔法里運動者而言，這個地方將會是活動的中心點。我們將會回到那個地方。

拉斯塔法里這套信念並沒有多少形式結構，因而可以在幾個主要的問題上容許加入許多範圍很大的觀點：海爾・塞拉西是先知嗎？還是救世主？那個即將降臨在錫安山的和平國度是不是只有非洲黑人可以獨享？對威廉・亨利博士而言，這套信念現在已經納入來自世界各處的被剝奪者：

> 在我比較年輕的時候，你必須是個非洲黑人而且曾被白人欺壓過，你才能加入拉斯塔法里運動。但這些規定一直都在變。如果你看到你的苦難體現了受苦這件事所隱含的意義，你就可以加入拉斯塔法里運動。現在這個運動已經成為全球的聲音，任何人只要覺得自己遭受壓迫或打壓都可以加入這個運動。這個運動給了那些沒有聲音的人一個普世的聲音。

換句話說，任何人——不再僅限於非洲人——現在都可以加入拉斯塔法里運動。而且人們也真的這麼做了。這是一個相當不尋常的發展。在上一章，我們看到一個無法離開土地——因此無法旅行——的信仰系統。但是在這個案例中，我們看到一個原本屬於衣索匹亞，深受衣索匹亞當地情況影響並協助衣索匹亞人定義身分認同的國家基督教會，此時出現了新的發展——這個教會給了另一群人一個希望，而這群人和衣索匹亞完全沒有關聯，歷史不同、居住的大陸也不同。這群人把這個教會的傳統和代表人物挪為己用，轉變成他們自己的故事。對世界上許多地方的人而言，拉斯塔法里或海爾·塞拉西之前歷經的故事，不論成敗，都已經使他成為希望的象徵。後來他雖然遭受囚禁，被叛徒羞辱，並在 1975 年默默死去，但這一點都沒有減損他的地位。大英博物館藏有幾件拉斯塔法里運動相關的物件，其中有一件是拉斯塔法里本人的肖像。他戴著王冠，肖像下面刻著「海爾·塞拉西皇上陛下」的字樣。但這並不是另一幅油畫，而是在街頭即可買到、大量生產的鈕扣徽章。1983 年，即海爾·塞拉西死後八年，倫敦諾丁丘舉辦了一場嘉年華會，我們就在會中的非洲／加勒比海慶典上購得此物。從衣索匹亞到牙買加，拉斯塔法里信仰現在回到歐洲一個古老帝國的首都，再次擴展開來。

這一切究竟是如何發生的？歐洲人曾在不同的時期，分別使用軍事力量、

製作於 1980 年代的拉斯塔法里運動鈕扣章，海爾·塞拉西和衣索匹亞／非洲在此被視為應許之地。

經濟優勢和傳教組織來傳播他們的基督教信仰。與此相反，拉斯塔法里信仰從未動用上述力量，但卻能以一種較為溫柔的方式，將其信仰傳播到世界各地。為何可以如此？根據威廉・亨利博士的解釋：

> 音樂是拉斯塔法里信仰的中心。音樂是一個載體，一個主要的媒介，用來把訊息傳揚出去。你只要想一下就可以了解：世界上大部分人是透過音樂才知道拉斯塔法里信仰的，尤其大多數時候是透過巴布・馬利（Bob Marley）的音樂。雷鬼音樂是被壓迫者最主要的世界之聲。

這個世界之聲的傳播範圍極為廣大。它傳唱著衣索匹亞，把衣索匹亞描寫為錫安山，但這裡的錫安山並不是你熟悉的、所有流放者將會回歸的地方，猶如猶太人在巴比倫歌唱中的耶路撒冷（第二十八章）。拉斯塔法里的衣索匹亞現在已經不再是一個由宗教信仰定義的國家，而是所有受苦靈魂的家園。在這個家園中，所有人都受到歡迎；在這個家園中，所有人終將發現神站在他們那一邊。

衣索匹亞，拉斯塔法里運動者眼中的錫安山。這裡是阿杜瓦戰役發生的地點；1896 年 3 月 2 日，衣索匹亞人在這裡擊敗了入侵的義大利人。

TOLERATING AND NOT TOLERATING

第二十五章　寬容？還是不寬容？

孟買的榮耀聖母堂（Our Lady of Glory）是一座高大的磚造羅馬天主教堂，以 19 世紀中期最好的英國哥德式風格建成。站在這座教堂的台階上，你可以看到馬路對面矗立著一間鮮綠色的清真寺，清真寺的牆緊鄰著一間橘色與黃色、供奉印度猴神哈努曼的廟宇。聖母教堂的左邊，大約幾百碼外有一間猶太會堂；聖母教堂的右邊，也是大約幾百碼外，則是一間瑣羅亞斯德教的拜火廟，再稍遠一點，還有一座耆那教教堂和一間佛寺。

這段描述看起來有點像是世界宗教的主題樂園，其實不然。這是現代印度的大都會與商業重鎮孟買的真實寫照。這是過去三百年來，基督徒、印度教徒、瑣羅亞斯德教徒、猶太教徒、穆斯林和耆那教徒等人一起聯手打造出來的都市，一個多語言、多種族和多宗教信仰的都市，而且在這段時期的大部分時間裡，大家都能和諧相處，和平共存。

上一章我們探討一個單一共享的宗教如何可以定義並鞏固一個國家，使之與鄰國有所區隔。在印度，世界上主要的宗教信仰在這裡共處並行，而世界

穆斯林帝王阿克巴定期與其他宗教信仰的信徒聚會。在這張繪製於公元 16 世紀的畫裡，他正與耶穌會傳教士展開討論。

上再也沒有第二個國家擁有這麼多宗教信仰同時並存。許多人必然也會點出：印度這個國家也是由一個單一共享的信念——多元社會的公民信仰——所維繫。這不是長期寬容的習慣產物，而是對印度版的世俗制度有一個正向信念所產生的成果。歐洲大部分世俗制度基本上都是反宗教的，通常都是長期對抗天主教教會的政治勢力所形成的結果（第二十六章與第二十八章）。印度版的世俗制度卻不是建立在對各種宗教建制的敵意之上，恰好相反，印度的這種世俗制度是建立在「宗教一視同仁」（equidistance）的原則之上；印度經濟學家和哲學家阿馬蒂亞．沈恩（Amartya Sen）解釋道：

> 所有宗教都必須被容忍、被尊敬地對待。所以印度模式的世俗制度並不是指「政府不干涉宗教事務」，而是指政府「對所有宗教教派一視同仁，平等對待」。

印度是一個這麼大的國家，要妥善管理這麼多宗教信仰而不出亂子，這也許是唯一的方法。

然而這個概念在印度已經有一段很長的歷史了。你可以從大英博物館收藏的一張手稿看到這點。這張手稿繪製於 1598 年，以鮮豔的水彩畫成，主題是印度史詩《摩訶婆羅多》（*Mahabharata*）的場景。畫面中間的人物是身受重傷的毗濕摩（Bhishma）；此刻他躺在地上，身邊周圍跪著許多隨從。他是一個以德行知名的戰士，畫中的他正在跟黑天神（Krishna）說最後的幾句遺言。

毗濕摩之死：印度史詩插圖，繪製於 1598 年，訂製者為穆斯林帝王阿克巴。

其他士兵和騎兵全部頹喪地站在畫面後方，躲在岩石層疊的山水風景裡。

不過，訂製這張史詩故事插圖的贊助者並不是印度人，而是穆斯林帝王阿克巴（Akbar）。阿克巴差不多與伊莉莎白女王同一個時代，他的帝國疆域極廣，涵蓋了戈達瓦里河（River Godavari）以北、次大陸的大部分地區。伊莉莎白女王的國家是建立在排外的新教教義上，阿克巴在政治上的優先考量則是促進一個有依據的宗教多元論。他在1574年成立了一個特別的國家辦事處，專門負責把最重要的印度經典與詩歌翻譯成蒙兀兒宮廷管理使用的波斯文，讓宮中的穆斯林官員能夠比較好地了解印度宗教的智慧。我們館藏這張美麗的圖畫雖然不大，卻非常清楚地說明了阿克巴的多元主義政策。

阿克巴的寬容政策執行得十分徹底，涵蓋的層面也很廣。據他的兒子賈漢吉爾（Jahangir）的報告，在他父親的統治之下，「爭吵的道路關閉，遜尼派和什葉派在同一間清真寺做禮拜，基督徒和猶太教徒在同一座教堂聚會，大家各自以他們的崇拜方式敬神。」賈漢吉爾本人也是寬容政策的推行者，他對宗教事務的開放態度後來讓許多英國人感到驚奇。他這句話最重要的部分應該是最後一句：沒有人放棄自己的信仰，大家和平共處，肩並肩地各自奉行各自的信仰。這是當時歐洲基督徒無從想像的景況。另外重要的是，阿克巴投入大量資源來了解其他信仰，他的動機似乎不僅是政治的算計而已。根據他的宮廷史家拜達歐尼（Qadir Bada'uni）的說法，他之所以如此，乃是基於「他內心深信所有宗教都有幾個智慧之人……如果真正的知識到處都找得到，為什麼非得限制在某一個宗教內尋找呢？」

大部分時候，阿克巴都小心審慎，避免把他自己的穆斯林信仰強加在人民身上，對國家境內人民所信奉的其他宗教一視同仁。不過他這個做法在印度並不新鮮，事實上，此種做法最早見於佛教護法阿育王（Ashoka）那些刻在石頭上的法敕。阿育王是在一千八百多年前，即公元前第 3 世紀，統治印度北部大部分地區，他是最早明確說出這個想法並廣泛宣傳這一信念的君王；他可以真誠地聲稱：「我向來尊重所有宗教教派，各以不同的祭品布施供養。」

印度政府這種寬大的宗教政策，後來甚至連維多利亞女王這位虔誠的基督徒都適切地予以採用。1858 年，亦即她被宣布為印度女王的十八年前，她宣布英國對印度的統治將不會「干涉任何人民的宗教信仰或崇拜儀式」。傳教士的活動（第四章）固然不會被禁止，國家當然也不會出面支持或鼓勵。1947 年印度獨立後，這個世俗的、平等對待所有宗教信仰的古老原則獲得人民的珍惜，並被寫入印度共和國的憲法之中。

在宗教寬容方面，這個次大陸國家還有許多成就，其中一項可在另一個規模更親密的案例看出來。這是一個圓形的、銀製的寺廟徽章，直徑大約 3 公分，鑄造於 1898 年。徽章的其中一面以旁遮普語刻著一段話：

阿姆利則的金廟徽章：錫克教的創造者納奈克導師坐在他的兩個朋友中間——這兩個朋友一個是印度教徒，另一個是穆斯林。

> 只有一位神。真理是祂的名字，創造是祂的特性，不朽是祂的形式。祂無畏無懼、無有敵意、不曾出生、自身光明。藉由導師（Guru）之恩助，（你）得以接近神。

人們可以透過其恩助而觸及神的這位「導師」是納奈克導師（Guru Nanak），錫克教的創立者，大約是1500年在世，教導其義理。上述這段話是錫克教徒最重要的文本和思想指南《古魯．格蘭特．薩希卜》（*Guru Granth Sahib*）的開頭幾行。徽章的另一面刻著所有錫克教徒都很熟悉的畫面：在一棵樹下，戴著王冠、頭上有光環的納奈克導師坐在一張毯子上，他的兩個好朋友分坐兩旁。穆斯林樂師馬爾達納（Mardana）坐在左邊，正在彈奏著一把有點像魯特琴，但是琴頸很長的樂器，那是納奈克導師送的禮物。在他右邊的是手持撣帚的印度教徒巴拉．辛胡（Bala Sindhu）。三人除了聽音樂，顯然也正在聊天。

這個圖像帶我們來到納奈克導師的教義核心。據說納奈克導師差不多在30歲左右經驗了一次宗教性的啟示，之後他宣稱：「沒有印度教徒，沒有穆斯林。」他這句話被解讀為：真正的信仰超越了任何特定宗教的不同傳統和智慧。在圖中，只見他坐在兩位友人之間，名副其實地跟他們保持相等的距離，展現他的中心思想：慷慨對待不幸之人、為他人服務、在唯一的真神面前人人平等。

這種廟宇徽章是用來發給到哈爾曼迪爾．薩希卜（Sri Harmandir Sahib），俗稱金廟朝聖的信徒。金廟位於印度西北部旁遮普省的阿姆利則，是錫克教信仰的中心。這是一座具有代表性的宗教建築，充滿寧靜氣氛的建築傑作。廟的主建築位於水中央，在錫克教的傳統裡，這座水池是永生的甘蜜。大部分宗教建築都高高矗立，你得爬上去才可接近，但在這裡，信徒必須走下梯階，

阿姆利則的金廟。

象徵他們在神面前的謙遜。金廟本身是一座崇尚文字的神殿，裡頭不供奉任何神像。相反地，每天黎明時分，聖典《古魯．格蘭特．薩希卜》——錫克教徒心目中的在世導師——會被請入廟裡；就像《妥拉》或《古蘭經》之被信徒景仰推崇（第二十章），《古魯．格蘭特．薩希卜》也會在金廟裡被閱讀和吟誦，直到黃昏，誦讀的聲音一整天都會透過廣播傳送到廟宇附近地區。一般聖殿只有一個主要入口，但是金廟有四個主要入口，與羅盤的四個方位對應，代表歡迎所有人——任何人只要願意進去，即可進去。事實上，真的有許多人選擇走了進去，因為距離金廟不遠，有一間免費食堂（Langar）提供免費食物給所有人，不分種姓，也不分種族，有時候一天提供超過十萬人份的食物。這個神聖的地方給訪客的印象是：就特定的層面來說，那是頌揚納奈克導師價值觀的寧靜場所，若就廣義層面來說，則是讚頌印度多元宗教的傳統價值：開放、慷慨、寬容、大同。

古哈伯爾．辛格（Gurharpal Singh）教授是倫敦大學東方與非洲研究學院的教授。他解釋金廟對朝聖者的意義：

> 金廟是錫克教徒最主要的崇拜地點，但這裡並不只是一個崇拜地點而已。金廟是錫克信仰的象徵、錫克社群的起點，也是錫克教在北印度崛起，進而成為一股強大力量的起點。金廟是聖地中的聖地。但是在過去四百年來，金廟這組建築群也體現了這個社群在文化、宗教和現實的各種歷史層面。

1984 年，一段重要且令人心痛的歷史就在這裡上演。那時，印度軍隊和錫克國土武裝捍衛者發生了一場血腥的激戰。從 19 世紀和 20 世紀初期，在英國的統治之下，印度原本靈活的宗教多樣化政策變得僵硬，各個利益團體為了爭取政府的認可和特殊照顧互相競爭，或為了因應英國政府實施的有限民主政體之各種實驗，轉而變成潛在的投票陣營。各團體的領袖——尤其是英國政府——紛紛提出一個很歐式的觀念，宣稱信仰社群可能是政治團體的反映，甚至提出信仰社群有取得自己的地盤之必要，比如「巴基斯坦」應屬於次大陸的穆斯林，或「卡利斯坦」（Khalistan）應屬於錫克族人這類說法——這兩個名詞在烏爾都語（Urdu）和旁遮普語中分別都是「純淨的土地」的意思。

1947 年，巴基斯坦終於在充滿暴力的分治運動（Partition）中誕生了。這個分治運動同時也把錫克族在旁遮普的中心區域分割成兩塊。錫克族要求取得屬於他們自己的卡利斯坦，但並未得到回應。雖然如此，錫克族分離主義者的運動並未因此而熄滅。接下來的數十年內，敵對的錫克教派不斷爭吵，但在德里的政府卻始終遲疑不決，態度搖擺不定。1984 年 6 月，有一位錫克族武裝領袖賈奈爾．辛格．賓德蘭瓦勒（Jarnail Singh Bhindranwale）出面呼籲

印度軍隊正在準備攻打金廟，攝於 1984 年 6 月。

建立一個屬於錫克族的獨立國家，並以反叛者之姿——可能也有某種企圖逃離懲處的心態——進駐金廟。在此之前，賓德蘭瓦勒曾得到總理英迪拉．甘地（Indira Gandhi）的支持，但他後來卻積極與後者對抗，後者也不再支持他。英國政府警覺到他的分離言論，最後終於出面跟他對峙。賓德蘭瓦勒開始在金廟裡準備應付可能的軍事攻擊。馬克．涂立（Mark Tully）是個大半輩子住在印度的記者和播報員；他親眼目睹接下來發生的事件：

> 記者可以看到賓德蘭瓦勒在金廟的防禦工事正在一步步進行。此時人民都被他嚇壞了，錫克族的神職人員也是，特別是金廟裡的神職人員。印度政府軍隊終於出面來阻止這一切，但他們都誤判了賓德蘭瓦勒——他們以為賓德蘭瓦勒一看到軍隊到來，應該就會馬上崩潰並且投降。其實不然。賓德蘭瓦勒堅持不投降。最後軍隊只得調動坦克，

對著「永恆的寶座」（Akal Takht）——金廟建築群中第二神聖的建築物——開火。

在接下來發生的衝突中，賓德蘭瓦勒與他的數百名支持者被軍隊打死，跟他們一起賠上性命的還有許多印度軍隊士兵和當時到金廟朝聖的錫克教徒。時至今日，那場戰鬥的痕跡還可以在金廟周遭的建築物上看到。現在那裡建了一座令人印象深刻的紀念碑，紀念死於那場戰事的錫克教徒。金廟牆上的子彈孔現在以金屬圓盤框了起來。金廟附近的建築物上還可以清楚看到當年坦克造成的損傷。

金廟最後被軍隊攻了下來，和平再度降臨。關於「卡利斯坦」的討論也停止了。但印度政府執行的「藍星行動」（政府對抗金廟裡的賓德蘭瓦勒所採用的行動代號）卻留下慘痛的後遺症。兩方都受到人們譴責，指責他們冒犯聖地。幾個月後，英迪拉．甘地被她的兩個錫克族保鏢暗殺。狂熱的反錫克族暴動在德里爆發。等到暴動終於平定下來，已有數千個錫克教徒被殺害，數以萬計的錫克教徒逃離德里，遷居到相對安全的旁遮普。

1984 年 10 月 31 日，英迪拉．甘地遭人暗殺。這幅捲軸畫的擁有者是一位四處流浪的孟加拉說書人。

在金廟的結構中，你可以看到納奈克導師的人道理念一旦被宗教認同的政治力量淹沒，究竟會發生什麼事。金廟徽章上面那幅安詳寧靜的畫面與寺廟牆上那些至今依然清楚可見的子彈痕跡形成極大的對比，而這個對比明顯告訴我們：一旦共同信仰所產生的強烈歸屬感被導向政治目的的實現，一旦中央政府不得不出面干涉，這中間究竟可以產生多少強烈的張力。

* * *

如果錫克教徒至今仍然深陷在政治力量所造成的暴力當中，那枚金廟徽章所描繪的另外兩種信仰也是如此。在那枚徽章上，納奈克祖師和馬爾達納、巴拉．辛胡三人坐在一起，呈現一種理想的、印度教徒與穆斯林和平共處的情境。不過現實並非如此。印度獨立之後，印巴儘管已經分治，然而兩地之間定期發生的衝突甚至戰爭，從來就不曾真正停止。此種狀況在近幾年有漸趨緊張的趨勢，其中情勢最為緊張的莫過於距離德里東南方幾百英里遠的古城阿約提亞。根據幾部印度教的經典所述，阿約提亞是神降生為人的地方，許多印度人真誠地相信偉大的天神毗濕奴（Vishnu）就是在這裡轉世降生為羅摩王（Lord Ram）——亦即史詩《羅摩衍那》（*Ramayana*）的主角。對印度教徒而言，這裡因此成為一個超級神聖的地方，他們甚至認為應該在這裡蓋一座神殿來供奉羅摩王。

不過，現實遠比上述情況複雜，而各種像《羅摩衍那》這樣的文本應該小心閱讀；根據阿馬蒂亞．沈恩的解釋：

> 我們幾乎找不到任何證據可以證明在歷史上有一個像史詩《羅摩衍那》所描寫的、名叫羅摩的人曾經存在過，或他在哪裡出生。這部史

詩與現代阿約提亞的聯繫其實十分薄弱。

1990 年代初期，阿約提亞最著名的建築物是一棟宏偉的圓頂清真寺，亦即巴布里清真寺（Babri Masjid）。根據某種證據很薄弱的傳說，這間清真寺是帝王阿克巴的祖父巴布爾（Babur）所建，但今日這裡已看不到清真寺的建築，只看到一些瓦礫堆放在印度最具爭議的土地上。據說「巴布爾」清真寺的建立位置早期曾建有一間印度神廟（雖然考古學家並無法確定當初這間神廟供奉的是哪一位神明），而該印度神廟之所以遭到拆除，可能就是因為「巴布爾」要蓋清真寺的緣故。

清真寺建好了之後，當地的印度教徒依舊持續到那個地點供奉羅摩王，到了羅摩王的誕辰，該地就會湧入許多信眾。穆斯林和印度教徒之間的衝突就這樣處於蓄勢待發的狀態，如此持續了好幾百年，有時候還會擦槍走火，冒出更嚴重的衝突事件。最後，英國政府在 1859 年強制實行一項妥協法令，規定穆斯林持續在他們的清真寺裡舉行聚會，印度教徒則在該地區一個以圍籬圈出來的地點祭拜獻祭。但是衝突還是不時發生。到了 1949 年，當地政府乾脆把整個地區封閉起來，禁止穆斯林和印度教徒靠近。三十年後，經過許多政治運作，清真寺重新開放給信徒做禮拜。然而該座清真寺及其附近地區很快就成為嚴重暴力衝突發生的地點。1992 年 12 月 6 日，印度教積極分子終於大舉湧入，猛攻該座清真寺。

這一次，馬克．涂立也在事發現場：

> 許多人當時聚集在阿約提亞，準備參加印度教的宗教慶典。事情就在那時爆發了。當時有大群人潮成群結隊地湧向清真寺，試圖衝破警

> 方設下的圍欄。情況後來就失控了。起初警察似乎什麼事也沒做，也不太阻止人群的行動，然後就乾脆全部不見了。我親眼看著所有安全措施在我眼前瓦解。後來我離開現場去用電話發一份報告。等我回來時，現場已經一片混亂。群眾對穆斯林喊著駭人聽聞的口號——這顯然是個有計畫的行動，用意在激起穆斯林的反彈，同時也激起其他印度教徒對穆斯林的怒火。人們接著開始拆毀清真寺，另一些人則開始毆打記者。

群眾使用木棍、長矛和鶴嘴鋤等工具，不到二十四小時就徹底把整座清真寺拆了。幾乎什麼都沒留下來。

今日到阿約提亞這個地點參觀，其實是個令人十分不安的經驗。整個地區用圍牆隔成三個明顯不同的區塊，每個區塊之間都設置一座看守瞭望台作為區隔——這種組合讓人很不自在地想起過去豎立在東德和西德之間的圍牆。訪客到此必須留下手錶、手機和任何電子裝備，然後經過兩道金屬探測器、三道身體檢查，才能進入一條像籠子似的走道，走道兩側都有士兵駐守。在籠子走道內彎彎曲曲地走了一段路，才會抵達清真寺被拆毀的地點。那裡建了一個臨時的建築結構——事實上是一個很大的帳篷，帳篷裡安置著羅摩王的現代神龕，標註著祂的出生地。來此地的朝聖者可以短暫停留，直接面見羅摩王的現代神像，增進「福德」（*darshan*），獻上祭品。在離開這座軍事化的神龕之前，廟方會給每個朝聖者一份聖水和廟裡的甜點「普拉薩德」（*prasad*）。沒有任何跡象可以讓人看出，原本那裡曾有一間清真寺。

阿約提亞持續發生的衝突和越演越烈的爭論在於，該地點到底屬於哪個宗教團體？這個問題已經成為國家級的重大事件，官司一路打到德里的最高法

庭。經過二十多年的訴訟，問題還是沒有徹底解決。2017 年，當地的政治人物發起一個運動——而且也得到了許多支持者，遊說政府讓他們在清真寺拆毀的地點蓋一座印度神廟。未來會如何還是個未知數。但沒有什麼比這件事更能清楚顯示，宗教信仰會成為社群的認同標記，並且清楚表明社群的信念，而當這樣的宗教團體發生衝突，現代國家往往不知如何處理，或無法處理。這種現象在今日全球各地有越演越烈的趨勢。

印度人的這個相互尊敬、彼此共存的理念，其實是啟蒙思想的指路明燈，而且比歐洲任何啟蒙運動更早點亮；不過現代有許多人關心這樣的理念並未得到重視，即便憲法明文規定如此。古哈伯爾．辛格描述他的憂慮：

> 我認為我們此刻正在經歷一個非常困難的時期；國家和社會的宗教多元主義的關係成了很大的問題。有人建議透過國家的力量賦予印度人一個特定的身分認同，但這與構成印度的宗教多元與多樣性很不搭調。哪股力量會勝出還有待觀察。誠如甘地說過的，唯一的希望是印度本身就擁有的宗教多元主義和多樣性。

對阿馬蒂亞．沈恩而言，隱藏在阿約提亞事件背後的其中一個因素是混淆了神話與歷史事實，亦即人們只就字面的意義來閱讀《羅摩衍那》這樣的詩歌文本，並視之為真實事件。我們在第二十章討論過，人們目前閱讀神聖文本有越來越傾向字面解讀的趨勢，當時我們的討論脈絡是猶太人和穆斯林，也許我

1992 年 12 月 6 日，印度教積極分子攻入阿約提亞的巴布里清真寺。

羅摩王和他的妻子悉達（Sita）坐在古城阿約提亞前的金色王座上；這幅畫家想像的畫面繪製於公元1800年左右。

們現在看到了一個對等的印度教徒版本。阿馬蒂亞．沈恩繼續解釋道：

> 很重要的是，我們必須了解我們不應該把豐富的印度文學，比如把講述故事的詩歌當作歷史。羅摩王的故事是所有印度人的文化的一部分，而不只是印度教徒的文化而已。再者，這個故事對印度這個國家裡的佛教徒和錫克教徒都有重大的影響，甚至對那些讀過這個故事的基督徒和猶太教徒也有相當的影響。

倫敦國王學院的印度歷史學家蘇尼爾．基爾納尼（Sunil Khilnani）也看到了類似的危險，他擔心阿育王和阿克巴的古老傳統現在已遭到破壞，慢慢消失：

> 我想，這些年來你在印度看到的是想像力的區塊化，亦即人們試圖把想像固定下來，放在某個特定的地方。當然，這個行動首先做的就是劃定疆界，把印度一塊一塊分割開來。然後突然間，語言變成這個宗教團體或那個宗教團體的所有物。對某些人來說，這種想法已經成為他們思考宗教問題的主要驅動因素。我覺得阿約提亞發生的衝突與歐洲創立現代民族國家的那種模式脫不了關係，或根本可說關係密切。這意思是說，一塊土地或一個疆域屬於某個文化或某個語言團體或某個宗教，因此某個團體擁有優先權，得以決定那塊土地該怎麼用，或該在上面蓋什麼建築。印度在過去試圖建立的模式，與這種民族國家的模式極為不同，在許多方面印度的模式都是獨特的。比較說來，我覺得過去那個模式是建立在印度的政治權力和信仰之間較為深沉的歷史關係上，而這些因素比民族國家的歷史更為悠久深遠。

本章一開始，我們比較了伊莉莎白女王的英國和阿克巴大帝的印度。經過了好幾個世紀的衝突，西歐國家此時幾乎已經全部放棄民族國家是由共同信仰組成的這個想法，而且打從18世紀開始，西歐國家已經穩定地朝向阿育王所提倡的包容原則邁進。在這個時刻，如果印度打算朝另一個方向進展，那將會是個多麼令人感到痛切的諷刺。

Powers Earthly and Divine

PART SIX

第六部

人間的權力與神聖的力量

「願您的國度降臨」是我們極為熟悉的文字，熟悉到我們幾乎忘了這些文字召喚的是一個由神直接統治的世界。在這一部，我們會觀察幾個嘗試朝這個方向努力的例子。在神的國度降臨之前，各個信仰團體該如何在政治人物所掌控的社會裡茁壯成長？宗教教義能夠鞏固統治者的權威，也可以用來要求統治者為其施政負責。藉由頒布一個國家信仰，或甚實施無神論政策來強化民族國家的力量，這個想法歷來深具吸引力，但也同時帶來許多大問題。儘管有許多困難，在人間實現天堂的夢想卻始終存在，一直存在。

THE MANDATE OF HEAVEN

第二十六章　天命

就像所羅門被大祭司撒督和先知拿單
膏立為王；你亦受此禮，在此接受
膏立和祝福，並且祝聖為女王；
我們的主，你的神已賜予你權力，
讓你統治人民，管理人民。
以聖父，聖子，聖靈之名。
阿們。

1953年6月2日，西敏寺教堂。在伊莉莎白二世的加冕典禮上，坎特伯里大主教把聖油澆在伊莉莎白頭上，使她受膏為王。就像《聖經》記載的以色列諸王，伊莉莎白是神的受膏者，雖然現在歐洲的君王已經不再使用膏立為王這個儀式了。見證典禮的人無一不為這個概念感動：身穿簡單寬鬆外袍的女王，以神的名義被膏立為一國之君，並擁有神賦予她的人間權力。唱詩班唱著韓德爾（Handel）的〈大祭司撒督〉（Zadok the Priest），就像1727年以來的每一

伊莉莎白女王二世攝於1953年加冕典禮之後，她一手拿著權杖，另一手握著十字聖球。這張照片是攝影師塞西爾．比頓（Cecil Beaton）的作品。

場加冕典禮那樣；事實上，韓德爾這首加冕頌歌當年就是為了喬治二世的加冕典禮而譜寫的。大主教在祝辭中提到了所有君王當中最有智慧的所羅門王，不過他同時也提到希伯來先知拿單（Nathan）——根據〈撒母耳記〉（Book of Samuel），這位希伯來先知曾指責並公開羞辱所羅門王的父親大衛王（King David），並且要他悔改，不要再濫用權力。在大多數社會的大部分歷史中，一個人要成為人民眼中的君主，他首先必須在上帝眼中成為人民的君主。神的認可向來是君主政體的核心概念，不過伴隨此種認可而來的是對人民的責任，而此種責任也是神聖的。如果君主破壞了人民對他的信任，威權之中也會有懲罰相隨。就像先知拿單提醒大衛王的，國王——或女王——必須在神前發誓，並且遵守自己所立下的誓言。

女王有一張界定其身分的加冕典禮照片：一位剛剛宣誓完畢的年輕君主端坐在王座上，頭戴沉重的新王冠，一手拿著權杖，另一手握著十字聖球——這兩者是宗教與世俗權力的象徵。現在這兩項器物與王冠放在一起，收藏在倫敦塔。但在大英博物館，你可以看到把這兩個王權的象徵融合在一起的單一物件，或更精確地說，一把統治的權位之杖。這把權位之杖大概有 1 公尺長，銅鑄而成，至今差不多有兩百年歷史。沿著杖身三個主要部位，我們可看到三個隆起的部分各自被塑成三個形象，分別代表君主權威的三個不同向度。每一個形象都裝飾得十分精緻繁複，鑄銅技巧精良，分別呈現好幾種不同的質感。三個形象合在一起，就等於受到神佑的非洲君主所可能代表的意義。權位之杖的頂端是國王，只見他雙手各捉著一隻豹，兩個鼻孔各流出一隻泥魚（mudfish）。他的腳下有一隻青蛙，夾在一個小小的、被切成兩半的人頭之間。我們在這把權杖上看到的這位國王是貝南帝國的奧巴（the Oba of Benin，即帝國統治者）的制式化的肖像。貝南帝國大約位於今日奈及利亞（Nigeria）

南部，當時的首都叫艾斗（Edo），亦即今日離拉哥斯（Lagos）約300英里的貝南城（Benin City）。這個古國在16世紀國勢最強，擁有一大片富庶的土地，國家事務也管理得井井有條；一直到20世紀初期，貝南帝國一直是非洲最重要和最有權勢的大國。

歐撒任・歐波莫（Osaren Ogbomo）是一位來自貝南城的銅匠，他說明權杖上這幾個形象所代表的不同意義：

> 這整把權杖象徵土地（兩隻豹）和大海（魚）的力量。這一切都歸奧巴管理，因為我們相信貝南帝國的奧巴是人間的神。每個貝南男人或貝南女人都知道奧巴是神在人世間的代表。

權位之杖的中間，奧巴再往下一點的那個形象看來十分令人不安：那是一個只有人頭，沒有軀幹的男人，兩隻手臂直接從他的頭骨伸出來，兩條腿則從他的下巴長出。

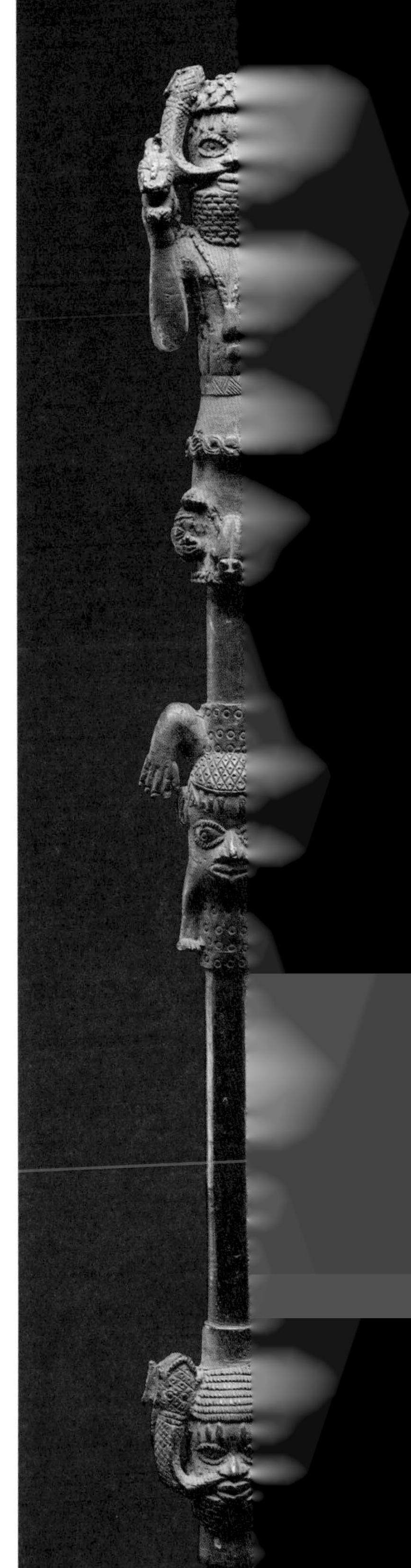

貝南帝國首領奧巴的銅製權杖。奧巴被描繪為萬物的統治者，除了統治生者，也統治死者。此權杖約製作於18或19世紀。

> 在貝南，在我的語言裡，我們叫他奧夫（Ofoe nuku Ogiuwu），也就是死神的信使。如果你違抗奧巴的命令，如果你違反他的法律，奧夫就會來找你。違反這個國家的法律，你就等於是在玩命。

第三個形象位於權杖的底端，那是一個人頭，厚厚的雙唇噘起來，彷彿正要說話；這個形象也有一對泥魚從他的鼻孔游出來：

> 這是奧遜神龕（Osun shrine）的大祭司。他所服侍的神靈負責幫奧巴管理控制整個社群。所有神靈都有祂們自己的祭司。每一個祭司的權力都來自奧巴。

我們沒有來自貝南古國本身的文字紀錄，無從了解到底奧巴如何使用他的權杖，但我們可從歐洲旅行者的記事當中得知，就像權杖上的塑像那樣，他既是宗教領袖，也是政治上的君主。例如根據16世紀葡萄牙旅行家的紀錄，奧巴從來不在公眾場合用餐，因為他的人民深信他是神，因此他可以不吃不喝而活。維持人民這樣的信念顯然對他的權力至關重要。

奧巴的權力範圍十分廣大，從商業買賣到貢品、從賦稅到司法都在他的管轄範圍。在沒有文字紀錄的情況下，我們所能重建的部分似乎顯示他扮演的角色曾歷經些微的轉變。一開始，他主要是個戰士兼領導者，經過後來幾百年的發展，他慢慢變成一個低調的、宗教儀式的主持者，負責確保人間和神靈世界保持安全和密切的互動。到了19世紀末，歐洲的商人和殖民者（主要是英國人）逐漸侵占了貝南帝國的土地。1897年，貝南帝國與歐洲人終於展開一場血腥的對決。有一支英國的使節團在前往貝南城的途中遭到襲擊，為了報復，倫敦下令對貝南帝國展開「懲罰性的遠征」。最後，貝南帝國的土地被英國人占領，貝南城大部分的建設遭到摧毀。英國軍隊擄走了大量藝術品，包括做工精緻的銅製雕像——這批雕像後來被稱為貝南青銅（雖然這名稱並不太正確）。這批藝術品大部分在拍賣會上賣掉了，現在則零零星星地出現在全球的博物館。在 1897 年之前，貝南的銅製品是禁止出口的——這也說明了為何英軍搜刮並賣出的銅製藝品吸引了許多學者的注意。

貝南帝國後來被合併成一大塊區域，成為英國的殖民地，之後又變成今日的奈及利亞共和國。但奧巴的權位到今日仍然存在，對他的人民來說，奧巴在他們的儀式與宗教生活中依然扮演著重要的角色。

權杖刻畫的動物代表奧巴融合了自然與超自然物——這是他身為王者的重要面向之一。他的人民相信他比任何人都了解神靈，了解種種控制這個世界的力量；他們也相信他能夠引導這些力量，使其保護社群，不讓社群遭難。這把權杖的其中一個目的就是公開宣示這樣的看法，象徵性地把統治者與那些具有特定意義的動物連結在一起。例如泥魚，牠可以生活在水裡，也可以在陸上存活很久，所以用來暗示奧巴可以在水陸兩個元素之間移動，具有統治陸地和海洋的力量。

奧巴的兩隻手都各握著一隻豹。倫敦大學亞非學院的查爾斯．高爾博士（Dr. Charles Gore）的解釋是：

> 灌木叢裡的豹是森林裡最強壯的動物，沒有動物是牠的對手。同樣地，奧巴是貝南帝國的政治首長與宗教領袖，他也是那位可以對人民實施生殺之權的人。人民不能違抗君主，因為他和人民不一樣——他是不一樣的人類，他是自然界的一部分。

然後這裡還有一個被切開成兩半的頭和一隻青蛙。在 1897 年之前，如果你要召喚超自然的力量，動物獻祭是一種重要的方式，某些情況下也會以人類獻祭。人類的頭被用於祭祀——這代表國王的能力和權力，並且再度清楚表示國王有權決定社群之人的生死。

權杖的材質本身就是一種說明帝王權力的宣言。查爾斯．高爾繼續解釋道：

添加鉛的銅、青銅、象牙和珊瑚，在熱帶的氣候下不會腐爛。熱帶國家一整年有 90% 的時間都是潮溼的，這樣的氣候很適合昆蟲生長，而昆蟲會在短短幾年內吃掉並徹底毀壞木材。因此，使用銅這類材料相當於建立一項圖像式的聲明：帝王的統治是永久不變的。帝王的統治會持續很久，就像這些材質一樣久。任何人只要到奧巴的王宮走一趟，都會覺得眼花撩亂，因為那裡有許多用不易變壞、可以長久保存的材質製成的器物。

貝南帝國的奧巴。他身上的魚和豹象徵他有控制大地和海洋的能力。這件製作於 16 或 17 世紀的飾板本來是宮廷中的裝飾品，1897 年被英軍敲下取走。

確實，貝南的君主政權就像銅一樣歷久不變，持續存在。2016 年 10 月 20 日，當今的奧巴加冕典禮吸引了大批熱情的群眾觀禮。今日的奧巴雖不再擁有生殺之權，而且他現在的人民大部分是基督徒或穆斯林，但在古老的儀式中，奧巴的地位依然不變——他依然深受人民尊崇，仍然被視為族人之父。

奧巴權杖的設計是用來宣告他內在天生的絕對權威——他具有神聖的特質，他像一位神那樣地統治人民，他與諸神一起統治人民，因為就某些意義來說，他就是諸神的一員。但大英博物館的另一項主要金屬物件卻提供了截然不同的觀點：君主必須得到天命才能統治天下，但君主的權威並非絕對，會受制於許多嚴格的條件，而且在很大層面上要看君主的表現而定。

這件十分莊嚴的中國器物稱為簋，大約製作於公元前 1000 年到公元前 800 年之間。這個圓身的青銅食器直徑大約 40 公分，有可能是用來為死者準備儀式用的食物，目的是敬拜祖先——那是各種中國儀式中相當重要的一部分（第六章）。簋身有四個很大的把手把簋分成四塊；每個把手都以淺浮雕的手法刻上一頭神奇的生物，那是一隻形態生動、由幾何線條構成的大象，但隱隱約約之中卻又有點像龍。這個簋的青銅工藝技巧十分精良。就工藝技術而論，在這個時間點，世界上沒有任何一個國家能望中國之項背。

不過就研究目的而言，我們在意的是這件工藝精湛的容器內部：我們在簋的內底發現了一段銘文，內容是關於一位侯爵被周朝初年一位君主賜予某種權力。這段銘文首先對祖先會報儀式和賞賜，接著描寫君主無懈可擊的權威，君主乃是天子。乍看之下，這說法似乎很接近伊莉莎白女王和貝南的奧巴所享有的神聖授命。但銘文接下來提到的概念讓歐洲人覺得十分意外：

拜稽首，魯天子厥瀕福，克奔走上下，帝無冬令於右周，追考。（我們合掌，低頭讚美天子施予這樣的恩惠和祝福，但願上天不會結束這個使周朝得以延續的天命。）

這個簋是最早的證據，證明有一個影響中國三千多年的君主概念。周朝推翻敵手、奪得王位的時間大約是公元前1050年。根據周人自己的說法：他們之所以可以如此，不只是因為他們在戰場上打敗了敵人（像許多新的中國君王那樣），而是因為他們擁有一樣稱為「天命」的東西。在這個簋的銘文中，我們看到一個最令人感到驚訝的想法：他們覺得有必要祈求上天，祈求天命不會被取走。

尤銳（Yuri Pines）是耶路撒冷希伯來大學亞洲研究教授；他認為中國人以此方式看待君主的神聖權力是很特殊的：

統治的權力是會被取走的。如果我們的後代行為不檢，如果他們迫害人民或不能維持良好的政體，上天就會把我們換掉，把天命賜給其他人——這是這類銘文所表達的觀點。這真的是一個很新奇的說法。我想周朝人的意思是：上天雖然賜給他們恩典，但他們並不能把這樣的恩典視為理所當然。

歐洲基督教國家的君主是以「神的恩典」來統治國家，他們知道身為統治者的權威是來自其子民所崇拜的那位神。但中國人的天命觀非常不同：

在中國，使天子（皇帝）的角色合法化的宗教並不是大眾化的宗教，亦即人民的宗教，而是一個私人的、僅屬於皇帝和他親近人士的宗教。在中國，你不會看到祭司宣稱他為上天發言，也沒有那種我們

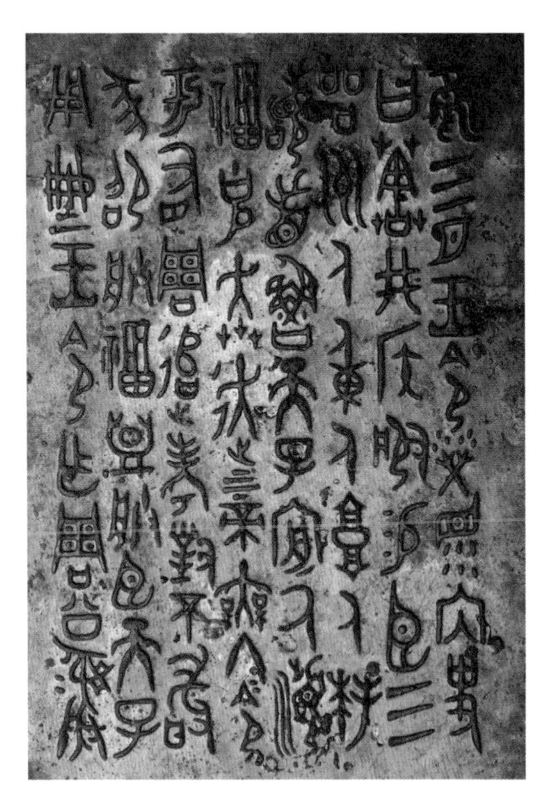

（左圖）中國儀式用青銅食器，大約製造於公元前 1000 年到公元前 800 年之間。（右圖）器物內底有一篇銘文，把皇帝描述為「天子」；天子透過天命統治人民，然而這個天命並不是永久的。

> 在幾個亞伯拉罕宗教裡常常看到的衝突，例如我們會看到先知（例如拿單）告訴國王說：「對不起，上帝剛剛跟我說你做錯了。」相反地，在中國，上天要不是透過需要解讀的徵兆和跡象來發聲，不然就是透過大眾的叛亂或不滿來彰顯其意志。

這個刻在簋底的特定概念，在很大層面上把神聖權力之維持與否歸於民眾的表現。然而，這並不是說民眾的每一場抗爭都會得到贊同，都會被聽取。宮廷裡有許多官員的工作就是了解人民的意見，透過了解人民的意見來了解天意。如果表達不滿的人民夠多，而且夠久，那麼官員們或許就會告訴皇帝時間到了，天命已經轉移——或者用刻在簋上的說法：上天已經「冬令於右周」。

我們或許以為，像天命這樣的概念會讓持無神論的中國共產黨政權感到厭惡。其實不然，天命是一個宗教理想，但也是一種政治哲學；天命這個概念讓君主了解：躁動不安的百姓最後是有能力顛覆那些看來無懈可擊的政權。

根據尤銳的說法，天命是中國共產黨到目前為止仍未能成功消除的概念。西方世界對當代中國的誤解、對俄羅斯和中國共產黨之不同處的誤解，背後的因素有可能就是這個概念：

> 民眾的不滿代表政府缺乏合法性——這個概念至今仍然十分強大。如果人民極度不滿，那麼政府就必須認真思考原因何在，並在某些方面修正其施政方式。這種思考方式的結果是一個更有彈性、也更關心人民意見的政治系統。這與我們一般對專制政體的期待有點不同。
>
> 在今日，天命這個概念有可能比在過去任何時候都更為重要，因為在理論上，中國共產黨即是人民的政黨。如果我們用比較溫和的話來

說：選舉在中國並不重要，但人民對政府的滿意度很重要。在中國，人民不可能用任何一種選舉的方式逼你下台，但他們擁有一個更強大的武器：如果他們起來造反，這意味著整個政體要遭殃了。所以，比較好的方式就是每天注意人民要什麼、隨時思考天命並不是永遠的——當然啦，理論上現在已經沒有人在用這個語彙了。

毛澤東的繼任者看到他任內某些最具毀滅力的面向——大躍進帶來的飢荒、文化大革命伴隨的混亂和暴力——已經把國家帶到另一場叛亂的邊緣。所以依據這個解讀，在毛澤東死後的數十年內，他們退後一步思考，並且採取另一個相反的方向，而這另一個方向保住的不只是他們的權力，還有統治國家的天命。

在今日英國，女王曾經被膏立為王，她在憲法上的角色曾經被祝聖的這些面向大致已被人遺忘。但在俄羅斯和美國，基督教的神在政治上正扮演一個十分引人注目的角色。普丁（Vladimir Putin）和川普（Donald Trump）展現給民眾的形象是兩個受到神聖力量眷顧的強人。普丁至高無上的權力與東正教教會在俄羅斯的復興關係密切，東正教教會配合他的政權，而他則是東正教教會最浮誇的支持者（頁523）。2017年，川普的就職典禮簡直就像一場宗教慶典，到處都是教會的唱詩班和許多宗教性質的禱告。這位新任的美國總統對他的人民說：「我們無須恐懼。我國軍隊和執法機構偉大的男女軍人會保護我們，而且永遠保護我們。最重要的是：神會保護我們。」

THY KINGDOM COME

第二十七章　願祢的國度降臨

在巴比倫河邊——
在那裡，我們坐下來哭泣；
在那裡，我們想起了錫安山。

〈詩篇〉第 137 篇應該是最不可能出現在現代流行音樂的一篇聖詩。這首詩描寫被囚禁在巴比倫的猶太人如何一面思念錫安山（他們失去的家園耶路撒冷），一面傷心哀嘆。不過，這首詩在 1970 年被牙買加的雷鬼樂團——音符樂隊（Melodians）改寫成流行歌曲，歌頌拉斯塔法里教徒的希望。在這個改寫過程中，他們創造了有史以來最流行的黑人靈歌。牙買加政府一開始下令禁唱，因為歌裡充滿了危險的顛覆語言。後來有人指出這首歌的歌詞大部分直接取自《聖經》，這才解除了禁令。從此以後，這首歌大為流行。1978 年，德國樂團波尼 M（Boney M）重新演唱這首歌，還讓這首歌登上全歐流行音樂榜首。話說回來，牙買加政府當年的擔心並非沒有根據，宗教信仰通常是顛覆性的，宗教聖典也極少要人保持現狀。從古到今，思念錫安山不僅只是歌曲的

「生活在陌生的土地上，我們要如何歌唱神的頌歌？」德國猶太藝術家愛德華．班德曼（Eduard Bendemann）的畫作，畫於 1832 年，描寫一群流放的、遭受囚禁的猶太人坐在巴比倫河邊。

主題，思念錫安山是一場長達兩千五百年的政治行動。

公元前 587 年，巴比倫國王尼布甲尼撒占領了耶路撒冷。他摧毀並大肆劫掠所羅門王在距當時四百年前創立與修建的神殿，這座神殿同時也是猶太教徒敬神和舉行祭儀最神聖的地方。亡國之後，成千上萬的猶太人被驅逐到巴比倫；他們在巴比倫河邊——幼發拉底運河的兩岸——夢想著有一天也許可以回到祖先的土地重建神殿，並在神殿裡敬拜神。但在那一天來臨之前，他們必須忍受流放的生活，他們得一再重複〈詩篇〉作者那個悲傷的問題：「生活在陌生的土地上，我們要如何歌唱神的頌歌？」錫安山代表一個被記憶和想像的地方，在這個地方，神的子民不受專制強權的統治，可以自由且適切地禮敬他們的神。這個概念後來演變成猶太人思想裡恆久存在的一部分，也是後世三個亞伯拉罕信仰的一部分。

猶太人被流放到巴比倫唱誦的詩歌，讓非裔加勒比海人和非裔美國基督徒自然而然地產生共鳴。傳統上，黑人靈歌即深深印刻著希伯來詩篇那種既悲傷又渴望解放的印記。理由無他，這些非裔基督徒都是奴隸的後代，他們的祖先也曾離鄉背井，在強權的壓迫下被帶到遙遠的地方勞作（第十章）。1930 年代起，拉斯塔法里教徒進一步夢想著擺脫他們視為「巴比倫」這個白人殖民地的前奴隸社會（例如牙買加），在想像多於記憶的非洲錫安山建立一個正義的社會（第二十四章）。

因為一個意想不到的慈悲，當年流放在巴比倫的猶太人的希望得以實現。公元前 539 年，波斯國王居魯士（Cyrus）占領了巴比倫，並允許被囚禁在巴比倫的猶太人返回耶路撒冷，重建他們的城市，還有更重要的——重建聖殿，讓猶太人的敬神活動和祭祀儀式得以再續。這看來似乎是一個充滿奇蹟的解脫。不過，流放的經驗畢竟還是在猶太人的精神上和經典裡留下一道深深的傷痕。幾千年來，穆斯林和基督徒也像猶太人那樣，不斷夢想著有一天可以住在自己的土地上。在那裡，他們可以用政治的語彙表達他們的希望和理想；在那裡，上帝披露在經典中的意旨將會形塑他們的社會。一般而言，大部分人都滿足於這樣的等待和禱告，等待時機成熟，神的國度自會降臨人間。但有些人試圖拿起武器，希望促進那一天早點降臨；而這樣的嘗試，幾乎每一個都以慘敗告終。我們應該不會對這樣的結果感到意外。強推神的國度，無可避免會需要推翻既存的權力組織，而這些既存的權力組織都有足夠的裝備反擊。〈詩篇〉第 137 篇的最後幾行是充滿寒意的提醒，試圖建立錫安山的人，往往急於看到那些阻擋之人得到可怕的報復。這種心態其實很其令人擔憂：

> 將要被滅的巴比倫哪，用你待我們的惡行報復你的，那人有福了。
>
> 抓起你的嬰孩摔在磐石上的，那人有福了。

這種讓人覺得血液都要為之凝固的暴力在歐洲歷史上已出現過多次。施暴者往往以信仰之名，強行對他人施以暴力，最明顯的例子莫過於宗教改革期間，那些來自各方、極力推行他們理想中神的國度的狂熱分子。在日內瓦和蘇黎世，激進的改革分子試圖把他們的城市改造成新的耶路撒冷，並強迫每個人都要成為他們的子民。在明斯特（Münster），改革領導者自比為耶路撒冷的大衛王，積極施行宗教和社會改革，期待最後的審判日到來。最後，現行政府當局只好出面予以強力鎮壓。

就像牙買加政府在 1970 年曾有過的懷疑，重建錫安山的夢想之中，不免糾纏著政治、宗教和暴力，難以分開。大英博物館目前收藏兩件器物，一件是猶太人的，另一件是伊斯蘭的，兩者都代表人類追求地上天國所付出的代價。

詩歌裡的錫安山耶路撒冷是困居在巴比倫的猶太人的渴望，或許也是人類歷史上最具爭議之地。今日發生的種種悲劇衝突，只不過是延續幾千年來不斷發生的衝突的新近片段而已。這場延續數千年的衝突涉及的民族包括英國人、巴比倫人、阿拉伯人、十字軍戰士、波斯人、埃及人等。在這些民族當中，最有計畫且最有條理地對這片土地施暴的，是羅馬人。

大約在公元前 60 年左右，羅馬人占領了耶路撒冷及其周邊地區——當時的耶路撒冷是埃及和波斯之間的戰略要地。占領耶路撒冷之後，羅馬人很快就與當地的猶太權威人士、政府和宗教人士達成協議。結果是，在羅馬的統治

信仰的印跡：耶路撒冷的聖殿山（Temple Mount），公元 70 年被羅馬人摧毀的猶太會堂遺址。照片中可看到圓頂清真寺和西牆。

羅馬的提圖斯拱門雕刻細節：羅馬士兵抬著從耶路撒冷聖殿搶回來的黃金燭台，這座聖殿在公元 70 年被提圖斯（Titus）下令摧毀。

下，傀儡猶太國王和有權有勢的猶太菁英階級協助羅馬人向人民收稅和執行法律。猶太人的聖殿裡照樣舉行祭祀和祈禱，但此時的祭祀和祈禱不只是為了以色列的神，還包括羅馬人的神，後來甚至加入封神的羅馬皇帝。猶太人不只被要求要敬拜羅馬皇帝，還必須接受在聖殿裡擺上羅馬皇帝雕像的這個事實。當然，猶太人對於繳稅一事感到不滿，有些人甚至覺得純潔的信仰被汙染了。雖然如此，這樣的局面還是成功地維持了一百多年。據福音書記載，耶穌遭受挑戰時，他拿著一枚刻有羅馬皇帝頭像的錢幣跟他的對手說：「凱撒的歸凱撒，上帝的歸上帝。」他的這個解釋與辯解指的就是羅馬人和猶太人之間的和解協議。耶穌死後的數十年裡，由於羅馬行省首長的無能，加上猶太領袖們的不知變通，這個和解協議最後終於瓦解。

大英博物館有另一枚硬幣呈現了協議瓦解之後發生的悲劇。那是一枚銀製的謝克爾（shekel），大約十便士大小，鑄造的年代可追溯到公元 130 年代，銀幣上原本也刻有凱撒的頭像。大約距離這段時期的七十年前，亦即公元 66 年左右，猶太人發起抗議行動，反對羅馬的軍事占領。這場大暴動的結果是猶太人被打敗，另外還引發了另一件影響他們歷史的巨大禍患：公元 70 年，耶路撒冷的聖殿遭到徹底摧毀。在此後數十年間，羅馬人戰勝猶太人這件事成為羅馬帝國的宣傳重點，同時也被視為一個案例，說明羅馬皇帝會如何處置各地區的反抗者。

羅馬行省恢復了平靜，但羅馬政府以拒絕讓猶太人重建聖殿作為懲罰；同時，猶太人還必須繳納一筆特別稅，來擴建羅馬的朱庇特神殿。不用多說，猶太人對羅馬人的仇恨在民間持續沸騰。最後的引爆點是公元 131 年，這一年哈德良皇帝決定出訪猶地亞（Judaea），並打算把耶路撒冷改建為羅馬城市。據說他還決定在猶太聖殿的廢墟上建立一座羅馬神殿。猶太人與羅馬人之間的戰爭再度爆發。反叛者高呼要建立一個獨立的國家，讓猶太人可以自由敬拜他們的神，自由執行《聖經》與傳統要求他們舉辦的祭典和儀式。我們館藏的這枚銀幣就是猶太反叛者在公元 132 年打造的，做工看來相當粗糙，但這是一份宣言，強而有力地表達了猶太人的願望。劍橋大學古代史教授瑪麗．畢爾德解釋道：

> 銀幣的正面你可以清楚看到神殿的圖像，顯然那是第一次猶太人抗議時遭受摧毀的聖殿。錢幣的邊緣用早期的希伯來文寫了個名字，「賽門」（Shimon），亦即其中一個反叛者的名字：賽門．巴克巴（Simon bar Kokhba）。
>
> 在錢幣背面我們看到一把棕櫚樹葉，裝在某種儀式用的瓶子裡。這

裡也用同一種形式的希伯來文寫著：「解放耶路撒冷」。由此看來，這是一枚滿載訊息、充滿挑釁意味的宣傳銀幣。鑄造者當然是發動第二次叛變的反抗人士。

這枚銀幣或許充滿了挑釁的宣傳意味，但也精巧地融合了猶太宗教和政治歷史的許多面向，同時傳達一個鼓舞人心的希望。這枚銀幣把所有的注意力集中在一個偉大的象徵圖像上：那棟佚失的聖殿。神殿的柱子中間有一個放置麵包餅的架子，架子上擺著〈出埃及記〉所描寫的「陳設餅」（showbread）。這是一個提醒，提醒信徒神的存在，因為「陳設餅」必須永遠擺放在的神面前，讓神的子民在這裡找到滋養以執行祂在世間的旨意。

一看到這枚銀幣，每個猶太人都會認得銀幣上的那棟建築是他們的第二座聖殿，亦即他們從巴比倫回來之後重建的聖殿，亦即羅馬人在公元 70 年摧毀的聖殿。事實上，這就是這枚銀幣所要傳達的訊息：苦難當中會出現解脫的奇蹟，也會出現重建聖殿、恢復敬神儀式的奇蹟，這兩個奇蹟過去都曾經出現過。詩人在巴比倫河邊歌唱的希望，猶太人的希望，曾經實現過：「賽門」——賽門．巴克巴——的承諾，還有這枚銀幣所陳說的訊息就是，奇蹟會再次發生。占領者會被趕出去，錫安山可以再度恢復。

反叛者的謝克爾銀幣材質本身就是一份宣稱奇蹟會再度發生的聲明，原因在於這枚謝克爾是用一枚價值 4 達拉克馬的羅馬幣重新打造的，只是現在把羅馬皇帝的頭像磨掉了。此時我們僅能隱約看到聖殿圖像下面露出一點點皇帝聶爾瓦（Nerva）側面頭像的痕跡，而這痕跡也被另一個側面像，亦即「賽門」的側面像取而代之。銀幣的另一面是棕櫚葉。對羅馬人而言，棕櫚葉是他們的猶地亞行省的標記，然而此時棕櫚葉的周圍被刻上「耶路撒冷的解放」的口

號，使之產生新的象徵意義。塗掉皇帝的頭像，在上面另外刻上一個新的政治實體——這是一個極其公開的、意圖改寫統治權的行為，代表猶太人再也沒有必須對之效忠的羅馬皇帝。每個人使用這枚銀幣時都可以看到猶太信仰已經取代了羅馬政權。

蓋伊·史提伯博士（Dr Guy Stiebel）是特拉維夫大學（Tel Aviv University）的考古學者。據他指出，這枚銀幣提供猶太人一個希望，一個在空間上與時間上既遠又近的希望：

> 哈德良甚至曾下令禁止猶太人靠近耶路撒冷周邊的土地，所以猶太人只能在遠方遙望聖殿的遺址。他們距離國家的中心很近，但卻無法接近這個中心。像這樣的銀幣被打造出來的時候，其實距離聖殿被摧毀的時間已經過了三個世代。你在這些銀幣看到的是人們的希望：救贖的希望，還有恢復這塊聖地的希望。
>
> 在銀幣的另一面，你看到的是棕櫚枝。對猶太人來說，這是一個象徵，代表他們從在埃及為奴一路回到以色列這塊應許之地的這段旅程，也是這段旅程的紀念。所以這不僅僅只是關於聖殿而已；這是我們回到自由，回到應許之地的方式。

猶太人逃離在埃及的奴隸生活，從巴比倫的囚禁歲月解脫，這兩者由一個意義深長的新元素統合了起來：聖殿上方的一顆星星。關於這顆星星，向來有

壓除帝國的力量：羅馬皇帝聶爾瓦發行的銀幣，價值 4 達拉克馬，大約鑄造於公元 97 年到公元 98 年（圖上）；這種銀幣後來被賽門·巴克巴和他的猶太反叛軍改造成新的貨幣，使用於新的猶太國家，時間約在公元 132 年（圖下）。

很多解釋，其中一個解釋是公元 132 年出現的彗星，而人們認為這顆彗星是神支持反叛活動的徵兆。不過另一個比較有可能的解釋是，這顆星星代表這場反叛活動的領袖賽門．巴克巴。在阿拉姆語裡，「巴克巴」（bar Kokhba）的意思就是「星星之子」（Son of the Star）；再者，這也可能指聖典裡提到的預言。《聖經．民數記》有一則預言：「必有一星從雅各而出。」許多人後來就慢慢把這位深具領袖魅力、軍事技巧熟稔的指揮官視為彌賽亞。所有的調查報告都顯示：賽門．巴克巴是虔誠的信徒，也是意志堅定的領導者。據說他曾要求他的士兵砍斷一根手指，以此證明他們對起事的效忠。而且他對敵手從來沒有慈悲之心。賽門．巴克巴畢竟是個有能力之人，他為他的追隨者實現了夢想，給了他們一個猶太人的國家——雖然這個國家的壽命並不長。根據蓋伊．史提伯博士解釋：

> 那是一個很小很小的國家，叫作貝斯以色列（Beth Israel），意思是「以色列之家」（the house of Israel）。在三年又六個月的時間裡，這個國家發展出獨立的行政系統。巴克巴下令並發行自己的錢幣和度量衡。他控制土地的分配。我們看到他寄信給人民，下令人民繳錢或繳稅——如果他們不照辦，他就威脅他們。他是個強悍且能力很強的領袖。

雖然巴克巴和他的軍隊從來不曾奪下耶路撒冷，他們建立的小國貝斯以色列卻維持了整整三年多的時間，成功地抵禦不時前來圍攻的羅馬軍隊，估計大約有數萬人在戰爭的過程中死去。但事實證明羅馬軍隊的力量和資源畢竟是難以抵抗的。公元 135 年，猶太反抗軍在最後的駐地貝塔爾（Betar）與羅馬軍隊打了英雄式的最後一戰。反抗活動宣告結束，巴克巴死亡。

哈德良採取了十分冷血的報復行動。這一次，從地圖上抹除的不僅是一座建築物，而是一整個文化，還有與之相關的所有記憶。羅馬的行省猶地亞，亦即猶太人的古老國度猶大（Judah），被重新命名為敘利亞·巴勒斯坦（Syria Palestina），暗示那塊土地屬於猶太人的宿敵菲利士人（Philistines）所有。「耶路撒冷」直接從地圖上消失，取而代之的是另一座新建的、名叫艾利亞卡比多利城（Aelia Capitolina）的新城市。猶太人一度敬神的地點，耶和華的聖殿，此時祭祀的是朱庇特和羅馬皇帝。不論對羅馬人還是對猶太人而言，政治和宗教終究不可分割。

把壓迫者的貨幣變成你的宣傳機器是反叛行動一個極其有效且有力的形式。為你希望建立的國創造一面旗幟，然後邀請其他人跟你一起在這面旗幟下出征，則是對現存政權更加公開的挑戰。大英博物館非洲展品區現在就收藏著像這樣的一面反抗旗幟；就像賽門·巴克巴的銀幣那樣，這面旗幟也寫著反抗組織領袖的名字，而且也是一場聖戰的遺物。這是由一小群虔誠的理想主義者發起的戰役，對抗當時的超級強權——英國。

這面旗幟是為了1880年代，一群掙扎著想創立新國度的人的理想而設計。這群人的理想是在喀土穆（Khartoum）地區附近（亦即今日的蘇丹）創立一個純粹的伊斯蘭國度。為這個目標奮鬥的人受到穆罕默德·阿曼（Muhammad Ahmad）的啟發，並接受其領導。穆罕默德·阿曼既是他們的宗教領袖，也是他們的政治領袖；他們以馬赫迪（Mahdi）來稱呼他，意指「正確的領導者」。這面旗幟的邊框是淺藍色的，中間是一塊細緻的白棉布，上面以貼縫的手法繡著四行阿拉伯經文。

馬赫迪的追隨者在 1880 年代所使用的旗幟；1896 年，被英軍在阿特巴拉戰役（Battle of Atbara）奪得這面旗。

羅伯特．克拉馬（Robert Kramer）是威斯康辛州聖諾伯特學院（St Norbert College）的史學教授。根據他的解釋：

> 目前世界上仍有許多面這樣的旗幟。旗幟上的文字是馬赫迪信仰的見證。第一行召喚阿拉，即那位仁慈的、富有同情心的神。第二行宣布伊斯蘭教第二條基礎信條：「萬物非主，唯有真主，穆罕默德是真主的使者。」接著就是馬赫迪追隨者加入的重要聲明：「穆罕默德．阿曼是繼任的神的信使。」

穆罕默德．阿曼這位馬赫迪是造船人之子、神祕主義者、苦行者、先知穆罕默德本身的繼任者，他帶領追隨者發起了大規模的暴動。

到了 19 世紀末期，蘇丹這個地區已經成為國際權力政治的爭議爆發點。蘇丹北部受埃及的統治，但實際上是土耳其鄂圖曼帝國（Turkish Ottoman Empire）的一部分。埃及在 1882 年被英國占領，與此同時，英法兩國都決意捍衛他們在蘇伊士運河（Suez Canal）的利益——這條運河在 1896 年開通，到 19 世紀末已成為帝國經濟系統的主要動脈。兩大歐洲強權不只把他們的觀念、世界主義的價值觀，強行灌輸給謙順的埃及政府，甚至擴及整個社會，包括從亞歷山大港（Alexandria）到喀士穆地區。羅伯特．克拉馬解釋了這樣的殖民政策所導致的結果：

> 穆罕默德．阿曼擁有這樣的說服力和影響力是因為他出現在對的時機。那時的蘇丹政府是由土耳其和埃及官員聯合統治——那是蘇丹最腐敗、最沒有效率的時刻。另外，比起過去人民習慣的政府，這個聯合政府的統治方式比較拘泥於法規，較不看重伊斯蘭的苦行形式。讓事情變得更糟糕的是，埃及政府聘請了一群來自歐洲的基督徒代為管理蘇丹政府，而這一群人在伊斯蘭教徒眼中根本就是異教徒。

在蘇丹人眼裡，腐敗的教會政治或外國的權威人士對他們課稅不公，又不重視他們傳統的信仰實踐。就像公元第 2 世紀耶路撒冷的猶太人，他們渴望有一位彌賽亞來解救他們。而且也像猶太人那樣，他們如願以償，得到了一位。羅伯特．克拉馬繼續解釋道：

> 在聖訓——先知穆罕默德的言行錄——之中，先知曾提到在他之

後，未來將會出現十二位信仰的改革者。然後會出現第十三位，而這一位是神派來人間的使者，他的工作是幫助世人準備迎接末日的到來。穆罕默德．阿曼提出聲言的時刻，剛好就是伊斯蘭曆第十三個世紀結束之時。他的時間點抓得無懈可擊。而且就蘇丹當時的狀況而言，他出現的地點剛好也是對的地點。

公元 1881 年 6 月 29 日，穆罕默德．阿曼宣稱他就是馬赫迪，亦即伊斯蘭教的救世主。他宣稱過去的先知組成團體，任命他負責把全球的信徒團結起來，恢復大家的向心力，同時帶領大家迎接時間的結束。他呼籲他的追隨者過著研究《古蘭經》和祈禱的簡樸生活，並且召喚他們跟他一起上戰場，驅逐異教徒。

這支由人民組織起來的軍隊有他們自己的制服，而這件制服本身就是他們為之奮鬥的價值的象徵。他們的制服以一種乞丐穿的寬鬆袍子朱巴（jubba）為基礎製成，特色是衣服上縫著許多補丁和破碎的布塊。好幾個世紀以來，這也是遵守苦行的伊斯蘭神祕主義蘇菲行者的衣著，象徵他們輕視人間財貨。大英博物館目前也收藏了一件這樣的朱巴。這件朱巴是由淺色的棉布製成，簡單的寬袍大袖，袍身縫著藍色和紅色的方塊。乍看之下，你會以為這些方塊是補丁。但這種貧窮氣息是一種偽裝，因為製作這件袍子的棉布品質非常好，而且很昂貴，布上的那些方塊是以極為細緻、近乎隱形的手法縫上去的，然後在邊緣處刻意以黑線粗粗縫上幾針，使那些方塊看起來像粗糙的補丁。當然，這不是乞丐的袍子，而是縫製手藝高超的制服。這件制服屬於馬赫迪的其中一位指揮官所有。這位指揮官名叫奧斯曼．狄柯納（Uthman Diqna），負責帶兵在蘇丹東北方打仗。在馬赫迪的軍隊裡，每個人都努力穿得跟大家一樣。

這是一種聲明，表示自己對努力的目標有共同的承諾，也表示在神面前大家一律平等。所以一個大權在握的軍官就這樣穿上補丁處處的大袍，像一個四處流浪的乞丐——雖然就這個案例而言，這是一位很優雅的乞丐。

1885 年，這樣一群有貧有富，其中還有不少奴隸的人民軍隊打了一場震驚全球的戰爭：他們攻下了喀土穆。他們不僅讓土耳其埃及聯軍吃了敗仗，還重

這件朱巴屬於奧斯曼．狄柯納所有。這件優雅的制服是以乞丐所穿的寬大袍子為範本改造而成。

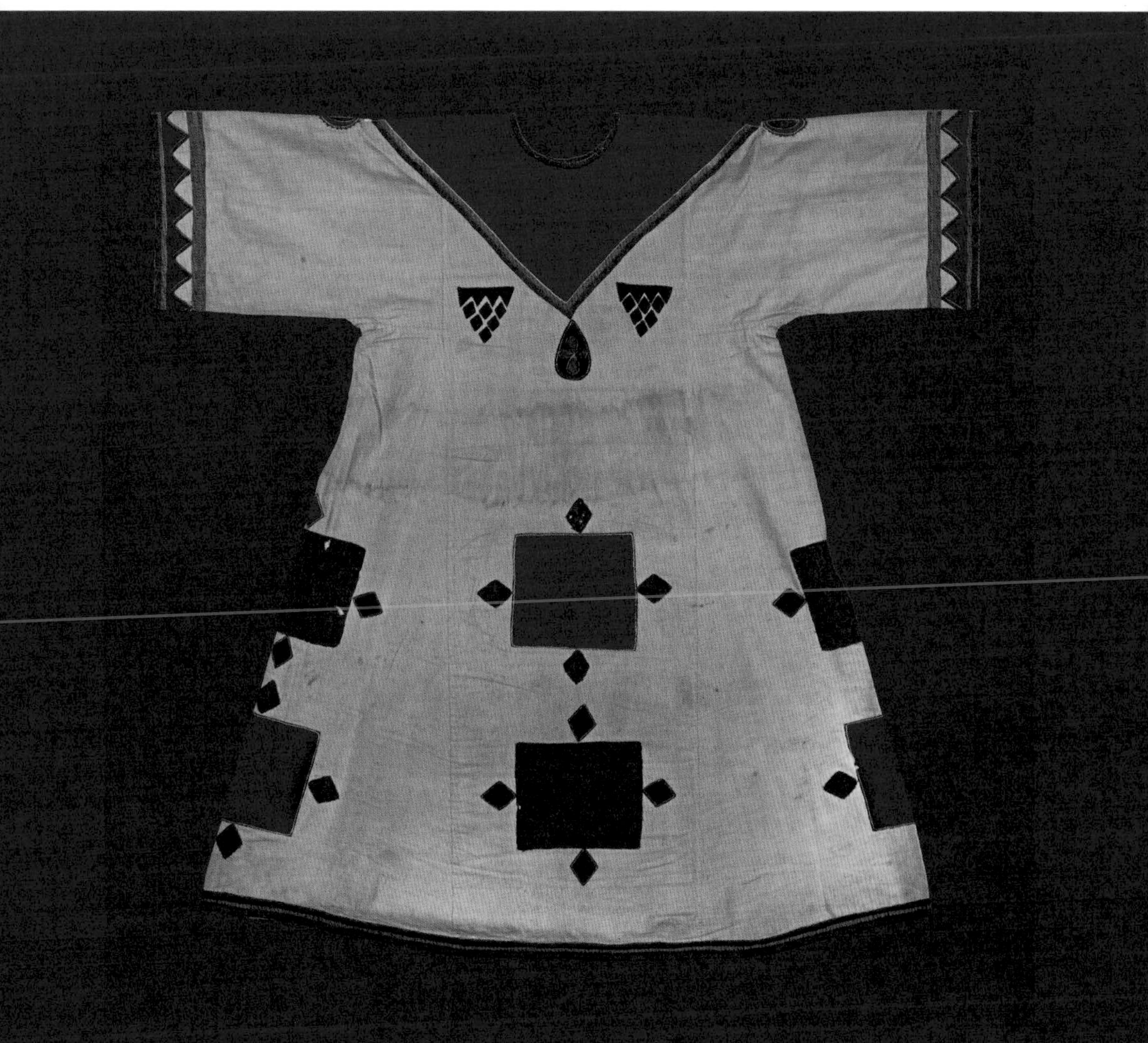

挫了由戈登將軍（General Gordon）帶領的英國聯軍——戈登將軍在喀土穆被攻下時陣亡，很快就被英國民眾奉為殉道英雄。馬赫迪和他的軍隊成功趕走了外國來的異教徒。穆罕默德．阿曼很快就著手準備迎接伊斯蘭在全球的勝利，並希望到那個時候，所有的紛爭與衝突將會停止。他做了許多事情，其中一件事就是寫信給維多利亞女王，邀請女王改宗，前來當他的追隨者。可惜女王的回應史無記載。

六個月後，馬赫迪竟然意外地死了。當時他 40 歲。他的繼承人阿布都拉．穆罕默德（Abdallahi ibn Muhammad）自稱為哈里發（Khalifa）；他撐了十三年，努力想辦法站穩腳步，統治一個試圖回到純粹伊斯蘭的蘇丹國家。全球性

恩圖曼戰役：1898 年 9 月 2 日，英軍在靠近喀土穆的尼羅河邊打敗了馬赫迪軍隊。

的救世願景此時已經化成地方的政治現實，但這是一個嚴密管制與重軍駐守的政治現實，因為這個新的國家不時遭到周遭殖民力量的威脅。衣索匹亞國王曾邀請他們一起合組聯軍，共同抵禦歐洲的侵略者，但這個請求遭到拒絕，因為伊斯蘭國家不與基督徒聯軍一起打仗（第二十四章）。1896 年，一支配備著現代機槍的英埃聯軍，在基奇納將軍（General Kitchener）的帶領下從埃及南部出發。1898 年 9 月 2 日，兩軍在喀土穆北方交戰，史稱恩圖曼戰役（Battle of Omdurman）。在這場戰役中，超過一萬兩千名馬赫迪士兵陣亡，一萬三千多人受傷。至於裝備比較精良的基奇納將軍這一邊（年輕的邱吉爾當時亦在軍隊之中），則只損失了四十七人。大英博物館收藏的這面棉布軍旗是史密斯陸軍上尉（Captain Goyede Smith）在戰場上奪得的戰利品，時間是 1896 年，當時他帶領的是印度陸軍第四十五錫克隊。至於朱巴制服則是恩圖曼戰役結束後不久，一位英國軍官帶回英國的紀念品。馬赫迪和他的追隨者的夢已經結束，哈里發的國度遭到廢除。從 1898 年到 1956 年，蘇丹這個國家由英國統治。

雖然如此，在今日的蘇丹社會和政治圈，馬赫迪的後代及其親近的追隨者都享有極大的影響力。羅伯特．克拉馬闡述穆罕默德．阿曼留下的事蹟在現代的意義：

> 過去一百多年來，恩圖曼地區的馬赫迪墳墓一直是蘇丹穆斯林最崇敬的朝聖地點。相信未來也還會是這樣。不管他們相不相信他是神派來引導協助世人面臨末日的使者，這已經不重要了。他留下的事蹟已經被解釋成其他的東西。他是一個引導者，前來修正伊斯蘭常規；他也是蘇丹人感受神恩的來源。

建立一個本質上是伊斯蘭的蘇丹國，這個概念曾經實現過，維持了十三年，但這個概念至今未曾消失。從 1956 年起，困擾蘇丹的大部分內戰，底下潛藏的始終是這個概念。直到 2011 年南蘇丹徹底退出，內戰才就此結束。到了今日，這個概念依然會出現在大部分政治操作上。馬赫迪和他的追隨者所用

馬赫迪在恩圖曼的墳墓，1898 年曾數度在炮擊中嚴重受損，現在是蘇丹地區穆斯林的朝聖地點。

的政治修辭，還有他們召喚人民參戰，一起反抗那些汙染伊斯蘭純潔性的西方異教徒的這些政治說詞與召喚，近些年來在中東地區得到大部分人民的迴響，造成不少致命的後果。

巴克巴的反叛也留下了一道長長的影子。貝塔爾是他與抗軍駐守的最後一站。1923 年，里加（Riga）有一群年輕的拉脫維亞猶太復國主義者即採用貝塔爾這個名字，成立一個新的軍事行動。貝塔爾這個組織起初扮演的重要角色是吸引新人加入，反抗納粹。但後來他們模仿巴克巴的士兵，化身為游擊戰隊，在巴勒斯坦與英軍和阿拉伯人對抗，目標是成立一個獨立的以色列國家。1948 年之後，許多新出現的國家使用賽門．巴克巴的形象，視之為對抗強權——即使那是超級強權——的領袖模範。

這一章我們看到了兩場反叛行動，導火線都是地方人士與宗教人士對那些與外國殖民力量合作的腐敗菁英階級感到不滿。兩場反叛都融合了宗教與政治力量來尋求軍事上的結果。兩者都訴求一個獨特的力量，即建立一個理想的國家，讓所有人在這個國家裡過著合乎神的旨意的生活，並且實現聖典的種種承諾。兩者也都成為事例，說明那些努力似乎無可避免都會帶來暴力和苦難。

在第三十章，我們將會看到一則迥然不同、關於毀滅與重生的敘事。但這個敘事的根基不是建立一個理想的、純潔的、永久不變的國度，而是奠基在擁抱一個不斷更新、由無數短暫生命構成的循環。

AR PREFECTURE
006-210601217-20160818-16_404-AR
Reçu le 18/08/2016

VILLE DE SAINT-JEAN-CAP-FERRAT
DEPARTEMENT DES ALPES-MARITIMES

ARRETE MUNICIPAL PORTANT INTERDICTION D'ACCES AUX PLAGES ET DE BAIGNADE A TOUTE PERSONNE AYANT UNE TENUE OU UN COMPORTEMENT INAPPROPRIE MANIFESTANT DE MANIERE OSTENTATOIRE UNE APPARTENANCE RELIGIEUSE

Arrêté N° 16/404

Monsieur le Maire de la commune de Saint-Jean-Cap-Ferrat,

Vu la constitution française du 4 octobre 1958 et la déclaration des droits de l'homme et du citoyen du 26 août 1789,

Vu la loi n°2016-987 du 21 juillet 2016 prorogeant l'application de l'état d'urgence déclaré par le décret n°2015-1475 du 14 novembre 2015,

Vu le code général des collectivités territoriales et notamment ses articles L2212-1 à L2212-3,

Vu les pouvoirs de police du Maire en matière notamment de baignade,

Vu le code général de la propriété des personnes publiques,

Vu le code de procédure pénale,

Vu le code pénal,

Vu le code de la santé publique,

Vu le code de l'environnement,

Vu l'arrêté préfectoral du 24 avril 1997 réglementant l'organisation de la sécurité des plages, baignades et activités nautiques sur le littoral des Alpes-Maritimes et ses annexes,

Vu les arrêtés préfectoraux du 6 août 2013 portant attribution de la concession des plages naturelles et artificielles à la commune de Saint-Jean-Cap-Ferrat,

Considérant la forte fréquentation des plages de la ville de Saint-Jean-Cap-Ferrat durant la période estivale,

1

TURNING THE SCREW

第二十八章　壓迫宗教少數

一百多年來，愛做日光浴的時髦人士向來都會湧入法國蔚藍海岸（French Riviera）的沙灘休閒度假。在那一百多年間，泳衣的覆蓋範圍與時俱減，逐漸變得又短又少，有時甚至完全不見，讓沙灘上其他人看得十分開心，或十分不以為然。警察偶爾會出面干涉，宣布沒穿泳衣「違反良善風俗」（Un outrage aux bonnes moeurs）。不過這種機率通常少之又少。話雖如此，如果你在 2016 年夏天冒險穿上某一種特定款式的泳衣，出現在蔚藍海岸任一處海灘，包括坎城（Cannes）、聖讓卡弗爾拉（St-Jean-Cap-Ferrat）或者盧貝新城（Villeneuve-Loubet），警察可能就會出來阻止你了，並且警告你，說你的行為和穿著不僅「違反良善風俗」，還違反了「政教分離」（laïcité）的原則——打從 20 世紀初期就寫入法國憲法的世俗主義原則。

這些干涉與指責並不是因為你穿得太少，而是因為你穿得太多。引發這場風波的特定泳衣稱為「布基尼」（burkinis），那是一種全包式泳衣，專為那些想在海灘上或在海裡也能兼顧伊斯蘭教義的女人而設計。這種泳衣本來是澳洲人設計的，但很快就受到歐洲的伊斯蘭女性歡迎。在大部分國家，這種泳衣

2016 年，法國蔚藍海岸沙灘上的告示牌，市政府當局禁止人民從事與宗教有關的行為或穿上跟宗教信仰有關的裝束。

很少會引起大眾注意。但在 2016 年 8 月，由於法國政府正在努力應付幾起恐怖攻擊，蔚藍海岸沿岸幾個城鎮於是訴諸法律，阻止女人——當然都是穆斯林女性——在當地的海灘上穿布基尼。這件事很快傳開，不再只是一則地方新聞。法國國家級的政治人物串連起來，聯手支持這個禁令，並且發布聲明，指出這不僅是泳衣的問題，而是一個會危及基本憲法原則的問題。根據這份聲明，布基尼與法國的價值觀不相容。套用當時法國首相所說的話：「布基尼不是一種時尚，那是一種表達政治行動的手法，是一種反社會的行為。」

歐洲其他國家都感到很困惑。不知道為什麼一件澳洲人設計的、包得緊緊的、超級保守的泳衣會造成如此嚴重的問題，除了「反社會」之外，竟還衝擊到國家憲法？當然，誠如當時的首相所說，答案是政治方面的問題，與泳衣一點關係都沒有。或更精確地說，這件事涉及的是政治與信仰的衝突。大家爭論的重點是：法國在一百多年前就已經界定為世俗國家，而且一直都是一個世俗國家，在這樣的國家裡，人民是否可以公開展示他／她們的宗教傾向？

話雖如此，這場論爭的背後還有另一個更普遍的問題：如果國家對國民身分認同有很清楚的定義，這樣的國家如何包容——或限制——擁有少數信仰的人民公開表達他們的獨特性？為了檢視這個問題，我想暫時離開 2016 年法國蔚藍海岸的沙灘，來到 17 世紀的日本。

* * *

基督教已經被禁止很多年。

如果你看到可疑的信徒，必須通報官府。

依對方的身分，你能得到通報賞金如下：

神父：500 枚銀幣

修道士：300 枚銀幣

重回基督教信仰者：100 枚銀幣

庇護基督徒者或普通信徒：依對方身分重要性，你最高可獲得 500 枚銀幣。

特此公告，敬希在此境內嚴格遵守執行。

治安官。天和 2 年，5 月 1 日。

這些令人心驚膽寒的文字是以日文寫成，用黑墨漆在一塊草草製成的木頭告示板上。告示板幾乎有 1 公尺寬，上方有一三角形的「頂」，防止板上的文字被雨淋濕。「天和」這個年號始於 1681 年 9 月，所以這份禁令的發行可以追溯到 1682 年年初。大英博物館日本部門主管提姆．克拉克（Tim Clark）解釋道：

這是那段時期典型的公共告示板，從 17 世紀初期開始，這種告示板就是中央政府——或「幕府」——慣常使用的通告系統，可說遍布全國，主要是用來發布、實施各種管理條規。全日本大概有數百塊這樣的告示板，通常是立在橋邊或主要道路等通道旁邊，因為這些地方人比較多，比較容易被人看見——有點像現代高速公路兩旁的大型廣告

（次頁）日本的公共告示板。任何人如果通報發現基督徒或交出基督徒，政府即付以豐厚獎金，1682 年。

招牌。這類告示板的內容很多，通常都是各種會對國家安全產生威脅的禁令，包括偽造貨幣、兜售假藥或毒藥之類的。或者就像這張告示的禁令：禁止庇護任何與基督教相關的人士。

基督徒到底做了什麼？竟讓日本政府將之視為「反社會」的危險人物，而且與毒藥製造者和偽幣製造者同列為國家威脅？

令人有點驚訝的是，日本在公元 1600 年已經擁有近三十萬名基督徒，如果與當時約一千兩百萬的總人口數相較，那是個很大的數字。當時大部分日本人民信奉的是日本獨有的、混合了佛教與傳統日本神道的信仰（第十八章）。基督徒的人數漸增當然讓日本當局感到憂慮，至於基督宗教造成的「威脅」，則涉及另一個更深沉的因素。

17 世紀日本屏風，描繪葡萄牙商船抵達長崎，帶來各種歐洲商品和耶穌會傳教士。畫面右上角畫的是卸貨之後，歐洲人被帶到日本當地統治者面前跪拜的場景。

基督宗教在 1543 年傳入日本。當時方濟各．沙勿略（Francis Xavier）帶領耶穌會傳教士跟著葡萄牙商船到日本傳教。葡萄牙商船帶來各式各樣的歐洲商品，尤其是槍械。葡萄牙的商人冒險家和傳教士抵達的時間正好是日本史上一個重要時期：此時日本各地的地方領袖意見分歧，不時發生內戰。提姆．克拉克解釋日本如何在強大的中央政府控制之下，在 16 世紀末逐漸統一，再次成為完整的國家。而日本的再次統一之所以可能，葡萄牙人的來福槍和日本人的仿製品扮演了重要的角色：

> 日本西南方的重要商港長崎，是當年葡萄牙商人販賣槍械與其他商品的交易中心，也是天主教傳教士重要的活動據點。隨著時日的過去，整座城市事實上全都歸服於耶穌會士。該地區許多首長後來都改宗成為教徒，有些人是為了自己個人虔誠的理由，有些人則是看到與葡萄牙人經商有利可圖。這些地方首長通常也會確保他們的人民都改宗成為基督徒，所以他們會透過集體受洗，讓成千上萬人同時受洗。對一個新建立、政權還不是很穩定的中央政府來說，這幾個由富有的基督徒控制的地區是特別危險的權力據點，而這種威脅是中央政府無法容忍的。

到了 1500 年代末期，長崎市的耶穌會士也形成一股不容小覷的勢力。他們建立許多學校，同時積極向當權者傳教。不過令日人不安的是，他們仰望的終極權威顯然不是日本境內的任何人或任何系統，而是遠在海外的羅馬；而在羅馬那裡，他們仰望的顯然是一個對日本佛教與神道教不甚友善的神。這種面向外國的忠誠之心對當地人（尤其長崎附近）產生巨大的影響，例如有一名位高權重，名叫大村純忠（Ōmura Sumitada）的大名即是一例。大村純忠在1563年改宗，並改名為多姆·巴托洛梅奧（Dom Bartolomeu）。幾年後，他下令摧毀領地內的所有佛教寺廟和神道教的神社。

兩年後，即1565年，日本西南方有許多小島被人以西班牙國王的名義占領。據提姆·克拉克的說法，「菲律賓人」的命運似乎是個警訊，令日本人十分擔憂，因為西班牙人的劍可能會隨著基督徒的《聖經》前來日本：

> 基督宗教給許多日本統治者帶來的威脅是複雜的。日本統治者最關切的問題是國家統一，而這些威脅讓他們如坐針氈，非常緊張。日本當地宗教起初是神道信仰（崇拜的是日本傳統諸神），後來加入了佛教信仰。此時這種混合式的宗教信仰已經發展超過一千年，成為日本社會一股主要的團結力量。佛教與神道教這兩個傳統信仰在各自的諸神名單上尋找對等的神祇，以此方式容納彼此，互相共存，逐漸在日本形成一種綜合式的信仰（第十八章）。就日本人的思考方式來說，基督宗教是個十分固執己見的宗教。這對我們來說並不稀奇，但卻讓日本人感到十分震驚，尤其基督教竟然不願意接受佛教或神道教裡的神祇，不願視之為基督教那位神或其他聖人的對等存在或者化身。基督教竟自稱自己擁有唯一的真理。我認為這最終意味著基督教與日本文化在哲學思想上根本就是兩種無法相容的見解。

〈長崎市方濟各會修士殉難記〉（The Franciscan Martyrs of Nagasaki）。1597年2月5日，二十六個基督徒被日本政府公開釘死在十字架上。雅克·卡洛特（Jacques Callot）這幅版畫創作於1627年，畫中只有二十三位方濟各會修士，耶穌會士並不包含在內。

Le Pourtraict des premier 23 Martire mis en Croix par la predicaon. de la S. foy au Giappon
soubs l'Empe. Taicosam en la Cite' de Mongasachi, de lordre des freres mineurs Obseruantin de S. Francois.

堅持不妥協的傳教士、忠誠之心無法確定的日本基督徒，這兩重憂慮相加起來，很快就引發種種激烈的暴力行為。豐臣秀吉在1590年成功統一了日本。他鎮壓地方上的反抗勢力，驅逐在他領地上傳教的傳教士，並把日本描述為「諸神的國度」，意思是日本的「國家」之神是神道教與佛教傳統裡的諸多神明。

1597年，二十六個教徒在長崎市被處死。他們全都被釘上十字架公開示眾，而且執刑的細節周全，包括以矛刺穿死者的肋部，十分令人毛骨悚然。當時歐洲的耶穌會士和方濟各會修士正與新教教徒展開激烈鬥爭，這場大屠殺一傳到歐洲，就被前兩者廣為宣傳，宣揚天主教烈士的勇氣，因為他們為了信仰在世界遙遠的另一端殉教。

在那之後，迫害的腳步加快。1614年，日本正式下令禁止基督宗教。所有教堂不是遭到拆除，就是改建成廟宇。1639年，葡萄牙人，包括受到他們保護的天主教神職人員，全部遭到驅逐。歐洲國家的獨家貿易權轉讓給信奉新教的荷蘭人，荷蘭人樂於看到信仰天主教的西班牙人和葡萄牙人受挫，也很高興跟日本從事利潤極為豐厚的生意，不去管宗教上的種種閒事。長崎成為日本與亞洲以外世界接觸的唯一港口。其他港口都不准外國船隻靠岸。

天主教的神父被趕走了。教堂不復存在。但日本政府為了確保外國信仰徹底根除，採取了更進一步的措施。任何人只要被懷疑是教徒，就必須到附近的佛寺報到，否則就會被處以死刑。到了寺裡，為了表示他們已經不是教徒，他們得公開聲明放棄信仰，並且踩踏一小塊刻有基督或聖母瑪利亞的刻像。這種稱為「踏繪」（*fumi-e*），亦即「踩踏的聖像」，今日依舊可見。我認為這些踏繪真的讓人有一種難以形容的心痛。在藝術史上，踏繪成為一門幾乎是獨一無二的作品類型：品質良好的雕刻作品，但其製作目的卻是為了被羞辱與被毀壞。這些雕刻通常模仿佛蘭德人或義大利人的手法，由日本藝術家刻成，描繪基督的生平故事與受難過程。有些作品目前仍然依稀可辨，但是大部分幾乎已經被踩踏的腳所毀：一個信仰的微弱痕跡就這樣被踩踏掉了。

可想而知，這種系統性的迫害效果極為顯著。到了 1660 年代，日本主要地區的公共場合幾乎完全看不到基督宗教的痕跡，那些依然祕密維持信仰、私下禱告的人幾乎不再對國家構成威脅。所以，到了 1682 年，日本政府公布這項寫在我們現藏的告示板上的禁令，可是這道禁令鎖定的敵人早已經銷聲匿跡。那麼，公布這項禁令又是為了什麼？提姆．克拉克解釋：

（左圖）踩踏外國信仰：絹絲繪畫，描繪一年一度的信仰考驗「踏繪」。日本長崎，1820 年代。（右圖）銅製踏繪，上面的耶穌受難圖因為長期被踩踏而磨損；日本人若有信奉基督教的嫌疑，都必須踩踏此種踏繪，表示自己已經放棄信仰。

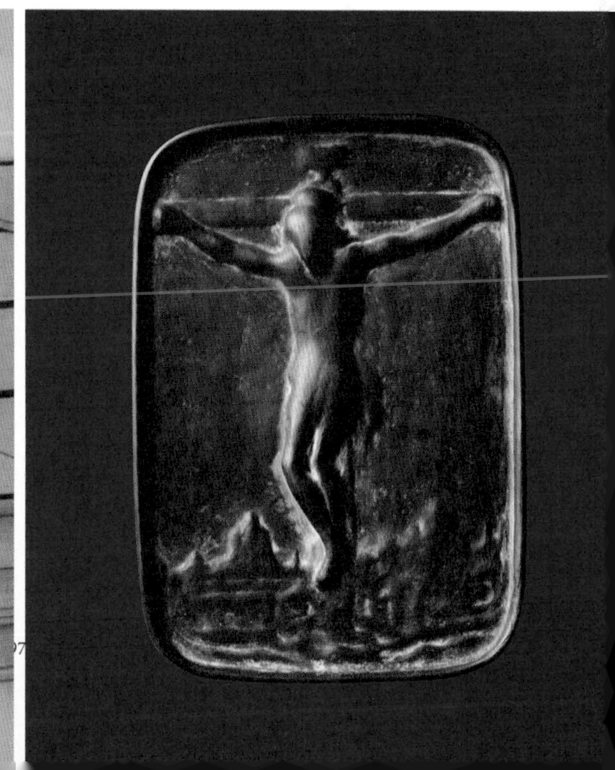

> 基督教一直是個有用的象徵敵人，一種假設性的危險，日本中央政府可為了自己的利益而加以部屬，作為社會控制的工具。即使在現實中，日本國內已經沒有任何基督徒，日本政府還是堅持要檢查所有進口書籍，以免任何與基督信仰有關的資料或圖像傳入日本。對日本政府而言，這種堅持是重要的。這是日本施行審查系統、嚴格控制海外聯繫的正當理由，這個措施也相當有效地控制了日本社會的許多層面。

所以創造這樣的告示板、公布這樣的禁令，真正的目的其實並不是在禁止什麼，而是展示國家擁有禁止某物的權力。這些禁令公告牌的宣傳是雙重的，亦即宣傳一個新的、中央集權的日本政府和宣傳其統治者。這塊禁令公告牌傳達的訊息是：你現在居住的國家擁有合法的權力和兵力可以驅逐外國人，而且這個國家目前正在密切關注你，還有你做的每一件事。

換句話說，我們在這裡看到一個國家在保護自己免受外國威脅的同時，也順便再次打擊一個早已屈服的敵人，藉此宣稱自己具有控制人民的權力，讓人民知道這才是現在的自然秩序，不論就社會、信仰或政治而言，皆是如此。要成為日本人，表示你得住在一個只有傳統神祇的土地上，這裡再也沒有空間容納其他非本土的宗教，例如發源自海外的基督教。

這份禁令持續有效，而且定期重新發布，為期將近兩百年。這份禁令背後的假設也持續影響日本人的思考習慣，直到今日。人們信奉基督宗教會被懲罰，而且會被處以死刑的情況一直維持到 1853 年——這一年，美國海軍將領馬修·培里（Matthew Perry）率領美軍艦隊進入東京灣，逼迫日本人開港（這次用的是美國槍），同時也逼迫日本人開放思想，面對世界。

1690 年代，日本政府發布政令，敦促人民告發潛藏的教徒或依然信奉基督宗教的嫌疑人士的幾年後，法國當時最著名的雕刻版畫畫家塞巴斯帝安·勒克萊爾（Sébastien Leclerc）正在巴黎製作他的著名作品：〈胡格諾教堂的毀滅〉（Destruction of the Huguenot Temple[church]）。胡格諾教堂位於巴黎東方幾英里外的沙朗東。這座教堂建於 1620 年代，是巴黎廬森堡宮（Luxembourg Palace）建築師撒洛門·德布羅斯（Salomon de Brosse）的作品。那是法國最著名的新教教堂，以其寬闊、完美的聚會與宣教空間設計聞名全歐。猶太教與新教建築師對這座教堂十分心儀，他們的許多教堂的靈感都取自這裡，而其中最著名的兩座猶太大教堂，一座在阿姆斯特丹，另一座就是由克里斯多弗·雷恩（Christopher Wren）設計，建於倫敦皮卡迪利（Piccadilly）的聖雅各教堂（St James's Church）。1685 年 10 月，在法國國王路易十四（Louis XIV）的命令下，德布羅斯那棟冷肅的傑作被夷為平地。

勒克萊爾的版畫是一件令人看了很不安的藝術作品。他很擅長利用明亮的留白和沉重的黑色色塊的強烈對比，製造一種動態與騷亂的感覺。畫面左邊那些井然有序的古典圓柱與長廊全被拆毀，打成碎石，堆在畫面中央。一大群精力充沛的工人又是砍劈又是拖拉，都在努力工作：他們拆除牆壁、打下屋樑、運走被當作廢物的柱子和窗框。這件版畫的細節處處透著毀滅，也處處透著歡樂。這些清晰的細節顯得十分怪異，簡直是精心記錄的瘋狂。左下角有一名士兵手握著戟，冷靜地監督工程。畫面右邊有兩個人物剪影，其中一人伸手指著漸漸亮起來的天空。一位偉大的版畫家正以他精湛的技藝，頌揚一件偉大的建築作品的毀滅。

就像前面提到的日本禁令告示牌，這幅版畫也是系列作品的一部分。這幅版畫出自勒克萊爾的《國王的小勝利系列》（*Petites Conquêtes du Roi*），全系

《國王的小勝利系列》的其中一項勝利：勒克萊爾的版畫，描繪沙朗東的新教教堂拆毀。繪於 1685 年，這一年國王廢除了南特敕令。

列共有八張作品，刻製於 1690 年左右，主題是頌揚路易十四的成就。你也許會期待看到其他系列。沒錯，他還有另一套版面較大的系列稱為《國王的大勝利》（*Les Grandes Conquêtes du Roi*），描繪路易十四打敗法國敵人的各種場景。在路易十四的統治之下，1690 年左右是法國軍事與外交的最高點。法國二十五年來持續對抗哈布斯堡人（Habsburgs）及其同盟的激烈戰爭，終於在這一年以法國的大獲全勝告終。一百多年來，法國第一次不必擔心遭受攻擊，軍力到達全歐之冠。事實上，這兩個系列壯觀的版畫是國力的宣傳工具，我們知道勒克萊爾在創作大勝利系列時曾接受王室的薪酬。畫裡的每個圖像都精心標註，說明描繪的每一個事件，接著再加上許多充滿寓意的細節，暗喻畫中行動的意義。幸運的觀賞者可以擁有勒克萊爾的版畫（兩個系列是昂貴的收藏品），見證太陽王（Sun King）路易十四創立的功績——那可是有憑有據的神奇事蹟和視覺的饗宴。

《小勝利系列》之中的六幅作品，主題你可能已經猜到了：大部分是戰爭的場景，主要描繪法軍在法國北部和東部邊境攻打奧地利人、西班牙人和荷蘭人。但另外兩幅描繪的是不同性質的勝利。一幅描繪 1686 年法國接待暹邏使節的場景——那是法國偉大外交活動的一次奇異勝利，開啟了法國在遠東的外交政策新方向。另一幅是拆毀沙朗東教堂的畫面——這場「勝利」的場景距離首都只有幾英里，而這一次國王打敗的，是對他忠心耿耿的新教子民。

16 世紀的宗教改革運動改變了西歐和中歐宗教信仰的模式。住在這一整片地區的人民，他們的信仰和宗教活動本來大致相同，但宗教改革後出現了許多彼此競爭的不同教派。這種轉變導向一個巨大的、事實上與人類存在有關的政治問題：數百年來，歐洲國家一直受到共同的天主教宗教活動的形塑與撐持，然而宗教改革之後，這些國家的人民信仰發生巨變，無法一起敬拜同一個神，歐洲有哪一個國家能夠在這種情況下持續運作下去？一間內部發生分裂、各個內部力量彼此對抗的房子，能夠持續矗立嗎？在法國，這種緊張的關係導致羅馬天主教徒與喀爾文新教徒彼此內戰了一整個世代。到了 1590 年代，這場內戰不僅折損了無數生命，也摧毀了國家。法國必須找到解決的方案。1598 年，解決方案終於出現，亨利四世（Henry IV）發布了南特敕令（Edict of Nantes）。

法國的新教教派胡格諾教徒得到允許，得以在諸多限制下奉行他們的信仰，國家也宣稱他們的權利會得到保障。南特敕令為法國帶來和平，讓法國國力安定，國王得以開始建設國家。法國所經歷的過程與日本有驚人的相似性：16 世紀法國發生的浴血內戰，到了 17 世紀竟演變成更為中央集權的政權，而且這個政權不斷堅持捍衛傳統的信仰。1680 年代，這兩個國家的中央政府竟都開始對付一個人數很少，力量很弱的少數宗教群體，藉此宣稱他們的權力。

南特敕令並未真正容忍宗教少數。相反地，這道敕令基本上讓胡格諾教派變成不受歡迎的客人；或那種如果我們等得夠久，他們可能就會回心轉意，返回天主教懷抱的客人。到了 1680 年代，路易十四決定不要再等了。他安排士兵到胡格諾教徒家中住宿，讓胡格諾教徒了解什麼叫作不受歡迎的客人。那些士兵恐嚇其寄宿家庭，耗費其資糧，最後把胡格諾教徒的家庭毀了。唯一能夠免除家庭被毀的方式，就是改信天主教。這一招是數十年來長期騷擾活動的巔峰。過去數十年來，胡格諾教徒的公民權已逐步遭到削減，能從事的職業一一對他們關上大門，退休金也被扣留。後來大部分胡格諾教徒不是放棄信仰，就是移居他鄉。

由於以上種種因素，到了 1685 年 10 月 22 日那一天，亦即路易十四最後下令廢除南特敕令的時刻，新教教徒即便有什麼團結力量，事實上也早已被打壓得四分五裂。南特敕令一經廢除，新教教徒的宗教活動也立即被宣布為非法，所有胡格諾教徒的公民權全數遭到取消，神職人員全被判死刑，教堂也都遭到拆毀。沙朗東那座教堂就是在敕令廢除的第二天開始拆的。廢除南特敕令是路易十四統治法國的漫長時光中，最受人民歡迎的施政決定之一。

羅伯特・圖姆斯（Robert Tombs）是劍橋大學的教授。他認為這解釋了何以我們會在勒克萊爾的版畫中，看到有那麼多人在工作：

> 就一個意義來說，這次的教堂拆除似乎不是國家的事，而是人民的行動；因為國王廢除敕令，這些人民彷彿得到國王的允許，以此發洩他們對新教的仇恨。胡格諾教派各地教堂的拆毀活動吸引很多人的參與，此外，新教教徒的墓地也多數遭人破壞。在此意義下，國王是在他的國度中，賜給宗派主義者充分的自由。一個專斷的君主在此要弄民粹主義這張牌討好人民罷了。

如果這個解讀是正確的，那麼我們即可在這裡聽到一個令人不安的回響。在阿約提亞清真寺的拆毀事件中（第二十五章），當時的政府當局也是袖手旁觀，讓人民自由執行拆毀的工作。根據羅伯特・圖姆斯所述，法國政府這個決定的著眼點其實是為了顧及國際政治，就像當初發生在印度的事件一樣：

> 當時路易正宣稱他是「非常基督徒國王」（le roi très chrétien）。法國君主政體總是喜歡使用這個稱號來表示自己——還有法國是「教會的長女」（eldest daughter of the church）——這是另一個著名的說法，意思是天主教是法國君主政體的特色。而且這個聲明也有雙重意涵：在國內代表這個政體的合法性，在國外則代表法國是歐洲第一強國。1685 年，路易十四尤其渴望重述這項聲明，因為他當時遭受許多批評，指責他與穆斯林土耳其人聯手攻打哈布斯堡家族。而且他與教

宗的關係也不太好。

對新教教徒施加最後的鎮壓，其目的就是為了證實前述聲明，表示法國雖然支持土耳其人，雖然反對教宗的政治利益，但法國仍是羅馬教會的「長女」。這也解釋了版畫畫框上為何會出現許多代表「天主教教會勝利」的象徵器物，如十字架、焚香的香爐和教皇的三角帽。這組象徵物兩側都有一堆燃燒的書——當然都是離經叛道的新教書籍。畫框的下方則懸著過去用來鎖囚犯的鐵鍊，因為許多胡格諾教徒都曾是囚犯，被鐵鍊鍊著從事伐槳的苦差。觀賞這張畫的人因而可以確定，法國國王之迫害新教教徒，這行動其實是在做神聖教會的工作。

但一直到最後，胡格諾教徒始終聲稱他們是路易十四最忠心的子民，他們相信路易擁有神聖的權力去做他認為對的事。就像同時期日本的基督徒那樣，他們不可能對一個越來越獨斷的中央政府構成威脅。

路易十四戰勝異教徒，製作於 1685 年，這一年他下令廢除南特敕令。

所以，路易十四除了在生氣的教宗，還有在心存懷疑的歐洲同胞面前賣弄耍帥之外，他究竟為什麼會覺得鎮壓胡格諾教徒是一種勝利，而且值得大肆慶祝一番？羅伯特．圖姆斯在這起事件中看到一個政治思考的模式初露端倪，而這種思考模式在今日依然十分活躍：

> 南特敕令給了新教教徒相當大的政治和軍事權力。我們可以在廢除敕令這件事上看到一個讓法國人不高興的東西：他們不喜歡看到國內出現任何可以被稱為內部組織的團體，他們的這種厭惡心情非常強烈，而且存在已久，至今依然如此。路易十四在位期間，人們對新教教徒的指控就是結黨營私，反抗法王。到了 19 世紀，據說這種指控也還是真的，只是後來就轉移到猶太人身上。那是在 1900 年代，法國發生了一場形塑大部分人國家身分認同的辯論，那時這種結黨營私、反抗法王的指控就落在猶太人身上；到了今日，這份指控當然是落在穆斯林身上，而且所使用的語言幾乎令人驚訝地相似。
>
> 1789 年，國民議會發生一場有趣的辯論，討論主題是猶太人在法國的地位。其中有一個很著名的主張是這麼說的：作為一個個體的猶太人，你可以給他們任何東西；作為一個社群的猶太人，你不能給他們任何東西。這個概念的意思是：一個宗教（例如今日的伊斯蘭）不能被視為一群擁有一套特定信念的個體，而是一個有組織的團體，但這個團體聲稱其成員擁有個別的、分開的身分認同。
>
> 如果我們不是很相信歷史的偶然，那麼我們必然會覺得這裡有某種態度上的持續性，某種特定方式讓我們了解身為法國人所代表的意義。

我們現在應該不會再對勒克萊爾的版畫感到驚訝。從這個角度看，光是胡格諾教派的存在，對這個新的、單一的法國特質就是一個威脅，其危險性和隱憂跟外來的軍事威脅並無差別。因為國王的關係，這個威脅解除了，所以當然要大肆慶祝一番。從這個時間點開始，法國不再以血緣或語言，而是以統一接受法國的管理和規範來定義自身。據羅伯特．圖姆斯的看法，這樣的政治態度具有令人驚異的力量和悠久的歷史。本章一開始提到法國人對伊斯蘭女性在海灘上穿布基尼的反應十分激烈；法國人為何會如此？其原因就在這裡：

> 1789年的革命運動試圖創造一種新的團結，這種團結不是建立在天主教教會的統一信仰，而是建立在世俗主義的統一信念之上，後來這個措施被稱為「政教分離」。世俗主義強調的是，宗教信仰和實踐不能在國民的公共生活中扮演任何角色；宗教信仰和實踐必須停留在私領域。若是如此，就不會造成任何人的困擾。但如果有人在公共場所展示他們的宗教信仰，並且聲稱他們的宗教地位是他們與其他人的某種區隔，那麼不論是共和黨還是傳統的保皇黨都不能接受這樣的事情。
>
> 對共和黨人來說，前述行為還有更深一層的意義。首先發難宣稱布基尼和全罩式頭巾布卡必須禁止的是共和黨人。對強硬派的共和黨人而言，世俗主義是定義法國人最基本的部分。很多人會說，如果沒有世俗主義，世上就不會有真正的男女平等，也不會有真正的民主制度。

順著這個理路，沙朗東新教教堂就像穿著布基尼和布卡一樣，對政府當局而言都是一種挑釁，一種抗拒，表示不願意接受成為真正的法國人民的規範。

這樣一來，法國政府當局可能就會採取「適當的措施」。

基督宗教在 17 世紀的日本從來不曾真正脫離國家的迫害。到了 19 世紀中葉，當初迫害基督徒的政權已然垮台，新的政治領袖擁立一位神聖的天皇作為政治生活的中心（第四章）。急於維護這個最神聖的象徵，這些領袖當然會持續禁止基督宗教。有個日本官員曾很驕傲地宣稱：「日本容不下兩個神之子。」這樣的情況一直維持到培里來了日本，直到培里向日本人展示基督教國家擁有的財富，還有那些遠比日本更精良、裝備更好的軍力，日本人這才停止禁令。回返日本的傳教士雖然發現有一小部分日本人還在使用玫瑰念珠，但基督宗教依然被視為外來的信仰，因此是不可靠的信仰。日本人的身分認同之所以能夠長久保持，那是因為他們限制與外國人接觸——今日依然有很多人提出這個想法，用以解釋現代日本的重大影響力。儘管今日日本擁有強大的經濟能力，儘管今日日本面臨人口危機，但他們依然不願意接受外國移民。有項公開的民調曾出現一個笑話：大部分日本人寧願讓機器人照顧他們年邁的父母，也不願意僱用菲傭。

2016 年 8 月 26 日，巴黎的最高行政法院終於裁定，在海灘上穿著布基尼不會對公共秩序構成威脅，所以不用禁止。但另一個伊斯蘭身分象徵，即全罩式頭巾布卡依然受到禁止，不能穿著上街。經歷了將近三百五十年，一個人既可以是法國公民，也同時在外表上是少數宗教社群——新教教徒、猶太教徒或穆斯林——這種想法到現在還被認為會對法國這個國家的認同造成威脅。

' THERE IS NO GOD! '

第二十九章　「這裡沒有神！」

信仰使人互相殘殺，使人引燃炸彈，發動戰爭，虐待異議人士，予以非人對待：這是個嚴重的問題。如果把信仰視為宗教的奉獻，就這層中心意義而言，我認為我們總是會想用理性來面對信仰，挑戰信仰。

安東尼・格雷林（Anthony Grayling）是個哲學家，也是個世俗主義的強力倡導者。他上述這段話說出了很多人心裡想的事：在現代世界，宗教基本上是充滿偏見、讓人不知所云的繁文縟節，還有許多人以宗教之名彼此攻擊。我們並不難找到證據來支撐這個觀點。幾乎每一天，我們都會看到各種鎮壓報導，或以這位神那位神的名義對他人施加暴力或謀殺；誠如我們在上一章看到的，這個模式擁有一段很長而且血腥的歷史。現在全世界政府的主要任務之一，就是「除－激進化」（de-radicalize）宗教極端分子，不論這些極端分子是在他們國家境內，還是在境外。

傑出的教師安東尼・格雷林提出一個解決方法：耐性與理性的論理。他認為這是揭露種種信仰謬誤最好的方法，因為到了適當的時機，這個方法應該可以勸服人們遠離那種會把人導向暴力的信仰，轉而擁抱理性，並以理性去了解這個世界，不必動用信仰的幫助。他希望，一個沒有非理性信仰結構的社會，應該就能避開不寬容的宗教所帶來的苦難。話雖如此，無神論者也不得不承認，這種討論即使有，而且在最好的情況下舉行，也需要時間。本章研究兩個政府，亦即兩個國家所採取的速效對策：直接廢除公共領域的信仰，而且不採用跟人民商議這種比較緩慢的方式，而直接正式任命「理性」作為政治生活的主要指導方針。

在第二十六章，我們看到英國女王在西敏寺大教堂的加冕典禮；在這座著名的教堂裡，女王透過大主教，接受神賜的全部權力。但在 1793 年 11 月 10 日星期天這天，所有在巴黎聖母院（Notre-Dame de Paris）的人見證的是一場十分特殊的加冕典禮。當時法國共和政府才剛剛成立歐洲第一個無神論國家，因此巴黎聖母院已經不再是天主教主座教堂；在那一天，法國共和政府在聖母院舉行盛大的儀式加冕「理性」，開始實施以「理性」治國的原則。

十個月前，法國革命分子把皇帝送上斷頭台，廢除了君主政體。他們同時也廢除了天主教作為法國官方的宗教信仰。送走天主教之後，他們引進了理性，視之為新的領導精神；他們相信他們可以透過各種理性的原則來治理國家。在巴黎聖母院裡，他們砍下聖人——基督宗教信仰中的貴族——雕像的頭，重新把巴黎聖母院設為理性的殿堂（Temple of Reason）；在沙爾特（Chartres）和蘭斯（Rheims）的兩座主座教堂也是如此（法國國王通常是在這兩座教堂舉行加冕典禮，就像英王在西敏寺宣誓就職一樣）。在 1793 年 11 月的那個星期天，在郭賽克（Francois-Joseph Gossec）特別為此典禮譜寫的音樂聲中，法國開始慶祝第一次理性慶典（Fête de la Raison）的來臨。

這個特殊的時刻被記錄在一幅樸素的版畫中。在這個原本是天主教主座教堂的空間，少女們穿著寬鬆的羅馬式長袍，束著三色飾帶，圍繞在理性女神身

（次頁）法國共和 2 年，霧月第 20 天（1793 年 11 月 10 日），在巴黎「前巴黎聖母院」舉行的理性慶典。

Le Décadi 20 Brumaire de l'an 2e. de la Républ
a été Célébrée dans la Cidevant Eglise de Not

rançaise une et indivisible, la Fête de la Raison
e .

邊——當時扮演理性女神的是蘇菲·莫莫羅（Sophie Momoro）。她是理性信仰的主要提倡者、也是其中一位革命領導者的妻子。蘇菲·莫莫羅披著鮮豔的長袍，手持長矛，戴著象徵自由的紅帽，嚴肅地登上一座人造石堆——聖母院基督宗教祭壇的代替品。一旦完成登基典禮，她轉移目光，望向一座奉獻給哲學之神的神殿，示意所有人走上哲學這條通向智慧的道路。這個儀式是向偉大的哲學士（philosophes）——伏爾泰、狄德羅、盧梭，以及他們的同道——致敬，因為他們是法國大革命的世俗聖人；在過去五十多年裡，他們不停地討論政治的自由，且無情地嘲諷天主教教會的教義和政治特權。多虧了這群哲學士，那日在聖母院有許多人頂多把神視為預言的鐘錶匠（Divine Clock-Maker），一個手藝超絕的設計者，創造了理性秩序井然的宇宙。

在「古代時期」（ancien régime），教會和國家一直很密切地融合在一起。國王向來就是「基督徒陛下」，而法國則是「天主教教會的長女」（第二十八章）。法國共和政體在慶賀理性完美的典型時，他們試圖廢除的是一個長達一千五百年，始於羅馬的宗教信仰，亦即君士坦丁大帝在公元 312 年左右改宗基督教時就開始執行的、政教合一的統治形式。自那時起，此種統治形式也開始形塑歐洲的歷史。

即使相隔如此久遠，我們也不難感覺到當時人們對這個激進的創新政局有多麼震驚，多麼不安。但這只不過是一個更大的迷途的一部分而已。對那天出現在（前）天主教堂聖母院的大眾而言，他們會說他們當時正在慶祝的日子不是公元 1793 年 11 月 10 日星期天，而是「共和 2 年，霧月第 20 天」（Décadi, 20 Brumaire, year two）。換言之，理性和革命不僅廢除那位不公正的神，而且還重新調整了時間。巴黎當時正為這個大膽行為而覺得興高采烈，歐洲其他國家則全都嚇呆了。

基督教和伊斯蘭教都有自己的紀年系統。兩者都從建立信仰的關鍵年份開始算起，因為他們相信那是所有人類新世紀的開端：他們一個以基督的誕生作為紀年之始，一個則以先知從麥加逃到麥地那開始算起。1792 年 9 月 22 號，法國共和政體宣布一個全新的世界誕生了，這個新世界的誕生也是為了全人類的福祉，所以從那天開始，日曆也要重新開始計算，不再是公元 1792 年，而是法國共和第 1 年。從此以後，人民會接手統治國家，而且只有「理性」可以衡量與決定生活中的所有問題。在適當的時候，各種古老的、複雜的系統，比如各個城市中那些不同的距離、重量和度量衡系統等將會全部廢除，取而代之的是明白易懂的十進位制。到時大家都會共同生活在這清楚明白的系統內——那是一個屬於「所有人與所有時代」的系統。

你可以在大英博物館館藏的一座立鐘看到——和聽到——這個理性的世界。這座鐘大約創造於法國共和第 3 年，亦即 1795 年，製作者是瑞士出生的亞伯拉罕．路易．寶璣（Abraham-Louis Breguet）。這座立鐘的底座由紅色大理石打造而成，鐘身高約 60 公分，整個機械裝置安放在透明盒子裡，清晰可見；既沒有傳統的木頭盒子，也沒有裝飾物，就只有立鐘本身。

但那是多麼驚人的機械裝置啊！砝碼和鐘擺是由閃亮的鍍銅製成。至於告訴你時間的各個部件則是由灰色光亮的鋼製成。刻著星期名字的垂直鋼條同時支撐著兩個鐘面，上方的鐘面刻著二十四小時的刻度，下方的鐘面比較小，顯示的是月份。整座立鐘完全沒有裝飾物；複雜在此以絕對的單純展現。這個物件的設計目的在於引起人們對機械理性的信任——我們幾乎忍不住要說出「信仰」這個字了。非常單純地，這件鐘錶作品顯示的只是時間本身的運作。與「古代時期」那種繁複的、封閉的時間形成對比，這件作品強調的是：我們所居住的世界沒有什麼神祕和神奇之處，世界的每一層面都是清楚的、有規律的、

Dimanche
Lundi
Mardi
Jeudi
Vendredi
Samedi
JUILLET AOUST SEPTEMBRE OCTOBRE NOVEMBRE DECEMBRE JANVIER FEVRIER MARS

可以測量和可以看得見的。這座鐘是一個家宅規模的理性慶典。

小鐘面上刻著傳統的、熟悉的月份名。但這些名字當時已經被新政府廢除了。廢除的理由是：傳統月份的天數長短不一，而且有些月份，例如 1 月和 6 月，還是以虛假的羅馬神祇來命名；其他月份更糟，例如 7 月和 8 月這兩個月份之命名是為了紀念那兩個推翻共和制、獨裁自大的羅馬皇帝。由於這個緣故，這座立鐘也刻上新的、理性的、政治正確的月份名，亦即革命之後新制定的共和月曆。這個新的月曆裡，每個月的天數都是三十天；每個月不再細分為四個禮拜，改分成三個十天（décadis），每個十天都以數字計日；到了年底，這個月曆會撥出額外的五天，然後才進入新的一年。月份的名字依農事和季節而定，三個一組，而且名字幾乎都押了韻：Vendemiaire（釀酒月）、Brumaire（霧月）、Frimaire（霜月）等等。海峽對面的英國有個對此命名法抱持懷疑的評論者，他在 1800 年的《體育雜誌》（*Sporting Magazine*）上戲稱這三個月為 Wheezy（氣喘吁吁月）、Sneezy（鼻涕連連月）、Freezy（冷冷冰凍月）等等。

寶璣這座立鐘是一個過渡時期的器物，因此同時顯示舊時代和新時代的計時方式。當所有法國公民——不再是臣民——不再需要輔助工具即可在舊時代及其繼任者之間順利轉換，那麼革命就算真正成功了。不過，這件事比革命者所預期的更為困難，所需的時間也更久，尤其那些涉及宗教層面的事務。後來的事實證明：人們雖然不喜歡天主教的財富和權力，但並不太介意教會傳授的那些不合乎理性的教義——雖然哲學士曾大力嘲諷這些層面。最重要的

透明的，經過轉變的時間。1795 年左右，寶璣在巴黎製作的標準時鐘，其骨架清楚可見。這座鐘同時刻製了兩種計時系統：傳統的格里曆（Gregorian）計時系統和新的法國共和計時系統。這座鐘後來可能歸拿破崙所有。

是，人們珍惜教會在地方上把人們團結在一起所扮演的角色；人們也珍惜教會另一個標記年度節日組織者的角色——所有人因此都知道他們在傳統裡的位置。理性的宗教顯得抽象而遙遠；傳統的節慶很快被自由或至高的存在——一個難以定義、但是一般來說是個良善神聖的創造力量——的種種慶典所取代。新時代固然有許多慶典，可是那畢竟是不一樣的。曾經形塑社會的是教會的各種活動和信仰，失去了這些熟悉的活動和信仰，人們普遍感到相當憤怒：在一個沒有教會的世界裡，人們要在何時集會？小孩誕生的時候，由誰來給小孩祝福？由誰來照料瀕死之人？或由誰來埋葬死者？

革命活動本身很快變了質，不再良善仁慈；革命者採用了許多舊日政體和教會的種種習慣——那些革命分子原本唾棄的習慣。不願接受革命觀點的人全都遭到流放或斬首，而那些以死力挺其觀點的人則被封為烈士。1793 年 11 月，人們在聖母院慶祝理性的慶典，「人民的敵人」——裡頭可能包含貴族、神職人員，或任何反對革命運動領導者的人士——全被判刑定罪，而且人數有越來越多的趨勢。恐怖行動（這是革命活動後來的名字）是全面的：每一天都有數十人公開被送上斷頭台。

十年後，革命運動結束了。在共和 10 年「種子月」（Germind）的第 18 天（1802 年 4 月 8 日），理性宗教遭到廢除。傳統教會在革命期間固然遭受壓制，力量被削弱，但是毫無疑問地，教會存活了下來。我們這座立鐘的基座記錄了共和政體究竟如何結束的故事。基座上刻了一個大寫的字母 N，由閃亮的寶石鑲嵌而成。事實上，這個字母是為了頌揚拿破崙而鐫刻的——說不定這座立鐘的所有人就是拿破崙。法國這個共和政體在帝國的手裡結束，就跟古

法國共和的萬年曆，時間從 1793 到 1805 年，其中的年份以數字重新計算，月份的名字、每週的天數也都是新的。

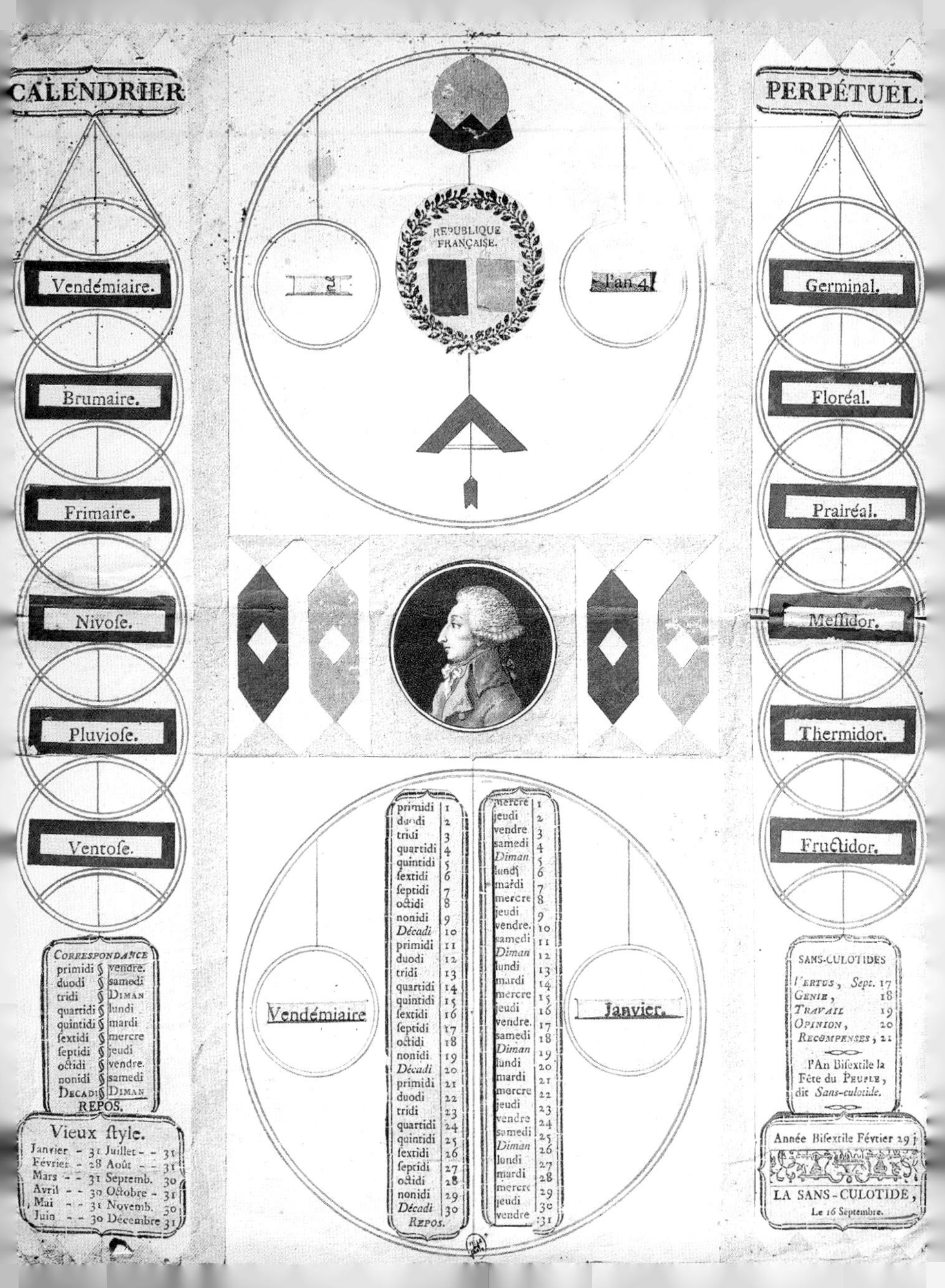
CALENDRIER
PERPÉTUEL.
RÉPUBLIQUE FRANÇAISE.
l'an 4
Vendémiaire.
Brumaire.
Frimaire.
Nivose.
Pluviose.
Ventose.
Germinal.
Floréal.
Prairéal.
Messidor.
Thermidor.
Fructidor.
CORRESPONDANCE
primidi § vendre.
duodi § samedi
tridi § DIMAN
quartidi § lundi
quintidi § mardi
sextidi § mercre
septidi § jeudi
octidi § vendre.
nonidi § samedi
DECADI § DIMAN
REPOS.
Vieux style.
Janvier - - 31 Juillet - - 31
Février - - 28 Août - - 31
Mars - - 31 Septemb. 30
Avril - - 30 Octobre - 31
Mai - - 31 Novemb. 30
Juin - - 30 Décembre 31
Vendémiaire
Janvier.
primidi 1
duodi 2
tridi 3
quartidi 4
quintidi 5
sextidi 6
septidi 7
octidi 8
nonidi 9
Décadi 10
primidi 11
duodi 12
tridi 13
quartidi 14
quintidi 15
sextidi 16
septidi 17
octidi 18
nonidi 19
Décadi 20
primidi 21
duodi 22
tridi 23
quartidi 24
quintidi 25
sextidi 26
septidi 27
octidi 28
nonidi 29
Décadi 30
REPOS.
mercre 1
jeudi 2
vendre 3
samedi 4
Diman 5
lundi 6
mardi 7
mercre 8
jeudi 9
vendre. 10
samedi 11
Diman 12
lundi 13
mardi 14
mercre 15
jeudi 16
vendre. 17
samedi 18
Diman 19
lundi 20
mardi 21
mercre 22
jeudi 23
vendre 24
samedi 25
Diman 26
lundi 27
mardi 28
mercre 29
jeudi 30
vendre 31
SANS-CULOTIDES
VERTUS, Sept. 17
GENIE, 18
TRAVAIL 19
OPINION, 20
RECOMPENSES, 21
l'An Bissextile la Fête du PEUPLE, dit Sans-culotide.
Année Bissextile Févtier 29 j.
LA SANS-CULOTIDE,
Le 16 Septembre.

代羅馬共和制一樣。

拿破崙奪得權力後的幾年間，大部分標記理性的勝利（Triumph of Reason）的符號全都消失不見。革命者制定的月曆也被廢除。新的協議，即法國與教宗新定的政教協定（Concordat）重建了教會在法國的官方角色。1804年12月2日（雖然有些理性的狂熱分子仍然堅持稱這一年為共和13年霜月第11天），聖母院重新成為天主教的主座教堂，一座合宜的聖壇重新建立起來，但是此時來訪的民眾看到的不是理性女神的登基，而是自封為法國皇帝的拿破崙的加冕典禮。教宗被強行從羅馬請來，不得不含辱地參與這場典禮，而且為拿破崙提供祝福——重返法國的天主的祝福。

僅僅過了一百年，俄羅斯的革命分子亦從事一項跟法國人極為相似的行動。他們宣稱在新的共和體制之下，所有公民人人平等。君主政體遭到推翻，皇帝被殺害，新的政府著手拆除一座座富有的、政治力量雄厚的教堂。他們希望抹除宗教活動的所有痕跡，改用理性的、科學的態度來面對世界。就像在法國那樣，新的政府發現他們不得不殺害他們的敵人。列寧在1918年寫道：「我們有必要針對……神職人員，執行一項無情的恐怖行動。」

傑弗里．霍斯金（Geoffrey Hosking）是倫敦學院大學的俄羅斯史榮譽教授。他解釋這件事的始末：

> 起初，列寧和蘇聯新政府的領袖希望摧毀所有既成的宗教。他們首先拆毀了俄國東正教教堂——那是蘇聯最重要的教堂。他們不是把大部分教堂掠奪一空，就是把教堂改建成其他公共空間，例如倉庫、戲院，或各種不帶宗教色彩的社會福利機構。許多神父和主教都遭到逮

在史達林的命令下，莫斯科的基督救世主主座教堂於 1931 年遭到炸毀。

捕，且大部分人都死在勞改營裡。到了 1939 年，大約一百五十位主教當中，只剩下四位還活著，還在他們的教區宣教。所以，在革命運動的前面二十多年，共產黨幾乎真的摧毀了東正教教會。其他既成的宗教信仰，命運也差不多是如此。

就像在法國那樣，蘇聯這個針對宗教發起的改革運動也伴隨著一個虔誠的信念，亦即他們相信理性的力量可以重新塑造世界。寶璣的立鐘顯示法國人企圖重新定義時間。蘇聯人則希望征服空間。1961 年 4 月 12 日，尤里．加加林（Yuri Gagarin）成為第一個進入太空、繞著地球軌道飛行的人類：人類終於進入天堂，但這個成果不是因為信仰，而是科學。天堂到底是什麼樣子？我們可以在一張海報窺見一二。這張海報之設計，一是為了慶祝蘇聯太空計畫的勝利（比美國提早了三個月進入太空），二是為了證明理性主義者的無神論。在這張海報上，我們看到年輕的尤里．加加林漂浮在群星之間。他穿著蘇聯共產黨鮮紅色的太空裝，對著海報外面的我們露出燦爛的笑容。他漂浮的身體下方寫著兩個大字：Boga Nyet，意即「這裡沒有神！」太空中沒有諸神的身影：相反地，到處都是星球。唯一真正的天堂是地球，而尤里．加加林是地球的特使。他的頭盔上寫著：CCCP，亦即「蘇維埃社會主義共和國聯盟」

Художник В. МЕНЬШИКОВ

БЕЗ БОГА ШИРЕ ДОРОГА

Издательство «Художник РСФСР»
Изд. № 504074. Тираж 5000. Зак. 8253. Цена плаката 8 коп.
Ордена Трудового Красного Знамени
типография им. Володарского Лениздата,
191023, Ленинград, Фонтанка, 57

А $\frac{80203-224}{М173(03)-75}$ –75

（Союз Советских Социалистических Республик / Union of Soviet Socialist Republics）的縮寫。在他漂浮著的身體下，我們可看到東正教教堂的圓頂和十字架，還有屋頂上裝飾著新月的清真寺。多虧蘇聯的太空計畫，人類名副其實地超越了宗教，漂浮於宗教之上。

這張海報上會如此明顯地出現這幾座著名的教堂是需要解釋的——畢竟革命已經過了那麼久，而這幾座教堂竟然還存在，沒遭到拆毀。要解釋這幾座教堂的存在，這要回到距離當時二十年前發生的事件。那是 1941 年 6 月，德國人揮軍入侵蘇聯，以暴力粉碎了蘇聯人的夢想：建立一個不受教會和迷信束縛的社會，一個世俗的、理性的社會。蘇聯政府如果要打贏這場「偉大的愛國戰爭」，人民的支持是必要的。在此情況下，政府決定孤注一擲，解除各種宗教上的限制，重新開啟地方教堂。這個措施透露一個赤裸裸的事實，顯示過去教會的活動在社會團結方面曾是一股多麼強大的力量，儘管被壓制了二十多年，教會依然屹立不搖。就像在法國，人們發現在日常的地方生活裡，沒有任何東西可以取代以教會為中心的各種儀式活動。根據傑弗里．霍斯金的描述，史達林確定勝利在握之後，留下了某幾座著名的教堂，而且還著手重啟東正教教會，既作為一種內部控制的工具，也作為戰後的外交手段——在世界上那些擁有大量東正教教徒人口的地區，這一外交手段尤其有用：

> 他採取了一個非常引人注目的措施：開始重新建立族長政治。主教和整個教會的高低位階重新被設立起來，使之配合黨國的系統。國家

蘇聯上了天堂：第一個進入太空的人類尤里．加加林漂浮在教堂和清真寺上方，並且對世人宣布：「這裡沒有神！」這張海報是梅西科夫（Vladimir Menshikov）在 1975 年設計的。

也同時設立一個特殊委員會來從事監督的工作。許多主教和某些神職人員成為特工，一旦發現可能的顛覆行為必須馬上向祕密警察回報。所有信徒都必須向政府當局登記。

當代的蘇聯觀察家認為，普丁所從事的也是一個相當類似的政策，而且態度更為積極。各地的教會不僅重新開始活動，還另外建了新教堂。不像數十年前的史達林，普丁聲稱他是個信徒，他的祖母帶他去教堂，以傳統信仰的方式讓他受洗。根據傑弗里・霍斯金所述，普丁所了解的東正教教會除了是一個信仰的系統，同時也是俄羅斯國家認同重要的標記和護衛，而他非常熱切於重申國家認同：

莫斯科的基督救世主主座教堂。這座教堂曾在史達林的命令下被炸毀，但是到了1990年代，蘇聯垮台之後得以開始重建。

普丁的談話不時引用《聖經》，他也時常參加教會活動；他與主教基利爾（Kirill）維持良好的關係，所以這是一種激勵俄國人愛國精神的方式。這背後的概念是：因為東正教教會是獨一無二的，因此俄羅斯是獨特而且可貴的國家。東正教教會是國家的教會。

在喀山聖母（第十七章）的畫像之下，普丁總統脖子上戴著一條十字架項鍊，走入冰上挖開的洞裡，依據東正教的傳統執行儀式性的浸禮。照片攝於莫斯科北部的謝利格爾湖（Lake Seliger），2018 年 1 月。

這種轉變是巨大的。我們館藏的海報是在聖彼得堡（St Petersburg）的「列寧格勒宗教與無神論歷史博物館」購買的，現在這座博物館還在聖彼得堡，不過已經改名為「宗教歷史國家博物館」。在莫斯科，基督救世主主座教堂（Cathedral of Christ the Saviour）在 2000 年完成重建（頁 522）。令人心驚膽寒的國家安全委員會（KGB）也重新命名為「俄羅斯聯邦安全局」，其總部今日建有一棟教堂奉獻給「神聖的智慧女神」，亦即蘇菲亞女神（Sophia），教堂內設有許多神像，全都經過俄羅斯境內所有主教的祝聖。無神論已經正式被俄國人丟在腦後了。

館藏這座由石頭、金屬和玻璃製作的立鐘，不論其背後隱藏著什麼政治歷史，它當然是最終極的理性鐘錶：它構成一個明白易懂的透明世界，沒有神祕無解的部分，所有的機械運作我們都可以理解和掌握。我們不僅可以測量，還看得見時間流逝的過程。在各種前科學的嘗試行動中，人為何需要宗教來取得一個對世界的近似理解？安東尼．格雷林認為其源頭是：

人類喜歡故事。我們要一個有開始、發展和結束的故事，而且我們需要一個解釋。在人類歷史最早期的階段中，人們用自身經驗作為基準點來解釋現象。我撿起一顆石頭，丟入湖裡，然後湖面就會濺起水花。那是我造成的。從這裡開始，風的吹動、植物的成長、樹木的動搖、石頭從山坡上滾落下來——這所有現象都被解釋成自然界的某種存在所造成的結果，不管那種存在指的是水澤仙女、森林女神或空氣精靈都好。

等我們對自然界的了解較為熟悉之後，前述那些仙子精靈的作用就隱退了。他們全都退到山上去，因為山上被認為是神聖的地方：奧林帕斯山或摩西偶然遇到神的那個樹叢燃燒的山頂。當人們最後有辦法爬上山頂的時候，他們並未找到任何超自然的作用力，於是他們把這些作用力上推到天上。越遠離人類生活的場域，超自然作用力的數目就越少。如今這幾個超自然的作用力只剩下一個或三個，端看你怎麼算。而且祂們已經不再占據空間和時間。人們對科學的了解越少，對世界的經驗式觀察與對世界的理解之間的鴻溝就越大；因此，對他們而言，最容易的方式就是依賴一個以信仰為基礎的解釋。

根據這個觀點，現代科學回答了許多長久以來根植在宗教動力的問題，解決了許多難題，因此移除了人們對信仰的需要。隨著我們對物質世界的了解逐漸加深，我們需要靠宗教來解釋世界的需要就漸漸隱退。

現代大部分人已經不再用超自然的語彙來解釋自然現象，這當然是事實。但我們卻無法解釋當法國和蘇聯廢除宗教信仰時，這兩個國家大部分人口的反應。從這兩個例子，我們可以很清楚看到最主要的議題並不是教會教導的真理或教會提出來的各種聲言，甚至連這兩大機構明顯的貪婪和腐敗也不是問題。重要的是，人們需要那種伴隨著信仰實踐所產生的社會參與感，還有那種超越個人以及個人生命存在的概念和意義。埃蒙·達菲研究英國的宗教改革運動，他發現在改革期間，當地大眾也有一些相似的反應：大家對長久以來，社群生活的許多模式被毀都感到心急與痛苦。

安東尼·格雷林相信到目前為止，我們對宇宙的知識已經足以讓我們處理道德生活，不再需要那樣的信仰結構；事實上，我們也早已經這麼做了：

> 今日世界大部分先進的民主國家中，我們看到許多社會的運作並未建立在特定教義的架構下。即使那樣，我們似乎也沒有在道德上崩潰瓦解，我們沒看到有人在街上任意砍殺彼此，或一整天都待在小酒館裡買醉。人們過著各自的生活，經營著各自的人際關係——事實上，甚至在某些程度上，人們現在會更加注意經營自己的生活和人際關係。

但這裡我們還是有另一個向度可以討論。沒有神，人們的行為並沒有變得比過去更糟，這或許沒錯，但是各國政府的行為則是另一個故事了。基督教國家常常會合法化他們對人民的壓迫，但也允許人民宣稱有另一個更高的權力，而人民可以要求人間的君主為該權力服務。在法國和俄羅斯，絕對君主的權力是神給予的，同時也受到神的限制；人間君主在獲得權力的同時，也揹負著公平統治人民的責任。如果沒做到這一點，人民就可以合法地站出來反抗君主。這裡存有一種心照不宣的道德抵抗的共同語言。如果廢除了神，我們就不再有一個抽象的限制來約束國家的權力；不論在俄羅斯或在法國，跟隨理性之名而來的竟然是謀殺。

LIVING WITH EACH OTHER

第三十章　讓我們生活在一起

這是人類的困境；這是我們每一個人的故事；這是截至目前為止的世界史，也是永遠的世界史——上述這些全都畫在一張鮮豔的圖畫裡，展示我們的生命與生活那無止無盡的輪轉。這是一幅唐卡，19 世紀西藏的佛教繪畫。這幅唐卡畫在一塊織品上，畫面四周以藍色的棉布裝裱，棉布的上下沿縫著布環，讓竿子可以穿過，因為這幅唐卡原本是掛在西藏或印度廟宇牆上的。畫的尺寸差不多像一台很大的家庭電視，而且也同樣具有高解析度的色彩與細節。唐卡的設計主要是為了幫助信徒——尤其是不識字的信徒——練習冥想，提供每日生活的引導，帶領我們如何超越每日的生活。

綜觀本書所有篇幅，從冰河時期到今日世界，我們看到在這個變動不居，而且通常還危機四伏的世界裡，各個社會的人們是如何想像他們在世間的位置，然後在此位置上努力生活。這張唐卡表達的是佛教觀點中的宇宙世界，而其所做的，也是所有宗教都會做的：說一個故事，讓這個故事把我們各自獨立的生命聯繫到社群，聯繫到我們僅能暫居其間的世界。這個故事，唐卡是透

生命起於無常，毀於無常。佛教的生命之輪描繪重生的輪迴之路和人類處境的不同情況。繪製於 19 世紀的唐卡。

過一個有輪來講述。我們的生命雖然有限，但是唐卡呈現的世界既沒有開始，也沒有結束。

有輪的輪輞是以開心果綠畫成，輪上的輻條把輪內的空間分成六等分，每一等分內都畫著山水風景與人物。有輪的最中心，即紅色的輪轂，裡頭有三種支配我們的生活、驅使有輪轉動、促使世界運轉的力量：貪婪（以綠蛇表示）、愚癡（以豬表示）、瞋恨（以羽毛豐滿的公雞表示）。由於這三種動物所隱喻的毀滅力量會彼此相互吞噬，因此在這張唐卡上，我們看到牠們一個咬著一個的尾巴，轉動不停。如果我們要擺脫這三種毀滅的力量，脫離這個毀滅的圈子，唯一的方式就是跟隨佛陀的腳步與佛陀的教導：遠離欲望，慈悲對待所有生靈。如果我們聽任我們有所偏執的知見來行事，那麼這些兇猛噬人的野獸就會主導我們所有的行動，形塑我們的生命，帶領我們在六道輪迴當中不斷經歷出生和重生的過程，無從解脫。這六道輪迴的圖景就顯示在六個輻條劃分的六個大空間裡。

我們可以在這張為了冥想而設計的唐卡看到佛陀初轉法輪的精髓。成道後，佛陀在鹿野苑的鹿園首次對他的追隨者講道說法（第十四章和第十九章）：我們選擇如何對待彼此，我們的選擇是會產生影響的，而這種影響不僅會在社會上產生共鳴，也會跨越時間，影響到未來生生世世，猶如宇宙的有輪永不止息地轉動。換言之，德行就是命運。

誠如你可能已經猜到的，圓心的上方就是諸神的金色國度。那是一個富足而安逸的世界。但這個國度並不像歐洲人常想的那樣，是一個永恆的天堂。不是的；在這裡，諸神並非不朽。因為諸神在這裡什麼都不缺，生活太安逸，所以會變得分心，而且貪圖沒有意義的享樂，疏於慈悲與自律。在某些情況下，他們會變得更顯貪婪、愚癡和滿懷瞋恨。有輪一旦轉動，他們將會死亡，並且會重生於較低層的六道輪迴之中。就這樣，這個故事依此脈絡持續發展：有輪以順時鐘的方向轉動，我們的生命如何進展，端視我們的行為而定。自我耽溺和縱情安樂的諸神或轉世成為整天瞋恨的半神；或轉世為動物，生活在對暴力的恐懼之中；或落入更糟的情況，陷入最底層的地獄受苦。

地獄的左邊有九個形體怪異，赤身裸體的人形。有輪的六個區塊裡，即使是屬於地獄的區塊都有一片明亮豐美的風景。不過這九個佛教稱為餓鬼所屬的小區間卻是灰色的，幾乎是一個無形無狀的區域。瑪德琳・班廷（Madeleine Bunting）是一位作家和宗教評論家，熟悉天主教與佛教傳統的她覺得這九個餓鬼特別引人深思：

> 他們有圓圓的大肚子，他們很著名的地方是，他們的嘴巴只有針孔大小。餓鬼的重點在於，這些人想要經驗生命的深度與廣度，但他們不能。我覺得我的生活中一天到晚都看到餓鬼，他們總是餓、餓、餓，但他們不知道如何吸收存在的諸多喜悅。對我來說，他們似乎就是艾略特（T. S. Eliot）這句詩行的化身：「我們有了經驗，但我們失去了意義。」有輪的這個區塊追問的問題是：你如何張開你的嘴巴，吸收生活所能帶給你的滋養——與他人保持聯繫、對世界驚人的美心存感恩、對他人保持慈悲心，不論在何地何時，只要能幫助人就隨時伸出援手？

屬於我們人類的區塊「人道」，就在餓鬼道的上方：這顯然代表我們做得還不錯——但也僅僅比餓鬼好一點點而已。這裡有翠綠豐饒的風景，蜿蜒其間的一條小路引領著我們走過從出生到老去、病苦，最後抵達死亡的過程。這不是一趟輕鬆的旅程。道路的兩旁，我們看到極熱與極冷，還有艱辛的工作、苦難、饑渴，沿途伺候。每一處都有跟我們所愛的人分離的可能，還有欲望不得滿足的苦煩。

儘管人生之路的種種苦難被描繪得如此直白，但這裡的重點並不是要讓我們感到絕望。相反地，這是為了給我們希望。這個佛教宇宙的偉大意象以其循環不絕的論述宣稱：世上所有的一切都有苦與樂，愛與失，而且這一切永遠處於變動之中，轉換之中。沒有任何事物是永遠不變的。這個概念也許類似古代希臘哲學家赫拉克利特（Heraclitus）的看法：「我們不能走入同一條河兩次。」在我們這張唐卡上，我們看到生命之輪被一個青面獠牙、長得有點像熊的可怕怪獸抱著，而且可能就快要被牠吞下肚：這怪獸即是無常的化身。這個意象告訴我們：我們眼裡所看見的人類世界和我們對這世界持有的了解——這一切全捏在無常這隻怪獸的掌心。

這樣的理解帶給我們希望。因為世界必須改變，所以我們也必須跟著改變。不過，這張圖畫固然複雜，其所傳達的訊息卻很簡單：我們是有可能逃離貪婪、愚癡和瞋恨這三種卑劣情感的；藉由實踐佛陀的教導，藉由與世間事物保持疏離，與世間的貪愛保持疏離，還有對每個生靈保持慈悲心，一切就會順利安好。何況佛教並不要求我們孤軍奮鬥。就像你可以在這張唐卡上看到的：佛陀總是在你可以看得到的地方，給你諮詢，給你引導。根據瑪德琳．班廷的解釋：

> 重要的是，每一區塊當中都有一個佛陀的聖像立在那裡。你可能落入地獄，你可能升上天堂，你可能置身於餓鬼之間，或你可能與諸神同樂，但是，不管你在哪裡，你都擁有成佛的可能。我們都有佛性。

這個概念很接近基督教所說的「內裡的神」。所有人都可能成道，不管我們身處哪裡，不管我們的生命故事如何。這張唐卡和這個教義帶給我們的是一個很根本的希望和許諾。

* * *

每一年，恆河兩岸都會上演一齣無常與轉世的戲碼，劇情與我們在這張唐卡上看到的十分相似，只是這是一個規模十分巨大的劇場。兩者的焦點也差不多，大致聚焦在增進德行、反省懺悔以獲得解脫和慈悲心。就像我們在第三章看到的，恆河女神的河水——在宗教意義上，印度許多河流的水都是恆河女神之水——連接了人間與天上，而且在印度教扮演了一個主要的角色，影響印度人對生命與死亡的理解。

在第三章，我們看到印度人渴望死於瓦拉納西這座城市的恆河邊，並且在這裡的河邊火化，以脫離無止盡的生死輪迴。不過印度教徒相信在恆河與亞穆納河交會之處的安拉阿巴德這個河段沐浴，尤其在 1 月和 2 月的某幾天，可以讓生者獲得無上的靈性益處，因為這裡是個神聖的地點。每年雨季過後、乾旱秋天到來前的那幾個月，安拉阿巴德的河邊就會蓋起一座巨大的城市，方便數百萬朝聖者在這裡的恆河沐浴，並慶祝延續五十五天的瑪梅拉節（Magh Mela）——意即「橫跨在 1 月與 2 月之間的慶典」。每隔十二年這裡會舉辦一次大壺節（Kumbh Mela），這是一個更盛大的慶典，因為此時在恆河裡沐

（次頁）一個短暫的城市。在安拉阿巴德城，數萬名印度朝聖者走過跨越恆河的浮橋，拍攝於 2013 年大壺節期間。在最吉祥的那幾天，大約有兩千萬人在恆河邊沐浴。

浴比其他任何時候更為殊勝。2013 年，估計大概有一億兩千人來此參加大壺節慶典——這人數實在太驚人了，幾乎是英國人口的兩倍。大壺節的慶祝時間大約也是兩個月。

每一年，為了安頓前來參加慶典——不管是瑪梅拉節或大壺節——的朝聖者，政府會在恆河的河床上搭建一座臨時城市，或說是一座會移動的超級大城市。事實上，這是世上獨一無二的城市。拉胡爾．梅赫羅特拉（Rahul Mehrotra）是來自孟買的建築師，同時也在哈佛大學教書。他在 2013 年對印度政府搭建給大壺節信徒使用的臨時城市做了詳盡的研究；據他指出：

> 整個慶典期間，大約有七百萬人會住在那裡，所以基本上，那是一個超級大城，人們會在那裡停留大約五十五天。每年舉行一次的瑪梅拉節，參加的人數會少一點，但是那也是幾百萬以上的數字。這兩個慶典都各有幾天特別神聖的日子，在那幾天，會有大量人潮湧入這座大城。所以在那三天特別吉祥的沐浴日中，會有超過兩千萬人湧入該城。
>
> 建立臨時大城的位址是在雨季過後才會浮現；那時河水退卻，河的沙岸才會露出來，時間大概是在 9 月底到 10 月中。基本上，政府大概只有兩個月的時間可以搭建這座必須容納七百萬人的超級大城，因為朝聖者大概在 1 月中下旬就會陸續抵達。這當中最引人注目的是，這座大城其實是蓋在沙洲上，並沒有一個確切的位址；同樣引人入勝且美麗的面向是，這座大城在下次雨季來臨、河水氾濫時，就會再次消失，完全不見蹤影。

要舉辦規模如此盛大的慶典，後勤工作要面對的挑戰遠多於阿拉伯政府為朝覲所做的準備，因為後者擁有一個龐大的永久基礎建設和既成的系統，可以調節大量朝聖者的湧入（第十四章）。雖然如此，來這裡的每一位朝聖者也像穆斯林朝覲者那樣，大家都有一個共同的目的：留出一段時間來關注自己的存在狀況，用來祈禱、敬神，或為自己的錯誤誠心懺悔。這是一座神聖的城市，但不像錫安山，這裡沒有人想到永久這個面向；而且人們可以固定拜訪這座城市，雖則停留時間短暫。

拜訪這座巨大的臨時城市是一個讓人難以忘懷的經驗。不管在哪一天，這裡的人口都可能比歐洲任何一個國家首都的人口還多，也許倫敦例外。這裡有街燈、公共衛生設備、醫院，還有自己的警察部隊（主要的任務是管理人群動向、代為尋找失散的親友等等，這裡極少出現犯罪事件）。走在這裡的街道，你會意識到一種溫柔的寧靜——這種寧靜如果出現在其他都市，一定會讓你感到驚訝。越靠近河邊的沐浴地點，一種不言自明的共有目的感就會越來越強烈。

這裡沒有旅館。整座城市是平鋪地建在一片沙洲上，城區是以一個個巨大的帳篷為單位，而不是以一棟棟大樓建構而成。這些帳篷非常大，每一個都可容納七百到八百人。來這裡的朝聖者會自備打坐和睡覺用的毛毯和睡袋。帳篷的中央區塊保持淨空，好讓來自各地的大師在此說法、提供宗教指導、舉行宗教儀式，或讓個人冥想之用。這裡從來就不是一個安靜的環境，但令人驚訝的是，似乎許多人都可以找到空間讓他們專心打坐和冥想。

朝聖者來自印度各個角落，他們想在這裡待多久就待多久，費用全免。通常他們只帶著極少的私人用品。大部分人一天會去沐浴許多次。數以千萬計的大帳篷提供一個安全的環境給朝聖者——他們當中有許多人從來不曾踏出自己的村子，不習慣行旅生活。各個宗教團體也會確保每一個人不僅有地方住，而且不用為三餐煩惱。所有的必需用品全由主辦當局提供。這是一個規模極大的慈善之舉。根據拉胡爾·梅赫羅特拉指出，這裡還另有一個極不尋常的特色：

> 大壺節和瑪梅拉節最有趣的一件事是，這裡的人口數可比當代任何一座超級大都市，但來這裡的人只有一個目的，就只有一個目的而已。而且最重要的是，這個超級大都市並不是一個商業空間；每一個人的食物和住宿都免費提供。對我來說，這代表整座城市的一個較大的概念，亦即以真正的心意為他人提供某種方便，然後以同樣輕鬆的態度接受這座城市的消失。

無時無刻，你都會意識到這座努力打造出來的大城並不是永久的。在幾個星期內，這座大城如果沒有被人力拆除，那條河，同樣那條提供信徒一個新的宗教生命的河也會把這座都市徹底摧毀。不過到了明年，這裡還會有一個新的城市出現，還會有新的朝聖者到來，同樣的一條河會繼續流動，只是流動的水已經不同。

大壺節是到目前為止世上最大型的宗教活動——事實上，這也是世上最大型的人類聚會。但就我看來，那幾百萬在恆河裡沐浴的人，就他們所做的事而論，其實與我們在這本書裡所看到其他社群極為相似：那群在紐格萊奇建一座巨墓，以便在冬至時刻讓生者與死者產生聯繫的農夫；為了標誌夏天到來的西伯利亞人；為了禮敬海豹而舉辦各種慶典的阿拉斯加人；齊聚教堂一起唱歌的路德派教友，或那群前往坎特伯里、瓜達露佩或麥加朝聖的朝聖者。這所有人都參與了一個複雜且費力的儀式，透過這一儀式，他們了解自己在這世上和在時間裡的位置。參與儀式為他們帶來新的開始和新的希望，同時也強化了他們的社群團結。

這本書從多瑙河附近的一個山洞開始講起。在四萬年前，那裡出現一個小小的、可攜帶的獅人雕像；在一個我們可以很合理地稱之為宗教的儀式裡，這個獅人雕像扮演了重要的角色。這尊雕像是透過想像力重建的世界，是一件壯麗的藝術作品，在這件作品裡，獅子那毀滅的、充滿威脅的力量，被人的想像力和高超的技藝轉化成每個人都可以分享的力量泉源。在此我想用另一個相應的空間來結束本書：倫敦的聖保羅座堂（St Paul's Cathedral）。在這座教堂裡，我們也可以找到另一個小小的，而且也是設計用來握在手裡的雕塑作品。這件製作於現代的作品，目的是為了把災難轉變成希望的象徵。那是一個小小的十字架，僅僅由兩塊木頭組合在一起製成。2016 年的難民週（Refugee Week 2016），這個十字架就高高地豎立在大教堂的聖壇上。

法蘭切斯科．杜奇歐（Francesco Tuccio）是一個木匠，居住在蘭佩杜薩島（Lampedusa）。蘭佩杜薩島是義大利一座小島，位於西西里和突尼西亞之間。這座島近年來成為許多非洲移民和難民的目的地——移民和難民渴望到歐洲謀生，然而歐洲國家並不歡迎他們，於是他們只好鋌而走險，希望從這座小島偷渡上岸。在短短的海程之中，許多人因為船隻過於擁擠而半途翻覆，溺水而亡。那些真的抵達蘭佩杜薩島的人則落入赤貧的境地，而且大部分都受到創傷。杜奇歐想給那群移民一點象徵歡迎與同情的東西，因此他開始用移民搭乘的木船製作十字架；他說這些被沖刷上岸的木頭殘骸聞起來充滿鹽分、大海和苦難的味道。

許多器物的材料本身就是訊息的一部分——這個概念我們在這本書已經

提到過很多次。但我們提到的所有物件當中，沒有一件比這個十字架更具代表性。這十字架的材料取自一條在蘭佩杜薩島外海翻覆的木船遺骸，時間是2013年10月11日，當時有三百一十一名索馬利亞（Somalia）和厄利垂亞（Eritrea）難民溺水。蘭佩杜薩島的居民設法搶救了一百五十五人。在十字架水平的那根木條上，你可以看到層層磨損的藍色油漆，磨損的地方露出底層的原木；垂直的木頭則有許多層油漆的殘痕，那是船身經歷無數次磨損、刮除與重上油漆所留下的痕跡，讓人想起那條船運載的人以及那些遭受摧毀的生命。2015年，杜奇歐把十字架送給大英博物館。這個器物的形式如此簡單，隱藏的訊息卻如此坦率直接，讓收藏它的大英博物館不由得顯得卑微。

唐卡呈現的佛陀教法，給那些選擇跟隨的人們提供了和解與解脫之道。蘭佩杜薩十字架是一則宣言，一則既是基督教的，也是普世的宣言，告訴我們即使是在毀滅和苦難之中，我們還是可以找到救贖和新生。杜奇歐想透過十字架，傳達一項訴求：我們的社群觀念應該擁抱的不僅是那些跟我們有同樣信仰的人，還有那些跟我們共享這個世界的人。他也給了方濟各教宗（Pope Francis）一個類似的十字架；2013年7月8日，方濟各教宗把那個十字架帶到蘭佩杜薩舉辦的悔罪彌撒。在那場為了紀念那些試圖跨越地中海但卻不幸喪生的移民的彌撒中，教宗在他的布道詞裡呼籲信徒要關注他稱之為「全球化的冷漠」所造成的道德危機，要信徒重新思考他們的責任，以及他們對這一事件的回應。

我們在本書看到的物件都與信仰有關，其中有些信仰早已消失，有的則到

蘭佩杜薩十字架，高高豎立在聖保羅座堂的聖壇上。攝於 2016 年 6 月。

難民搭船來到位於西西里和突尼西亞之間的小島蘭佩杜薩。

今日還在形塑著數百萬人的生活。我們看到許多則不同的、描述我們這個世界、我們在這個世界的位置的故事；我們較少去看個別個體的信仰，而比較關注社會社群以什麼樣的方式來表達共有的信仰。對我來說，所有這些宗教實踐基本上似乎都在宣稱同樣一件事：我們每一個人都是那則比我們更大的敘事的一部分，我們是持續存在的社群的其中一分子；在此社群中，所有人共享同一個目的。這樣的宗教實踐標示身分認同，加強團結——這就是從冰河時期開始，各個社會社群願意在這方面付出如此巨大資源的原因。當然，這些獲得強化了的身分認同有可能是排外的、不開放的，猶如我們在阿約提亞、耶路撒冷、長崎市、帕西人與喀土穆的例子看到的那樣。雖然如此，這種強化的身分認同有助於社群在逆境中存活，例如帕西人被迫從伊朗搬遷到印度古吉拉特邦，衣索匹亞人對抗義大利人多次的入侵，非裔美國奴隸掙扎著爭取自由，或西伯利亞薩哈人努力保存他們的傳統，即便幾百年來他們始終面對著俄羅斯的侵略。

在歐洲，基督宗教儀式的沒落始於人們以理性為由，排斥教會教導的教義，反對教會的政治權力。這股力量持續發展，一股冷漠的心態逐漸蔓延開來，以至於對許多人來說，基督宗教儀式現在不過就像一個民間傳說的記憶罷了。在 18、19 世紀，許多人相信政府利用宗教來控制潛在的罪犯或可能反叛的人民。今日看來，某些國家的安全層級與他們的犯罪率或反叛活動之間似乎並沒有什麼關聯。在我看來，國家宗教的角色日漸衰弱的後果是社群的嚴重喪失，因為宗教的參與者已經讓位給越來越零碎化的消費者。我們看到的所有傳統都確定一件事：個體度過一生最好的方式是生活在群體之中；所有這些傳統也提供各種方式，讓這一確定的事成為現實。沙特（Jean-Pual Sartre）曾說過一句很有名的話：「他人即地獄。」然而在這本書裡，我們到目前為止所看到的敘事和宗教實踐所主張的剛好跟這句話相反。我們在這本書看到的是，跟其他人適當地生活在一起，跟每一個人生活在一起，是我們可以接近天堂最近的一條路。

我所知道的器物當中，有一座雕像最能賦予上述概念一個具體的形式。無庸置疑，這座雕像來自一個特定的傳統——基督宗教的傳統；來自某一個特定的時期——大約是 1480 年。雖然如此，這座雕像卻是信仰維繫社群這一普世現象的象徵。這座雕像也為本書的旅程提供一個終點，因為這座雕像是在德國南部的烏爾姆地區製作的，距離我們找到獅人山洞的地方只有幾英里遠。這座雕像比真人略小，是德國人所謂的「披風聖母」（Schutzmantel Maria），

刻畫瑪利亞張開披風，保護信徒的形象。在瑪利亞張開的披風之下，我們看到十個小小的人像——不同類型與年齡的男女，若不是正在祈禱，就是嚴肅地看著外面的世界，他們是整個社會的縮影。但在傳統上代表教會的瑪利亞卻顯得很平靜。她披著華麗的藍色和金色袍子，裹起她的大群信徒，把他們聚集起來，保護他們，不使他們受到傷害。如果打個比喻，她的格局與她保護的信徒不同，她是一則持續流傳的故事，她所保護的那些人只是一個個不同的情節；她代表一個不朽的組織，接納包容他們所有人，而且她會比他們所有人活得更久。她堅定地望向未來，而且很明顯地，她——還有他們，他們正在一起向前邁進。

張開披風保護信徒的「披風聖母」，約製作於 1480 年，德國烏爾姆地區。

LIST OF ILLUSTR ATIONS
圖片來源

出版社已盡全力聯繫所有版權持有者；日後若發現任何疏漏之處，在未來的版本中我們自當欣然修正。

6. Varanasi. Purepix/Alamy

10. (above). United States banknote, 1928.

10. (below). United States banknote, 1963.

12. Protest by Muslims, Clichy, France, 2017. B. Guay/AFP/Getty Images

16. Italian cameo bracelet, mid-nineteenth century. The Walters Art Museum, Baltimore (41.269)

21. Moses receiving the Ten Commandments, illustration from Jacques Legrand, Livre des bonnes moeurs, 1410. Bibliothèque Nationale, Paris. akg-images

28. The Lion Man, 40,000 BCE. © Museum Ulm, photo: Oleg Kuchar, Ulm (Wetzel Ho.-St.89/88.1)

31. The Lion Man (detail). © Museum Ulm, photo: Oleg Kuchar, Ulm (Wetzel Ho.-St.89/88.1)

33. The Lion Man reconstructed. © Museum Ulm, photo: Oleg Kuchar, Ulm (Wetzel Ho.-St.89/88.1)

34. Bird-bone flute. Universität Tübingen collection, Baden-Württemberg

38. The 'little Lion Man'. Urgeschichtliches Museum, Blaubeuren. Baden-Württemberg (D) Regional Authority represented by Baden-Württemberg Regional Museum of Archaeology, Konstanz

39. Hohlenstein-Stadel cave, Germany. Silosarg

40. Sculpture of Shiva at CERN, Switzerland. G. Grassie/ZUMA Press/Alamy

42. Vesta with vestal virgins, Roman relief, first century CE. Museo Archeologico Regionale, Palermo. De Agostini/akg-images

43. Temple of Vesta in the Forum, Rome. Eye Ubiquitous/Getty Images

45. Roman coin, 196–209 CE. © The Trustees of the British Museum (1857,0812.54)

48 (left). Elizabeth I, portrait by Quentin Massys, 1583. Pinacoteca Nazionale, Siena. Rabatti & Domingie/akg-images

48 (right). Portrait of a lady thought to be Marie Antoinette, as a vestal, circle of Jacques-Fabien Gautier d'Agoty, eighteenth century. Private collection. Christie's/Bridgeman Images

51. Sassanian gold dinar, 273–6 CE. © The Trustees of the British Museum (IOC.430)

53.The Iranshah Atash Behram, Udwada, Gujarat. © Johnson Matthews

55. Fire worship in a Zoroastrian temple. UIG/Getty Images

56. Set of six tiles, Mumbai, 1989–90. © The Trustees of the British Museum (1990,0709.1)

58. Inauguration of La Flamme de La Nation by General Maginot, 11 November 1923. Roger-Viollet/TopFoto

59. President Macron at the tomb of the Unknown Soldier, Paris, 2017. A. Jocard/AFP/Getty Images

60. Baptismal font, Salisbury Cathedral. Robert Harding/Getty Images

64-5. King Harischandra with his wife and son bathing in the Ganges, south Indian, late nineteenth or early twentieth century. © The Trustees of the British Museum (2007,3014.36)

67. Varanasi. Purepix/Alamy

69. Silver urn, the City Palace, Jaipur. Grant Rooney/Alamy

70. The river Ganga flowing from Shiva's locks, c.1750. © The Trustees of the British Museum (1920,0917,0.210)

74. Harischandra Ghat, Varanasi. Lucas Vallecillos/Alamy

76. William Ward, 1821. © The Trustees of the British Museum (1895,1015.63)

80. Newgrange during the Winter solstice. © Ken Williams/Shadows and Stone

83. Newgrange during the solstice. © Ken Williams/Shadows and Stone

85. Aerial view of Newgrange. © Ken Williams/Shadows and Stone

87. Newgrange entrance stone. Getty Images

90-91. The Japanese Sun Goddess Amaterasu, by Utagawa Hiroshige, 1830. © The Trustees of the British Museum (1921,1115,0.3)

93. Military Review in Tokyo Attended by the Emperor (central panel of a triptych), by Yôshû Chikanobu, 1887. © Museum of Fine Arts, Boston (SC220651)

96. The exit from Noah's Ark, from The Bedford Hours, French school, c.1420. British Library, London. Pictures from History/Bridgeman Images

99. Seal-gut parka, before 1890. © The Trustees of the British Museum (Am1890,0908.2)

100. Portrait of two Nunivak women, from Edward S. Curtis, The North American Indian, 1929. Library of Congress, Photographs & Prints Division, Washington, D.C.

101. A chorus, from E. W. Hawkes, The Dance Festivals of the Alaskan Eskimo, 1914. © British Library Board, All Rights Reserved/Bridgeman Images

103. Boots, harpoon line and drum made of seal materials, 1890–1990. © The Trustees of the British Museum (Am1992,05.15.a-b, Am1890,0908.157, Am1900,0411.18)

106. (above) Relief depicting ripe barley. New Kingdom, Amarna Period, c.1353–1336 BCE. The Metropolitan Museum of Art, New York. Gift of Norbert Schimmel, 1985 (1985.328.24)

106. (below) Painting in the Tomb of Sennedjem, Thebes. Invictus SARL/Alamy

108. Corn mummy figure of Osiris. Egyptian, Late Period, c.712–332 BCE. © The Trustees of the British Museum (1839,0921.233)

111. (left). Mould of Osiris figure. Egyptian, Late Period, c.715–332 BCE. Musée du Louvre, Paris. De Agostini/Bridgeman Images

111. (right). Tomb-painting representing Osiris. © The Trustees of the British Museum (1868,1102.181)

114. Blood Swept Lands and Seas of Red by Paul Cummins, 2014. P. Brown/Rex/Shutterstock

116. The Percy chantry, Tynemouth Priory, Tyne and Wear. Heritage Image Partnership/Alamy

117. Memorial to war dead in the portico of the British Museum. J.Fernandes/D.Hubbard/© Trustees of the British Museum

119. Two mummies, illustration from W. Reiss and A. Stübel, The Necropolis of Ancon in Peru, 1880–1887.

122. Reliquary, c.1190–1200. © The Trustees of the British Museum (1902,0625.1)

124. Ancestor portrait of lady, Ming dynasty, probably fourteenth–seventeenth century. © The Trustees of the British Museum (1926,0410,0.14)

125. Ancestor portrait of civil official, Ming dynasty, probably fourteenth–seventeenth century. © The Trustees of the British Museum (1926,0410,0.13)

127. Giving thanks to ancestors, from Tang Yin (attr.), Gengzhi tu, c.1500. Fu Zhai Archive/Bridgeman Images

129. Hermès bag and shoes made of paper. DPA/akg-images

132. St Margaret's church, Westminster. Richard I'Anson/Getty Images

135. Ivory statuette of St Margaret, 1325-50. © The Trustees of the British Museum (1858,0428.1)

137. Detail from the double portrait known as The Arnolfini Marriage, by Jan van Eyck, 1434. National Gallery, London. Bridgeman Images

139. Lamashtu amulet, 800–550 BCE. © The Trustees of the

British Museum (1925,0715.1)

140. Cradle cloth, Albanian, c.1950. © The Trustees of the British Museum (2011,8018.1)

142. Ofuda and omamori amulet with envelope. © The Trustees of the British Museum (As2001,16.66.a-c)

144. Cairn at a Buddhist temple, Mount Fear, Japan. © Luke Mulhall

146. Torah binder, 1750. © The Trustees of the British Museum (Eu1933,0607.1)

149. Torah binder, detail showing Torah, 1750. © The Trustees of the British Museum (Eu1933,0607.1)

151. Torah binder, detail showing Huppah, 1750. © The Trustees of the British Museum (Eu1933,0607.1)

153. Boy reading the Torah at a rehearsal for his Bar mitzvah, Houston, Texas, 2014. © Amalya Shandelman

155. Lock of bound hair, early nineteenth century. © The Trustees of the British Museum (Oc1831,1112.1)

156. (left). Young boy, Vanuatu. © Lissant Bolton

156. (right). Young man, Tanna Island, Vanuatu. Anders Ryman/Getty Images

162-3. The Angelus, after Jean-François Millet, 1881. © The Trustees of the British Museum (1882,0909.188)

166. (top left). Qibla app. Shutterstock

166. (top right). Rosary prayer beads. Dreamstime

166. (bottom left). Prayer mat, twenty-first century. © The Trustees of the British Museum (2011,6043.55.a-b)

166. (bottom right). Prayer wheel. © The Trustees of the British Museum (As1981,17.152.d)

167. Qibla indicator, 1582–3. © The Trustees of the British Museum (1921,0625.1)

170. Butter lamps. istockphoto

174. Minaret in Wangen bei Olten, Switzerland, 2009. F. Coffrini/AFP/Getty Images

176. Church coat, 1880–1920. © The Trustees of the British Museum (2010,8038.1)

179. Men wearing the Kirchenpelz, Transylvania. Siebenbuerger.de

181. Luther with his family, by Gustav Adolph Spangenberg, 1886. Museum der Bildenden Künste, Leipzig. akg-images

183. Martin Luther, Achtliederbuch, 1524. Bayerische Staatsbibliothek, Munchen

187. The Whole Booke of Psalmes Faithfully Translated into English Metre, pub. Stephen Daye, Cambridge, Massachusetts, 1640. The New York Public Library, Digital Collections

188. Amazing Grace, musical score, 1847. Library of Congress, Prints & Photographs Division, Washington, DC.

190. Barack Obama, Charleston, 2015. Photoshot/TopFoto

194. Dolerite statue of Gudea, c.2130 BCE. © The Trustees of the British Museum (1931,0711.1)

196. Göbekli Tepe, Anatolia. V. J. Musi/National Geographic/Getty Images

198. Foundation tablet. © The Trustees of the British Museum (1876,1117.2394)

199. Foundation pegs with figures of Gudea. © The Trustees of the British Museum (1876,1117.152, 1879,1210.1, 1902,0412.678, 1908,0417.2)

202-3. The Imdugud Relief, 2500 BCE. © The Trustees of the British Museum (1919,1011.4874)

204. Floorplan for Gudea's Temple of Ningirsu, detail of lap of a statue of Gudea, c.2120 BCE. Musée du Louvre, Paris. © Musée du Louvre, Dist. RMN-Grand Palais / Philippe Fuzeau

207. Maquette for the Sacred Heart Cathedral, Kericho, Kenya. John McAslan + Partners

209. Kericho Cathedral, Kenya. Architect: John McAslan + Partners, 2016. Edmund Sumner/Alamy

212. Tunjo, c.600–1600. © The Trustees of the British Museum (Am1895,-.17)

215. El Hombre Dorado, by Theodor de Bry, 1599. Granger Collection/TopFoto

216-7. Lake Guatavita. © Mauricio Mejía, flickr.com/maomejia

220-21. Muisca votive figurine (Tunjo) depicting the ceremony of El Dorado, pre-Columbian. Museo del Oro, Bogota, Colombia. © Boltin Picture Library / Bridgeman Images

224. Parthenon inventories, 426–412 BCE. © The Trustees of the British Museum (1816,0610.282)

226. The Parthenon, Athens. Rainer Hackenberg/akg-images

229. Juno Moneta coin, 74 BCE. © The Trustees of the British

Museum (1867,0704.102)

230. Sacrificial knife, Aztec, 1400–1521. © The Trustees of the British Museum (Am,St.399)

232. (left). Detail of sacrificial knife, Aztec, 1400–1521. © The Trustees of the British Museum (Am,St.399)

232. (right). Basalt offering vessel, 1300–1521. © The Trustees of the British Museum (Am,+.6185)

233. The eagle warrior, illustration from The Florentine Codex, sixteenth century. Biblioteca Medicea Laurenziana, Florence

236. Tezcatlipoca killing a sacrificial victim, from the Codex Cospi, fourteenth century. Vatican Library, Vatican City. Alamy

237. Ruler with ambassadors, from the Nereid Monument, c.390–380 BCE. © The Trustees of the British Museum (1848,1020.62)

238. People dragging a goat, from the Nereid Monument, c.390–380 BCE. © The Trustees of the British Museum (1848,1020.101)

239. Animals at a sacrificial altar, from the Nereid Monument, c.390–380 BCE. © The Trustees of the British Museum (1848,1020.102)

241. Red-figured stamnos, Greek, 450–430 BCE. © The Trustees of the British Museum (1839,0214.68)

243. The Adoration of the Mystic Lamb (detail), from the Ghent altarpiece, by Hubert and Jan van Eyck, 1432. St Bavo Cathedral, Ghent. © Lukas - Art in Flanders VZW/Bridgeman Images

244. The Wife of Bath from the Ellesmere Manuscript of Geoffrey Chaucer, The Canterbury Tales, c.1410 (facsimile). Granger Collection/Bridgeman Images

246. Pilgrims before the statue of St James, from V. de Beauvais, Le Miroir Historial, fifteenth century. Musée Condé, Chantilly. Bridgeman Images

247. Shrine of the Three Kings, c.1225. Cologne Cathedral. Interfoto/akg-images

249. (top left). Ampulla, twelfth/thirteenth century. © The Trustees of the British Museum (1876,1214.18)

249. (top right). Pilgrim badge, thirteenth century. © The Trustees of the British Museum (1921,0216.69)

249. (bottom left). Pilgrim badge, thirteenth century. © The Trustees of the British Museum (1856,0701.2053)

249. (bottom right). Fragment of a pilgrim souvenir, c.1320–75. © The Trustees of the British Museum (2001,0702.1)

253. Dhamekh stupa, Sarnath. Alamy

255. Pilgrims on the Hajj, Mecca. Muhammad Hamed/Reuters

256. Three rulers on the Hajj, 1960s. King Fahd National Library, Riyadh

257. Zamzam flask, twenty-first century. © The Trustees of the British Museum (2011,6043.75)

264-5. Model of Ysyakh festival, mid-nineteenth century. © The Trustees of the British Museum (As.5068.a)

268. Detail of kneeling priest from the model of the Ysyakh festival. © The Trustees of the British Museum (As.5068.a)

272. Ysyakh festival, Tuimaada, 2016. © YSIA.ru

273. Mosaic depicting the month of December, early third century, from El Jem. Archaeological Museum, Sousse, Tunisia

277. English Christmas card, early twentieth century. © Look and Learn/Valerie Jackson Harris Collection/Bridgeman Images

279. (top left). Fresco, fourth century, at Church of St Nicholas, Myra, Turkey. Alamy

279. (top right). The Charity of St Nicholas (detail) by Master of Leg of St Lucy, 15th century. Groeningemuseum, Bruges. Lukas - Art in Flanders VZW/Bridgeman Images

279. (bottom left). Illustration from Jan Schenkman, St. Nikolaas en zijn knecht, 1850. Koninklijke Bibliotheek, The Hague

279. (bottom right). Front cover of the Bengali magazine Anandamela, 2016.

280. Front cover of Rudolph the Red-Nosed Reindeer, by Robert L. May, New York, 1939.

281. Scrooge's third visitor, illustration by John Leech from Charles Dickens, A Christmas Carol, 1843. © British Library Board. All Rights Reserved/Bridgeman Images

283. Christmas tree at Windsor Castle, 1848. © Look and Learn/Illustrated Papers Collection/Bridgeman Images

288. Pope John Paul II at the Basilica of Our Lady of Guadalupe, 1999. M. Sambucetti/AFP/Getty Images

292. Farm workers on strike, San Joaquin valley, California, March 1966. Photo courtesy Estuary Press © The Harvey Richards Media Archive

293. Straw hat, 1980s. © The Trustees of the British Museum (Am1988,08.204)

294. Roman coin, c.41–54 CE. © The Trustees of the British Museum (1844,0425.460.A)

296. Artemis as the mother goddess of fertility, Ephesus, second century. Archaeological Museum, Ephesus. Werner Forman Archive/Bridgeman Images

298. Our Lady of Guadalupe and Diana of Ephesus figurines, 1980s, 1970s, second-first century BCE, first-second century CE. © The Trustees of the British Museum (Am1990,08.316.a, Am1978,15.913.a, 1883,0724.1, 1909,0620.2)

301. Pilgrims at the Basilica of Guadalupe, Mexico, 2008. A. Estrella/AFP/Getty Images

302. Dedications to Diana, Princess of Wales, Paris, 1997. Thierry Chesnot/Getty Images

304. The Mother of God Kazanskaya icon from Yaroslavl, 1800–1850. © The Trustees of the British Museum (1998,0605.30)

307. The Mother of God Kazanskaya icon from Moscow, seventeenth to nineteenth century. © The Trustees of the British Museum (1895,1224.1)

309. Council of War in Fili in 1812, by Aleksei Danilovich Kivshenko, 1882. Tretyakov Gallery, Moscow. Bridgeman Images

311. The Mother of God Vladimirskaya icon, nineteenth century. © The Trustees of the British Museum (1998,0605.8)

314. Temporary pandal built for Durga Puja, Kolkata, 2013. Tuul and Bruno Morandi/Alamy

318. Durga Puja, Kolkata. © A. Abbas/Magnum Photos

320. Nativity, by Geertgen tot Sint Jans, c.1490. National Gallery, London. Bridgeman Images

323. Game Pass shelter, Drakensberg, Kwazulu Natal. Ariadne Van Zandbergen/Alamy

325. San rock art (MUN1 36). Rock Art Research Institute/SARADA, University of the Witwatersrand

327. Detail of San rock art (MUN1 36). Rock Art Research Institute/SARADA, University of the Witwatersrand

331. Japanese house shrine. © The Trustees of the British Museum (1893,1101.22)

333. Coat of arms of South Africa.

334. Rainer Maria Rilke, 1902. akg-images

337. Crucifixion with St Bridget in adoration, sixteenth century, Netherlandish school. © The Trustees of the British Museum (1856,0209.81)

339. Icon depicting the transfiguration, fifteenth century, Novgorod School. Museum of Art, Novgorod. Bridgeman Images

347. Seated Buddha, second or third century, Gandhara, Pakistan. © The Trustees of the British Museum (1895,1026.1)

349. Save the Children advertisement, 1970s. The Advertising Archives

350. Remains of Bamiyan Buddhas, third and fifth centuries, Afghanistan. © World Religions Photo Library/Bridgeman Images

352. (left). Head of Hermes/Mercury, second century. © The Trustees of the British Museum (1978,0102.1)

352. (right). Head of Christ, c.1130. © The Trustees of the British Museum (1994,1008.1)

356. Torah Ark, Plymouth Synagogue. © Historic England Archive

358. Rabbi Julia Neuberger. © Suki Dhanda

359. Torah yad (pointer), c.1745. © The Trustees of the British Museum (2010,8002.1)

360. Mosque lamp, c.1570–75, Turkey. © The Trustees of the British Museum (G.143)

366-7. Shaikh Lutfallah Mosque, Isfahan, Iran. B.O'Kane/Alamy

368. Reading the Koran, Hulu Langat, Malaysia. M. Rasfan/AFP/Getty Images

369. Mary and the Infant Christ, fifteenth century. Great Snoring, Norfolk. Holmes Garden Photos/Alamy

374-5. The Felmingham Hall hoard, second-third century. © The Trustees of the British Museum (1925,0610.32)

376. (left). Altar dedicated to Jupiter Optimus Maximus Tanarus found near Chester. © Ashmolean Museum, University of Oxford (ANChandler.3.1)

376. (right). Gold coin, 218–19 CE. © The Trustees of the British Museum (1922,0909.4)

381. The Gilgamesh tablet, seventh century BCE. © The Trustees of the British Museum (K.3375)

386. Dr Ambedkar statue. © Paul Kobrak

388. Marduk tablet, 605–562 BCE. © The Trustees of the British Museum (47406)

397. Limestone stela, c.1350 BCE. © The Trustees of the British Museum (1891,0404.29)

398. Nose and lips of Akhenaten, c. 1353–1336 B.C. The Metropolitan Museum of Art, New York. Purchase, Edward S. Harkness Gift, 1926 (26.7.1395)

400. 'The Ancient of Days', by William Blake. Whitworth Art Gallery, The University of Manchester. Bridgeman Images

402. Herne's Oak from 'The Merry Wives of Windsor' by George Cruikshank, c.1857. Yale Center for British Art, Paul Mellon Fund. Bridgeman Images

405. (left). Thai spirit-house, nineteenth century. © The Trustees of the British Museum (2004,0628.37)

406. (right). Thai spirit-house, Suvarnabhumi International Airport, Bangkok. Istockphoto

410. Larrakitj ceremony, Yirrkala, 1946. Photo: Ted Evans / courtesy Northern Territory Library

411-412. A larrakitj by Wukun Wanabi, 2014. © The Trustees of the British Museum (2015,2028.1)

414. Laurence Olivier as Shakespeare's Henry V, 1944. Granger Collection/Alamy, with hand-colouring by Helena Zakwreska-Rucinska

418-9. The Battle of Adwa, cotton diptych, 1940–49. © The Trustees of the British Museum (Af1974,11.34)

421. Solomon and Sheba, by Mengesha Fiseha, 2007–8. © Mengesha Fiseha/The Trustees of the British Museum (2008,2013.4)

422. Easter Vigil mass at the Holy Trinity Cathedral, Addis Ababa. Tiksa Negeri/Reuters

425. Haile Selassie on the day of his coronation as Emperor, 1930.

426-7. The coronation of Haile Selassie, 1930, artist unknown. Reproduced with permission of the Chapman-Andrews family.

431. (left). Haile Selassie badge, c.1983. © The Trustees of the British Museum (1983,0832.4)

431. (right). Promised land badge, c.1983. © The Trustees of the British Museum (1983,0832.1)

432. The road between Adigrat and Adwa, Tigray, Ethiopia. De Agostini/Getty Images

434. Emperor Akbar conversing with Jesuit missionaries, sixteenth century. Private collection. De Agostini / Bridgeman Images

437. Painting from the epic Razmnameh, 1598. © The Trustees of the British Museum (1930,0716,0.1)

439. Sikh temple token depicting Guru Nanak, 1898. © The Trustees of the British Museum (1922,0424.4348)

441. The Golden Temple, Amritsar. T. C. Malhotra/Getty Images

443. Soldiers during the attack on the Golden Temple, Amritsar, 1984. © Raghu Rai/Magnum Photos

444. Indira Gandhi print series, by Ajit Chitrakar, 1985. © The Trustees of the British Museum (As1986,10.1)

448. Attack on the Babri Masjid, 1992. Reuters

450. Ram and Sita before the golden city of Ayodha, c.1800, Jaipur school. Christie's/Bridgeman Images

454. Elizabeth II at her Coronation, 1953. Photograph by Cecil Beaton, Camera Press London

457. Benin staff with figure of Ofoe, eighteenth/nineteenth century. © The Trustees of the British Museum (Af1902,0516.31)

460. Benin plaque depicting the king with fish issuing from his sides, sixteenth–seventeenth century. © The Trustees of the British Museum (Af1898,0115.31)

462. The Xing Hou bronze gui, c.1050–771 BCE. © The Trustees of the British Museum (1936,1118.2)

463. Detail of the inscription, Xing Hou bronze gui, c.1050–771 BCE. © The Trustees of the British Museum (1936,1118.2)

466. The Mourning Jews in Exile (replica), by Eduard Bendemann, 1831–2. Wallraf-Richartz-Museum, Cologne. akg-images

470. Dome of the Rock and Old City, Jerusalem. Robert Harding/Alamy

471. Arch of Titus, Rome. Bible Land Pictures/Alamy

474. (above). Silver tetradrachm, 97–8 CE. © The Trustees of the British Museum (1841,B.3581)

474. (below). Silver tetradrachm, 97–8 CE, overstamped by Simon bar Kokhba and the Jewish rebels, c.132 CE. © The Trustees of the British Museum (1910,1004.1)

478. Cotton flag, nineteenth century, Sudan. © The Trustees of the British Museum (Af1953,22.1)

481. Jubba worn by the Sufi order, nineteenth century, Sudan. © The Trustees of the British Museum (Af1980,01.1)

482. The First Battle at Omdurman, by A. Sutherland, 1898. National Army Museum, London. Bridgeman Images

484. Destroyed tomb of the Mahdi, Omdurman, 1898. Alamy

486. Local bylaws, Saint-Jean-Cap-Ferrat, France, 2016. J-C. Magnenet/AFP/Getty Images

490-91. Japanese anti-Christian edict-board, 1682. © The Trustees of the British Museum (1895,0721.1)

492. Nanban screen depicting the arrival of a Portuguese ship, 17th century, Japanese school. Private Collection. © Christie's/Bridgeman Images

495. Print by Jacques Callot, 1627. © The Trustees of the British Museum (1873,0712.950)

497. (left). Fumi-e ceremony, c.1826. © Collection Nationaal Museum van Wereldculturen (RV-360-4302449)

497. (right). Bronze fumi-e, nineteenth century. © Religionskundliche Sammlung der Philipps-Universität Marburg (Cu 001)

500. The demolition of the Temple of Charenton, illustration from Sebastien Leclerc, Les Petites Conquetes du Roi, 1702. © The Trustees of the British Museum (1898,0401.21)

504. Louis XIV, 1685, by Cornelis Martinus Vermeulen after Louis de Boullonge. Rijksmuseum, Amsterdam

510-11. The Fête de la raison, Paris, 1793. Bibliothèque nationale de France, Paris.

514. Clock, c.1795, by Abraham-Louis Breguet. © The Trustees of the British Museum (2015,8044.1)

517. The French Republican Calendar, c.1793–1805. akg-images

519. Demolition of Christ the Saviour, Moscow, 1931. TASS/TopFoto

520. The Road is Wider without God/God Doesn't Exist, by Vladimir Menshikov, 1975, from The Militant Crayon poster series. © The State Museum of the History of Religion (St Petersburg, Russia) (A-6156)

522. Christ the Saviour, Moscow, rebuilt. Shutterstock

523. President Putin bathing on the Ephiphany, January 2018. Getty Images

526. The Wheel of Life, nineteenth century. © The Trustees of the British Museum (1898,0622,0.23)

532-3. Kumbh Mela, Allahabad, 2013. R. M. Nunes/Alamy

538. Lampedusa cross on the altar of St Paul's Cathedral, London. Graham Lacdao © The Chapter of St Paul's

540. Refugees arriving off Lampedusa, c.2016. Alamy

542. The Madonna with Protective Cloak, by Michel Erhart or Friedrich Schramm, c.1480. Skulpturensammlung und Museum für Byzantinische Kunst, Staatliche Museen zu Berlin. © 2018. Scala, Florence. bpk / Skulpturensammlung und Museum für Byzantinische Kunst, SMB / Antje Voigt

FURTHER READING
延伸閱讀

所有引用自大英博物館的文物都可在大英博物館網站(www.britishmuseum.org)找到更進一步的資料，而且這些參考文獻都會定期更新。這裡僅列出英文文獻。更完整的參考文獻可分別列於各章書目，亦可參考以下幾部專著：Esther Eidinow與 Julia Kindt 合編的《牛津古代希臘宗教手冊》（*Oxford Handbooks of Ancient Greek Religion*）（2015）、Timothy Insoll 編著的《儀式與宗教考古學》（*The Archaeology of Ritual and Religion*）（2011）、Michael Jerryson 編著的《當代佛教》（*Contemporary Buddhism*）（2016）、Jonardon Ganeri 編著的《印度哲學》（*Indian Philosophy*）（2017）、Sabine Schmidtke編著的《伊斯蘭神學》（*Islamic Theology*）（2016）、Martin Goodman 編著的《猶太研究》（*Jewish Studies*）（2002）、John H. Arnold 編著的《中世紀基督教》（*Medieval Christianity*）（2014）。

Armstrong, Karen. Islam: A Short History, 2000

Beard, Mary, John North and Simon Price. Religions of Rome, 1998

Fisher, Mary Pat. Living Religions, 2011

Goodman, Martin. A History of Judaism, 2017

Gray, John. Seven Kinds of Atheism, 2018

Grayling, A. C. The God Argument: The Case Against Religion and for Humanism, 2013

MacCulloch, Diarmaid. A History of Christianity: The First Three Thousand Years, 2009

McLeod, Hew. Sikhism, 1997

Neuberger, Julia. On Being Jewish, 1995

Pattanaik, Devdutt. Myth=Mithya: A Handbook of Hindu Mythology, 2014

Praet, Istvan, ed. Animism and the Question of Life, 2014

Quirke, Stephen. Ancient Egyptian Religion, 1992

Sengupta, Arputha Rani. Buddhist Art and Culture: Symbols and Significance, 2013

Woodhead, Linda, and Andrew Brown. That Was The Church That Was: How the Church of England Lost the English People, 2017

Woodhead, Linda, and Rebecca Catto, eds. Religion and Change in Modern Britain, 2012

第一章　信仰的開端

Cook, Jill. Ice Age Art: Arrival of the Modern Mind, 2013

Gamble, Clive. Settling the Earth: The Archaeology of Deep Human History, 2013

Harari, Yuval Noah. Sapiens: A Brief History of Humankind, 2014

Wehrberger, Kurt, ed. The Return of the Lion Man: History, Myth, Magic, 2013

第二章　火與國家

Kaliff, Anders. 'Fire', in Insoll, ed. Ritual and Religion, 51–62

Pyne, Stephen J. Vestal Fire: An Environmental History, Told through Fire, of Europe and Europe's Encounter with the World, 1997

Stewart, Sarah, ed. The Everlasting Flame: Zoroastrianism in History and Imagination, 2013

Wildfang, Robin Lorsch. Rome's Vestal Virgins: A Study of Rome's Vestal Priestesses in the Late Republic and Early

Empire, 2006

第三章　生命與死亡之水

Darian, Steven G. The Ganges in Myth and History, 1978

Eck, Diana L. Banaras: City of Light, 1982

Eck, Diana L. India: A Sacred Geography, 2012

Fagan, Brian. Elixir: A History of Water and Humankind, 2011

Reinhart, A. Kevin. 'Impurity/No Danger', History of Religions 30:1 (1990), 1–24

第四章　光之歸返

Dowd, Marion, and Robert Hensey, eds. The Archaeology of Darkness, 2016

Hensey, Robert. First Light: The Origins of Newgrange, 2015

Kirkland, Russell. 'The Sun and the Throne: The Origins of the Royal Descent Myth in Ancient Japan', Numen 44:2 (1997), 109–52

Stout, Geraldine, and Matthew Stout. Newgrange, 2008

第五章　收割和禮敬

King, J. C. H. First Peoples, First Contacts: Native Peoples of North America, 1999

Laugrand, Frédéric, and Jarich Oosten. Hunters, Predators and Prey: Inuit Perceptions of Animals, 2015

Lincoln, Amber, with John Goodwin et al. Living with Old Things: Inupiaq Stories, Bering Strait Histories, 2010

Mojsov, Bojana. Osiris: Death and Afterlife of a God, 2005

Taylor, John. Death and the Afterlife in Ancient Egypt, 2001

第六章　與死者同在

Besom, Thomas. Of Summits and Sacrifice: An Ethnohistoric Study of Inka Religious Practices, 2009

Isbell, William H. Mummies and Mortuary Monuments: A Postprocessual Prehistory of Central Andean Social Organization, 1997

Ruitenbeek, Klaas, ed. Faces of China: Portrait Painting of the Ming and Qing Dynasties, 2017

Scott, Janet Lee. For Gods, Ghosts and Ancestors: The Chinese Tradition of Paper Offerings, 2007

Stuart, Jan, and Evelyn S. Rawski. Worshiping the Ancestors: Chinese Commemorative Portraits, 2001

第七章　誕生與身體

Dresvina, Juliana. A Maid with a Dragon: The Cult of St Margaret of Antioch in Medieval England, 2016

Reader, Ian, and George J. Tanabe, Practically Religious: Worldly Benefits and the Common Religion of Japan, 1998

第八章　傳統裡的位置

Bolton, Lissant. 'Teaching the Next Generation: A Lock of Hair from Tanna', in L. Bolton et al, Melanesia: Art and Encounter, 2013, 285–6

Eis, Ruth. Torah Binders of the Judah L. Magnes Museum, 1979

van Gennep, Arnold. The Rites of Passage, trans. Monkia B. Vizedom and Gabrielle L. Caffee, 1960

Grimes, Ronald L. Deeply into the Bone: Re-Inventing Rites of Passage, 2002

Shaw, Sarah. The Spirit of Buddhist Meditation, 2014

Sperber, Daniel. The Jewish Life Cycle: Custom, Lore and Iconography, 2008

第九章　讓我們祈禱

Ettinghausen, Richard, ed. Prayer Rugs, 1974

Mauss, Marcel. On Prayer, trans. W. S. F. Pickering and Howard Morphy, 2003

Winston-Allen, Anne. Stories of the Rose: The Making of the Rosary in the Middle Ages, 1997

第十章　歌的力量

Butt, John. The Cambridge Companion to Bach, 1997

Gardiner, John Eliot. Music in the Castle of Heaven, 2013

Joseph, Jordania. Choral Singing in Human Culture and Evolution, 2015

Troeger, Thomas H. Music as Prayer: The Theology and Practice of Church Music, 2013

Wild, Beate. 'Fur Within, Flowers Without: A Transylvanian Fur Coat Worn to Church', in eds. Elisabeth Tietmeyer and Irene Ziehe. Discover Europe!, 2008, 26–34

第十一章　神的家

Cohen, Michael, ed. Sacred Gardens and Landscape: Ritual and Agency, 2007

Luckert, Karl W. Stone Age Religion at Göbekli Tepe: From Hunting to Domestication, Warfare and Civilization, 2013

McNeill, William H. Keeping Together in Time: Dance and Drill in Human History, 1997

Morris, Colin. The Sepulchre of Christ and the Medieval West: From the Beginning to 1600, 2005

Rey, Sébastien. For the Gods of Girsu: City-State Formation in Ancient Sumer, 2016

Suter, Claudia E. Gudea's Temple Building: The Representation of an Early Mesopotamian Ruler in Text and Image, 2000

第十二章 送給諸神的禮物

Cooper, Jago. Lost Kingdoms of South America, BBC 4, 2014

Harris, Diane. The Treasures of the Parthenon and Erechtheion, 1995

Llonch, Elisenda Vila. Beyond El Dorado: Power and Gold in Ancient Colombia, 2013

Whitmarsh, Tim. Battling the Gods: Atheism in the Ancient World, 2016

第十三章 神聖的殺生祭儀

Bremmer, Jan N., ed. The Strange World of Human Sacrifice, 2007

Burkert, Walter. Homo Necans: The Anthropology of Ancient Greek Sacrificial Ritual and Myth, trans. Peter Bing, 1983

Cooper, Jago. The Inca: Masters of the Clouds, BBC 4, 2015

Girard, René. Violence and the Sacred, trans. Patrick Gregory, 1977

James, E. O. Sacrifice and Sacrament, 1962

McClymond, Kathryn. Beyond Sacred Violence: A Comparative Study of Sacrifice, 2008

McEwan, Colin, and Leonardo López Luján. Moctezuma: Aztec Ruler, 2009

Naiden, Fred. 'Sacrifice', in Eidinow and Kindt, eds. Ancient Greek Religion, 463–76

第十四章 成為朝聖者

Duffy, Eamon. The Heart in Pilgrimage: A Prayerbook for Catholic Christians, 2014

Porter, Venetia, ed. Hajj: Journey to the Heart of Islam, 2012

Spencer, Brian. Pilgrim Souvenirs and Secular Badges, 2017

Sumption, Jonathan. Pilgrimage: An Image of Medieval Religion, 1975

Webb, Diana. Pilgrimage in Medieval England, 2000

第十五章 慶典時間

Falassi, Alessandro, ed. Time Out of Time: Essays on the Festival, 1987

Leach, Edmund. 'Time and False Noses', in The Essential Edmund Leach I: Anthropology and Society, eds. Stephen Hugh-Jones and James Laidlaw, 2000, 182–5

Restad, Penne L. Christmas in America: A History, 1996

Whiteley, Sheila, ed. Christmas, Ideology and Popular Culture, 2008

第十六章 女神像的保護力量

Brading, D. A. Mexican Phoenix: Our Lady of Guadalupe, 2001

Budin, Stephanie. Artemis, 2015

MacLean Rogers, Guy. The Mysteries of Artemis of Ephesos: Cult, Polis, and Change in the Graeco-Roman World, 2013

Rietveld, James D. Artemis of the Ephesians: Mystery, Magic and Her Sacred Landscape, 2014

Warner, Marina. Alone of All Her Sex: Cult of the Virgin Mary, 1976

第十七章 宗教複製時代的藝術作品

Banerjee, Sudeshna. Durga Puja: Celebrating the Goddess, 2006

Bobrov, Yury. A Catalogue of the Russian Icons in the British Museum, ed. Chris Entwistle, 2008

Cormack, Robin. Icons, 2007

Guha-Thakurta, Tapati. In the Name of the Goddess: The Durga Pujas of Contemporary Kolkata, 2015

Khilnani, Sunil. The Idea of India, 1997

Williams, Rowan. The Dwelling of the Light: Praying with Icons of Christ, 2003

第十八章 意義的增生

Lewis-Williams, David, and Sam Challis. Deciphering Ancient Minds: The Mystery of San Bushman Rock Art, 2011

Perry, Grayson. The Tomb of the Unknown Craftsman, 2011

Smyers, Karen A. The Fox and the Jewel: Shared and Private Meanings of Contemporary Japanese Inari Worship, 1999

第十九章 改變你的生命

Armstrong, Karen. A History of God: From Abraham to the Present, 1999

Beguin, Giles. Buddhist Art: An Historical and Cultural Journey, 2009

Bynum, C. Wonderful Blood: Theology and Practice in Late Medieval Northern Germany and Beyond, 2007

Diamond, Debra. Paths to Perfection: Buddhist Art at the Freer|Sackler, 2017

Duffy, Eamon. The Stripping of the Altars: Traditional Religion in England, 1400–1580, 1992

MacGregor, Neil, with Erika Langmuir. Seeing Salvation: Images of Christ in Art, 2000

第二十章　棄絕圖像，尊崇文字

Al-Akiti, Afifi, and Joshua Hordern. 'New Conversations in Islamic and Christian Thought', Muslim World 106:2 (2016), 219–25

Freedberg, David. The Power of Images: Studies in the History and Theory of Response, 1989

Kolrud, Kristine, and Marina Prusac, eds. Iconoclasm from Antiquity to Modernity, 2014

Neuberger, Julia. On Being Jewish, 1995

Noyes, James. The Politics of Iconoclasm: Religion, Violence and the Culture of Image-Breaking in Christianity and Islam, 2013

Porter, Venetia, and Heba Nayel Barakat, eds. Mightier than the Sword: Arabic Script, 2004

第二十一章　多神的福氣

George, A. R. The Babylonian Gilgamesh Epic: Introduction, Critical Edition and Cuneiform Texts, 2003

Haeussler, Ralph, and Anthony King, eds. Celtic Religions in the Roman Period: Personal, Local, and Global, 2017

Henig, Martin. Religion in Roman Britain, 1984

第二十二章　一神的力量

Crouch, C. L., Jonathan Stökl and Anna Louise Zernecke, eds. Mediating Between Heaven and Earth: Communication with the Divine in the Ancient Near East, 2012

Hoffmeier, James K. Akhenaten and the Origins of Monotheism, 2015

Kemp, Barry. The City of Akhenaten and Nefertiti: Amarna and its People, 2013

Mitchell, Stephen, and Peter Van Nuffelen, eds. One God: Pagan Monotheism in the Roman Empire, 2010

第二十三章　地方的神靈

Bell, Michael Mayerfeld. 'The Ghosts of Place', Theory and Society 26:6 (1997), 813–36

Bolton, Lissant. 'Dressing for Transition: Weddings, Clothing and Change in Vanuatu', in Susanne Küechler and Graeme Were, eds. The Art of Clothing: A Pacific Experience, 2005, 19–32

Brody, A. M. Larrakitj: Kerry Stokes Collection, 2011

Terwiel, B. J. Monks and Magic: Revisiting a Classic Study of Religious Ceremonies in Thailand, 1975

第二十四章　如果神站在我們這邊

Barnett, Michael. The Rastafari Movement: A North American and Caribbean Perspective, 2018

Binns, John. The Orthodox Church of Ethiopia: A History, 2016

Henry, William 'Lez'. 'Reggae, Rasta and the Role of the Deejay in the Black British Experience', Contemporary British History 26:3 (2012), 355–73.

Lee, Hélène. First Rasta: Leonard Howell and the Rise of Rastafarianism, trans. Lily Davis, 2003

第二十五章　寬容？還是不寬容？

Habib, Irfan, ed. Akbar and his India, 1997

Khan, Iqtidar Alam. 'Akbar's Personality Traits and World Outlook: A Critical Reappraisal', Social Scientist 20:9/10 (1992), 16–30

Khera, Paramdip Kuar. Catalogue of Sikh Coins in the British Museum, 2011

Khilnani, Sunil. Incarnations: India in 50 Lives, 2016

Sen, Amartya. The Argumentative Indian: Writings on Indian History, Culture and Identity, 2006

Shani, Giorgio. Sikh Nationalism and Identity in a Global Age, 2008

Spear, Percival. A History of India II: From the Sixteenth to the Twentieth Century, 1965

Tully, Mark. India: The Road Ahead, 2012

Wink, André. Akbar, 2008

第二十六章　天命

Barley, Nigel. The Art of Benin, 2010

Fagg, William. Divine Kingship in Africa, 1970

Loewe, Michael. Divination, Mythology and Monarchy in Han China, 1994

Pines, Yuri. The Everlasting Empire: The Political Culture of Ancient China and Its Imperial Legacy, 2012

Plankensteiner, Barbara, ed. Benin Kings and Rituals: Court Arts from Nigeria, 2007

第二十七章　願祢的國度降臨

Abdy, Richard, and Amelia Dowler. Coins and the Bible, 2013

Avni, Gideon and Guy D. Stiebel, eds. Roman Jerusalem: A New Old City, 2017

Goodman, Martin. Rome and Jerusalem: The Clash of Ancient Civilizations, 2007

Kramer, Robert S. Holy City on the Nile: Omdurman During the Mahdiyya, 1885-1898, 2010

Menahem, Mor. The Second Jewish Revolt: The Bar Kokhba War, 132-136 CE, 2016

Nicoll, Fergus. Sword of the Prophet: The Mahdi of Sudan and the Death of General Gordon, 2004

Sebag Montefiore, Simon. Jerusalem: The Biography, 2011

第二十八章　壓迫宗教少數

Boxer, C. R. The Christian Century in Japan 1549-1650, 1993

Chappell Lougee, Carolyn. Facing the Revocation: Huguenot Families, Faith, and the King's Will, 2016

Clark, Tim, ed. Hokusai: Beyond the Great Wave, 2017

Hesselink, Reiner H. The Dream of Christian Nagasaki: World Trade and the Clash of Cultures, 1560-1640, 2015

Sample Wilson, Christie. Beyond Belief: Surviving the Revocation of the Edict of Nantes in France, 2011

Tombs, Robert. France 1814-1914, 1996

第二十九章　「這裡沒有神！」

Buck, Paul. 'Revolution in Time', British Museum Magazine, 2015

Dawkins, Richard. The God Delusion, 2006

Grayling, A. C. The God Argument: The Case Against Religion and for Humanism, 2013

Hosking, Geoffrey. The First Socialist Society: A History of the Soviet Union from Within, 1993

Hosking, Geoffrey. Russia and the Russians: From Earliest Times to the Present, 2001

Maier, Hans. 'Political Religion: A Concept and its Limitations', Totalitarian Movements and Political Religions 8:1 (2007), 5-16

Pop, Virgiliu. 'Space and Religion in Russia: Cosmonaut Worship to Orthodox Revival', Astropolitics 7:2 (2009), 150-163

Shaw, Matthew. Time and the French Revolution: The Republican Calendar, 1789-Year XIV, 2011

Symth, Jonathan. Robespierre and the Festival of the Supreme Being: The Search for a Republican Morality, 2016

第三十章　讓我們生活在一起

Mehrotra, Rahul, and Felipe Vera, eds. Kumbh Mela: Mapping the Ephemeral Megacity, 2015

Sopa, Geshe. 'The Tibetan "Wheel of Life": Iconography and Doxography', Journal of the International Association of Buddhist Studies 7:1 (1984), 125-46

ACKNOWLEDGEMENTS

致謝詞

本書是大英博物館、英國國家廣播公司和企鵝出版社聯手合作的成果。不論內容或形式，這三個單位都對本書貢獻良多。誠如讀者看到的，這是與多位專家對話的紀錄，形式主要是一系列為了廣播節目而錄製的訪談，本書則是這些專訪紀錄進一步的擴充與發展。參與訪談的專家們都十分慷慨地撥冗提供專業協助、分享學術成就——這點並非誇大之辭，亦無從誇大。本書若徵引專家們的談話，必定一一個別致意。雖然如此，由於我與他們的談話影響了本書每一階段的論述和方向，因此我仍要在這裡向他們所有人致上深深的謝意。

除了這群專家之外，當然還有其他重要的對談者，我要特別感謝的有以下幾位：Vesta Curtis、Antony Griffiths、Rahul Gumber、Cyrus Guzda、Anna Miller、Catherine Reynolds、Mahrukh Tarapor 和 Jonathan Williams。

本書大部分篇章的核心物件來自大英博物館的收藏。如果沒有館方的耐心和慷慨，如果沒有館員們樂於分享他／她們對相關文物的深刻了解，本書不可能完成。雖然並非全部，但大部分館員都有現身書中。打從一開始，館長 Hartwig Fischer 和副館長 Joanna Mackle 就很支持這項計畫。Barrie Cook 在 Rosie Weetch 的協助下，以豐富的學識和冷靜的眼光選出博物館的文物並加以研究。吉兒．庫克負責構思並策畫展出與廣播節目相關的文物。該場展覽有幸得到 John Studzinski 和創世紀基金會（Genesis Foundation）慷慨解囊，大力贊助。在廣播節目與寫書的過程中，尤其在古代史的範疇，和小型的、非－都市社會的領域，吉兒和 Lissant Bolton 扮演了重要的角色。這群同事既是可靠的協作者，跟他／她們的對話亦惠我良多。Jo Hammond 負責協調與博物館相關的大小事，從移動文物、文物攝影，到檢查文物出處與保存狀況等微小細節，無不面面俱到，使其能順利完成。她如何辦到這些，且能一直維持很好的幽默感，始終是個謎。

我們參觀了博物館、遺址、建築物和自然景觀——不論到何處，我們都受到熱烈的款待，並獲得所有可能接近的管道和所有可能取得的資訊。我特別要謝謝 Girish Tandon 和 Alankar Tandon 兩位先生為我們安排住宿，讓我們在安拉阿巴德臨時搭建的城市小住，參觀瑪梅拉節。我也要感謝安拉阿巴德的治安官和地方當局為我們的參訪安排了複雜的後勤支援。Ravindra Singh 先生協助安排我們到阿約提亞的訪程。在烏德瓦達，帕西神殿的大祭師費盡心力，讓我們參觀要不是帕西人就不能看到的一切。幸運的是，我們在印度的所有旅程都有 Mahrukh Tarapor 先生引導，他不僅提供了有用的建議和各種趣聞，亦在我們困惑時，引導我們順利前進。

在 Gwyneth Williams 的領導下，英國國家廣播公司第四電台慨然允諾協助。Mohit Bakaya 和 Rob Ketteridge 監督廣播系列的安排和播出；John Goudie 是整個節目的知識架構和個別節目的重要核心人物。Anne Smith 和 Sue Fleming 為我們安排了多趟旅程，並指導我完成迷宮般的行政工作。Paul Kobrak 一直陪伴在側，除了錄下幾乎每一次訪談，也錄下許多令人驚異的聲音。接著他又結合了智慧和魔法，把那些聲音優雅地變成節目。

在準備撰寫節目稿和本書的時候，Christopher Harding 提供了許多幫助，不管是在研究還是寫作階段皆然，而他對日本文化的深刻了解可從本書中的好幾章明顯看出。我還要特別感謝 Richard Beresford 多次解救我於數字危難之中。

企鵝出版社的 Cecilia Mackay 找到了許多照片，不僅足以闡明文本，還能把論點指向新的方向。Andrew Barker 負責本書內文的編排設計，Jill Stoddart 設計了書封，兩人的設計都優雅入時。Penelope Vogler 以沉穩之姿舉辦了多場跟本書出版有關的活動。Richard Duguid 和 Imogen Scott 負責本書的整個生產過程，Ben Sinyor 始終勤於管理文本和照片的往返流通，並且不斷檢討、不斷核對校勘，再悄悄地一一加以修正。Stuart Proffitt 對本書的參與遠遠超過人們對任何編輯的期待，他參與每一論點的提出、挑戰許多提案，並在長達數小時的愉快討論中，釐清每一個句子所欲表達的意思。他的耐心和禮貌總讓人十分震驚。從來沒有一個作者曾獲得比這更棒的支持。

尼爾・麥葛瑞格

2018 年 6 月

歷史大講堂

諸神的起源：四萬年的信仰、信徒與信物，見證眾神世界史

2020年8月初版　　定價：新臺幣950元
2020年10月初版第二刷

著者　Neil MacGregor
譯者　余淑慧
叢書主編　李佳姍
特約編輯　林勝慧
內文排版　陳恩安
封面設計　許晉維

出版者　聯經出版事業股份有限公司
地址　新北市汐止區大同路一段369號1樓
叢書主編電話　(02)86925588轉5320
台北聯經書房　台北市新生南路三段94號
電話　(02)23620308
台中分公司　台中市北區崇德路一段198號
暨門市電話　(04)22312023
台中電子信箱　e-mail：linking2@ms42.hinet.net
郵政劃撥帳戶第0100559-3號
郵撥電話　(02)23620308
印刷者　文聯彩色製版印刷有限公司
總經銷　聯合發行股份有限公司
發行所　新北市新店區寶橋路235巷6弄6號2樓
電話　(02)29178022

副總編輯　陳逸華
總編輯　涂豐恩
總經理　陳芝宇
社長　羅國俊
發行人　林載爵

行政院新聞局出版事業登記證局版臺業字第0130號

本書如有缺頁，破損，倒裝請寄回台北聯經書房更換。　ISBN　978-957-08-5545-6 (平裝)
聯經網址：www.linkingbooks.com.tw
電子信箱：linking@udngroup.com

Living with the Gods
Original English language edition first published by Penguin Books Ltd, London
By arrangement with the BBC and the British Museum.

The British Museum

國家圖書館出版品預行編目資料

諸神的起源：四萬年的信仰、信徒與信物，見證眾神世界史/
Neil MacGregor著．余淑慧譯．初版．新北市．聯經．2020年8月．560面．
17×23公分（歷史大講堂）
譯自：Living with the gods: on beliefs and peoples
ISBN　978-957-08-5545-6（平裝）
[2020年10月初版第二刷]

1.宗教社會學

210.15　　　　109007349